▶ 交通运输类“十三五”创新教材
▶ 中华人民共和国内河船舶船员适任考试培训教材



# 船舶电气设备

中国海事服务中心组织编审
主编 ◎ 任亦然　赵刚

大连海事大学出版社

图书在版编目(CIP)数据

船舶电气设备 / 任亦然，赵刚主编. — 大连 : 大连海事大学出版社，2020.12(2024.3 重印)
中华人民共和国内河船舶船员适任考试培训教材
ISBN 978-7-5632-4087-6

Ⅰ. ①船…　Ⅱ. ①任… ②赵…　Ⅲ. ①船用电气设备—技术培训—教材　Ⅳ. ①U665

中国版本图书馆 CIP 数据核字(2020)第 242505 号

大连海事大学出版社出版
地址:大连市黄浦路523号　邮编:116026　电话:0411-84729665(营销部)　84729480(总编室)
http://press.dlmu.edu.cn　E-mail:dmupress@ dlmu.edu.cn

| | |
|---|---|
| 大连日升彩色印刷有限公司印装 | 大连海事大学出版社发行 |
| 2020 年 12 月第 1 版 | 2024 年 3 月第 4 次印刷 |
| 幅面尺寸:184 mm×260 mm　印张:16.25 | 字数:402 千 |

出版人:刘明凯

| | |
|---|---|
| 责任编辑:张　冰 | 责任校对:宋彩霞 |
| 封面设计:解瑶瑶 | 版式设计:解瑶瑶 |

ISBN 978-7-5632-4087-6　　定价:46.00 元

# 中华人民共和国内河船舶船员适任考试培训教材
## 编委会

# 前　言

根据《内河船舶船员适任培训和考试大纲(2019 版)》,中国海事服务中心组织在内河船舶运输领域有着丰富教学和培训经验的专家在2016 年培训教材的基础上重新编写了“中华人民共和国内河船舶船员适任考试培训教材”,并组织实践经验丰富的海事管理机构专家和船公司的指导船长、轮机长对教材进行了审定。

在本套教材编写前,中国海事服务中心组织参编专家对内河船舶运输现状进行了广泛的调研和深入的讨论,确保教材内容符合船上实际,反映最新航运技术和与航运相关的最新法律、法规、规范与标准,并在表达方式上通俗易懂,符合内河船舶船员业务学习和技能培训的需要。

本系列教材分驾驶专业和轮机专业两类:驾驶专业包括《船舶操纵》《船舶值班与避碰》《船舶引航》《船舶管理(驾驶专业一类)》《船舶操纵与引航(二、三类)》《船舶管理(驾驶专业二、三类)》;轮机专业包括《主推进动力装置》《船舶辅机》《船舶电气设备》《船舶管理(轮机专业一类)》《船舶机械设备操作与管理(二、三类)》《船舶电气设备操作与管理(二、三类)》《船舶管理(轮机专业二、三类)》。

《船舶电气设备》由重庆交通大学任亦然、重庆交通职业学院赵刚主编,重庆交通大学严浪涛、三峡职业技术学院汤维华、三峡职业技术学院黎斌参编。全书由任亦然负责统稿,江苏海事职业技术学院王云华、中国海事服务中心申益群主审。

《船舶电气设备》全书内容共分八章:第一章为电工电子基础,第二章为船舶电机基础,第三章为船舶电力系统,第四章为船舶常用低压电气设备,第五章为船舶电站,第六章为机舱监控及报警系统,第七章为船舶安全用电,第八章为船舶电气设备实操训练。此外,本书还包括关于内河船舶电气技术的附录。本书适用于内河船舶轮机专业船员适任考试培训,也可供航运企业内部培训使用,还可作为大、中专院校船舶轮机专业或同类专业的教学参考书。

在教材编写过程中得到了各海事机构、航运院校、船员培训机构、航运企业等相关单位的关心和大力支持,特致谢意!由于时间仓促,书中难免存在错误和疏漏,欢迎广大读者和专家批评指正。

中国海事服务中心

2020 年 7 月

扫码学习《深入学习贯彻党的二十大精神　加快建设交通强国　当好中国式现代化开路先锋》

# 目　录

# 第一章 电工电子基础

## 第一节 直流电路基础

方向保持不变的电流称为直流电流,简称直流电。

### 一、电路与电路模型

电路是电流的通路,具有传输电能、处理信号、测量、控制、计算等功能。常见的电路通常由电源、负载和中间环节(包括开关、导线、控制器件等)构成,如图 1-1 所示。

由理想元件组成的、与实际电器元件相对应的,并用统一规定的符号表示而构成的电路,就是实际电路的模型,如图 1-2 所示。

图 1-1 最简单的电路

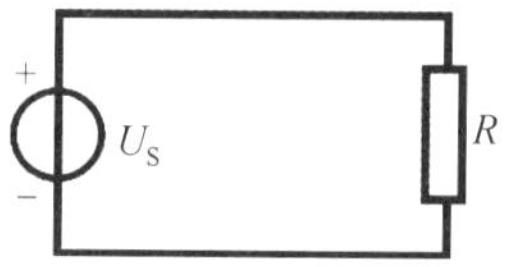


图 1-2 实际电路的模型

### 二、常用元件

1.电阻

电阻器简称电阻,具有阻碍电流流动的作用(又称限流作用)。电阻的外形与符号如

图 1-3 所示。

图 1-3　电阻的外形与符号

电阻常用字母 $R$ 表示,其国际单位是欧姆(Ω),其他常用单位有千欧(kΩ)、兆欧(MΩ)等。其中,1 MΩ = $10^3$ kΩ = $10^6$ Ω。

2.电感

电感器简称电感,电感是一种能够储存磁场(或磁场能量)的电路元件。其外形与符号如图 1-4 所示。

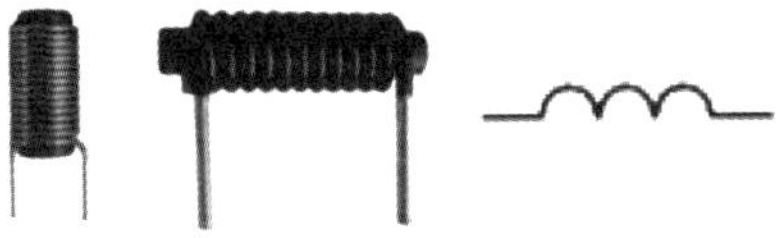

图 1-4　电感的外形与符号

电感常用 $L$ 表示,其大小取决于线圈的几何形状、线圈匝数及其中间的磁介质。电感的国际单位是亨利(H),实际应用中还有更小的单位,如毫亨(mH)和微亨(μH)等。其中,1 μH = $10^{-3}$ mH = $10^{-6}$ H。

电感的感抗常用 $X_L$ 表示,$X_L = \omega L$(ω 表示角频率),单位欧姆(Ω)。

3.电容

电容器简称电容,是储存电量和电能(电势能)的元件。电容器的构成包括两个相互靠近的导体和一层夹在导体中间的不导电绝缘介质。电容的外形与符号如图 1-5 所示。

图 1-5　电容的外形与符号

电容常用 $C$ 表示,其大小取决于极板间的相对面积、距离以及中间的介质材料。电容 $C$ 是一个表示电容元件储存电荷能力大小的物理量。国际单位为法拉(F),实际电路中常用单位还有微法(μF)和皮法(pF),其中,1 F = $10^6$ μF = $10^{12}$ pF。

电容的容抗常用 $X_C$ 表示,$X_C = \dfrac{1}{\omega C}$,单位欧姆(Ω)。

## 三、电路变量及其参考方向

1.电流

在导体中,自由电子在电场力的作用下做有规则的移动形成电流。规定正电荷移动的方向为电流的实际方向,电流的国际单位是安培(A),其他常用单位有毫安(mA)、微安(μA)等。其中, 1 A = $10^3$ mA = $10^6$ μA。

2.电压

电场力是把单位正电荷由一点搬到另一点所做的功。电压的方向规定为从高电位指向低电位的方向，电压的国际单位制为伏特(V)，其他常用单位有毫伏(mV)、微伏(μV)等。其中，1 mV = $10^{-3}$ V，1 μV = $10^{-6}$ V。

3.电位

电位又称电势，是处于电场中某个位置的单位电荷所具有的电势能。电势只有大小，没有方向。A 点的电位是 A 点与参考点(通常取零点)间的电压，记作 $U_A$。

4.电动势

电动势在数值上等于将单位正电荷从电源负极移到正极的过程中其他形式的能量转化成的电能。电动势用 $E$ 表示，国际单位是伏特(V)，实际方向为电源内部电位升的方向。

5.电功率

电流在单位时间内所做的功叫作电功率。电功率用 $P$ 表示，它的单位是瓦特，简称“瓦”，符号是 W。其他常用单位有千瓦(kW)、兆瓦(MW)等，其中，1 MW = $10^3$ kW = $10^6$ W。

6.参考方向

在电路分析与计算时，对电参数任意假定方向。无源电路元件的电流参考方向一旦确定，则电压的参考方向也随之确定，即取与电流相关联的参考方向，如图 1-6 所示。若值为正，则表示参考方向与实际方向一致；反之，则相反。

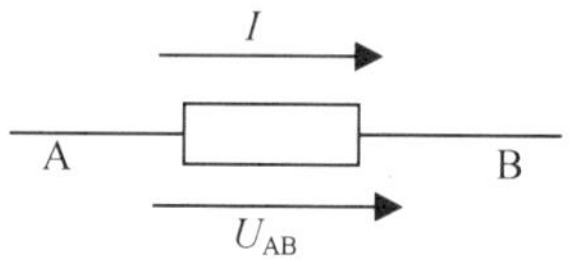


图 1-6 参考方向

## 四、欧姆定律

欧姆定律是指在同一电路中，通过某段导体的电流与这段导体两端的电压成正比，与这段导体的电阻成反比。即：

$$I = \frac{U}{R} \tag{1-1}$$

式中：$I$——电流(A)；

$U$——电压(V)；

$R$——电阻(Ω)。

## 五、元件的连接

1.串联

将电路元件(如电阻、电容、电感等用电器)逐个顺次首尾相连接称为串联。将各用电器串联起来组成的电路叫作串联电路。串联电路中通过各用电器的电流都相等。如图 1-7(a)

所示,电阻 $R_1$ 与 $R_2$ 串联,电源电压为 $U$,则两电阻的电流相等,电压之和等于电源电压。

$$I_1=I_2=I=\frac{U}{R_1+R_2} \tag{1-2}$$

$$U=U_1+U_2=IR_1+IR_2=I(R_1+R_2) \tag{1-3}$$

两个串联电阻可用一个等效电阻来代替,如图 1-7(b)所示,等效的条件是在同一电压 $U$ 的作用下电流 $I$ 保持不变。等效电阻等于各个串联电阻之和,即

$$R=R_1+R_2 \tag{1-4}$$

串联电路中的串联电阻具有分压作用。

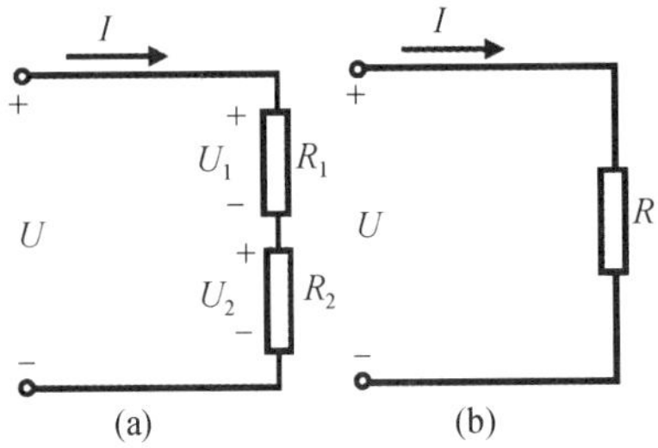


图 1-7　电阻的串联

2.并联

将两个或两个以上同类或不同类的元器件首首相接,同时尾尾亦相连的一种连接方式称为并联,如图 1-8 所示。

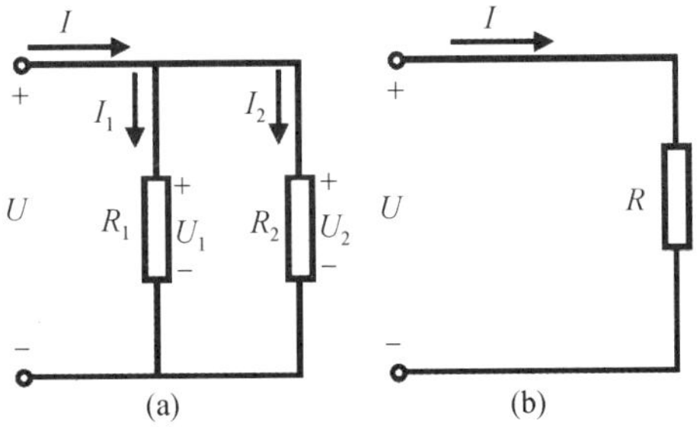


图 1-8　电阻的并联

并联电路的特点主要有:

(1)并联元件的端电压相等;

(2)并联电路的总电流是所有元器件的电流之和。

如图 1-8(a)所示,电路中 $I$ 是总电流,$I_1$、$I_2$ 分别是电阻 $R_1$、$R_2$ 的电流,则:

$$I=I_1+I_2=\frac{U_1}{R_1}+\frac{U_2}{R_2} \tag{1-5}$$

$$U_1=U_2=U \tag{1-6}$$

两个并联电阻可用一个等效电阻来代替,如图 1-8(b)所示,等效的条件是总电压 $U$ 和总电流 $I$ 不变。等效 $R$ 与 $R_1$ 和 $R_2$ 的关系为:

$$\frac{1}{R}=\frac{1}{R_1}+\frac{1}{R_2} \tag{1-7}$$

负载常采用并联,并联负载电压相同,其工作状态受其他负载影响小。并联的负载越多,

# 第三节 电磁感应

## 一、磁场的基本物理量

### 1.磁感应强度

磁感应强度 $B$ 是表示磁场内某点的磁场强弱和方向的物理量，单位为特斯拉，用字母 T 表示，即 $Wb/m^2$，$1T=10^4Gs$（高斯）。

### 2.磁通

磁感应强度 $B$ 与垂直于磁场方向的面积 $S$ 的乘积，称为通过该面积的磁通 $\Phi$，单位为韦伯，符号 Wb。磁通 $\Phi$ 与磁感应强度 $B$ 的关系为：

$$\Phi=BS \tag{1-18}$$

### 3.磁场强度

磁场强度 $H$ 是描述磁场性质的物理量，通过它来确定磁场与电流之间的关系。磁场强度的单位为安培/米（A/m），是为了简化计算和分析磁路而引入的物理量，需与磁感应强度 $B$ 相区别。

### 4.磁导率

磁导率 $\mu$ 是用来衡量物质导磁能力的物理量，磁导率的单位是亨利/米（H/m）。它与磁场强度 $H$ 的乘积等于磁感应强度 $B$，即：

$$B=\mu H \tag{1-19}$$

真空中的磁导率为 $4\pi\times10^{-7}$ H/m。

## 二、电流中的磁场

### 1.通电的直导体

一条直的金属导线通过电流，在导线周围的空间将产生圆形磁场，如图 1-13(a)所示。

该磁场的方向可以根据“右手螺旋定则”（又称“安培定则一”）来确定：用右手握住直导线，让大拇指的方向指向电流的方向，那么四指弯曲的方向就是磁场方向，如图 1-13(b)所示。

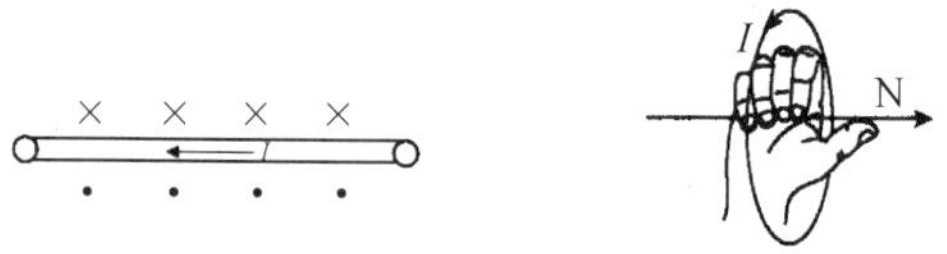


（a）通电的直导体　（b）判断方法

图 1-13　安培定则一

2.螺线管

螺线管通电以后,螺线管的每一匝都会产生磁场,磁场的方向按“安培定则二”进行判定(如图 1-14 所示):用右手握住通电螺线管,让四指指向电流的方向,那么大拇指所指的那一端是通电螺线管产生磁场的 N 极。

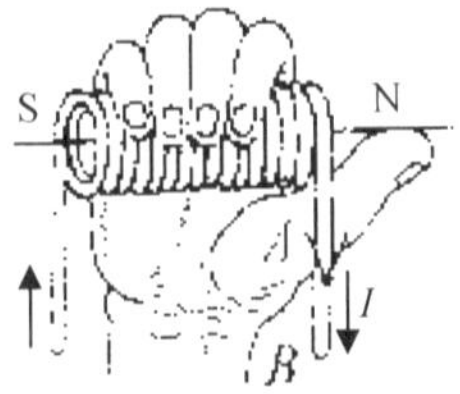


图 1-14　安培定则二

## 三、电磁感应现象与感应电流

英国科学家法拉第发现了磁与电之间的相互联系和转化关系。只要穿过闭合电路的磁通量发生变化,闭合电路中就会产生感应电流。这种利用磁场产生电流的现象称为电磁感应现象,产生的电流叫作感应电流。

## 四、安培力与左手定则

安培力是通电导线在磁场中受到的作用力。

电流强度为 $I$、长度为 $L$ 的直导线,置于磁感应强度为 $B$ 的均匀外磁场中,则导线受到的安培力的大小为:

$$f=BIL\sin\alpha \tag{1-20}$$

式中,$\alpha$ 为导线中的电流 $I$ 方向与磁场方向之间的夹角。

安培力的方向常用左手定则进行判断。左手定则:伸开左手使拇指与其他四指垂直且在一个平面内,让磁感线垂直穿过手心,四指指向电流方向,则大拇指的指向就是安培力方向(即导体受力方向)。

# 第四节　三相交流电源及负载的连接

## 一、三相交流电概述

三相交流电通常由三相交流发电机产生,它们频率相同、电动势(压)幅值相等、相位差互差 120°。三相交流电压表达式为:

$$\begin{cases} u_U = U_m \sin\omega t \\ u_V = U_m \sin(\omega t - 120°) \\ u_W = U_m \sin(\omega t + 120°) \end{cases} \tag{1-21}$$

正弦量可以采用相量进行描述，用大写字母上加一点来表示。如 $\dot{I}$ 表示电流相量，$\dot{U}$ 表示电压相量。式(1-21)对应的相量表示为：

$$\begin{cases} \dot{U}_U = U\angle 0° \\ \dot{U}_V = U\angle -120° \\ \dot{U}_W = U\angle 120° \end{cases} \tag{1-22}$$

## 二、连接方式

### 1.基本概念

中点：又称中性点，三相电源绕组的公共连接点称为电源的中(性)点，如图 1-15 所示中的 N 点；三相负载星形连接的公共连接点称为负载的中(性)点，如图 1-15 所示中 N′点。

端线：又称火线，连接电源和负载各相端点的导线。

中线：又称中性线，连接电源中点和负载中点的导线，称为中(性)线，有时以大地作为中线，此时中线又称为地线，也称为零线。

线电压：端线与端线之间的电压称为线电压。

相电压：每相绕组或每相负载上的电压。

线电流：流过端线的电流。

相电流：流过每相绕组或每相负载的电流。

### 2.星形连接

星形接法是将各相电源或负载的一端都接在一点上，而它们的另一端作为引出线，分别为三相电的三条相线，如图 1-15(a)所示。三相电源常采用星形连接。图 1-15(a)中，左边三相电源 $\dot{E}_U$、$\dot{E}_V$ 与 $\dot{E}_W$ 星形连接，右边三相负载 $Z_U$、$Z_V$ 与 $Z_W$ 星形连接。

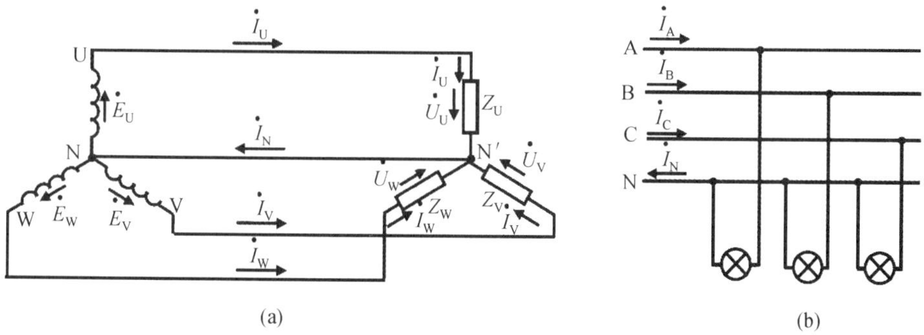


(a)　　(b)

图 1-15　三相电源与负载的星形连接

根据线电流与相电流的定义，由图 1-15 可知，星形连接的线电流等于相电流。当三相电压对称时，星形连接的线电压有效值等于相电压有效值的$\sqrt{3}$倍，同时，线电压超前相电压 30°。

在三相电源星形连接中,中线上的电流应等于三个线电流的相量和,因此当负载对称时,端线上的电流也必定是对称的,中线上的电流等于零,即 $\dot{I}_N=0$,这时中线可以省去,且不影响电路的工作,这种省去中性线的供电方式称为三相三线制,把图 1-15 有中性线的供电方式称为三相四线制。我国陆用的低压配电网络多采用三相四线制,船舶电力系统常采用三相三线制(无中性线)。

3.三角形连接

将三相电源或负载中的每一相的末端与后续相的首端相连,然后再从 3 个连接点引出端线的连接方式称为三角形连接,电源一般不采用三角形连接。三相负载的三角形连接如图 1-16 所示。

由相电压与线电压的定义可知,图 1-16 中相电压等于线电压。当三相负载对称时,线电流的有效值等于相电流有效值的$\sqrt{3}$倍,且线电流滞后相电流 30°。

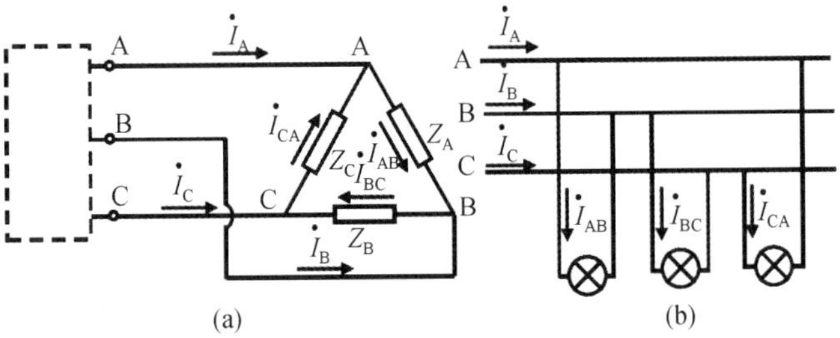


图 1-16　三相负载三角形连接

## 三、功率

不论负载是星形连接还是三角形连接,总有功功率等于各相有功功率之和。当负载不对称时,先分别计算每一相的有功功率,然后再计算三相总有功功率 $P$,即

$$P=P_a+P_b+P_c \tag{1-23}$$

同理,可得出三相总的无功功率 $Q$ 和总视在功率 $S$,即

$$Q=Q_a+Q_b+Q_c \tag{1-24}$$

$$S=S_a+S_b+S_c \tag{1-25}$$

当三相负载对称时,各相有功功率相等,因此三相总功率为

$$P=3P_P=3U_PI_P\cos\varphi_P=\sqrt{3}U_lI_l\cos\varphi_P \tag{1-26}$$

应注意,上式中的 $\varphi_P$ 角是相电压与相电流之间的相位差,由负载性质决定。

同理,可得出三相无功功率和视在功率

$$Q=3U_PI_P\sin\varphi_P=\sqrt{3}U_lI_l\sin\varphi_P \tag{1-27}$$

$$S=3U_PI_P=\sqrt{3}U_lI_l \tag{1-28}$$

# 第五节 ◉ 电子技术基础

## 一、二极管及作用

1.结构

二极管就是由一个 PN 结加上相应的电极引线及管壳封装而成的。由 P 端引出的电极为阳极，N 端引出的电极为阴极。二极管的外形和符号如图 1-17 所示。

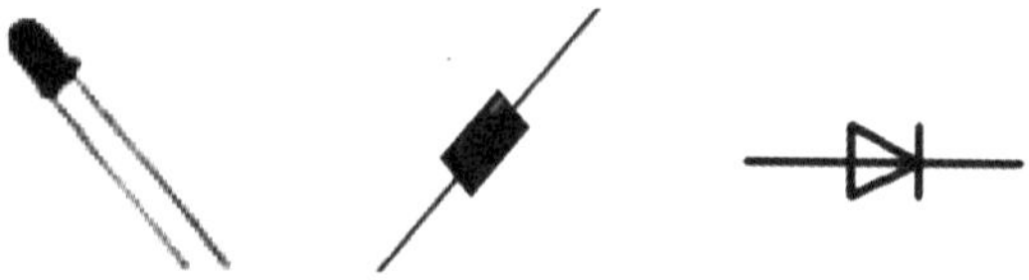

图 1-17　二极管的外形与符号

2.特性

二极管的基本特性是单向导电性，导电性能易受环境温度影响。二极管具有整流、稳压、检波等作用。

二极管的特性曲线如图 1-18 所示，包括正向导通部分和反向截止部分。

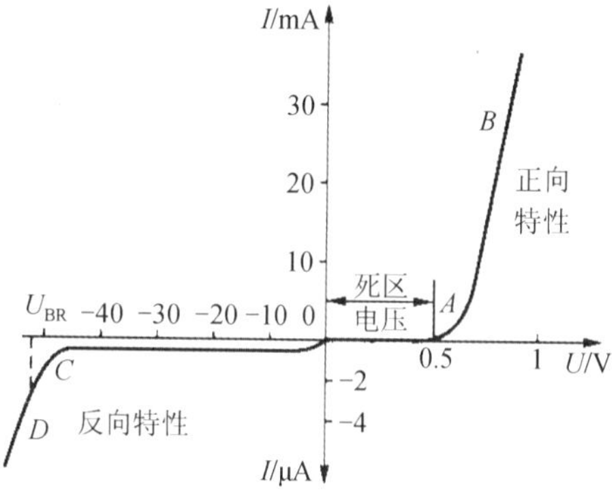


图 1-18　二极管特性曲线

(1)正向特性

当正向电压较小时，外电场不足以克服内电场对多数载流子扩散运动的阻力，二极管呈现较大的正向电阻，正向电流仍几乎为零。保持正向电流几乎为零的最大正向电压称为死区电压。正向电压超过死区电压后，正向电流将由明显增加到急剧增加。硅二极管的死区电压约为 0.5 V，锗管的死区电压约为 0.1 V~0.2 V。硅管的正向管压降约为 0.7 V，锗管的正向管压降为 0.3 V 左右。

(2)反向特性

当反向电压小于击穿电压时，反向电流基本上不随外加电压变化而变化，只有由少数载流子产生的很小的反向电流，二极管保持截止状态。当反向电压超过击穿电压后，反向电流突然增大，即二极管被反向击穿。二极管被击穿后，因失去了单向导电性而被损坏。

**3.整流作用**

将交流电变换为单一方向的脉动直流电称为 AC/DC 变换，即整流。

(1)半波整流

如图 1-19 所示，半波整流电路利用的是二极管的单向导电特性，是最常用的整流电路。

图 1-19(a)电路中，输入电压 $u_i$ 为正弦交流，波形如图 1-19(b)所示，二极管 $D$ 为理想二极管(即死区电压=0，正向压降=0)，则负载电阻 $R_L$ 上的电压 $u_o$ 波形如图 1-19(c)所示。

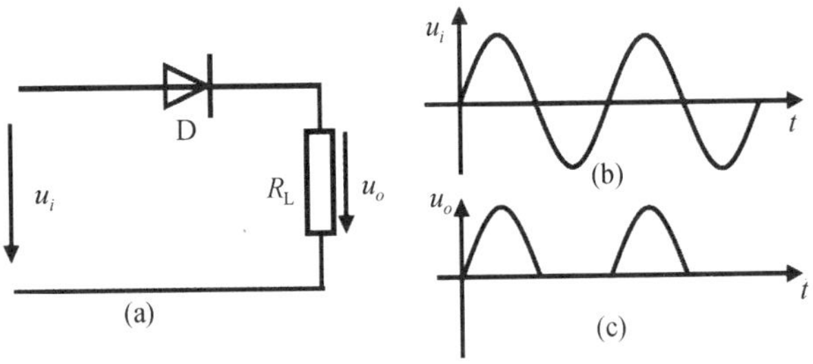


**图 1-19　二极管半波整流**

(2)全波整流

①双半波整流电路

如图 1-20(a)所示为二极管双半波整流电路，为全波整流的其中一种。如图 1-20(b)所示为正弦交流电压，二极管 $D_1$ 和 $D_2$ 交替导通，正半周时二极管 $D_1$ 导通($D_2$ 截止)，负半周时二极管 $D_2$ 导通($D_1$ 截止)。如图 1-20(c)所示为二极管 $D_1$ 导通时负载电阻 $R_L$ 上的电压，如图 1-20(d)所示是二极管 $D_2$ 导通时负载电阻 $R_L$ 上的电压。整个过程 $R_L$ 电阻上的电压波形如图 1-20(e)所示，负载 $R_L$ 的电流为单向的连续脉动直流。

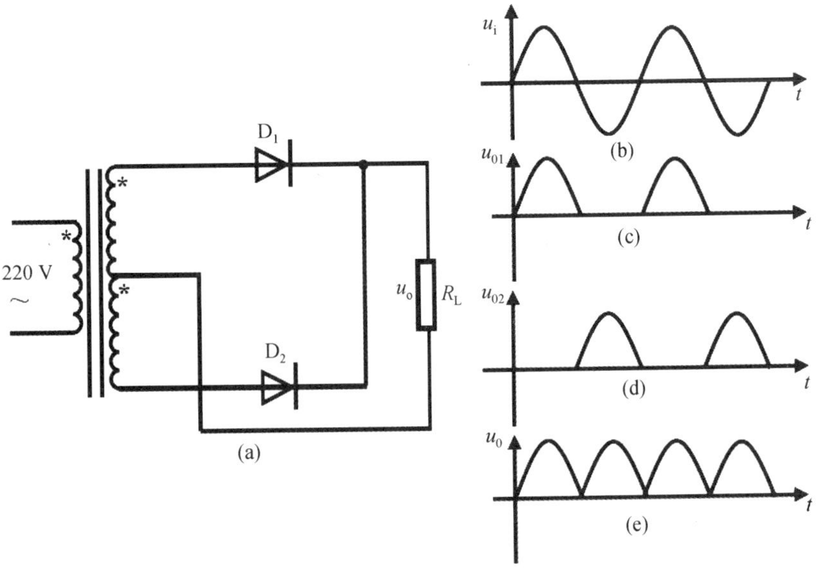


**图 1-20　二极管双半波整流电路**

该整流电路较少使用，是因为二极管所承受的反向电压为 2 倍的电源峰值电压，变压器采用了中心抽头，对电路的要求高。

②桥式全波整流电路

如图 1-21(a)所示为二极管桥式全波整流电路。电源电压 $u_i$为正弦交流,波形图如图(b)所示,正半周时 $D_1$与 $D_3$导通($D_2$与 $D_4$截止),负半周时 $D_2$与 $D_4$导通($D_1$与 $D_3$截止);负载电阻 $R_L$在电源正负半周时对应的电压波形分别如图(c)、(d)所示,整个过程 $R_L$电阻上的电压波形如图(e)所示。该电路为最常见的整流电路。

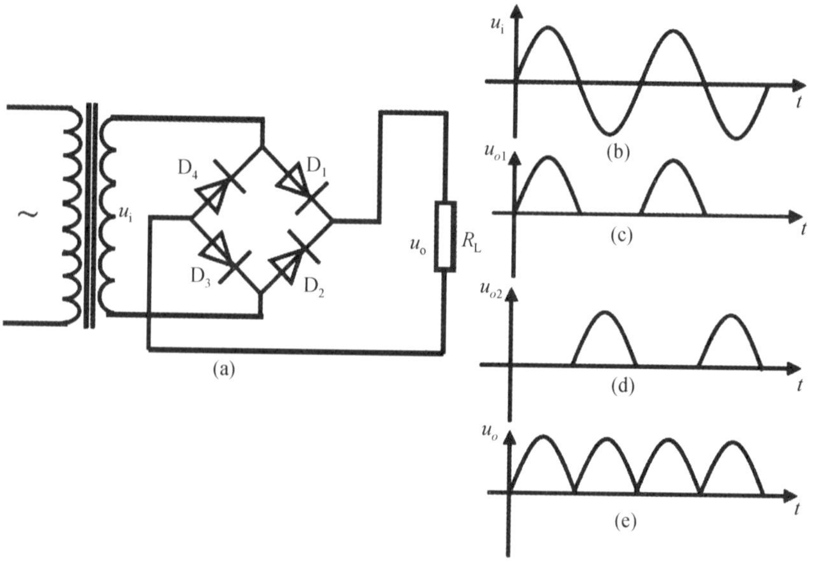


图 1-21　二极管桥式全波整流电路

4.特殊二极管

(1)发光二极管

发光二极管直接将电能转换为光能的发光显示器件,当内部有一定大小的电流通过时,它便发光。符号如图 1-22 所示。

(2)光电二极管

光电二极管是把光能转换成电能的光电传感器件。符号如图 1-23 所示。

(3)稳压二极管

稳压二极管简称稳压管,又称齐纳二极管。通常工作在反向击穿状态,起到稳压作用。符号如图 1-24 所示。

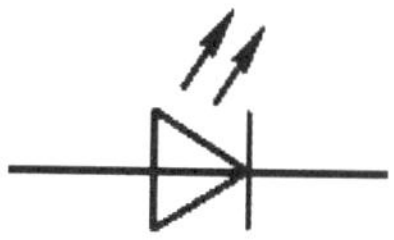

图 1-22　发光二极管

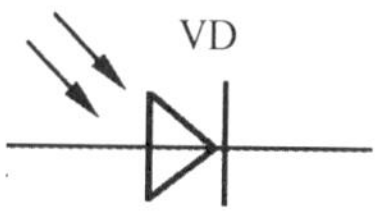


图 1-23　光电二极管

图 1-24　稳压二极管

## 二、晶体三极管及作用

### 1.晶体三极管的结构

三极管的外形如图 1-25 所示。

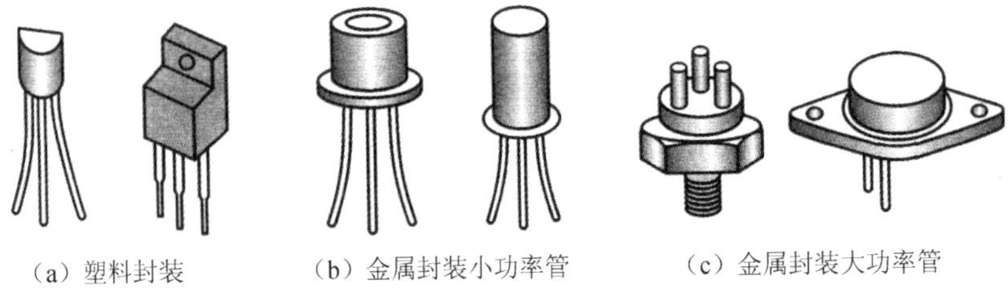


图 1-25　三极管的外形图

三极管是具有两个 PN 结、三个电极半导体器件。根据 PN 结的组合方式不同，有 NPN 型和 PNP 型两种类型。这两种类型又都有硅管和锗管，但硅管多为 NPN 型，锗管多为 PNP 型。

如图 1-26 所示是它们的结构示意图和电路符号。有三个不同的导电区分别为发射区、基区和集电区。由三个区引出的电极分别称为发射极 E、基极 B 和集电极 C。发射区与基区之间的 PN 结称为发射结，集电区与基区之间的 PN 结称为集电结。

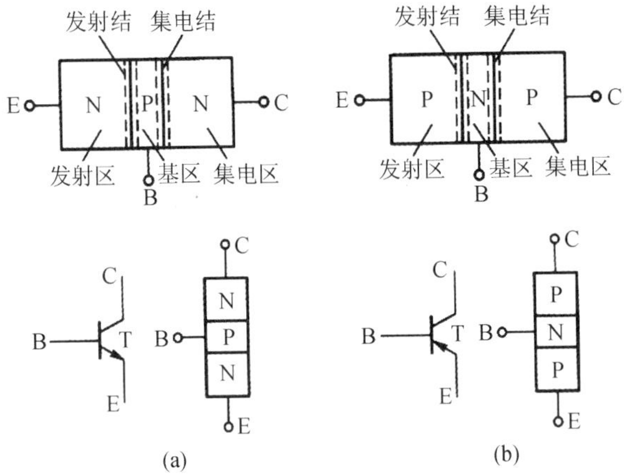


图 1-26　晶体管的结构示意图和电路符号

三极管三个区的特点是：发射区掺杂浓度大、基区很薄且掺杂浓度小和集电区的面积比发射区大。

2.电流放大作用

要实现电流放大，需要外部的电压条件。即发射结加正向电压（称为正向偏置，简称正偏）和集电结加反向电压（称为反向偏置，简称反偏）。

处于放大工作状态时，集电极电流与基极电流的关系是：

$$I_C \approx \bar{\beta} I_B \tag{1-29}$$

$$\Delta I_C = \beta I_B \tag{1-30}$$

$\bar{\beta}$、$\beta$ 分别称为直流电流放大倍数、交流电流放大倍数，且两者近似相等。

三个极的电流关系为：

$$I_E = I_B + I_C = (1+\beta) I_B \tag{1-31}$$

3.三极管三个工作区

在三极管的三个电极上加上不同的电压会使得三极管处在不同的工作区。

(1)截止区

当发射结上所加电压 $U_{BE}<$ 死区电压,$I_B=0$,发射结反偏,集电结反偏,此时三极管处于截止区,且 $I_C\approx0$,$U_{CE}\approx0$,C、E 相当于断路。

(2)饱和区

当三个电极所加电压使得发射结正偏,集电结正偏时,三极管处于饱和状态。工作在此区域时 $U_{CE}\approx$ 电源电压,C、E 相当于短路。

(3)放大区

当三个电极所加电压使得发射结正偏,集电结反偏时,三极管工作在放大区,可起到电流放大的作用。该状态时公式(1-29)成立。

# 第二章 船舶电机基础

船舶电机是指依据电磁感应定律实现电能转换或传递的一种电磁装置，主要包括发电机与电动机等。

发电机是指将其他形式的能源转换成电能的机械设备；电动机是把电能转换成机械能的一种设备。

船舶电机按工作电源种类划分，可分为直流电机和交流电机；按结构和工作原理可分为直流电动机、异步电动机、同步电动机。三相鼠笼式异步电动机与三相同步发电机在船上应用广泛。

## 第一节 直流电机

直流电机是指将直流电能转换成机械能（直流电动机）或将机械能转换成直流电能（直流发电机）的旋转电机。它是能实现直流电能和机械能互相转换的电机。

### 一、直流电机的组成及工作原理

**1.组成**

直流电机主要由定子和转子两大部分组成，如图 2-1 所示。

直流电机运行时静止不动的部分称为定子，定子的主要作用是产生磁场，定子由机座、主磁极、换向极、端盖、轴承和电刷装置等组成。

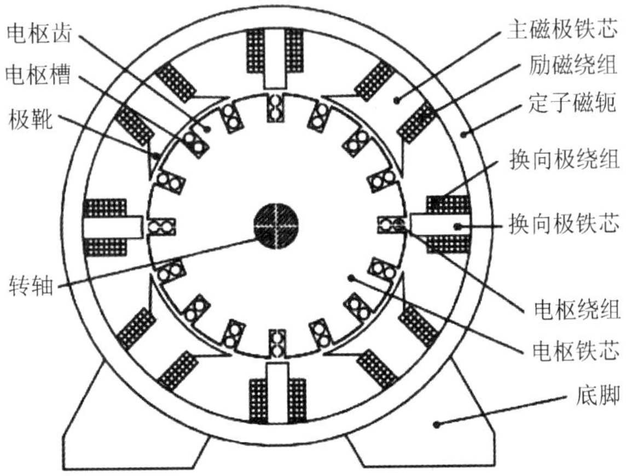


图 2-1　直流电机的组成

运行时转动的部分称为转子,其主要作用是产生电磁转矩和感应电动势,是直流电机进行能量转换的枢纽,通常又称为电枢,由转轴、电枢铁芯、电枢绕组、换向器和风扇等组成。电枢是电机在实现机械能与电能相互转换过程中起关键和枢纽作用的部件。对于发电机来说,它是产生电动势的部件,比如直流发电机中的转子;对于电动机来说,它是产生电磁力的部件,如直流电动机中的转子。

**2.直流发电机基本工作原理**

直流发电机基本工作原理如图 2-2 所示。原动机拖动转子旋转时,线圈 ab 段和 cd 段两段导体交替处在 N 极和 S 极下,线圈的感应电动势的方向在不断变化,但由于换向器的作用,由两个电刷引出的电动势方向却是不变的。

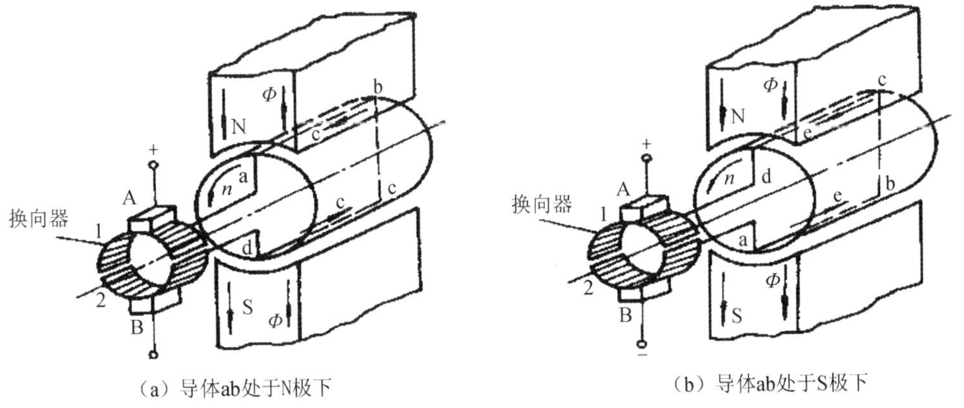


图 2-2　直流发电机基本工作原理图

直流发电机所感应出的电动势大小与电枢绕组的匝数、线圈旋转的速度以及磁极之间磁通的强弱有关。$E$ 的大小与每极的总磁通量 $\Phi$ 成正比,与电枢转速 $n$ 成正比,即:

$$E = C_E \Phi \cdot n \qquad (2\text{-}1)$$

式中,$C_E$ 为电动势常数,与电机结构有关。

**3.直流电动机工作原理**

直流电从两电刷之间通入电枢绕组,电枢电流方向如图 2-3 所示。由于电刷和电源固定连接，无论线圈怎样转动，总是N极有效边的电流方向向里，S极有效边的电流方向向外。图中电动机电枢绕组通电后中受力(左手定则)按逆时针方向旋转。

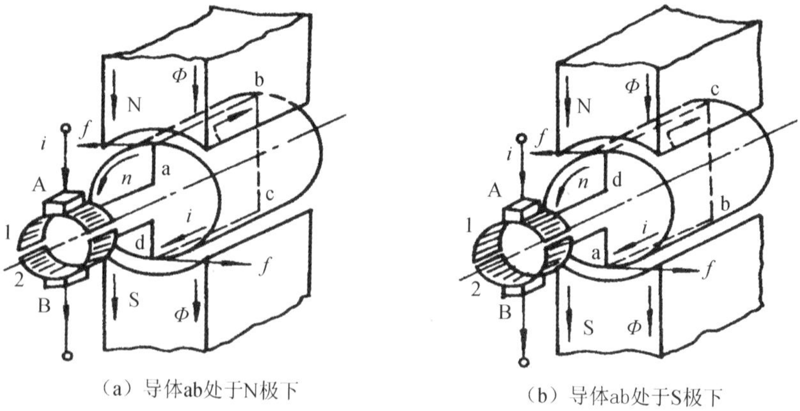

(a) 导体ab处于N极下　　(b) 导体ab处于S极下

**图 2-3　直流电动机工作原理图**

**4.直流电机的电磁转矩**

无论是直流发电机还是直流电动机，当电枢绕组中流过电流时，导体便受到电磁力的作用。电磁力对电枢轴心形成转矩，该转矩即为电枢绕组的电磁转矩。

电磁转矩的大小与电枢电流成正比，与磁通大小成正比，方向符合左手定则。直流电机电磁转矩 $T$ 与每极磁通成正比，与电枢电流 $I_a$ 成正比，即

$$T = C_T \Phi I_a \quad (2\text{-}2)$$

式中，$C_T$ 为转矩常数，与电机结构有关。

直流电动机的电磁转矩 $T$ 为驱动转矩，使电枢转动切割磁场产生感应电动势 $E$，其方向与电枢电流方向相反，因此电动机的感应电动势 $E$ 称为反电势。

直流发电机的电磁转矩 $T$ 为阻转矩，感应电动势 $E$ 为电源电动势，与电枢电流同向。

## 二、直流电机的励磁

定子主磁极与转子电枢绕组是电流电机的主要组成部件，它们之间的连接方式不同，直接关系电机的运行特性。由转子绕组形成的电流通路称为电枢回路，电枢回路上的电流称为电枢电流($I_a$)。由主磁极励磁绕组形成的电流通路称为励磁回路，励磁回路上的电流称为励磁电流($I_f$)。

直流电机的励磁方式主要有他励和自励两种，自励包括并励、串联与复励。图 2-4 为直流电机的几种励磁方式。

**1.他励**

励磁绕组电路与电枢电路相互独立，励磁电流来自其他直流电源，励磁功率一般为直流电机额定功率的 1%～3%左右。

**2.并励**

励磁绕组电路与电枢电路并联。并励绕组导线截面积小(细)、匝数多、电阻大，励磁电流小。励磁功率一般为直流电机额定功率的 2%～10%左右。

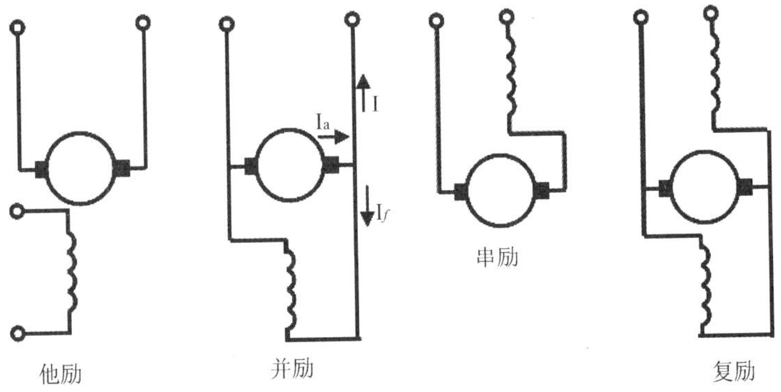


图 2-4　直流电机的励磁方式

3.串励

励磁绕组与电枢绕组串联，电枢电流与励磁电流相等。串联绕组匝数少、导线粗、电阻小。

4.复励

主磁极有两个励磁绕组，其中一个与电枢回路并联（并励绕组），另一个与电枢回路串联（串励绕组）。当串励绕组产生的磁势与并励绕组产生的磁势同向时称为积复励；串励绕组产生的磁势与并励绕组产生的磁势反向，称为差复励。电枢绕组与串励绕组串联后再与并励绕组并联称为长复励；电枢绕组与并励绕组先并励后再与串联绕组串联称为短复励。

## 三、直流发电机的自励起压

利用本身的剩磁（是指磁体经磁化至饱和以后，撤去外磁场，在原外磁场的方向上仍能保持一定的磁化强度，称为剩磁），通过磁电作用建立起电压的过程称为发电机的自励起压。自励起压的条件为：

（1）发电机必须有剩磁，若剩磁消失可用外电源充磁。

（2）励磁电流产生的磁场应与剩磁磁场方向相同。这与并励绕组和电枢电路的连接极性和电枢的转动方向有关。在固定转动方向下，主要决定于两并联电路的连接极性。

（3）励磁回路的总电阻必须小于临界电阻。励磁电阻过大或发生断路时，不能自励建立正常电压。当然转速过低，空载特性曲线变低也会使两曲线的交点变低，因而无法建立起正常的电压。

# 第二节　三相异步电动机

三相异步电动机是接入相位差互为 120°的三相交流电源供电的一类电动机，由于三相异步电动机转子转速与定子旋转磁场转速不同步，存在转速差，因此被称为三相异步电动机。

## 一、结构组成与铭牌

如图 2-5 所示为三相异步电动机实物图。

图 2-5 三相异步电动机实物图

### 1.结构组成

三相异步电动机主要由定子和转子两大部分组成。如图 2-6 所示为鼠笼式异步电动机的结构分解图。

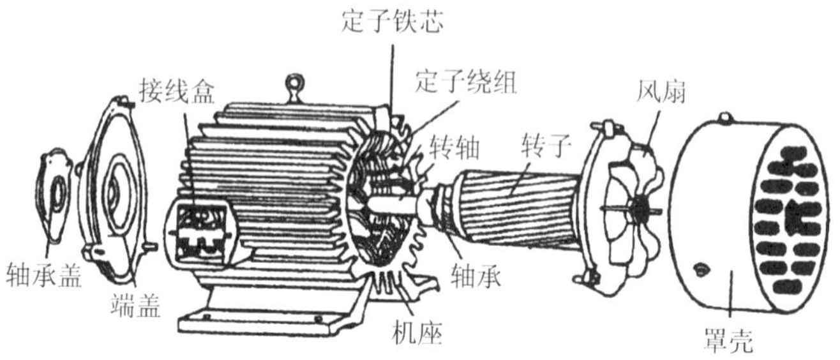


图 2-6 鼠笼式异步电动机的结构分解图

定子由定子铁芯、定子绕组和机座组成。定子铁芯常用硅钢片叠成,定子铁芯安装在机座内。机座常用铸铁或铸钢制成。三相异步电动机的定子绕组由 3 个独立的绕组构成。各绕组的线圈数目相等,均匀、对称地分布在定子铁芯的槽中。三相异步电动机定子绕组 3 个首端和 3 个末端都接在电动机出线盒的接线柱上。

异步电动机的转子主要有两种形式:一种是鼠笼式的,另一种是绕线式的。

鼠笼式的转子构造简单,由转子铁芯和笼形的绕组构成。转子铁芯也是用硅钢片叠压而成。铁芯的外沿开有分布均匀的槽,槽内安放转子绕组。船用电动机通常采用该种形式的电动机。

### 2.铭牌

某三相异步电动机铭牌如图 2-7 所示,铭牌内容解读如下:

(1)型号

Y132M-4:Y 表示三相异步电动机,132 表示机座中心高度;M 表示基座长度代号(L 表示长机座,M 表示中机座,S 表示短机座);4 表示磁极数($2p$)。

(2)额定功率

额定功率表示额定运行时电动机轴上输出的额定机械功率,单位一般用千瓦(kW)。

| 三相异步电动机 | | | | | |
|---|---|---|---|---|---|
| 型号 | Y132M-4 | 功率 | 7.5 kW | 频率 | 50 Hz |
| 电压 | 380 V | 电流 | 15.4 A | 接法 | △ |
| 转速 | 1 440 r/min | 绝缘等级 | B | 工作方式 | 连续 |
| | 年 月 编号 | | | ××电机厂 | |

图 2-7 某三相异步电动机铭牌

(3)频率

频率指电动机定子所接交流电源的频率,我国工频为 50 Hz。

(4)额定电压

额定电压是电动机在额定运行状态下,电动机定子绕组上应加的线电压值。

(5)额定电流

电动机加以额定电压,在其轴上输出额定功率时,定子上的线电流称为额定电流。

(6)接法

定子绕组的连接方式为△形或 Y 形连接,与额定电压相对应。

(7)额定转速

额定转速为额定负载下的转速,单位为 r/min。

(8)绝缘等级

依据所用国内绝缘材料的耐热等级而划分,分 A、E、B、F、H 级,它们的允许工作温度分别为 105 ℃、120 ℃、130 ℃、155 ℃、180 ℃。

(9)工作方式

工作方式又称工作制,指电动机的运行方式。一般分为“连续”(代号为 S1)、“短时”(代号为 S2)、“断续”(代号为 S3)。

## 二、工作原理

**1.旋转磁场**

(1)旋转磁场的产生

三相异步电动机定子接入三相对称的正弦交流电,设三相对称交流电为:

$$\begin{cases} i_A = I_m \sin\omega t \\ i_B = I_m \sin(\omega t - 120°) \\ i_C = I_m \sin(\omega t - 120°) \end{cases} \tag{2-3}$$

如图 2-8 所示,箭头为电流方向参考方向(首端流进尾端流出为正,反之为负;且电流流进用“×”表示,流出用“·”表示)。

当 $\omega t = 0$,ABC 三相电流分别为:$i_A = 0$,$i_B < 0$,$i_C > 0$,则此时电机三相绕组电流示意图如图 2-9(a)所示。

当 $\omega t = 60°$,ABC 三相电流分别为:$i_A > 0$,$i_B < 0$,$i_C = 0$,则此时电机三相绕组电流示意图如图 2-9(b)所示。

当 $\omega t = 90°$,ABC 三相电流分别为:$i_A = I_m$,$i_B = i_C$,且均小于 0,则此时电机三相绕组电流示意图如图 2-9(c)所示。

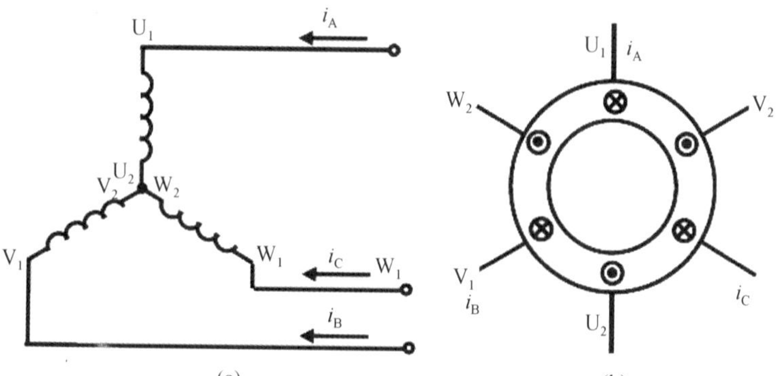


图 2-8 异步电动机三相绕组通入三相交流

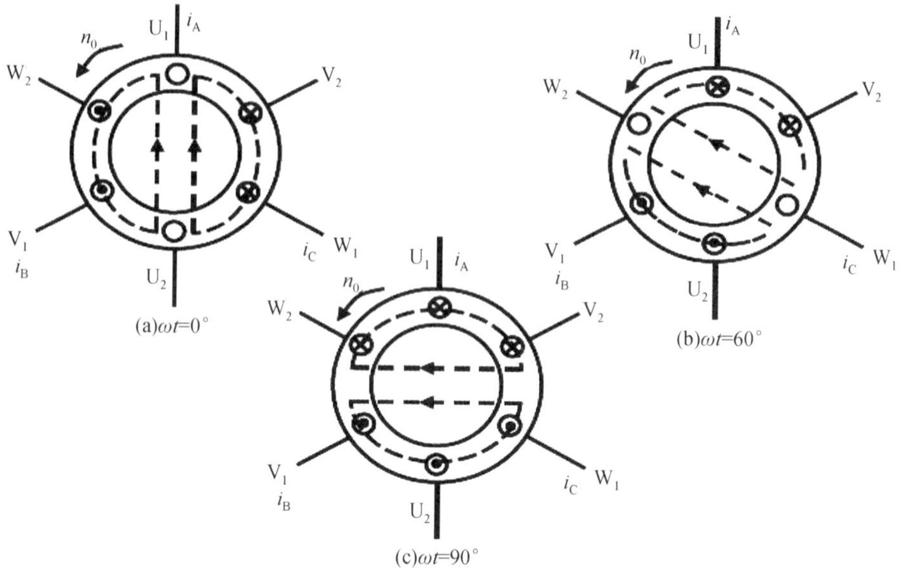


图 2-9 旋转磁场的形成($p=1$)

由图 2-9 可知,磁场的方向是随 $\omega t$ 的变化而变化的,当定子绕组通入三相电流后,它们共同产生的合成磁场随电流交变而在不断地旋转着,这就是旋转磁场。这个旋转磁场同磁极在空间旋转所起的作用是一样的。如果电流变化一周($\omega t=360°$),则合成磁场在空间旋转一周。

(2)旋转磁场的转速

当电流经过一个周期,磁场旋转了一周。其旋转磁场转速(同步转速)$n_0$与电源频率 $f$、磁极对数 $p$ 的关系为:

$$n_0=\frac{60f}{p} \tag{2-4}$$

旋转磁场的转速 $n_0$,又称为异步电动机的同步转速。由于电源的频率和磁极对数通常是固定的,因此一台异步电动机的同步转速通常为一个常数。

表 2-1 列出了频率分别为 50 Hz 和 60 Hz 异步电动机的同步转速 $n_0$与磁极对数 $p$ 的对应关系。

表 2-1 同步转速 $n_0$(r/min)

| $p$ | | 1 | 2 | 3 | 4 | 5 | 6 |
|---|---|---|---|---|---|---|---|
| $f$ | 50 Hz | 3 000 | 1 500 | 1 000 | 750 | 600 | 500 |
| | 60 Hz | 3 600 | 1 800 | 1 200 | 900 | 720 | 600 |

2.异步电动机转动原理

如图 2-10 所示,当电动机通电后,三相交流电在定子和转子的空气间隙中,产生圆形的旋转磁场(电生磁)。设旋转磁场以 $n_0$的转速顺时针方向旋转切割转子绕组导体,在绕组中便产生感应电动势并有感应电流(磁生电),其方向用右手定则判断;转子电流与旋转磁场相作用所产生的电磁作用力 $F$,其方向用左手定则判断(磁变生力),使转子向旋转磁场方向转动。由于转子的转速 $n$ 低于旋转磁场的转速 $n_0$,故称为异步;由于转子电流由感应而生,故又称为感应电动机。

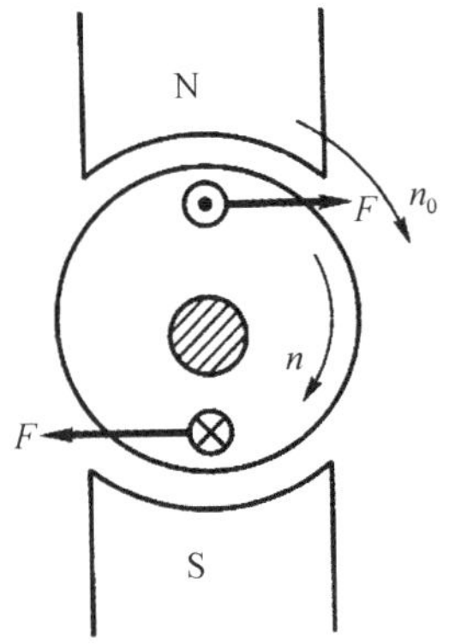


图 2-10 异步电动机转动原理

若改变定子通电电流的相序,则对应旋转磁场反转,转子随之反转,即电动机反向。

3.转差率

转差率 $s$ 用来表明转子的转速 $n$ 相对于旋转磁场转速 $n_0$(又称同步转速)的差别程度,即:

$$s=\frac{n_0-n}{n_0} \tag{2-5}$$

异步电动机启动瞬时或转子堵转时,$n=0(s=1)$;而空载时由于阻力矩很小,$n\approx n_0(s\approx 0)$。各种容量的三相异步电动机在额定负载时的转差率 $s_N$约为 1%~9%。转子的额定转速非常接近于同步转速,因而可从铭牌额定转速 $n_N$和频率 $f$ 便可知道它的同步转速 $n_0$和磁极对数 $p$。例如,转速 1 460 r/min,频率 $f$ 为 50 Hz,则 $n_0=1\ 500$ r/min,$p=2$,因此根据铭牌的信息也可以计算它的额定转差率 $s_N$。

当 $0<s\leqslant 1$ 时,异步电机运行于电动机状态,在此转差率范围内 $n$ 与 $n_0$同方向,且 $n<n_0$。由转动原理已知,在这种情况下转子导体与旋转磁场的相对切割方向决定了所产生的电磁转矩 $T$ 与 $n$ 同向,是驱动转矩。

当 $s<0$ 或 $s>1$ 时,都将使转子对旋转磁场的相对切割方向与处于电动机状态时相反,因而使电磁转矩反向,变成制动转矩,电机运行于制动状态。

当 $s<0(n>n_0)$ 时，此时电动机处于发电制动态；当 $s>1$（$n$ 与 $n_0$ 方向相反）时，此时电动机处于反接制动状态。



## 三、运行控制

### 1.启动

交流异步电动机刚启动时，转子转速 $n=0(s=1)$，旋转磁场的磁力线切割转子的相对速度大，产生感应电动势大、电流大。三相异步电动机的启动电流一般为额定电流的 5~7 倍。

（1）直接启动

直接启动就是利用开关或接触器把定子绕组直接接到额定电压的电网上，直接启动是三相异步电动机应用最多的一种启动方式，方法简单，设备少，成本低。通常 7.5 kW 以下的电动机直接启动。直接启动的缺点是对同电网的其他负载影响较大。因此对频繁启动的、功率较大的电动机（如起货机马达、大功率的变流机马达、空压机马达、主机滑油泵马达等）常采用降压启动，减小电动机的启动电流，避免对电网造成过大的冲击，保证电网安全供电。

（2）降压启动

①星形-三角形（Y-△）降压启动

星形-三角形（Y-△）降压启动方法只适用于正常运行时定子绕组是三角形接法的电动机。启动时利用 Y-△启动器将电动机定子绕组接成星形以减小启动电流，待转速升高到一定值时，再将定子绕组换接成三角形接法并投入正常运行。采用这种方法启动虽然可以减小启动电流，但是由于电压降低，启动转矩减小，所以这种启动方法适用于空载或轻载场合下的启动。

②自耦变压器降压启动

自耦变压器降压启动是指电动机启动时利用自耦变压器来降低加在电动机定子绕组上的启动电压。待电动机启动后，再使电动机与自耦变压器脱离，从而在全压下正常运行。正常运行时为星形连接的异步电动机可以采用此方式进行降压启动，该方法比较适用于大容量电动机的启动，船上较少使用。

③定子绕组串联电阻或电抗器降压启动

电动机启动时，在电动机的定子绕组上串联电阻，由于电阻有分压作用，使加在电动机定子绕组上的电压低于额定电压，实现降压启动。启动后，再将电阻短接，电动机在额定电压下正常运行。这种方法常用于空载或轻载启动。

### 2.调速

异步电动机的同步转速 $n_0=60f/p$，异步电动机转子转速 $n=(1-s)n_0=(1-s)\dfrac{60f}{p}$，要改变异步电动机的转速 $n$，有三种常用方法：一是改变异步电动机的频率 $f$（变频），二是改变异步电动机的极对数 $p$（变极），三是改变转差率 $s$。船上的锚机和起货机通常采用改变极对数的方法调速，锚机电动机多采用二绕组三速调节装置，起货机多采用三绕组三速调节装置。目前，船舶电机中的调速方法越来越多地采用变频方式。绕线式异步电机多采用改变转差率 $s$ 的调速方法。

3.反转

异步电动机转子的旋转方向取决于定子旋转磁场的转动方向，而定子旋转磁场的方向由通入定子的三相交流电流的相序决定。任意调换定子电源两相的相序就能改变旋转磁场的方向，即可实现电动机反转。

4.制动

电动机的制动方式包括机械制动和电磁制动两大类。机械制动通常利用电磁抱闸的方法来实现；电磁制动主要包括反接制动、再生制动和能耗制动。

(1)反接制动

所谓反接制动就是在电动机切断正常运转电源的同时改变电动机定子绕组的电源相序，使之有反转趋势而产生较大的制动力矩的方法。当电动机转速接近零时，应切断电源，否则电动机会反转。

(2)再生制动

再生制动亦称反馈制动，电机带位能性负载时，在重物的作用下(如起重机电动机下放重物)，电动机的转速高于旋转磁场的同步转速。这时转子导体产生感应电流，在旋转磁场的作用下产生反向力矩，电动机进入发电状态，并回馈电网，这种方式能使运行中的电动机自然进入反馈制动状态而匀速运行，又称发电制动。

(3)能耗制动

电动机在断开三相交流电源的同时，立即将直流电源接入电动机定子的任意两相绕组，绕组中流入直流电流，产生静止磁场。此时电动机的转子切割该静止磁场，产生感应电流。在静止磁场和感生电流的相互作用下，产生一个阻碍转子转动的制动力矩，因此电动机转速迅速下降，从而达到制动的目的。这种制动方式需要直流电源才能实现，因此船上较少采用。

## 四、典型故障及其处理

三相异步电动机的常见故障、故障原因和处理方法见表 2-2。

表 2-2　三相异步电动机的常见故障、故障原因和处理方法

| 故障 | 可能的原因 | 检查和处理方法 |
| --- | --- | --- |
| 电动机不能启动 | 1.电源线路有不通/断路/缺相；<br>2.定子绕组有断路/缺相；<br>3.绕线式转子及其外部电路有断路 | 1.检查电源是否有电，熔断器有无断开，开关接触是否良好，电动机接线有无松脱；<br>2.断开电源，用万用表检查定子绕组有无断路；<br>3.用万用表检查转子绕组及其外部电路，检测各连接点的接触是否良好 |
| 电源接通后，电动机尚未启动，保险丝即熔断 | 1.定子电路中接地或短路；<br>2.熔丝过小；<br>3.把星形(Y)连接的电动机错接成三角形(△)；<br>4.绕线式电动机的启动变电阻器的手柄放在运行位置 | 1.接通开关熔丝立即烧断，大多是接地或短路故障，可用兆欧表检查；<br>2.正确选择合适的熔断丝；<br>3.改正接法；<br>4.把启动变阻器的手柄旋转至启动位置 |

（续表）

| 故障 | 可能的原因 | 检查和处理方法 |
| --- | --- | --- |
| 电动机运行时有较大的嗡嗡声，且电流超过额定值较多 | 1.定子绕组某一相断路；<br>2.定子绕组有短路 | 1.检查熔断器，是否有一相断开，送修或换新电机；<br>2.断开电源用万用表检查，送修或换新电机 |
| 空载运行正常，加上负载后转速即降低或停转 | 1.把三角形（△）接法的电动机错接成星形（Y）；<br>2.电动机的电压过低；<br>3.转子铜条有断裂处；<br>4.负载太大 | 1.改正接法；<br>2.恢复电动机的电压到额定值；<br>3.取出转子修理，送修或换新电机；<br>4.适当减轻负载 |
| 电动机有不正常的振动和响声 | 1.电动机的地基不平或地脚螺丝松动或脱落；<br>2.联轴器松动；<br>3.轴承磨损松动造成定转子相互有摩擦 | 1.改善电动机的安装情况；<br>2.停车检查，紧固松脱的螺栓；<br>3.换新轴承 |
| 轴承温度过高 | 1.皮带过紧或耦合器未安装好；<br>2.轴承润滑不足；<br>3.润滑油/脂质量太差 | 1.按照说明书要求调整皮带的松紧程度，按要求安装和调节耦合装置；<br>2.拆下轴承盖，加注润滑油到规定油量或通过油枪加润滑脂至规定油量；<br>3.更换优质的润滑油/脂 |
| 电动机外壳温度过高或温升过高 | 1.电动机过载；<br>2.电动机通风不好；<br>3.电源电压过高或过低；<br>4.定子绕组中有短路；<br>5.电动机单相运行；<br>6.定转子铁芯相擦 | 1.适当减小负载；<br>2.检查维护电动机的风扇；检查清理通风孔道；检查清理电动机附近影响空气对流的杂物；<br>3.检查调整电源输出电压和去除线路中异常分压；<br>4、5、6可参照上面的处理方法 |

## 五、维护与管理

管理人员应根据设备说明书和船舶的相关规定，及时检查和监控异步电动机的运行情况，提高船舶安全营运水平。对运行中的三相异步电动机监控和维护主要包括以下几个方面。

**1．运行时的温度探测**

电动机有允许的温升，电动机铭牌上标注的绝缘等级就是对应的电动机能够承受的最高温度和绕组的温升限值。而电动机的温升就是电动机的实际温度与所处环境温度之差。电动机长期过热会加速绝缘层老化，严重时甚至会使电动机烧毁，因此电动机的温升不应超过规定的最大值。

中小型电机可用触摸法来感受机壳温度，如比较烫手，说明温升可能超过了允许值，也可以通过便携式红外测温枪测量机壳温度，一旦超出相应等级的允许值应立即采取措施。

**2．电流的监视**

正常工作时电流不应超过允许值，可通过检测电流的大小来监测电动机的运行工况。

电动机铭牌上标有其额定电流(环境温度)。在该环境温度下运行的电动机的电流不应超过额定值,否则易过热而致烧坏。

理想对称情况下,电动机定子三相电流应相等;如果定子绕组任意一相的电流最大值不超过额定电流时,则各相电流不平衡度允许值不会超过5%。当发生缺相时,会导致其余两相电流很大,发热严重,甚至会烧坏电动机绕组。发生缺相运行时,电动机会有“嗡嗡”声,应立即停机检修。电动机的过载通常采用热继电器进行保护。

**3. 电网电压的监视**

电动机允许电源电压在+6%及-10%额定电压以内的情况下长期运行,不减小输出功率。额定电压为380 V的电动机,在电压为342~403 V的范围内可长期运行。

使用岸电时,线路的电压降通常比较高,定子电压可能低于342 V,如某台电动机必须使用,应适当减小负载,使电动机的温升在允许范围之内,否则易过热而致烧毁。

**4. 保持通风和清洁**

机舱内电动机所处区域应保持整洁畅通,及时清理各种妨碍通风换气的障碍物。机舱内进行机电设备检修时,工具和零件不应摆放在非检修的电动机旁,清洁工具、清扫出来的棉纱头、电缆头等杂乱物品也应及时清理而不能放在电动机周围。

机舱内进行管路检修时应避免电机被水或其他液体浸湿。

**5. 注意振动、声响和异味**

若运行中的电动机有较大振动,应立即停机检查电动机的地脚螺栓以及联轴器的工作状态,发现问题应及时矫正。电动机的转子动静平衡失衡、绕组短路都可能会引起电机振动,应查明原因,消除故障。

正常工作的电机声音均匀,无杂音。如有较大的“嗡嗡”声,表示电流过大,可能是由于电动机超负荷或电流不平衡所致。如轴承中的钢珠异常磨损或损坏,运转时会有“咕噜”的声音。电动机的硅钢片过于松弛(这种情况较少)会产生一种特别的嘶嘶声。如有不均匀的碰擦声,通常是由转子和定子碰擦引起的。

电动机长时间超负荷,绕组会过热使绝缘损坏,会发出绝缘漆的焦臭气味。值班人员应立即停止或更换机组。

**6. 熔断器与启动设备的检查**

船用电动机大多数采用磁力启动器直接启动。

电动机采用磁力启动器启动,启动电流较大。检查并确保各接触器的线圈能正常吸合,触头接触良好。接触器触头闭合时应相互紧贴,不能歪扭和变黑(氧化物),表面也不应有铜斑。

交流接触器如有较大的“嗡嗡”声,说明接触不良,可能是衔铁与铁芯的接触部分有污垢或杂质,或者衔铁和铁芯上螺钉松动,或者铁芯上的短路环损坏。

在启动主回路中,通常接触器之前装设有熔断器,如熔断器烧断或触头接触不良,都会引起电动机缺相,应禁止这种状况的发生。熔断器的熔丝使用时间过长或表面有损伤时应及时更换相同规格的产品。根据规范要求,容量大于0.5 kW以及具有重要用途的电动机,均应设置独立的短路保护、过载保护与欠压保护。

# 第三节 同步发电机

同步电机包括同步电动机和同步发电机。

同步电动机是转子转速与定子旋转磁场的转速相同的交流电动机。转速 $n$ 决定于电源频率 $f$,故电源频率一定时,转速不变,且与负载无关。同步电动机具有运行稳定性高和过载能力强等特点,常用于多机同步传动系统、精密调速稳速系统和大型设备(如轧钢机)等。

同步发电机是转子转速与定子旋转磁场的转速相同的交流发电机。船用发电机大多数采用同步发电机,其原动机常采用四冲程柴油机。船用同步发电机组外观如图 2-11 所示。

图 2-11　船用发电机组外观图

## 一、结构

同步发电机主要由定子和转子两大部分组成,结构示意图如图 2-12 所示。同步发电机的磁路主要由定子铁芯、转子铁芯以及定、转子间的气隙构成。

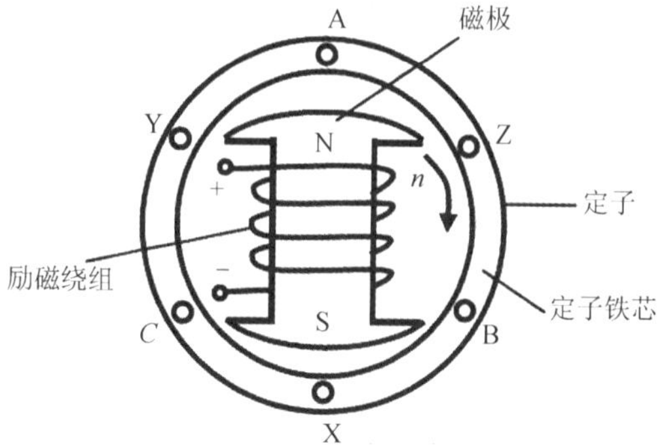


图 2-12　同步发电机结构

### 1. 定子

与异步电动机定子基本相同,同步发电机的定子由机座、定子铁芯、三相绕组等组成。定子三相绕组作为电枢,按空间 120° 电角度嵌放在定子铁芯槽内,用于产生三相感应电动势。船用同步发电机定子三相绕组多采用星形(Y)连接。如图 2-12 所示中 A-x、B-y、C-z 分别为定子的三相绕组。

2. 转子

同步发电机的转子主要由转子铁芯、转子(励磁)绕组、滑环及引线等组成。船用同步发电机常采用转子直流励磁,产生恒定的磁极主磁通。转子磁极有两种结构形式,即隐极式和凸极式(又称显极式),如图 2-13 所示。两种结构形式各有特点,其中隐极式的转子磁极呈圆柱形,气隙均匀分布;而凸极式的转子有明显突出的磁极,气隙分布不均匀,所以船舶柴油发电机组多采用凸极式同步发电机。

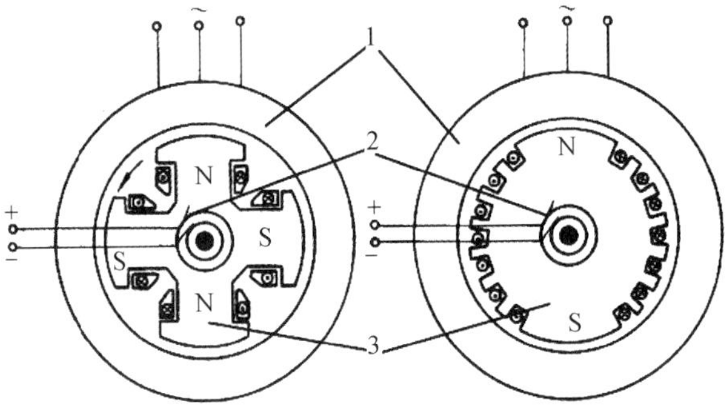


(a)凸极式　　(b)隐极式

**图 2-13　同步发电机定子与转子**

1—定子;2—滑环与电刷;3—转子磁极

由于转子磁极随转子和原动机一起转动,所以称为旋转磁极式(又称转场式);与之相对的是旋转电枢式,定子是磁场,转子是电枢。

另外,在同步发电机中,转子磁极的励磁绕组的直流励磁电流是通过固定在转轴的滑环(集电环)和固定于端盖的电刷从外部的励磁源获得的。

## 二、工作原理

同步发电机的转子励磁绕组通入直流电,建立主磁场,并随转子在原动机拖动下转动,形成旋转磁场,与静止的定子三相对称绕组(空间上互成 120°电角度)形成相对运动,即定子电枢绕组切割旋转磁场的磁力线产生感应电动势。

产生的对称三相正弦交流空载电动势的瞬时值为:

$$\begin{cases} e_U = E_m \sin\omega t \\ e_V = E_m \sin(\omega t - 120^\circ) \\ e_W = E_m \sin(\omega t - 120^\circ) \end{cases} \tag{2-6}$$

空载电动势的有效值 $E = E_m/\sqrt{2}$。

空载电动势的频率 $f$、转子的转速 $n$、磁极对数 $p$ 之间的关系为:

$$f = \frac{pn}{60} \tag{2-7}$$

## 三、铭牌参数

1. 型号

国内同步发电机型号及命名没有统一的规定,以兰州电机股份有限公司的船用同步发电机为例(见图 2-14),型号为“TFXW-225M4-H”中各字母数字代表意义是 TF:同步发电机;XW:不可控相复励无刷电机;225:基座中心高度,225 mm;M:机座轴向长度代号,中机座;4:4极发电机;H:船用。

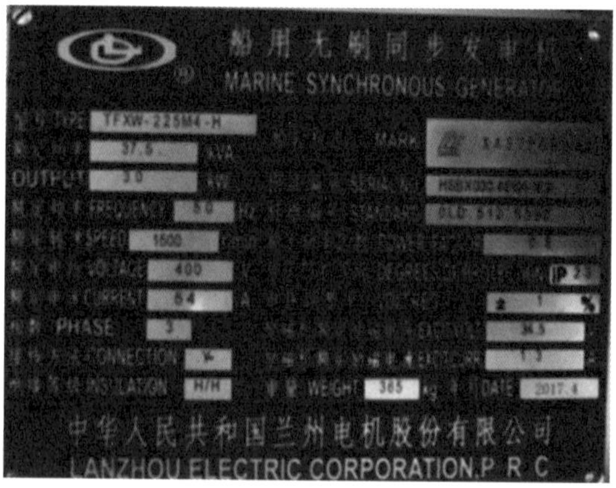


图 2-14 同步发电机铭牌

**2. 额定功率**

额定功率是机组在正常使用条件下运行时输出功率的额定值,以 kW 为单位,也有用 kVA 作为单位表示(一般称为容量)的,二者之比值为功率因数值。

**3. 额定电压**

额定电压是机组输出电压的额定数值,400 V(三相)和 230 V(单相)这两种类型较多。

**4.额定电流**

额定电流是机组加上负载后输出电流的额定数值。

**5. 额定频率**

额定频率是机组加上负载后,输出交流电的频率额定值。一般国产同步发电机的工频 50 Hz。

**6. 额定功率因数**

额定功率因数是机组输出额定电压与额定电流相位差的余弦值 $\cos\varphi$。额定功率因数多为 0.8(滞后)。

## 四、同步发电机的维护与管理

为确保发电机的正常运行,需对其进行有效的日常维护与保养。

**1.常用维护要求**

(1)发电机附近不应有积水、油和其他杂物,亦不能有腐蚀性气体,防止损伤发电机绕组的绝缘层。机舱清洁时应防止水、清洁剂溅入发电机中。

(2)确保有效通风与冷却,按时清扫通风孔道内的灰尘与污物。冷却介质的温度不能过低,防止绕组或其他导电器件上凝结水珠。

(3)集电环不必包扎保护时,应在电刷与集电环之间用绝缘纸板、石蜡纸或沥青纸隔开,防止电刷在集电环表面形成斑点。

**2.运行前的准备**

(1)确保发电机以及启动设备状态良好。

(2)确保发电机附近应无异物。

长时间(30天及以上)停机或维修后的发电机还应做如下检查:

(1)用兆欧表测量绕组对地的绝缘电阻,冷态时的绝缘电阻应大于2 MΩ,由于潮气引起的绝缘电阻过低可采用烘干办法除去湿气。

(2)确保集电环上电刷装置正常、电刷压力合适。

(3)确保轴承有油,而且油位正常(滑动轴承)。

(4)确保发电机内部无杂物,可用压缩空气或吹风机吹出。

(5)检查发电机转子是否有轴向窜动。

(6)确保紧固螺钉拧紧。

(7)检查发电机控制系统。

(8)检修后的发电机,还应对发电机和电缆连接的相序进行检测,是否与原相序一致。

检查完毕并确认无误后,方可启动发电机。启动后在原动机(柴油机)怠速状态下观测有无异常振动或火花,如有应及时排除。发电机达到额定转速后,应空转10 min左右,并观察发电机、传动设备、控制装置、机械设备及各种仪表是否正常,有无噪声、振动、局部过热现象,电压、励磁电压或励磁电流是否正常。如有,应排除后再启动。应特别注意:发电机的自动起压是在额定的转速下进行判断,不能正常起压时可采用预充磁的办法尝试解决。

**3.运行时的管理要求**

(1)监视温升。发电机运行时,可用手触摸机壳,粗略判断发电机的温升情况,不应超过绝缘等级规定的温度。

(2)查看运行参数(电压、频率和功率因数等)是否正常。电压变化范围应不超过±10%,频率变化范围应不超过0.5 Hz,功率因数大多数为0.8。两机并联运行时,两机的功率因数应大致相同,否则电网稳定性下降。

(3)检查发电机的振动、噪声以及是否有不正常气味,是否冒烟。有不正常的焦味、冒烟或不正常的振动或噪声时,应立即停机。

(4)检查发电机的轴承有无过热现象,是否漏油。

(5)检查有刷发电机电刷与集电环间的接触压力、磨损及火花情况。如有严重火花现象,应及时清理集电环,常用0号砂布或细实锉均匀地磨平集电环表面,并进行有效的清洁,防止铜屑、砂砾损坏集电环表面,并校正电刷压力。

**4.保养**

保养主要分为日常保养(指运行养护管理)、计划保养(间隔一定时间养护)、预防性修理、中修几个方面。

## 五、同步发电机的典型故障及其处理

船用交流同步发电机通常都配有自动电压调节器,发电机可通过调节器达到起压和恒压的目的。运行时,发电机本身以及调压器故障都可能引起供电异常,因此把发电机与调压器故障做统一分析。

发电机和调压器常见故障及处理方法见表 2-3。

表 2-3　发电机与调压器的常见故障与处理方法

| 故障现象 | 故障原因 | 处理方法 |
| --- | --- | --- |
| 原动机转速正常却不能建压 | 1.无剩磁；<br>2.励磁绕组断路；<br>3.集电环锈蚀、发黑不导电；<br>4.电刷卡死或刷辫线断开；<br>5.线性电抗器无气隙或气隙太小；<br>6.调压器整流元件被击穿；<br>7.接线有误；<br>8.剩磁电压与整流器输出电压极性相反；<br>9.电抗器、谐振电容器和相复励变压器之间的连线断开；<br>10.谐振电容器短路 | 1.充磁；<br>2.检查接线有无松脱或断线，励磁绕组是否断线；<br>3.用细砂布打磨集电环；<br>4.检查并修理电刷、刷握及刷辫；<br>5.调节气隙到规定值；<br>6.更换整流元件；<br>7.调整有误的接线；<br>8.调换励磁绕组的连接；<br>9.检查连线，重新接妥；<br>10.更换电容器 |
| 电压低于额定值 | 1.移相电抗器气隙过小；<br>2.电抗器、整流器及相复励变压器某相开路；<br>3.整定电阻过小；<br>4.转速过低；<br>5.发电机励磁绕组有断路；<br>6.电抗器或相复励变压器抽头有变动；<br>7.电压表故障 | 1.调整气隙到合适值；<br>2.检查接线是否有松脱或断线，接妥并紧固；<br>3.调整整定电阻到合适值；<br>4.调节转速到额定值；<br>5.修复或更换励磁绕组；<br>6.检查并校核电压，重新抽头接线；<br>7.校对或更换电压表 |
| 电压高于额定值 | 1.移相电抗器气隙过大；<br>2.整定电阻的滑动触头烧坏、锈蚀、接触不良或电阻烧断；<br>3.电抗器、相复励变压器抽头变动；<br>4.电压表故障 | 1.调整气隙到合适值；<br>2.检查、修复或更新电阻；<br>3.调整抽头接线；<br>4.校正或更换电压表 |
| 运行中突然不发电 | 1.整流器击穿；<br>2.励磁绕组断路；<br>3.电抗器铁芯松动，气隙减小；<br>4.电抗器或相复励变压器线圈短路；<br>5.谐振电容击穿 | 1.更换整流元件；<br>2.检查接线有无松脱或断线；<br>3.调整电抗器气隙到合适值，并固紧铁芯；<br>4.修复或换新线圈；<br>5.更换电容 |
| 负载增加时电压大幅度下降 | 1.移相电抗器、整流器、相复励变压器某相开路；<br>2.整流器中有断路；<br>3.相复励变压器的电流绕组与电压绕组极性不一致；<br>4.原动机调速器性能不良；<br>5.定子铁芯移位 | 1.检查三者之间接线有无断线，并接通线路；<br>2.检查整流器以及其接线，并接通线路；<br>3.调换电流绕组或电压绕组，使它们的极性相同；<br>4.修复或更换原动机的调速器；<br>5.铁芯复位并紧固 |

（续表）

| 故障现象 | 故障原因 | 处理方法 |
| --- | --- | --- |
| 发电机过热 | 1.长期过载；<br>2.定子绕组或励磁绕组有短路；<br>3.三相负载不对称；<br>4.定、转子碰擦 | 1.控制负载电流不超过额定值；<br>2.更换或修复；<br>3.电机单相运行或单相大功率负载造成；<br>4.检查电机轴承和转轴、转子铁芯有无松动 |
| 轴承过热 | 1.磨损严重或损坏；<br>2.润滑油/脂过多或过少或变质；<br>3.电机端盖或轴承装配不当；<br>4.机组装配不良；<br>5.转轴弯曲 | 1.更换；<br>2.润滑油/脂量不超过轴承室容积 2/3 或更换；<br>3.重新装配；<br>4.重新安装；<br>5.校正或更换 |

# 第四节 电力推进系统

船舶电力推进是指以电力为船舶推动力的推进方式，船舶依靠自身配备的发电装置获取电能来驱动船舶运动的推进方式。

## 一、分类

**1.可控硅整流器配合直流电动机**

推进系统采用原动机为直流发电机提供电能，驱动直流电动机拖动螺旋桨，通过调节发电机励磁电流的大小和方向来改变推进电动机转速与转向，实现螺旋桨的转速和转动方向的改变。

该船舶电力推进系统具有启动电流小、启动转矩小以及扭矩波动平滑等优点；但是直流电动机的换向器是一个容易发生故障的元器件，而且直流电动机结构复杂、成本高、体积大、维护困难，从而阻碍了它在船舶推进领域的广泛应用。

**2.变距桨结合交流异步电动机**

该种机桨匹配多采用鼠笼式感应恒速电机驱动变距桨，通过改变螺旋桨的螺距来实现航速和航向的控制；也可用极数转换开关实现电机速度控制，从而提高操纵性能。

该电力推进方式具有谐波少、电机转矩稳定、效率高等优点；但是也具有启动电流大、功率及转矩的动态响应慢、反转慢、制动距离长、变距桨价格高等缺点。

**3.变频器配合交流同步电动机**

（1）交-直-交变频器+交流同步电动机

变频器由整流器、滤波器、逆变器三部分组成。工作原理是用整流电路将电网交流电转换成直流电；再经三相桥式逆变电路转变为频率可调的交流电，供给推进电动机。

根据中间环节储能元件的不同，可分为电压型变频器（储能元件为电容）和电流型变频器

（储能元件为电感）。

①电压型变频器+交流同步电动机

中间环节采用大电容，相当于一个电压源。利用电压型变频器结合交流同步电动机的电力推进系统所具有推进效率高、启动平稳、功率及转矩动态响应快等优点，受到广泛应用。

②电流型变频器+交流同步电动机

中间环节采用大电感，相当于一个电流源。利用电流型变频器结合交流同步电动机的电力推进系统具有启动电流小、控制方便、操作灵活等优点；缺点是电感重量大、体积大等，从而使得该种推进方式的应用受到一定限制。

（2）交-交变频器+交流同步电动机

采用交-交变频器结合交流同步电动机的推进方式具有启动平稳、转矩脉动平滑、满负荷时效率高等优点；主要缺点是所需电子元件数量大。

## 二、组成

船舶电力推进系统通常由发电系统、配电系统、变频系统、推进单元、控制系统以及监视报警系统组成，如图 2-15 所示。

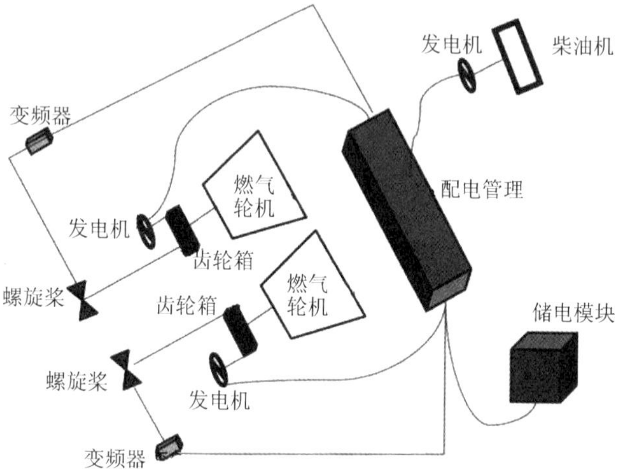


图 2-15 电力推进系统组成框图

发电系统通常由发电机组系统组成，主要为全船提供稳定、连续、高品质电源，由主发电机和应急发电机组成。

配电系统主要将全船的电能统一分配并启动各种现场保护功能。

主推进系统主要完成船舶主推进功能，常由主推进变压器（通常包含预充磁变压器）、主推进变频器和主推进电机组成。

推进监控系统主要负责正常航行或应急情况下整个主推进系统的驾驶台遥控功能以及对主推进系统的机舱状态参数的监控与报警功能。如图 2-16 所示为某货船电力推进系统单线图。

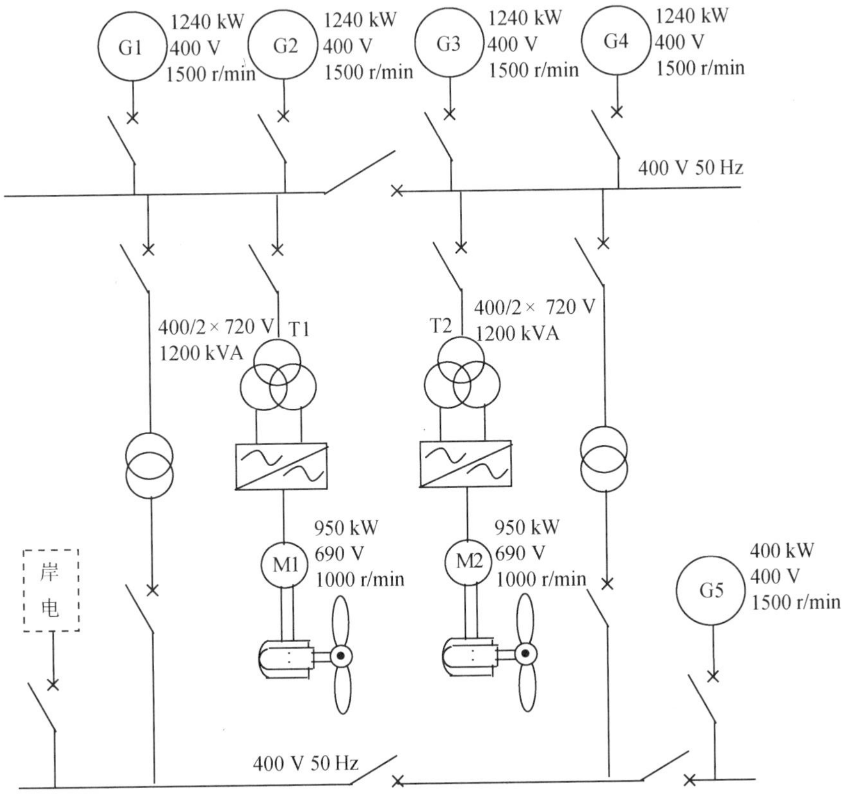


图 2-16 电力推进系统单线图

## 三、功能特点

电力推进电动机的速度控制需在正车和倒车方向均能够从零功率到额定功率连续可调。速度设定值与速度的实际值(即测量值,亦称反馈值)比较,如果存在速度偏差,经处理单元计算得到推进转矩值并将与之相对应的转矩信号发送到变频装置,通过改变电动机频率来实现速度调节。但在调节过程中,其对应的功率应不超过可用的电网最大推进功率限制值。

电力推进系统中的电站控制应满足以下功能要求:

(1)确保足够的电网功率裕量,满足在任何情况船舶安全操纵的需要。

(2)并联运行的发电机组具有调频调载功能。

(3)电站具有自动分级卸载功能,电站过载时会自动卸掉非重要负载。

(4)确保在推进和其他负载之间安全地分配电力。如有必要,可以卸掉非重要负载和(或)降低推进功率。

(5)某台发电机组故障时,其余机组应能向所有的重要设备、常用设备供电,同时应保证有效的推进。

# 第五节 船用照明系统

## 一、船用照明设备

### 1. 照明设备的类型及其应用

船用照明设备由电光源、灯壳、灯罩及其附件等组成。

根据不同光源、不同用途、不同使用环境以及不同的安装位置和配光要求，船用照明设备的形式和结构种类多样。按光源不同，分为荧光灯、白炽灯以及各种高压气体放电灯；按用途，分为一般照明灯、大面积投光灯、移动式挂灯和手提行灯、航行标志及信号灯等。航行信号灯的安装位置、透光灯罩的颜色和透光角度都有严格的规定。

船用照明设备应满足船用条件。外部罩壳的防护结构按国际防护标准(IP)分级。根据使用环境条件的不同，大致可分为以下三种类型：

(1)保护型：带透光灯罩可防尘，能有效避免直接接触带电部分，常用于诸如会议室、办公室、居住舱室等干燥处所。

(2)防水型：光源用透光灯罩密闭起来，灯罩与灯体之间装有密封垫圈，其防护等级有防滴、防溅、防喷水、防水蒸气和防海浪冲击等。其用于潮湿和有汽、水侵害的场所，如外甲板和机舱等处所。

(3)防爆型：防爆型灯具的结构是透明灯罩与灯座间用法兰连接，法兰间有隔爆间隙，气体在灯内发生爆炸时，由间隙外逸的气体经法兰隔爆面的充分冷却，不会引起外部混合气体的爆炸。其常用于可能存在可燃性粉尘或爆炸性气体的场所，如油柜舱、煤舱、蓄电池间以及油船的油泵舱等处，如图 2-17 所示。

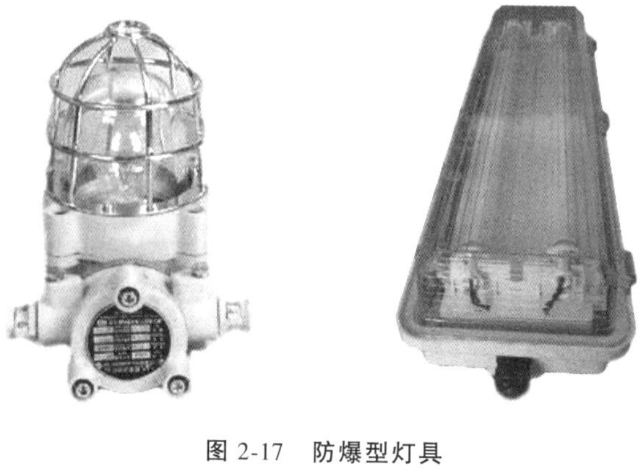

图 2-17 防爆型灯具

### 2.日光灯的组成及工作原理

日光灯，又称荧光灯，在船用照明系统中应用广泛。传统型日光灯(即低压汞灯)，是利用低气压的汞蒸气在通电后释放紫外线从而使荧光粉发出可见光的原理发光，因此它属于低气压弧光放电光源。

(1)组成

①镇流器

镇流器是一个带铁芯的自感线圈,自感系数大。

②启辉器

启辉器(又称启动器)是一个充有氖气的小氖泡,里面两个电极,其中一个是静触片,另一个是U形动触片。该动触片是由两个膨胀系数不同的金属制成的双层金属片,温度升高时,两层金属片的膨胀系数不同,且内层膨胀系数比外层膨胀系数高,因此动触片在受热后会向外伸展,会与静触片接触。

(2)工作原理

日光灯的工作原理如图2-18所示,开关K接通时,220 V电压经镇流器和灯管灯丝加到启辉器的两极。使启辉器里惰性气体电离,产生辉光放电。辉光放电的热量使双金属片受热膨胀,U形动触片膨胀伸长,与静触片接通,形成电路通路,镇流器线圈和灯管中的灯丝形成通路,产生电流。灯丝有电流流过会被加热,发射出大量电子。同时,因启辉器两极闭合,两极间电压为零,辉光放电消失,启辉器内温度降低,双金属片自动复位,两极断开。启辉器两极断开瞬间,电路电流突然切断,镇流器将产生较大的自感电动势,与电源电压叠加后作用于灯管两端。灯丝受热发射出来的大量电子,在灯管两端高电压的作用下,以极高的速度从低电势端向高电势端运动。在加速运动的过程中,电子碰撞灯管内氩气分子,使之迅速电离。氩气电离生热,热量使水银产生蒸气,也被受激电离,并发出强烈的紫外线。在紫外线的激发下,管壁内的荧光粉发出近乎白色的可见光。

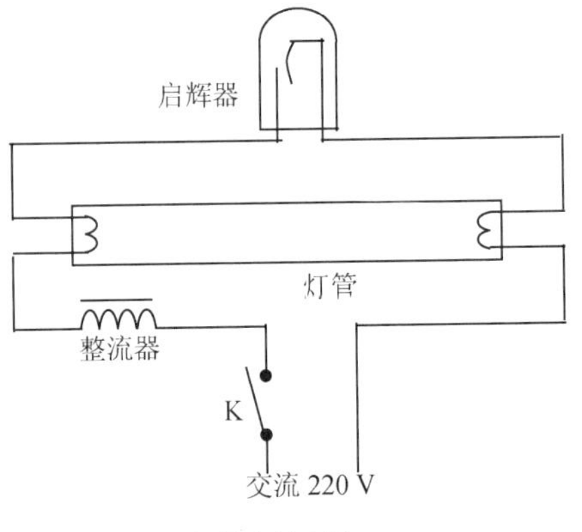

(a) 日光灯电路

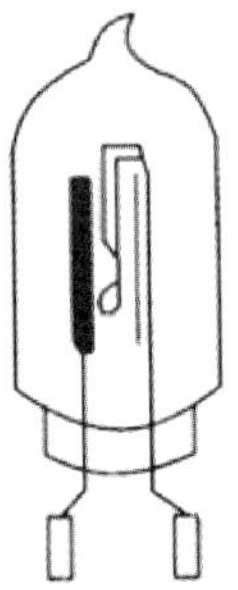
(b) 启辉器

**图2-18 日光灯电路图**

日光灯正常发光后,由于交流电不断通过镇流器的线圈,线圈中会产生自感电动势,阻碍线圈中的电流变化,起到降压和限流的作用,使灯管的电流和电压均稳定在额定范围内。这个电压低于启辉器的电离电压,使并联在灯管两端的启辉器停止起作用。

(3)日光灯灯具的安装与检修

①双联开关日光灯的安装

a.检查照明板上元器件的状况

i.镇流器与启辉器:选用的镇流器、启辉器应与灯管的额定参数相匹配。用万用表的电阻挡测量镇流器两端间的电阻值,若其为0或∞,则说明镇流器的线圈短路或开路。同理,测量启辉器两极电阻值，如测量值为 0，则动、静触片已接触；如测量值一直保持为∞，则电容器击穿。

ii.日光灯：用万用表的电阻挡测量日光灯两端的电阻值，若测量值为∞，则说明日光灯的灯丝已断开。

iii.其他：灯架、灯座、连线柱、开关等状况良好，电线长度及规格符合要求。

b.元器件检测完毕后，如图 2-19 所示进行接线安装。接线时应分清双联开关的 1/2/3 接线端，确保导线已卡在螺丝下，以避免接触不良，电源引线上应套上绝缘套管。

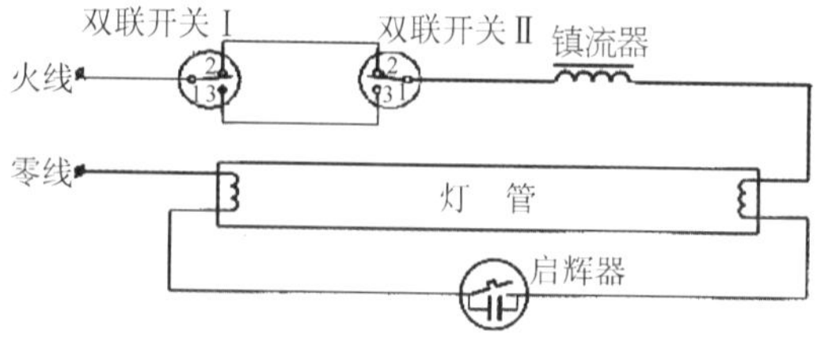


图 2-19 双联开关控制日光灯接线图

c.在确保线路连接正确的情况下，可进行通电试验。

②日光灯的故障分析与检修

日光灯的常见故障分析与检修方法如表 2-4 所示。

表 2-4 日光灯常见故障分析与检修方法

| 故障现象 | 产生原因 | 检修方法 |
|---|---|---|
| 灯管不发光 | (1)灯座或启辉器底座接触不良；<br>(2)灯管漏气或灯丝断路；<br>(3)镇流器的线圈断路；<br>(4)电源电压过低；<br>(5)日光灯接线错误 | (1)转动灯管，使灯管的四个接线极和灯座的四个夹座接触良好，使启辉器两极与底座的铜片接触良好；<br>(2)用万用表检测或观察荧光粉是否变色，若确认灯管坏，可换新灯管；<br>(3)更换镇流器；<br>(4)检测电源；<br>(5)检查线路并确保接线正确 |
| 灯管两端发黑或产生黑斑 | (1)灯管陈旧；<br>(2)如为新灯管，可能因启辉器损坏使灯丝发射物质加速挥发；<br>(3)灯管内水银凝结是灯管常见现象；<br>(4)电源电压太高或镇流器配用不当 | (1)更换灯管；<br>(2)更换启辉器；<br>(3)灯管工作后即能蒸发或将灯管旋转 180°；<br>(4)调整电源电压或更换合适的镇流器 |
| 灯光闪烁或光在管内滚动 | (1)新灯管暂时现象；<br>(2)灯管质量不好；<br>(3)镇流器配用规格不当或接线松动；<br>(4)启辉器故障或接触不良 | (1)开用几次或对调灯管两端；<br>(2)换一根灯管，试一试有无闪烁；<br>(3)更换镇流器或紧固接线；<br>(4)更换启辉器或使启辉器接触良好 |

（续表）

| 故障现象 | 产生原因 | 检修方法 |
| --- | --- | --- |
| 灯光抖动或仅两头发光 | (1)接线错误或灯座灯脚松动；<br>(2)启辉器的动、静触片不能分开或电容器被击穿；<br>(3)镇流器配用规格不合适或接头松动；<br>(4)灯管陈旧；<br>(5)电源电压过低或线路电压降过大；<br>(6)气温过低 | (1)检查线路或修理灯座；<br>(2)将启辉器取下，用两把螺丝刀的金属头分别触及启辉器底座两块铜片，然后相碰，并立即分开，如灯管能跳亮，则判断启辉器已坏，应更换启辉器；<br>(3)更换镇流器或紧固接头；<br>(4)更换灯管；<br>(5)检测电源或加粗导线；<br>(6)可用热毛巾对灯管进行加热 |

### 3.LED 日光灯

LED 是一种由半导体材料制成的发光二极管的简称。其具有高光效、高显色、安全性强、安全可靠、环保节能、通用性强、寿命长等优点。

(1)LED 日光灯环保。LED 日光灯不使用水银，不含铅。

(2)LED 日光灯高效转换，发热量小。其能把电能几乎都转换为光能，能源的浪费少，也不会使文件、衣物产生褪色现象。

(3)LED 日光灯清静舒适，无噪声。

(4)LED 日光灯光线柔和，无灯光闪烁现象(直流)，能保护眼睛。

(5)LED 日光灯无紫外线，因此不会吸引蚊虫。

(6)LED 日光灯电压(85~265 V)可调，灯光亮度可调。

(7)LED 日光灯节省能源，寿命更长。LED 日光灯的耗电量低于传统日光灯的三分之一，寿命也是传统日光灯的 10 倍，可减少人工费用。

(8)LED 日光灯坚固牢靠，可长久使用。LED 灯体本身使用的是环氧树脂而并非传统的玻璃，更坚固牢靠，即使砸在地板上 LED 也不会轻易损坏，可以放心地使用。

## 二、航行信号灯

航行灯与信号灯系统如图 2-20 所示。航行灯与信号灯系统是船舶与外界进行联络信号的特殊通信系统，分为航行灯和信号灯。

图 2-20　航行灯与信号灯系统

1.航行灯

航行灯是船舶照明系统中一个独立的部分,是保证船舶夜间安全航行的重要灯光信号。在任何情况下,都必须保证它的明亮,以表明本船的位置、状态、类型、有无拖船等,从而防止周围或过往船舶误会,造成海损事故的发生。

航行灯由前桅灯、主桅灯、尾灯、左右舷灯和前后锚灯组成,用于船舶夜航与指示船舶的状态和相应位置。驾驶台设置专用的航行灯控制箱或控制板,航行灯控制箱应设有每只航行灯发生故障的听觉和视觉报警信号装置,航行灯控制箱应由两路供电,对不要求设置应急电源的船舶,两路电源之一必须由主配电板直接供电,另一路可由主配电板供电的分电箱供电;对要求设置应急电源的船舶,其中一路应由主配电板供电,另一路应由应急配电板供电。每只航行灯(在控制箱上)应设有单独的控制开关、熔断器和开闭指示装置,并应设有相应铭牌或标志。

2.信号灯

信号灯是船舶在各种特殊情况下的灯光标志,特别是在夜间航行,更是不可缺少的通信联络的工具之一。信号灯的控制装置一般集中设置在驾驶台,要求两路供电。信号灯的种类很多,每只信号灯应由设在驾驶台的信号灯控制箱引出的独立分路进行控制和保护。信号灯控制箱应设有与信号灯颜色一致的工作指示灯。这些信号灯通常安装在驾驶台顶上专设的信号桅或雷达桅上,按照规定数盏(8~12 盏)红、绿、白等颜色的环照灯分成两行或三行安装。其布置和配置都应满足相关规定。

## 三、照明系统的维保与保养周期及要求

1. 维修与保养的周期

(1)航行灯及信号灯

航行灯及信号灯是一种重要的助航设备,为保证其可靠运行,必须经常检查它们的绝缘电阻、水密状况、故障报警及显示装置是否正常。长航线船舶可每航次检查一次;短航线船舶,可视具体情况适当安排检修周期。若低于规定值(1 MΩ)应及时找出原因,加以排除。每半年或更短些时间要检查航行灯的水密情况,特别是前、后桅灯。检查控制箱的内部情况,检查各元件(特别是半导体元件),进行清洁吹灰,试验报警装置。

(2)闪光灯

每两个月一次检查灯具、导线的完好性,并测量其绝缘电阻。

(3)普通照明及可携式灯具

每半年检查一次,检查灯具接线是否老化、断线、螺丝松动,电源线插头插座是否良好,检查室外灯具的水密锈蚀情况尤其应注意。

(4)小应急照明

每月一次效能试验(可视航次情况具体安排),逐路检查灯具及应急照明接触器的工作情况。如有故障,及时处理。绝缘电阻可半年测量一次,但在雨季、大风浪天过后检查频率应高些。

2.维修与保养的要求

(1)安装灯泡时,应注意灯具规格、电压等级。灯泡功率不得超过灯具的允许容量,灯泡

电压与电源电压一致，尽量避免带电换灯泡。非带电拆装灯泡不可时，眼睛不可直对灯泡，防止一旦灯泡破碎，刺伤眼睛，还要防止因灯泡底座松动，造成灯丝短路。

(2)在机舱检修锅炉内部、柴油机曲拐箱、压载舱、储水柜等装备时，一定要选用 36 V 以下并带安全网罩的低压行灯，在装卸易燃危险货物时，不可使用携带式货舱灯。

(3)甲板、船桥等露天投光灯具，开灯前应先脱去帆布，用完要及时将帆布罩罩妥。

(4)船舶应急照明设备应标以红漆记号，并经常检查灯泡是否良好，损坏灯泡及时更换。

(5)室外水密插座在接通电源之前，必须先检查插头螺母是否旋紧，在取出插头前应检查电源是否切断，用毕后，要旋紧防水盖。

(6)需要张挂彩灯时，要考虑到供电线路和开关的载流量，各相电流分配是否平衡，并要配备好保护装置。油船严禁张挂彩灯。

## 四、照明线路的故障检查及处理

照明线路的每一分支上的灯点多达几十个，另外还有接线盒、开关等电器，其中任何一段电缆或元件发生故障，都可能发生短路、断路、接地等。因此电气管理人员应熟悉船舶的照明线路，以便在发生故障时能及时排除。

### 1.接地故障检查及处理

照明线路的接地故障，需用兆欧表(摇表或电子式高阻表)检查。如果线路上的电压值为 110~220 V，可选用 500 V 兆欧表测量；如果是 24 V 电压，可用 100 V 兆欧表测量，每条分路的绝缘电阻应大于 0.5 MΩ；如果绝缘电阻为零，表明有接地故障，如绝缘阻值低于 0.5 MΩ 但不为零，往往是因元件受潮引起。

接地故障原因多是灯头引线绝缘老化、剥落芯线碰壳或螺丝松脱使芯线与金属壳短路；插座或灯座进水造成电源线接地；电缆机械碰伤也会使电源接地。

处理方法：引线绝缘老化，应套以玻璃丝管或黄蜡管，对进海水但介质未被烧焦者，可拆下用清水洗净、烘干即可。电气元件本身的绝缘材料质量低，可做二次绝缘隔离。

### 2.短路故障检查及处理

线路有短路故障，只要接通电源，保险丝必定会断，用万用表电阻挡测量，读数为零。引起短路故障的原因和接地相似。有时接线错误也可引起短路。

处理方法：绝缘处理、重新接线。

### 3.断路故障检查及处理

线路发生断路，送电后灯不亮，用万用表电阻挡或兆欧表测量阻值无穷大。引起该故障的原因多数是由于熔丝烧断，接线头断或接触不良；电缆机械碰断、短路烧断、接线错误等。

处理方法：更换熔丝、接头、电缆。

# 第三章 船舶电力系统

## 第一节 船舶电力系统概述

船舶电力系统担负着将不同形式的能量转换成电能,并将电能输送分配给各用电设备的任务。

### 一、船舶电力系统组成与特点

船舶电力系统主要是由电源、配电装置、电力网与负载四部分组成,船舶电力系统如图3-1所示。

**1.组成**

(1)电源

电源是将机械能、化学能等能源转变成电能的装置。船上常用的电源装置是柴油发电机组和蓄电池。

(2)配电装置

配电装置是接收和分配电能的装置,也是对电源、电力网和负载进行保护、监视、测量和控制的装置。配电装置主要可分为主配电板、应急配电板、分配电板(动力、照明)、充放电板和岸电箱等。

(3)电力网

船舶电力网是全船电缆、电线的总称,是连接发电机、主配电板、分配电板和负荷间的中间环节,是将电源的电能输送到负荷端的媒介。根据连接的负荷性质电网可分为:动力电网、照明电网、应急电网、低压电网、弱电电网。

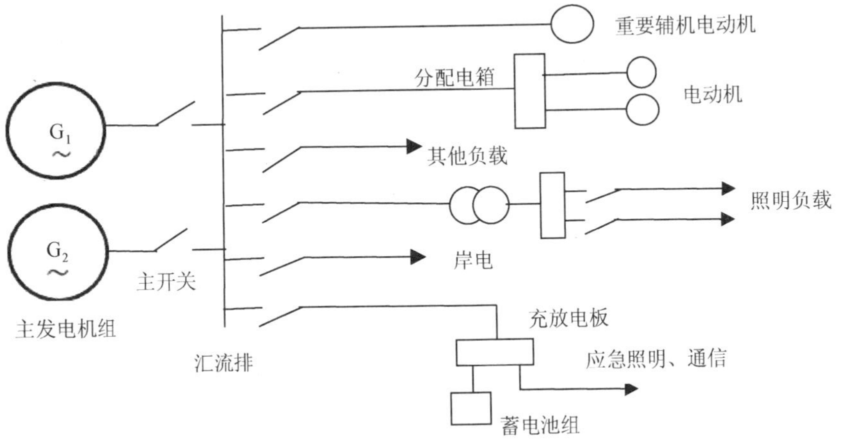


**图 3-1　船舶电力系统单线原理图**

(4)负载

负载即用电设备(又称电能用户),它是将电能转换成其他形式能量的装置,如各种机械的电力拖动设备(甲板机械、舱室机械)、各种电气照明设备、通信导航设备及其他生活用电设备。

**2.船舶电力系统的特点**

内河船舶是一个孤立的活动于江河湖面上的独立体,使得其配电系统独具特点,主要表现在以下几个方面:

(1)船舶电站容量较小,电压和频率波动较大

船舶电站容量较小,而某些大负载容量负载启动时对电网将造成很大的冲击(电压、频率跌落均很大),因而对船舶电力系统的稳定性提出了较高的要求。如船用发电机调压器、原动机调速器的动态特性具有较高的指标要求,有强行励磁的能力,发电机组应能承受较大的过载能力。另外,船舶工况变动也较频繁,对自动控制装置的可靠性要求较高。

(2)船舶电网输电线路短,线路阻抗低,短路电流大

船舶发电机端电压、电网电压、负荷电压大多是同一个电压等级,输配电装置简单。因为船舶容积的限制,电气设备比较集中,电网长度不长,并都采用电缆,所以对发电机和电网的保护比较简单,一般只设置有发电机过载及外部短路的保护,电网的保护和发电机的保护通常共用一套装置。但值得注意的是,船舶电站只局限在船舶范围内供电,线路距离短,阻抗低,发生短路故障时短路电流大。

(3)船舶电气设备工作环境恶劣

船舶电气设备工作条件恶劣,环境条件对电气设备的运行性能和工作寿命有严重的影响。当环境温度较高时,会造成电机出力不足,绝缘加速老化。相对湿度高,则会使电气设备绝缘受潮、发胀、分层及变形等,使绝缘性能降低,并且会使金属部件加速腐蚀、镀层剥落。霉菌的生长和油雾及灰尘黏结都能使电气设备绝缘性能下降、工作性能受到影响。当船舶受到严重的冲击和振动时,也会造成电气设备损坏、接触不良或误动作。

### 二、船舶电力系统的基本参数

船舶电力系统的基本参数包括电制、额定电压、额定频率。

**1. 电制**

电制,即电流种类,有直流电和交流电两种。

早期船舶采用直流电制,主要基于直流发电机调压容易、直流配电装置简单、直流电动机调速平滑等优点。但直流电制在可靠性、经济性、可维护性方面的缺陷甚多。随着电力电子技术的发展,交流电力系统的调压、调频、并联运行等一系列难题得以解决,交流电制逐渐占据了主要地位。当前,几乎所有船舶都采用交流电力系统。

**2. 额定电压**

船舶电力系统额定电压等级的选用直接关系到电力系统中所有电气设备的重量和尺寸,提高电网电压有利于减小导线中的电流,提高设备功率,但是对电气设备的绝缘和安全方面的要求也更高。世界各国要求船舶电力系统电压等级的选用与本国岸电电制参数一致,使船舶电气设备具有通用性。我国大多数船舶交流电网的额定电压为 380 V 或 440 V。

用电设备都有规定的标准额定电压。我国用电设备的额定电压有 24 V、110 V、220 V、380 V、1 kV、3 kV、6 kV、10 kV 等,电源电压的额定值比同级电力系统或用电设备的额定电压高 5%左右,如照明电源的额定电压为 230 V,动力电源的额定电压为 400 V 等。

**3. 额定频率**

交流船舶电力系统的额定频率一般沿用各国陆地上的频率标准,我国采用 50 Hz,西欧各国、美国等采用 60 Hz。需要说明的是,弱电设备所需的特殊频率和某些特殊设备的电源频率会有不同。

## 第二节 船舶电网概述

船舶电力网是船舶电力系统的一个组成部分。电能从主配电板和应急配电板,通过电缆的传输,经过中间的分配电装置(包括区配电板、分配电箱等),送往船舶上各种用电设备,形成的电力网络即为船舶电力网。由主配电板直接向区配电板、分配电板和负载供电的网络,又称为一次系统,对应的图纸称为一次系统图。由区配电板或分配电板向负载供电的网络,又称为二次系统,对应的图纸称为二次系统图。

对船舶电力网的基本要求是生命力强,即要求电网在发生故障或局部破损等情况下,仍能保证对负载的连续供电,并限制故障的发展,将故障的影响限于最小的范围之内。

### 一、船舶电网的分类

根据供电电源种类、负载的性质和用途不同,船舶电网可分为四类。

1.主电网

由主电源经主配电板进行供电的电网称为主电网，包括动力网络和正常照明电网。动力电网在普通船舶中，向动力设备及 380 V 负载供电。动力网络中的负载除大量三相电动机外还有 600 W 以上的电热装置和 1 kW 以上的探照灯。正常照明电网在船舶电网中向正常照明设备、电风扇及小容量电热设备供电，又称 220 V 电网。

2.应急电网

应急电网由应急发电机通过应急配电板供电的网络。当主电源失电时，应急发电机能自动或手动启动并通过应急电网供电给应急用户。在主电源正常工作时，可由主配电板经联络开关供电给应急配电板。

3.小应急电网

小应急电网又称临时应急电网，通常由蓄电池经其充放电板用以传输、分配临时应急电能的网络。

4.弱电电网

向全船无线电通信设备、各种助航设备、船内通信设备（如电话、广播等）以及信号报警系统供电的网络称为弱电电网。它是低压直流电网 24 V 或中频电网。对供电电压、频率有特殊要求，需专门配置蓄电池组和变流机组。

## 二、船舶电网的线制

对于船舶三相交流电力系统，其线制一般分为以下三种。

1.三相绝缘系统

如图 3-2(a)所示，三相绝缘系统中，动力系统与照明系统采用变压器隔离，两者之间没有电的直接联系，绝缘性能相对良好，安全可靠。即使照明系统的绝缘电阻降低也不会影响动力系统，且当系统发生单相接地时，三相电压之间的对称关系不会受到严重影响，系统仍可短时工作。因此三相绝缘系统中，其绝缘性能相对较好，安全可靠性高，一直被大多船舶所采用。

2.中性点接地的三相四线系统

如图 3-2(b)所示，中性点接地的三相四线系统的特点是照明和动力系统由同一电源供电，无须采用照明变压器，中性点接地电位固定，系统内部过电压较小。若单相接地，形成一相对地短路，可通过保护装置切除。故障容易找到，但供电连续性较差。这种线制中动力系统和照明系统连在一起，相互影响大，而且照明系统单相接地故障多，容易造成停电而使供电可靠性降低、安全性差。

3.中性点接地三线系统

如图 3-2(c)所示，这种线制利用船体作为中线形成回路，虽然节省电缆，但容易发生触电和短路故障，一般船舶不采用此种线制。

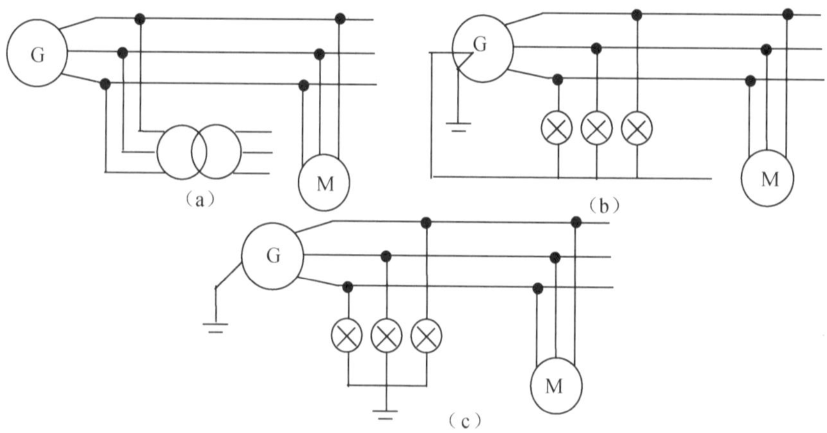


图 3-2 电力网三种线制

# 第三节 船舶配电板

配电装置的功能是正常运行时用来接收和分配电能,发生故障时通过自动或手动操作,迅速切除故障部分,恢复正常运行。按照用途可以分为主配电板、应急配电板、充放电板、区配电板、分配电板和岸电箱等几种;按形状分可分为垂直立式、台式、桌式和控制台式四种。配电板的外壳结构根据不同的要求可以制成防护式、防滴式和防水式。

船舶主配电板是用于接收船舶主电源(主发电机)所产生的电能,并对船舶正常航行和生活使用的所有电力负载进行配电的开关设备和控制设备的组合装置,又称为总配电板或主配电板。船舶主发电机发出的电能通过主配电板供给电能用户(即负载)。

## 一、船舶主配电板组成及功能

主配电板一般由发电机控制屏、并车屏、负载屏和汇流排(连接母线)四个部分组成,其单线图如图 3-3 所示,实物图如图 3-4 所示。

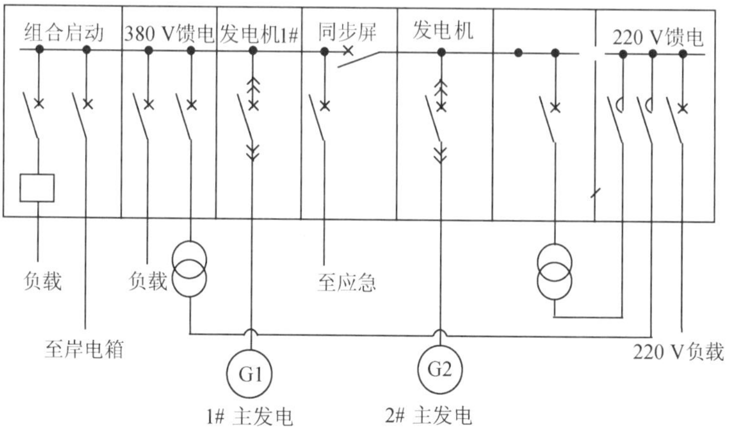


图 3-3 主配电板单线图

图 3-4　主配电板实物图(部分)

1.发电机控制屏

发电机控制屏是用来控制、调节、监视和保护发电机组的,每台发电机组均需配备独立的控制屏。

发电机控制屏通常设计成上、中、下三部分。上面安装电压表、电流表、频率表、功率表、功率因数表等测量仪表、转换开关、指示灯等;中间部分安装主开关、电磁按钮、指示灯等;下面安装发电机自动励磁调节控制装置中的变压器、电抗器等较沉重的设备,以便于维护。控制屏内还装有逆功率继电器和观测仪表用的互感器。

发电机控制屏上主要配置有:

(1)电流表及转换开关:电流表结合转换开关的三个位置,可分别测量发电机的三相电流。

(2)电压表及转换开关:电压表结合转换开关的三个位置进行电压的测量,转换开关转到不同位置,电压表测量不同端线间的线电压。

图 3-5　船用电压表和电流表

(3)频率表:测量和监视发电机频率;船用频率表为铁磁电动式。表面量程通常为 45~55 Hz。当发电机转速发生变化时,电感和电容的电抗值随之变化,指针偏转角随之改变,指示对应的频率值。

(4)功率表:测量和检测发电机的有功功率;此表通常有 7 个接线端,并标明极性。其中测量三相电压的有三根引线,测量 C 相和 A 相电流均有两根引线。因此,它是采用两表法测量发电机三相交流电的有功功率,属于电动式仪表。接线时应严格按照说明书规定的符号和极性进行连接。

(5)功率因数表:船用负载一般为感性,仪表读数通常在滞后区,一般数值为 0.8 左右。

它有5根引线，其中3根为三相电压，2根为某一相的电流。通常船用三相负载均衡分布，因此一般不采用转换开关对三相功率因数进行分别测量。它属于电动式仪表，此表的量程为0.5(滞后)至1至0.5(超前)。滞后表示负载为感性，超前表示负载为容性，1表示阻性负载。如果指针指在超前区，则有可能是电流或电压引线接反，应进行试验和换接。

图3-6 船用频率表和功率表

滞后(或超前)均指发电机的某相电流滞后(或超前)该相电压一定的相位角。

(6)必要的电磁操作按钮与状态指示灯。

(7)原动机调速开关：用于并车时调整发电机的频率和并联运行时转移有功功率。

(8)主开关：常采用框架式自动空气断路器作发电机主开关，负责发电机与电网的通断并兼做发电机过载、短路、失压保护。

(9)逆功率继电器：并车操作时和并联运行中作发电机逆功率保护。

(10)发电机自动控制装置以及必要的电压/电流互感器。

图3-7 船用功率因数表

2.并车屏

并车屏用来进行交流发电机组的并联运行、解列等操作。并车屏通常设置同步表及控制开关、同步指示灯、频率表、投切顺序选择和转换开关、操纵按钮及状态指示灯等。有的还设有汇流排分段隔离开关、粗同步并车电抗器、自动并车装置等。同时在并车屏上也装有各发电机的调速开关、合闸和脱扣按钮。

同步表是专门用来测量待并发电机与电网之间的频率和相位是否同步的仪表。选择开关指向待并发电机，便可指示待并发电机与运行机组的同步情况。同步表是短时工作制，通常为15 min，使用完毕后应及时关闭。

3.负载屏

负载屏用来分配电能，并对各馈电线路进行监视、控制和保护。通过装在负载线路上的馈电开关将电能供给各用电设备或分电箱。每一个馈电线路在负载屏上都设有一个自动开关进行控制和保护,这些开关大多为装置式自动空气断路器。

图 3-8 船用同步表

负载屏分为动力负载屏(380 V)和照明负载屏(220 V)。

动力负载屏上通常安装了电流表及转换开关、绝缘指示灯、兆欧表以及与岸电箱相连的岸电开关等。

照明负载集中在一个独立的屏上,称为照明负载屏,其上装有照明变压器开关、电压表、电流表和转换开关等设备。

值得一提的是中国船级社规范要求船舶电网对船体的绝缘电阻应不小于 1 MΩ。绝缘表可由转换开关控制,分别测定不同带电点对壳体的绝缘电阻。各相之间绝缘电阻的测量是在断开电源前提下用兆欧表(常称摇表)进行测量。

另外,一些较大型船舶还在负载屏上配置有能够远程手动和自动启停的机舱重要负载的独立组合启动屏,而一些小型船舶在动力负载屏上还装有重要泵的组合启动装置。

图 3-9 船用绝缘表

4.汇流排

汇流排(又称母线)起到接收和分配电能的桥梁作用,是横贯主配电板的扁铜排,连接处应做防腐或防氧化处理。汇流排应坚固耐久,能承受短路时的机械冲击力,其最大允许温升为 45 ℃。

交流汇流排按从上到下(垂直排列)、从左到右、从前到后(水平布置)的顺序依次为 A 相、B 相、C 相。汇流排的颜色 A 相为绿色,B 相为黄色,C 相为褐色或紫色,中线为浅蓝色。

直流汇流排按从上到下(垂直排列)、从左到右、从前到后(水平布置)的顺序依次为正极、中线、负极。汇流排的颜色正极为红色,负极为蓝色,中线为黄绿相间。

有的汇流排由隔离开关分为两段或几段,断开隔离开关可进行部分设备的停电检修而不中断其他重要设备的供电。

## 二、应急配电板

应急配电板用来控制和监视应急发电机组的工作情况,并向船舶应急用电设备供电。它与应急发电机组安装在同一舱室内,一般位于艇甲板层。应急配电板通常由应急发电机控制屏和应急配电屏组成,其上面安装的仪器仪表与主配电板基本相同。只是由于应急发电机总是单机运行,所以不需要并车屏。

应急电网平时可由主配电板供电,只有在主发电机组皆不能提供电能的情况下才由应急发电机组供电。因此,应急配电板的电源开关与主配电板向应急配电板供电的联络开关之间设有电气联锁,以保证当主发电机组工作并向电网供电时,应急发电机组不工作,一旦主发电机组失电,应急发电机组的自动启动装置确认电网失电后立即启动,并向应急供电设备供电。

## 三、充放电板

充放电板的作用是:

(1)对船上安装的蓄电池组进行充电和放电;

(2)控制和监视充电电源的工作情况;

(3)将蓄电池组的电能分配给船上的低压用电设备;

(4)当主电网、应急电网都失电的情况下,能自动接通蓄电池的放电回路直接向小应急用户供电。

## 四、区配电板

区配电板是向成组用电设备进行供电的开关和控制设备的组合装置。区配电板供电负载组数一般较多,它主要是控制分配电板或向正常工作电流大于 16 A 的电气设备供电。

## 五、分配电板

分配电板一般只向单一性质负载供电,供电负载组数较少,它主要用作对额定电流不超过 16 A 的最后分支电路进行电能分配。

# 第四节 自动空气断路器

空气断路器(ACB)又称自动开关,它是一种在电力系统正常运行时用来接通或断开主电路的开关电器,同时,在系统运行不正常时,可以保护主电路。也就是说,发电机正常运行时作为主开关来接通或断开主电路;当发电机不正常工作时,它又作为保护装置对主电路的短路、过载以及欠压等故障进行保护,自动断开主电路。因此万能式自动空气断路器既是一种开关电器又是一种保护装置。它在船舶电站中是一个非常重要的电气装置。我国生产的船用万能式自动空气断路器主要有 DW-94、DW-95、DW-98 和 AH 型等几种。如图 3-10 所示为万能式自动空气断路器的框图，如图 3-11 所示为万能式自动空气断路器实物图。

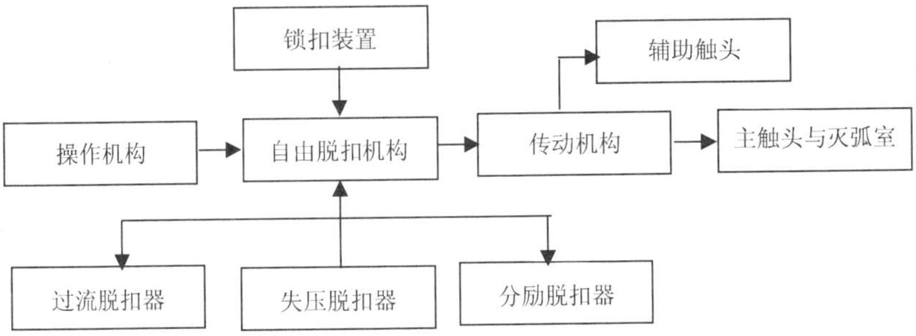


**图 3-10　万能式自动空气断路器方框图**

## 一、自动空气断路器的结构

自动空气断路器型式很多，结构也不尽相同，一般由灭弧室、触头系统、自由脱扣机构、保护元件、操作传动装置等组成。

**1.灭弧室**

灭弧室通常采用复式灭弧原理，即采用去离子栅片与灭焰栅，以减小开关断开时的飞弧区域。为减小电弧进入栅片的阻力，灭弧栅片通常做成“人”字形缺口，相邻栅片的缺口互相错开，按一定的间隔距离交叉排列。当开关断开产生电弧时，由于电磁力的作用，将电弧吸入栅片内，分割成许多较短的小段，实现迅速灭弧。

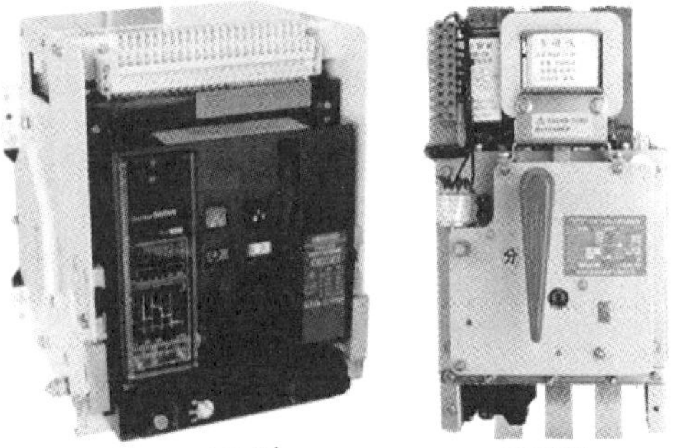

AH 型　　DW 型

**图 3-11　空气断路器实物图**

**2.触头系统**

触头用来实现电路的接通与断开，空气断路器通常有 2~3 对主触头、5~6 对辅助触头，主触头用于主电路通断，辅助触头用于控制电路。主触头承担电路的正常工作电流，为了避免主触头在断开电流时被电弧灼伤，通常设有弧触头；大容量空气断路器通常还设置有预接触头。它们的闭合顺序为：弧触头先接通，预接触头后接通，最后主触头接通。分闸时顺序相反，先主触头断开，后预接触头断开，最后弧触头断开。当弧触头失去作用时，辅助触头也可代替弧触头工作。这样的通断顺序是为了防止主触头被电弧灼伤。

主触头通常采用诸如银钨合金这种导电性能良好的材料制成，辅助触头一般采用紫铜制成，弧触头通常采用铜或铜钨合金等耐弧性能良好的材料制成。

3.自由脱扣机构

自由脱扣机构如图 3-12 所示，图 3-12(a)是合闸位置，图 3-12(b)是分闸后的位置，自由脱扣机构的作用是使触头保持闭合或迅速断开。它是触头系统和操作传动装置之间的联系机构。如果要合闸，只要将手柄往上推即可。若脱扣后需合闸，应先将手柄向下拉再合闸。

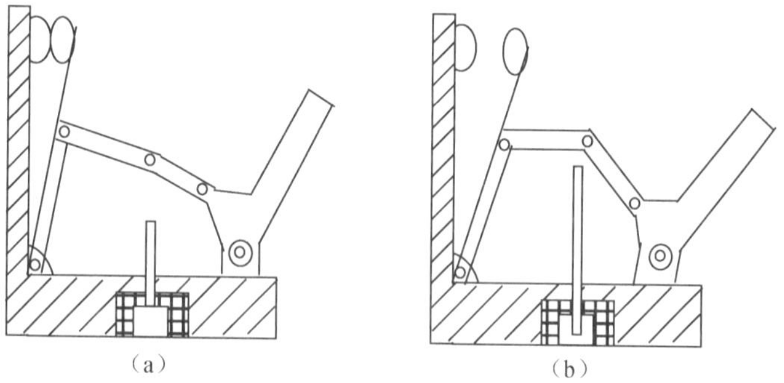


图 3-12 自由脱扣机构示意图

4.保护元件

万能式自动空气断路器通常设有过电流脱扣器、失压脱扣器及分励脱扣器，通过它对自由脱扣机构的作用来实现对主电路的短路、过载、失压、欠压等保护和遥控分励操作。其原理示意图如图 3-13 所示。

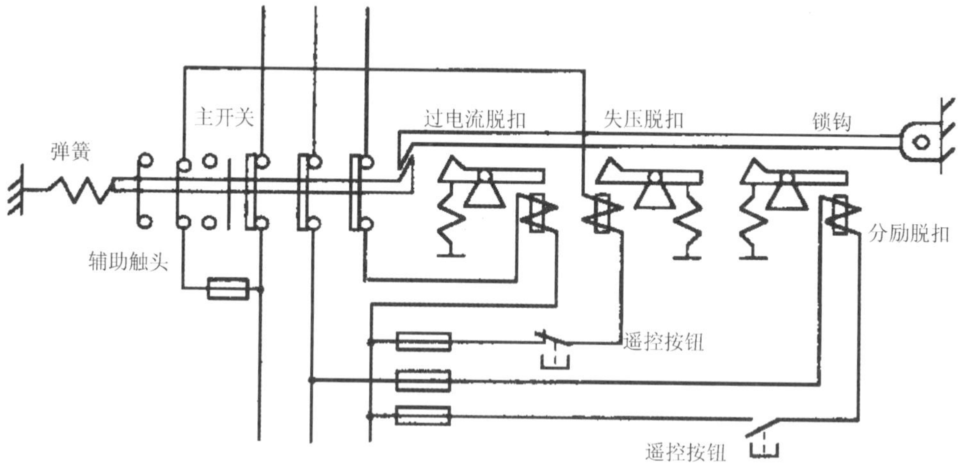


图 3-13 脱扣器原理示意图

过电流脱扣器一般有电磁式和半导体式，它用作发电机的短路保护和过载保护，一般具有反时限延时动作、定时限动作和瞬时动作三种动作特性。当短路故障和过载现象发生时，瞬时或经短延时或经长延时后接通电磁铁使过电流脱扣器瞬时动作，开关自动跳闸。延时元件通常采用钟表机构或利用 RC 充放电回路等实现。如 DW-94 型延时采用钟表和齿轮摆式时间继电器完成，DW-95、DW-98 型则采用电容充放电延时。

欠压脱扣器一般由一个瞬时动作的电压继电器组成，当线路电压低于某一整定值时，由于电磁吸力不足，继电器释放，通过自由脱扣机构使开关自动跳闸。为避免电网电压瞬时波动产生误动作，可采用延时，延时时间一般为 1～3 s。

分励脱扣器主要用于远距离控制自动开关的断开，当按下按钮时，继电器吸合，通过自由脱扣机构将自动开关断开。

5.操作传动装置

操作传动装置的功能是通过自由脱扣机构接通或断开触头。其主要有手柄式、连杆式、电磁式、电动式等形式，共同点是合闸前都需用储能弹簧进行储能，自由脱扣机构"再扣"状态，利用储能弹簧的释放能量进行合闸。

## 二、自动空气断路器工作原理

自动空气断路器型式很多，结构千差万别，工作原理也不尽相同，下面以内河船舶使用较多的国产自动空气断路器 DW 型和 AH 型为例予以说明其合闸原理。

1.DW 型自动空气断路器

DW-95、DW-98 型电动合闸采用电磁操作，工作原理如图 3-14 所示。发电机建压之后，交流电经过二极管 VD 整流后向电容 C 充电。合闸时，按下按钮 SB 瞬间，继电器 KA 得电，对应的常开触头 KA 闭合，常闭触头 KA 断开；松开按钮 SB 后，常开触头 KA 闭合维持继电器 KA 与电容 C 形成的闭合回路继续保持有电，此时电容 C 对继电器 KA 放电；常开触头 KA 闭合，接通合闸电磁铁线圈 KM，在电磁吸力的作用下储能弹簧拉长储能，自由脱扣机构处于"再扣"位置。由于电容 C 两端电压很快下降，当下降到继电器 KA 释放电压时，常开触头 KA 断开，合闸电磁铁线圈 KM 失电，储能弹簧释放，自由脱扣机构动作，实现合闸。合闸后常闭触头 DW 断开，此时再按下按钮 SB，不会有再次合闸动作。

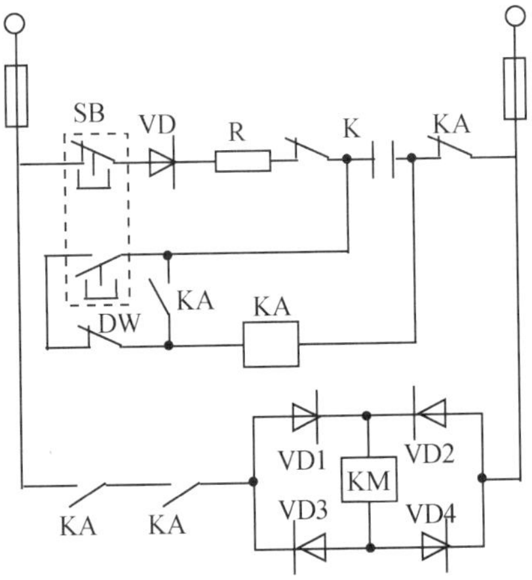


图 3-14　电磁合闸控制线路

2.AH 型自动空气断路器

AH 型电磁合闸采用电磁铁直推式合闸，原理如图 3-15 所示。发电机建压之后，按下电磁控制开关，继电器 $KA_1$ 得电，对应常开触头 $KA_1$ 闭合；继电器 $KA_2$ 得电，对应的常开触头 KA2 闭合；合闸线圈 KM 得电，快速吸合动衔铁。利用动衔铁的质量和速度，通过电磁合闸柱销，对四连杆机构产生一个较大的冲击，推动合闸机构合闸。合闸后，辅助常开触头 DW 闭合；继电器 KA3 得电，对应常闭触头 KA3 断开；继电器 KA1 失电，其常开触头 KA1 断开；继电器 KA2 失电，对应常开触头 KA2 断开；合闸线圈 KM 失电，电磁吸力消失，合闸动衔铁恢复原状，为下一次合闸做准备。

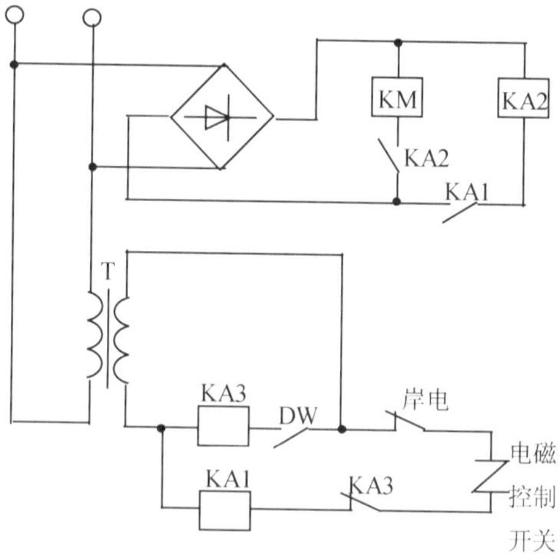


图 3-15　AH 型电磁合闸原理图

# 第五节　蓄电池

蓄电池即贮存化学能量,在需要时放出电能的一种电气化学设备。它是电能和化学能相互转换的一种储能装置,可以反复充电使用。在船上,蓄电池作为一种低压直流电源向通信、助航、信号等设备供电,并在船舶主电网失电而应急电网还未提供电能的情况下,负责小应急照明及启动应急发电机组。

根据电极和电解液物质的不同,蓄电池可分为酸性蓄电池和碱性蓄电池两大类。船舶上一般使用酸性蓄电池。

## 一、酸性蓄电池的结构及工作原理

酸性蓄电池主要由容器、极板和隔板等几部分组成,如图 3-16 所示。

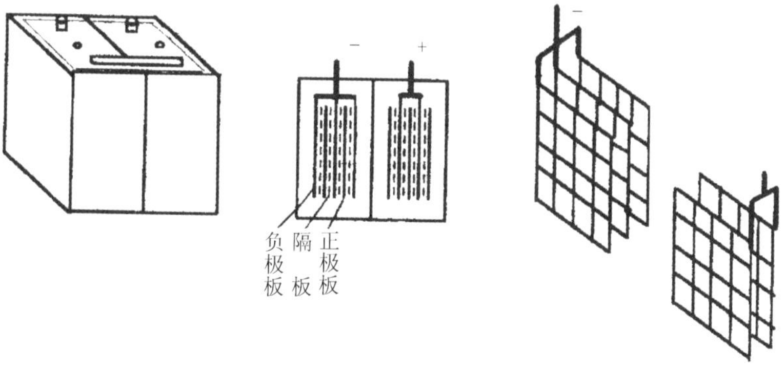


图 3-16　酸性蓄电池的基本结构

容器用来盛装电解液和支撑极板,具有防止酸液泄漏、耐腐蚀、坚固等特性。极板通常是用铅-锑合金制成的栅格式板，栅格中压入活性物质，正极活性物质是二氧化铅（$PbO_2$），负极活性物质是海绵状纯铅（Pb）。为增加容量，蓄电池的正、负极板均制成许多片，分别并联在一起，接成两组，构成蓄电池的正、负极。隔板用橡胶、塑料或木板等绝缘物制成，其作用是使正、负极板相互绝缘。为保证电解液的畅通，同时又不致使极板脱落的活性物质经隔板与相邻隔板相通，通常隔板上开有大小适中的孔。

每一组正负极板所组成的单电池的电压约有 2 V，实际应用时常将 3 个或 6 个相同的单电池串接为一组使用。

酸性蓄电池的电解液为浓度在 27%~37%的稀硫酸溶液，比重为 1.28~1.31。酸性蓄电池是利用铅、二氧化铅和硫酸的化学反应来储存电能和释放电能的，其工作原理可用如下化学反应方程式表示：

$$\underset{(正极)}{PbO_2} + \underset{(电解液)}{2H_2SO_4} + \underset{(负极)}{Pb} \underset{充电}{\overset{放电}{\rightleftharpoons}} \underset{(正极)}{PbSO_4} + \underset{(电解液)}{2H_2O} + \underset{(负极)}{PbSO_4}$$

当正、负极板同时插进硫酸溶液时，在正、负极之间会产生约 2 V 的电动势。若外电路接通则产生放电电流，同时正、负极板与硫酸发生化学反应，并逐渐变成硫酸铅；当正、负极板都变成硫酸铅后，蓄电池不再继续放电，此时需对蓄电池进行充电，使其恢复原来的 $PbO_2$ 和 Pb。蓄电池的充、放电过程是可逆的。

由化学反应方程式可知，蓄电池放电时会产生水，电解液比重降低，充电时比重增加。因此，除可以用测量电动势的方法来判断充放电情况外，还可以通过利用比重计测量电解液的比重来了解蓄电池的充放电情况，进而估计蓄电池电动势的大小。电动势 $E$ 与电解液比重 $d$ 之间的关系由经验公式来表示，即：

$$E=0.84+d$$

如充电完毕的蓄电池，电解液的比重为 1.29，可估算出此时的电动势为 2.13 V。

## 二、判断酸性蓄电池电量的标准

**1.充满电标志**

（1）电解液比重

酸性蓄电池电解液的比重上升且维持在 1. 275~1. 31。

（2）单个电池的电压

刚充电时电压即上升至 2.1 V；随着充电时间的增长，电压缓缓增至 2.3 V；再充电几小时后，电压升至 2.6 V 左右基本维持不变。

同时满足以上两个条件就说明此时电池已充满电。

**2.放完电标志**

（1）电解液比重

酸性蓄电池电解液的比重下降至 1.13~1.18。

（2）单个电池的电压

刚放电时电压即降至 2~1.95 V；随着放电时间的增加，电压缓缓降至 1.9 V；再放电时电压很快降至 1.8~1.7 V。

同时满足以上两个条件就说明此时电池已放电完毕。

## 三、酸性蓄电池的充电及充电方法



**1.蓄电池的充电**

蓄电池充电分为初充电和经常充电两种。

(1)初充电

新的或长期库存的蓄电池，必须经过初充电后，才能投入使用。将硫酸缓缓注入蒸馏水中，经充分冷却后再调整到比重为1.285 g/ml(35 ℃时)，然后注入蓄电池内，液面高于隔板约15 mm。之后静置2~3 h，待电解液充分渗透冷却。再测液面，如低于15 mm，则应补充电解液达到原有高度。将蓄电池的正负极板与电源的正负极对应接好，然后按对应电池说明书要求的电流和时间进行初充电。

初充电第一阶段应随时注意各单格电池的充电情况，当各格基本上达到2.4 V后，即改用第二阶段电流充电。初充电过程中应注意蓄电池内部的温度，不得超过35 ℃，否则应暂停，待温度降低后再继续进行。

(2)经常充电

蓄电池的维护性经常充电是以第一阶段充电为基础，当各格基本上达到2.4 V后，转入第二阶段充电即维护性经常充电。由于第一阶段充电电流大，化学反应比较“粗糙”，可能极板深部的物质并未全部参与化学反应，故而在第二阶段以第一阶段充电电流的一半大小的电流进行充电，可使极板深部的反应比较彻底，约3~5 h后，再调整电解液的比重，使其达到1.285 g/ml左右，然后再用第二阶段充电电流继续充电1 h，使蓄电池内的电解液比重上下均匀一致，充电过程即告结束。

**2.蓄电池的充电方法**

目前船用蓄电池的充电方法有恒压充电法、恒流充电法、分段恒流充电法和浮充法等四种。

(1)恒压充电法

充电过程中始终保持充电电压不变。这种方法装置简单、方法容易。用这种方法刚开始充电时，充电电流大，随着蓄电池电压的上升，充电电流逐渐减小，到充电后期电流很小，会使极板深处得不到很好的还原，电能储藏不足。用这种方法充满电所需要的充电时间较长。若想使充电后期电流不致太小，让极板深处得到充分的还原，则需提高充电电压，这样刚充电时充电电流将大大超过正常充电电流，容易造成极板弯曲，活性物质脱落，损坏电池。

(2)恒流充电法

充电过程中始终保持充电电流不变。由于充电过程中电池电压逐渐升高，为保持充电电流不至于减小，就必须不断提高充电电源的电压。这种方法充电电流大，充电时间可以缩短。但在充电后期充电电流仍不变，会造成电解液中的水分解，形成很多气泡，甚至出现剧烈“沸腾”，这不仅损失电能，而且容易使极板上的活性物质因过量脱落而损坏极板。

(3)分段恒流充电法

在充电初期，蓄电池用较大电流充电(约为10 h放电率的电流)，当蓄电池发出气泡，电压上升到2.4 V时(酸性蓄电池)，改用第二阶段充电电流充电(约为第一阶段充电电流值50%)。这样既充电方便，充电时间短，节约电能，还可延长蓄电池寿命，目前，有条件的大多数船舶上都采用此法。

(4)浮充法

蓄电池直接和直流电网并联,电网向其他负载供电的同时向蓄电池充电。当外负荷减小时,电网电压会略有升高,充电电流就会自动增加;反之,则自动减小。由于这种充电方法充电电流是浮动的,故称浮充法。电网一旦因故失电,蓄电池可立即向用户供电。处于浮充状态的蓄电池组因充放电程度不能自行掌握,所以必须另设一套充电装置,过一段时间须用另一套充电装置进行一次充足—放光—再充足的保养。

## 四、蓄电池的过充电与过充

### 1.蓄电池的过充电

蓄电池在运行中会因长时间充电不足、过放电或其他原因造成极板硫化,会导致充电过程中蓄电池的电压以及电解液的比重均不上升。为使蓄电池保持良好的运行性能,通常会对蓄电池进行过充电。所谓过充电是指在正常充电后,再用 10 h 放电率的 50%或 75%的小电流进行充电 1 h,然后停 1 h,如此反复进行,直到刚接通充电电源就发生强烈气泡为止。

遇到下述情况时,应进行过充电:

(1)蓄电池放电到极限电压以下;

(2)以最大电流放电超过限度;

(3)蓄电池放电后,搁置了 1~2 天而没有进行及时充电;

(4)蓄电池极板抽出检查,清除沉淀物之后;

(5)电解液内混有杂质;

(6)极板硫化,充电时电解液比重不易上升。

### 2.蓄电池的过充

蓄电池过充电与蓄电池过充是两个决然不同的概念,过充电是修复蓄电池的一种方法,而过充是蓄电池的一种故障现象。蓄电池过充的现象是电解液液面降低太快,需经常添加蒸馏水,在透气孔有电解液冒出。蓄电池过充会使电解液的温度过度升高,如不及时降温会因过热导致极板弯曲,同时因电解液沸腾使液面降低很快,若不及时添加蒸馏水将会使极板和隔板露出液面而损坏极板。

## 五、蓄电池的日常维护保养

### 1.电解液的调整与补充

蓄电池在充放电过程中,液面会有所降低。虽然电解液会有少许飞溅,但这种损失极少;液面降低的主要原因是由于蒸发使得电解液中的水分减少,因此补充液面到原有高度时,只需加蒸馏水,不用加酸。

若充电完毕后电解液的比重低于原值时,应在正常充电后添加比重为 1.35~1.40 的稀硫酸来进行调整,再用普通充电电流的一半进行充电 0.5~1 h,以使电解液均匀。若比重仍不合适,需重复上述过程。尤其注意,配制电解液时应将硫酸缓慢地注入蒸馏水中。

2.清洁并保持

为了防止极柱夹头生锈并保持接触良好，在安装正、负极接线夹具前应清楚接线柱上的污物，按要求预紧力夹持牢靠，然后在其上面应涂抹并保持一层凡士林膜。

3.电解液容量检查

每15~20天检查一次电解液的高度，低于设定标准应及时处理，拧紧注液孔的孔盖，以防电解液溅出。

4.防止极板硫化

为防止或消除极板硫化，应按时进行过充电，并定期进行全容量放电。长时间不使用的蓄电池应每月进行一次充、放电试验。

5.环境安全

充电时，电解液的温度不能高于规定值；蓄电池间应保持良好的通风环境，并严禁烟火。

6.检测设备的检查与校验

定期检测用于蓄电池测量的比重计、温度计、电压表等设备。

7.电解液年度化验

电解液应每年进行化验检查。

# 第六节 ◉ 岸电

船舶在某些特殊情况（如进坞检修时）下，会用岸上电源进行供给船上必要负载，称为船舶接岸电，岸电箱外观及内部接线如图3-17所示。船舶接岸电通常采用相序指示器和逆序继电器来检测和保护。

图3-17 岸电箱外观及内部接线图

## 一、接用岸电的要求及注意的事项

(1)要求岸电的电压、频率与本船电网电压、频率一致。若频率相同,仅电压不同,可通过调压器将岸电压变换成与本船电压相同后,再接入船舶电网。

(2)岸电相序必须与船上电网相序一致,否则将会使船上电机反转。通常船上的岸电箱内均设有相序指示灯,指示灯显示相序正确时方可接入岸电。

(3)接通岸电后,不能再启动船舶发电机。船舶电站均设有与岸电相连的联锁保护,两者不能同时合闸向电网供电。

(4)岸电若为三相四线制(中性点接地),应将船体与岸上接地装置连接后接岸电。

## 二、相序指示器

相序指示器是检测电源相序的装置,以判断岸电的相序是否与船舶电网一致。常利用相序指示灯来完成,其接线原理如图 3-18 所示。

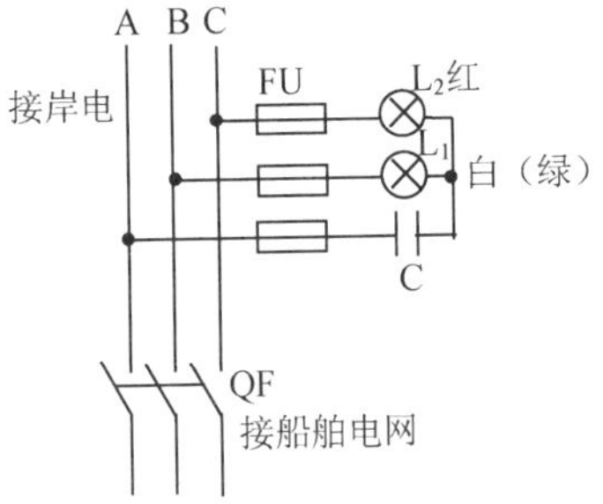


图 3-18 相序指示器接线原理图

图 3-18 中 $L_1$ 与 $L_2$ 为灯泡,C 是电容,三者组成星形连接的不对称三相电路。若三相电路的相电压为 $U_p$,两盏灯泡的电阻分别为 $R_1$、$R_2$,电容的容抗为 $X_c$,取 $R_1=R_2=X_c$。

由三相电路的理论计算得知,当电容接 A 相时,B 相灯泡两端的电压为 $U_B=1.49U_P$,C 相灯泡两端电压为 $U_C=0.4U_P$。结论是:电容接 A 相时,灯泡较亮的那一相为 B 相,暗的那一相为 C 相。

通常,灯泡 $L_1$ 为白色(或绿色),灯泡 $L_2$ 为红色,这样当岸电与船舶电网相序相同时,白灯(绿灯)较亮,而相序不同时红灯较亮。相序不一致时,将岸电接线任意两相调换连接即可。

## 三、负序继电器

负序继电器又称为逆序继电器。负序继电器是一种保护装置,当船舶电网接岸电时相序接错或由于断相引起单相运行时,使岸电开关的失压脱扣器动作跳闸,以防止岸电不正常接入,起到保护作用。

# 第七节 配电板的日常管理和维护保养

## 一、配电板日常管理及注意事项

(1)值班期间,要检查配电板仪表读数,比如电压、频率、电流以及功率等读数,并做好记录。

(2)根据船舶工况对发电机及时进行并车或解列,从而保证电站能够合理、经济地运行。

(3)在手动并车操作时,要避免负荷波动较大时并车。并车成功后,要及时关闭同步表。同步表为短时工作制仪表,工作时间一般不超过15 min。

(4)观察并网发电组的功率分配,通常应按并网机组间额定功率之比进行分配,并保证每台发电机各相电流不得相差10%,每相电流不应超过额定值。

(5)检查主配电板上主开关、接触器是否处于正确位置。重要开关应有提示,以免意外操作。

(6)检查并车屏上的应急发电机组备用指示灯是否亮起,如果不亮,应查明原因,确保应急发电机时刻处于备用状态。

(7)对于故障待修或正在检修的电气设备,要断开电源,并挂“禁止合闸”警示牌,以免误操作引发安全事故。

## 二、配电板的日常维护保养

船舶电站的可靠运行与配电板的良好管理有着密切的关系,所以船舶电气管理人员必须按照船舶公司机务部和船舶领导的要求,结合设备的具体情况,做好日常的维护保养工作。

(1)船舶在营运过程中时常处于颠簸与振动状态,使得船舶主配电板经常发生振动,因此故障主要出现在振动较强烈的地方,所以要定期确认引起振动的原因并排除(如更换减振底座等),以保证其振动频率与共振转速分离。

(2)定期清洁配电板上防尘罩和接线端子等零部件,以免有接触不良的现象。

(3)对配电板上的仪表盘进行定期的检查,检查各仪表指针是否正常,尤其是当负载启动或停车时,更需要观察指针的动作状态是否正常。同时还要对仪表定期进行校验(包括零点和量程等)或更换。

(4)确保配电板上各种保护装置的工作状态正常,并按时对各种保护装置进行检查和维护保养。

(5)通过观察配电板上控制仪表的变化情况,确保相应的转换开关、控制开关的接触状态良好。

(6)确保配电板上各种指示灯及熔断器(保险丝)工作状态良好,对存在问题的指示灯或熔断器应及时更换。

(7)对于发电机控制屏,应注意发电机的输出频率和电压是否稳定。对发电机主开关的操作必须规范、标准，且应定期对触头和内部机械部件进行规范保养，及时清洁灭弧罩。

(8)发电机控制屏上的频率微调旋钮与发电机之间的线路易老化，使得绝缘不好，会导致发电机输出频率电压不稳。定期对自动电压调节器进行维护保养，确保无故障。

(9)时常检测配电屏上启动控制箱里的接触器是否老化，接触是否良好，线路是否有破损与过热现象，内部线路是否排线整齐有序。

(10)按时检测负载屏上的启动/停机开关，确保启/停正常。

# 第四章 船舶常用低压电气设备

## 第一节 常用控制电器

低压电气设备又称低压电器，通常是指工作在交流额定电压 1200 V、直流额定电压 1500 V 及以下的电路中，起通断、控制、保护和调节作用的电气产品。常用的低压电器主要有低压刀开关、熔断器、接触器、继电器、低压断路器、主令电器等。

### 一、低压刀开关

低压刀开关是通过闸刀（动触头）与底座上的刀夹座（静触头）相契合或分离来接通或分断电路的一种开关，是结构最简单、应用最广泛的低压配电电器。其主要用于不频繁地手动接通和分断交、直流电路，或者作隔离开关用，也可用于不频繁地接通和分断小型电机等负载，目前船上已较少使用。

刀开关按极数分为单极、双极和三极；按操作方式分为直接手柄操作式、杠杆操作机构式和电动操作机构式；按刀开关转换方向分为单投和双投；按灭弧结构分为带灭弧罩和不带灭弧罩的。如图 4-1 所示是瓷底胶盖闸刀开关实物图，如图 4-2 所示是刀开关电气符号图。

刀开关由手柄、触刀、静插座和底板组成。为了方便使用和减小体积，往往在刀开关上安装熔体或熔断器，组成兼有通断电路和保护作用的开关电器。

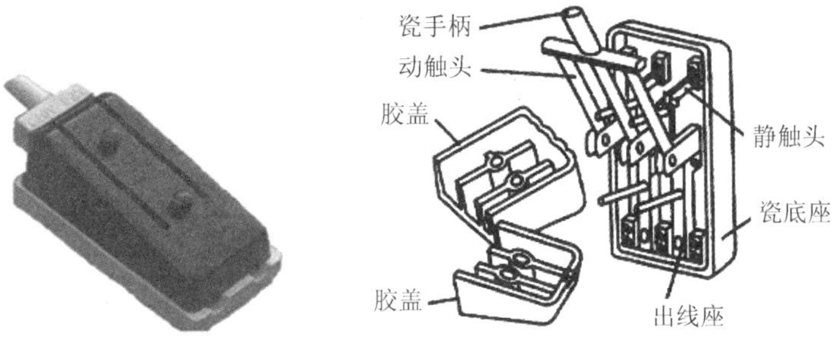


图 4-1 瓷底胶盖闸刀开关实物图

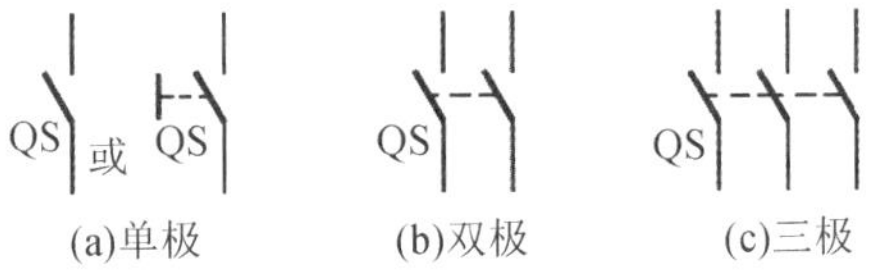


图 4-2 刀开关电气符号图

## 二、熔断器

熔断器俗称为保险丝、保险管等,是最简单有效的过载和短路保护电器。其主体是低熔点金属丝或金属薄片制成的熔体。熔断器串联于被保护的电路中,在正常情况下,熔体相当于一根导线;当发生短路或过载,流过熔断器的电路大于规定值时,熔体因过热熔断而自动切断电路。如图 4-3 所示为熔断器的结构、特性曲线图和电气符号图。

船舶上常用的熔断器有螺旋式、管式、插脚式等多种形式。

熔断器的保护特性(电流-时间关系)具有反时限的特点,即电流越大,熔断的时间越短,其特性和符号如图 4-3(c)所示。不同类型的熔断器熔体的热惯性大小不同,在同样的电流下熔断的时间不同。在船上电网和用电设备的熔断器都是按保护动作的选择性配套的,不可任意更换不同型号的熔断器。

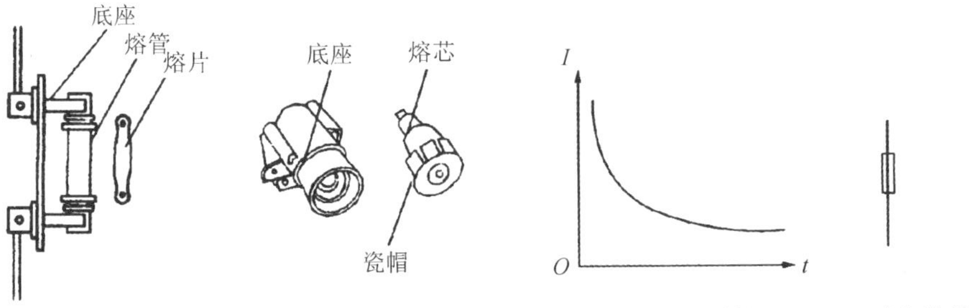


(a) 管式熔断器　(b) 螺旋式熔断器　(c) 保护特性　(d) 电气符号

图 4-3 熔断器的结构、特性曲线图和电气符号图

在电力系统中,选择熔断器熔体电流的方法如下:

### 1.平稳负载的熔体(例如控制信号和照明等)

熔体额定电流≥支路上所有负载的工作电流之和。

2.电动机主电路的熔体

(1)为了防止电动机启动时电流较大而将熔体烧断,因此熔体不能按电动机的额定电流来选择,熔体额定电流不小于电动机额定电流的1.5~2.5倍。

(2)几台电动机合用的总熔体电流一般可粗略地按下式计算:

熔体额定电流等于1.5~2.5倍容量最大的电动机的额定电流与其余电动机的额定电流之和。

(3)降压启动的电动机选用熔体的额定电流等于或略大于电动机的额定电流。

## 三、接触器

接触器是用来频繁地接通或断开交直流主电路及大容量控制电路的一种自动切换电器。在大多数情况下,其控制对象是电动机,也可以是其他电力负载,如电热器、电焊机等。接触器具有控制容量大、操作频率高、寿命长、能远距离控制等优点,同时还具有低压释放保护功能。

接触器按动作原理可分为电磁式、气动式和液压式,后两种是特种电器。常用的电磁式接触器又可分为直流和交流两种。

### 1. 接触器的基本结构和工作原理

从结构上讲,交流接触器和直流接触器都是由触头系统(包括灭弧装置)、电磁机构和释放弹簧三部分组成。

如图4-4所示为交流接触器的实物及结构示意图。接触器是利用电磁原理通过可动衔铁的运动来带动触头通断的。线圈通电后,吸引衔铁向下运动,带动常开动触头与静触头闭合,同时常闭动触头与静触头断开。当线圈断电后,衔铁及动触头在释放反力弹簧的作用下向上返回原位。

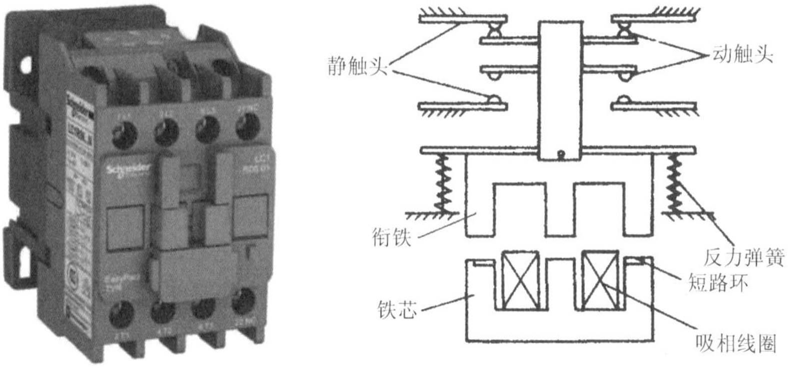


图4-4 交流接触器的实物及结构示意图

根据用途不同,接触器的触头分主触头和辅助触头。主触头为常开触头,设有灭弧装置(如灭弧罩等),能通过较大的电流,接在电动机的主电路中。辅助触头分为常开和常闭两种触头,无灭弧装置,只能通过较小的电流,常接在电动机的控制电路中。

### 2. 接触器的主要技术参数

(1)额定电压:接触器吸合线圈的额定工作电压。

(2)额定电流:主触头的额定工作电流。它是在一定条件(额定电压、使用类别、额定工作制和操作频率等)下规定的,保证电器正常工作的电流值。

(3)动作值:接触器的吸合线圈电压和释放电压。一般规定接触器在线圈额定电压85%及以上时,应可靠吸合。释放电压不高于线圈额定电压70%。

**3.接触器的电气符号**

接触器的电气符号分主触头、线圈和辅助触头三部分,如图4-5所示。

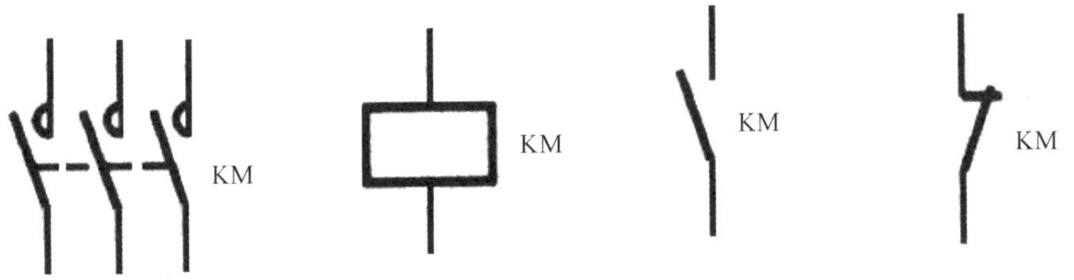


(a)主触头　(b) 线圈　(c)常开辅助触头　(d)常闭辅助触头

图4-5　接触器的电气符号

**4. 接触器的常见故障及处理方法**

故障现象之一:按下启动按钮,接触器吸不上或吸力不足。

(1)故障原因

①电源电压过低或波动过大;

②操作回路电源容量不足或发生断线、配线错误及控制触头接触不良;

③线圈技术参数与使用条件不符;

④产品本身受损(如线圈断线或烧毁、机械可动部分被卡阻、转轴生锈或歪斜等);

⑤触头弹簧压力与行程过大。

(2)对应上述原因采取的处理方法

①调节电源电压至额定值并使之稳定;

②增加电源容量,更换线路,修理控制触头,接触器换新;

③更换线圈,接触器换新;

④更换线圈,排除卡阻故障,修理受损零件,接触器换新;

⑤按要求调整触头参数,接触器换新。

故障现象之二:按下停止按钮,接触器不释放或释放缓慢。

(1)故障原因

①触头弹簧压力过小;

①触头熔焊;

③机械可动部分被卡阻,转轴生锈或歪斜;

④反力弹簧损坏;

⑤铁芯极面有油污或尘埃黏住;

⑥E形铁芯当达到使用寿命时,剩磁增大,使铁芯不释放。

(2)对应上述原因采取的处理方法

①调整触头参数,接触器换新;

②排除熔焊故障,修理或更换触头,接触器换新;
③排除卡阻现象,修理受损零件,接触器换新;
④更换反力弹簧,接触器换新;
⑤清理或更换铁芯,接触器换新;
⑥更换铁芯,接触器换新。

故障现象之三:线圈过热或烧损。

(1)故障原因

①电源电压过高或过低;
②线圈技术参数(如额定电压、频率、通电持续率及适用工作制等)与实际使用条件不符;
③操作频率(交流接触器)过高;
④线圈制造不良或由于机械损伤、绝缘损坏等造成;
⑤使用环境条件特殊,如空气潮湿,含有腐蚀性气体或环境温度过高;
⑥交流接触器运动部分被卡住;
⑦交流接触器铁芯极面不平或气隙过大。

(2)对应上述原因采取的处理方法

①调整电源电压;
②调换线圈,接触器换新;
③选择其他适合的接触器;
④更换线圈,排除引起线圈机械损伤的故障,接触器换新;
⑤采用特殊设计的接触器,换新;
⑥排除卡住的线圈,接触器换新;
⑦调整极面,调整气隙或调换铁芯,接触器换新。

## 四、继电器

继电器是传递信号的一种电器,根据输入电量(如电压、电流等)或者非电量参数(温度、压力、速度等)的变化,改变输出信号状态(触头的闭合、断开),作用于控制电路,起到控制和保护作用。

继电器由接收输入信号的测量元件(又称感受元件)和反映输出信号的执行元件所组成。继电器的种类很多,按测量元件的动作原理可分为电磁式、感应式、机械式、双金属片式、电子式、电动式等。

### 1.继电器常见类型

(1)电磁式继电器

电磁式继电器由电磁铁和触头组成。其动作原理与电磁式接触器相似,通过电磁力和反作用力来决定其衔铁的吸合或释放。与接触器不同的地方是继电器无主、辅助触头之分,动作灵敏。常用的电磁继电器有电压继电器、电流继电器、中间继电器等。

①电压继电器:其电压线圈匝数多、线径细,并联于电路中。正常电压时,衔铁被吸合。当电压低于某一整定值或为零时,衔铁被释放。

②电流继电器:其电流线圈匝数少、线径粗,串联于电路中。当电流达到某一整定值时,衔

铁被吸合或释放。

③中间继电器:将一个输入信号变为一个或多个输出信号的继电器。其作用是增加触头数量以扩大控制范围;在较复杂的电路中用作程序控制元件。其实物如图 4-6 所示。

图 4-6　中间继电器实物图

(2)时间继电器

时间继电器是在电路中控制动作时间的继电器。它的种类很多,可分为电磁式、电动式、电子式和机械式等。如图 4-7 所示为时间继电器实物图。下边介绍在船上常用的空气阻尼电磁式时间继电器。

图 4-7　时间继电器实物图

如图 4-8(a)所示为通电延时的空气阻尼交流电磁式时间继电器的结构示意图。它是利用空气阻尼作用而达到动作延时的目的。工作原理如下:当线圈通电后,将动铁芯吸下,使动铁芯与活塞杆之间有一段距离。在恢复弹簧的作用下,活塞杆向下移动。在伞形活塞的表面固定有一层橡皮膜。因此当活塞向下移动时,在膜的上下空间形成压差,活塞不能迅速下移。当空气由进气孔进入时,活塞才逐渐下移。移动到最后位置时,杠杆使延时微动开关动作。延时时间即为自线圈通电时刻起到微动开关动作时为止的这段时间。通过调节螺钉调节进气孔的大小,就可调节延时时间的长短。

通电延时时间继电器有两组延时触头:一组是延时断开的常闭触头,一组是延时闭合的常开触头。此外,还有两组瞬时动作触头。

线圈断电时,衔铁在恢复弹簧的作用下复原。空气经过出气孔并推开单向阀被迅速排出,各触头恢复原位。

若将图 4-8(a)的铁芯倒装一下，就成了如图 4-8(b)所示的断电延时继电器。断电延时继电器线圈通电时各触头立即改变开闭状态，当线圈断电时各触头才延时复原，即常开的延时开，常闭的延时闭。

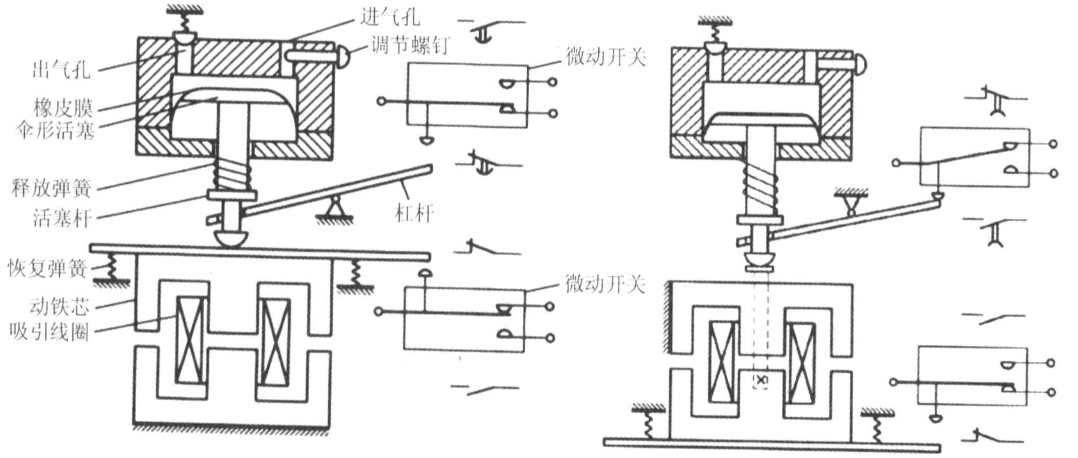


(a)通电延时继电器　(b)断电延时继电器

图 4-8　空气阻尼交流电磁式时间继电器的结构示意图

(3)热继电器

热继电器是利用电流的热效应而动作的电器。它主要作用是对电动机实现过载保护，以免电动机因长时间超负荷运行而损坏电动机。

如图 4-9 所示，电动机的电流通过发热元件，发热元件的发热使双金属片受热膨胀变形而向左弯曲，推动导板，带动杠杆，向右压迫弹簧片变形，使动触头和静触头分开，而与螺钉(静触头)接触。只要将常闭触头串联在控制交流电动机的接触器的线圈电路中，当电动机过载时，热继电器常闭触头断开，从而断开电动机的控制电路，进而断开其主电路。由于热惯性，它是一个延时保护电器，故不用它作电动机的短路保护。它具有反时限特性，即通过电流越大，动作的延时越短。

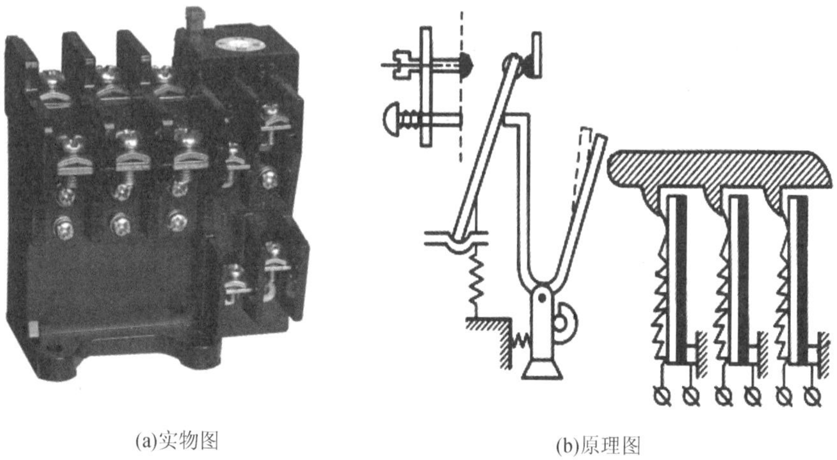

(a)实物图　(b)原理图

图 4-9　热继电器

热继电器的整定电流一般等于被保护电动机的额定电流，当通过电流超过整定电流的20%时，应在 20 min 内动作。

热继电器分热元件（主电路）和触头（控制电路）两部分，如图 4-9（b）所示，而图 4-10 表示热继电器的主触头和辅助触头的电气符号。

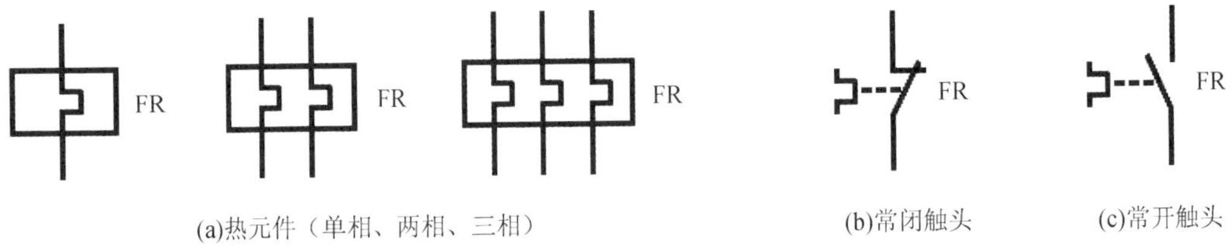


**图 4-10　热继电器的电气符号**

**2.继电器的常见故障及处理方法**

继电器种类繁多，对主电路的保护中，热继电器的作用非常重要，因而应用广泛，本教材就以热继电器为例介绍继电器的常见故障及处理方法。

故障现象之一：用电设备操作正常，但热继电器频繁动作，或电气设备烧毁而热继电器不动作。

（1）故障原因

①热继电器的整定电流值与被保护设备的频定电流值不符；

②热继电器可调整部件的固定支钉松动，不在原整定点上；

③热继电器通过了巨大的短路电流后，双金属元件已产生永久变形；

④热继电器久未校验，灰尘堆积，或生锈，或动作机构卡住，磨损，胶木零件变形等；

⑤热继电器的可调整部件损坏或未对准刻度；

⑥热继电器的盖子未盖上或未盖好；

⑦热继电器的外接线螺钉未拧紧或连接线不符合规定；

⑧热继电器的安装方向不符合规定或安装地方的环境温度与保护电气设备的环境温度相差太大。

（2）对应故障原因的处理方法

①应按被保护设备的容量调节或更换热继电器；

②将热继电器支钉扭紧，重新进行调整试验；

③更换并重新进行调整试验；

④清洁，修理，重新进行校验（在正常情况下，每年应校验一次），或热继电器换新；

⑤修好热继电器损坏部件，并校准刻度，重新进行调整；

⑥盖好热继电器的盖子；

⑦把热继电器接线螺钉拧紧或换上合适的连接线；

⑧将热继电器按规定方向安装，并按两地温度相差情况配置适当的热继电器。

故障现象之二：热继电器动作时快时慢。

（1）故障原因

①热继电器内部机构有某些部件松动；

②在检修中使热继电器双金属片弯折；

③热继电器外接线螺钉未拧紧。

(2)对应故障原因的处理方法

①将热继电器内部机构有某些松动部件加固拧紧;

②用高倍电流预试几次,或将双金属片拆下进行热处理,以去除热继电器热元件内应力;

③拧紧热继电器外接线螺钉。

故障现象之三:热继电器接入后主电路不通。

(1)故障原因

①热继电器热元件烧毁;

②热继电器外接线螺钉未拧紧。

(2)对应故障原因的处理方法

①更换烧坏的热继电器热元件或更换整个热继电器;

②拧紧热继电器外接线螺钉。

故障现象之四:热继电器控制电路不通。

(1)故障原因

①热继电器触头烧毁,或动触片的弹性消失,动、静触头不能接触;

②由于热继电器刻度盘或调整螺钉转到不合适位置,将触头顶开。

(2)对应故障原因的处理方法

①修理或更换有问题的热继电器触头和触片;

②调整热继电器刻度盘或调整螺钉。

## 五、低压断路器

低压断路器又称自动空气开关或自动空气断路器,简称断路器。它是一种既有手动开关作用,又能自动进行失压、欠压、过载和短路保护的电器。它可用来分配电能,不频繁地启动异步电动机,对电源线路及电动机等实行保护,当它们发生严重的过载或者短路及欠压等故障时能自动切断电路,其功能相当于刀开关、熔断器、热继电器与欠热继电器的组合。

低压断路器按其用途和结构特点可分为框架式低压断路器、塑料外壳式低压断路器、直流快速低压断路器和限流式低压断路器等。内河船舶运用比较普遍的 DW 型万能框架式空气断路器在第三章已有讲解,此处介绍塑壳式低压断路器。如图 4-11 所示为塑料外壳式低压断路器实物图和符号图。

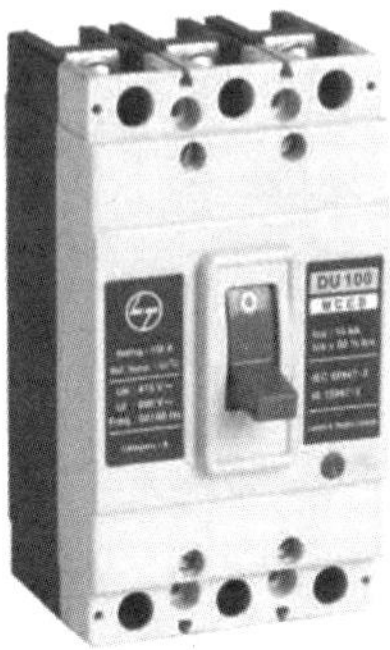

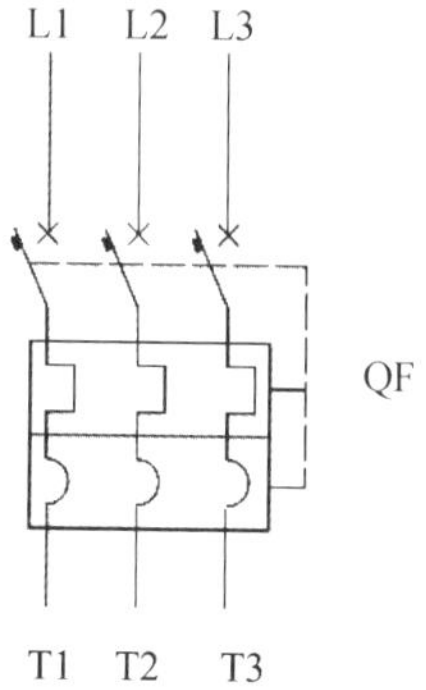


图 4-11 塑料外壳式低压断路器实物图和符号图

### 1.塑壳式低压断路器的结构和工作原理

塑壳式低压断路器一般使用于 63 A 以上、1250 A 以下的主电路。额定绝缘电压为 800 V,额定工作电压为 690 V。采用热固性塑料作为外壳(一般为酚醛树脂或团状不饱和聚酯膜塑料),具有短路及过载保护功能的断路器。遵循 GB/T 14048—2018 的标准。

塑壳式低压断路器一般都由触头系统、灭弧装置、自由脱扣机构、操作传动装置和保护元件组成。其主触头是靠手动操作合闸的。主触头闭合后,自由脱扣机构将主触头锁在合闸位置上。过电流脱扣器的线圈和热脱扣器的热元件与主电路串联,欠电压脱扣器的线圈和电源并联。当电路发生短路或严重过载时,过电流脱扣器的衔铁吸合,使自由脱扣机构动作,主触头断开主电路。当电路过载时,热脱扣器的热元件发热使双金属片上弯曲,推动自由脱扣机构动作。当电路欠电压时,欠电压脱扣器的衔铁释放,也使自由脱扣机构动作。分励脱扣器则作为远距离控制用,在正常工作时,其线圈是断电的,在需要距离控制时,按下启动按钮,使线圈通电,衔铁带动自由脱扣机构动作,使主触头断开。

### 2.低压断路器的技术参数选择

(1)断路器额定电压等于或大于线路额定电压。

(2)断路器额定电流等于或大于线路或设备额定电流。

(3)断路器通断能力等于或大于线路中可能出现的最大短路电流。

(4)欠压脱扣器额定电压等于线路额定电压。

(5)分励脱扣器额定电压等于控制电源电压。

(6)长延时电流整定值等于额定电流。

(7)瞬时整定电流:对保护笼型感应电动机的断路器,瞬时整定电流为 8~15 倍电动机额定电流;对于保护绕线型感应电动机的断路器,瞬时整定电流为 3~6 倍电动机额定电流。

(8)6 倍长延时电流整定值的可返回时间等于或大于电动机实际启动时间。

## 六、主令电器

主令电器是用来接通和分断控制电路,以发布命令的电器。常用的主令电器有控制按钮、多极开关、行程开关、主令控制器、圆盘式电磁制动器等。

### 1.控制按钮

控制按钮是一种手动且自复位的主令电器,用以对磁力启动器、接触器、继电器及其他电气线路发出指令控制信号。

按钮实物如图 4-12 所示,控制按钮的结构示意图和符号如图 4-13 所示,按钮带动触头使其闭合或断开,手松开后自复位弹簧使按钮和触头复位。有仅有一对触头的单层按钮,也有两对触头的双层按钮。通常用常开触头按钮作“启动按钮”,常闭触头按钮作“停止按钮”。

### 2.多极开关

多极开关也叫万能转换开关,如图 4-14 所示,可同时控制多条通断要求不同的电路,广泛应用于交、直流控制电路、信号电路和测量电路,也可用于小功率电动机的启动、反转和调速,开关转换手柄(或手钮)可有多个位置。

现在的电动机的电源开关多用自动空气开关。

图 4-12 按钮实物图

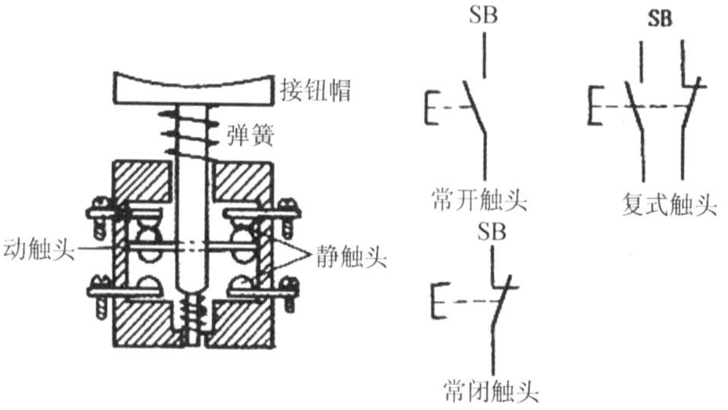


图 4-13 按钮的结构示意图和符号

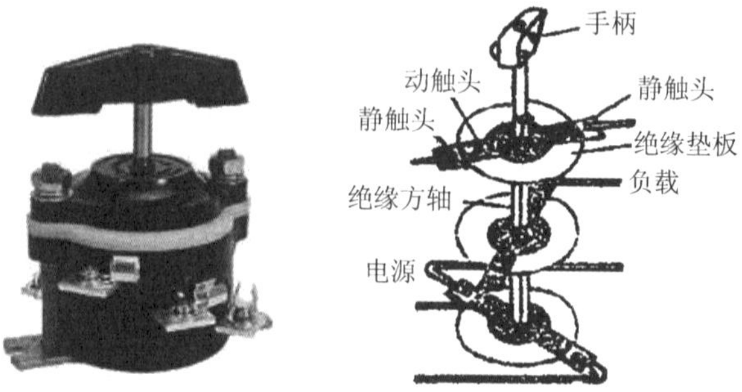


图 4-14 多极开关

3.行程开关

行程开关也称限位开关,如图 4-15 所示,主要用于限制机械移动的极限位置或实现安全保护、电气连锁或程序控制等。在机械运动部件碰触行程开关的位置挡块(相当于按下按钮)时,使常闭触头断开或常开闭合,当运动部件与挡块脱离接触时触头自行复位。行程开关常作为舵机、起货机、行车等的终端限位安全保护开关。

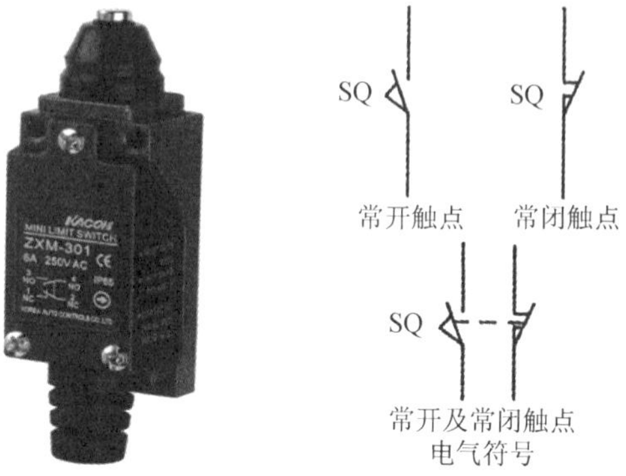


图 4-15 行程开关实物及符号

4.主令控制器

在船用起货机、锚缆机等设备控制电路中常采用凸轮式主令控制器,如图 4-16 所示,一般是手柄前后推拉双向操作的多位置、多控制回路的主令开关。主令控制器常与接触器和继电器配合一起工作,控制电动机的启动、制动、正反转、调速及实现零位保护等。其触头通断顺序通常采用展开图法。

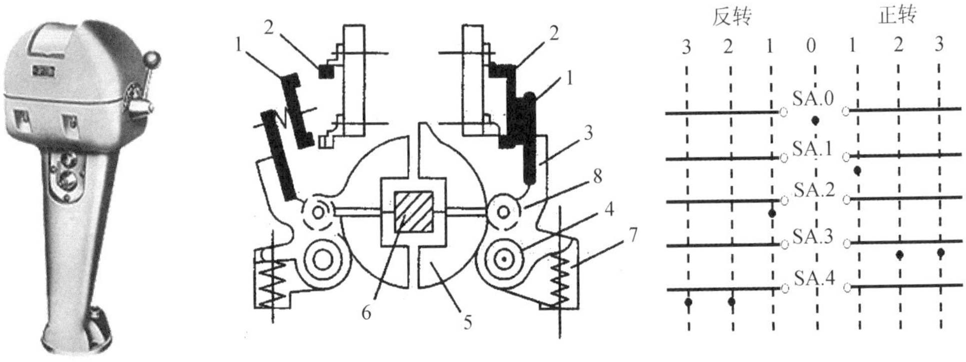


图 4-16　主令控制器实物及结构示意图和电路符号

1—动触头;2—静触头;3—支架;4—定轴;5—凸轮;6—方轴;7—弹簧;8—滚轮

5.圆盘式电磁制动器

电磁制动器是将电磁力矩转变为机械力矩以实现电动机停车时的机械制动的一种电器。常用的电磁制动器有圆盘式电磁制动器和抱闸式电磁制动器。

锚机制动器为圆盘式电磁制动器,圆盘式电磁制动器结构如图 4-17 所示。其工作原理如下:电动机运转时,电磁刹车线圈通电产生吸力,克服弹簧力将静摩擦片(衔铁)吸住,使其与装于电动机轴端的动摩擦片脱开,电动机自由旋转,如图 4-17(a)所示。

停车时,刹车线圈失电,静摩擦片被反作用弹簧压紧到动摩擦片上,产生摩擦力矩而使电动机制动停转,如图 4-17(b)所示。

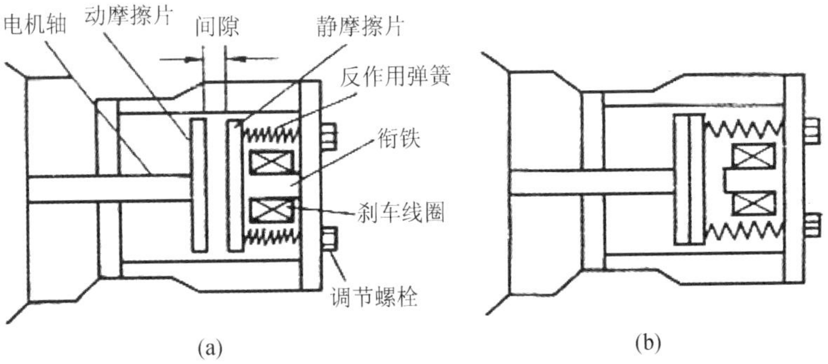


图 4-17　圆盘式电磁制动器

调整制动器外壳上的螺栓,即可调节反作用弹簧制动力矩。应保证螺栓均匀调整,以消除摩擦片歪斜、气隙不匀而产生的振动强、噪声大等现象。

圆盘式电磁制动器工作时静、动摩擦片间的间隙通常为 0.6~2 mm。间隙过小,松闸时静、动摩擦片之间易擦碰;间隙过大,则制动时易产生较大的机械碰撞。

# 第二节 典型控制电路

电气线路图可以分为两部分:主电路和辅助(控制)电路。电动机、发电机等通过大电流的电路属于主电路,其他均属于辅助电路。

电气线路图根据需要可以绘制成两种不同的形式:电路图和接线图。

(1)电路图是用图形符号根据生产机械运动形式对电气设备的要求绘制而成,用来协助理解电气设备的各种功能,而不考虑其实际位置的一种简图。

(2)接线图又称安装图,用规定的符号既表明各电气元件在电路上的联系,又表明各元件相互间位置的图形。这种图是供施工与检修时使用的。

绘制电路图的规定也就是阅读电路图的方法。其主要规定归纳如下:

(1)控制系统内的全部电机、电器和其他带电部分都应按国家标准规定的图形符号和文字符号绘制和标注。

(2)电路图一般按主电路和控制电路两部分画出:主电路画在图的左边或上端,用粗线表示;控制电路画在图的右边或下端,用细线表示。

(3)整个电路与电网断开,各电器按不通电或不受外力作用时的正常状态画出。

(4)属于同一电器的不同部件,按其在电路中的作用画在不同的电路部位上,标以相同的文字符号,并用数字以做区别。

(5)电路图中,各元件一般按从上到下、从左到右的动作顺序依次排开。有直接与电联系的导线交叉连接点要用小圆圈或黑圆点表示。

## 一、点动、连续控制和多地点控制

### 1.点动控制

点动控制的特点在于设备的启动、运行、停止都必须在操作人员的直接参与下完成。有些机械设备在运行过程中,必须有人监视,如船舶吊艇机、行车和甲板上的扶梯起落机等都需要有点动控制。如图 4-18 所示为最简单的点动控制线路,按下启动按钮 SB,接触器线圈 KM 通电,主触头闭合,电动机启动运转;手松开按钮 SB,接触器线圈 KM 断电,主触头断开,电动机停止运转。

### 2.连续控制

连续运行控制的特点在于设备的启动和停止需要操作人员参与,但启动后的连续运行则由控制电路来保持。如图 4-19 所示是三相异步电动机单向(不可逆式)启动后保持连续运行的控制电路图。它由电源开关、熔断器、按钮、交流接触器和热继电器等组成。

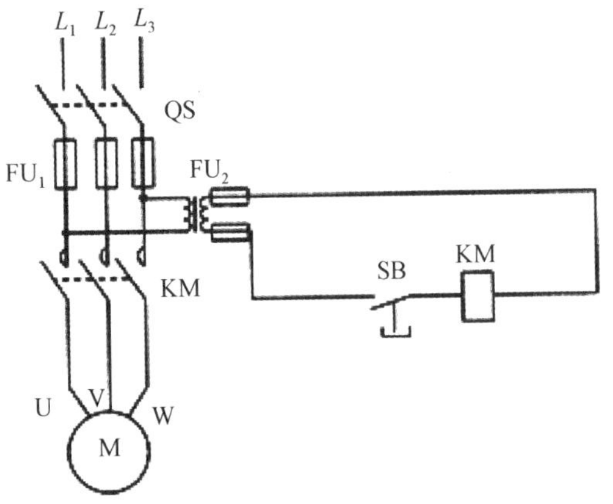


图 4-18　电动机点动控制线路图

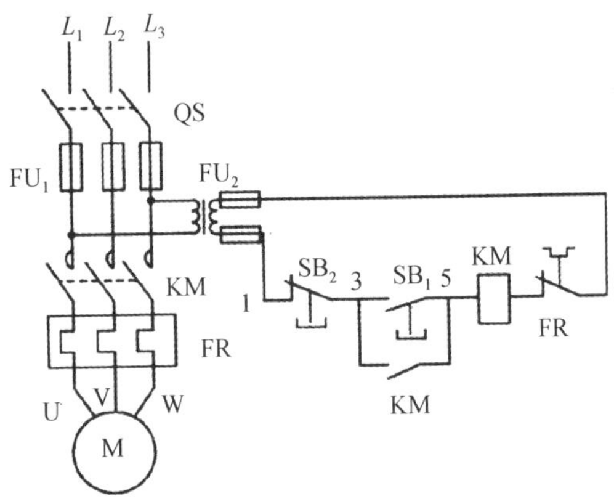


图 4-19　三相异步电动机连续运行控制电路图

启动电动机时，先将电源开关 QS 闭合。当按下启动按钮 $SB_1$时，交流接触器线圈 KM 通电，吸合衔铁使 KM 主触头闭合，电动机 M 与三相电源接通启动。同时，与 $SB_1$并联的 KM 辅助触头也闭合。此辅助触头称为自锁触头。当松开启动按钮 $SB_1$时，接触器线圈仍然保持通电，电动机 M 继续运转。当需停止电动机 M 时，按下停车按钮 $SB_2$，接触器线圈 KM 失电，KM 主触头断开，电动机 M 停转，控制线路恢复图上状态，准备下次工作。

该控制线路具有失压（欠压）保护、过载保护和短路保护等基本功能。

## 二、正反转换向与互锁控制

在生产上往往要求运动部件可向正、反两个方向运动，例如，锚机的抛锚与起锚、起货机的提升与下降等。为了实现正反转，只要将电动机电源的任意两相接线互换对调即可。用两个接触器就能实现这一要求。如图 4-20 所示，接触器 $KM_1$ 控制电动机正转；接触器 $KM_2$ 控制电动机反转。

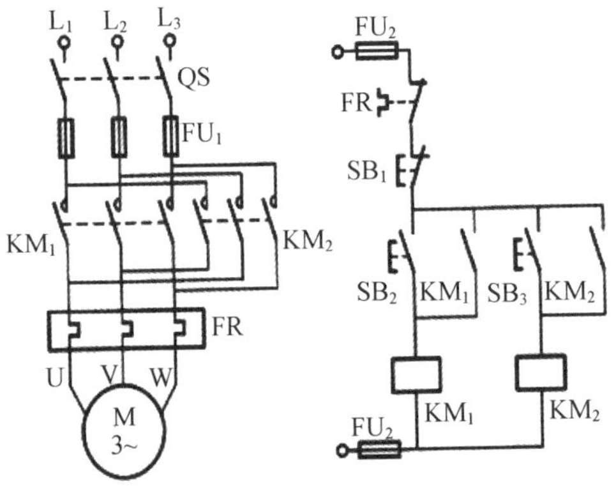


图 4-20　电动机正反转控制线路图

如果发生错误操作，例如在按下 $SB_2$后又按下 $SB_3$，两个接触器同时接通，电源将发生短路。所以对这类控制线路在电路设计方面最根本的要求是：必须保证两个接触器不能同时工作。能实现这一要求的控制线路称为互锁控制。如图 4-21(a)和(b)所示分别为电动机正、反转互锁控制线路图。

如图 4-21(a)所示,将 $KM_F$ 和 $KM_R$ 的常闭辅助触头分别串联到对方线圈电路中实现电气联锁或互锁。除了电气互锁外,还常设有机械互锁。如图 4-21(b)所示,采用接触器电气互锁加双层按钮机械互锁的双重互锁,进一步增强了互锁的可靠性和操作的灵活性。

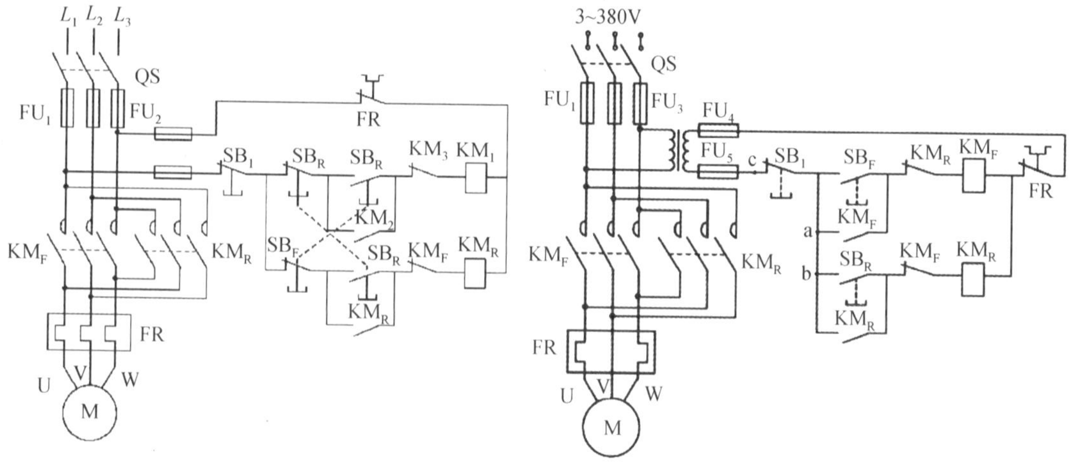


(a) 正转 (b)反转

图 4-21 电动机正反转互锁控制线路图

## 三、顺序控制

生产机械或生产自动线都是由许多部件组成,不同的运动部件之间是相互联系的,但又是相互制约的。在多台电动机拖动的电气设备中,经常要求电动机有顺序地启动或停止。例如,船舶主空压机正常工作时,需要用冷却水进行冷却,所以要求冷却水压力建立后才能启动空压机。这种要求可以用如图 4-22 所示的顺序控制线路来实现。

如图 4-22 所示中接触器 $KM_1$(控制冷却水泵电动机 $M_1$)的自锁触头又是 $KM_2$(控制空压机电动机 $M_2$)的联锁触头。因此,只有在 $KM_1$线圈通电,冷却水泵启动后,$KM_2$线圈才能通电,空压机启动运转。如果 $KM_1$线圈断电,冷却水泵停止供水,由于 $KM_1$触头打开,使 $KM_2$线圈立即断电,空压机停止运转。

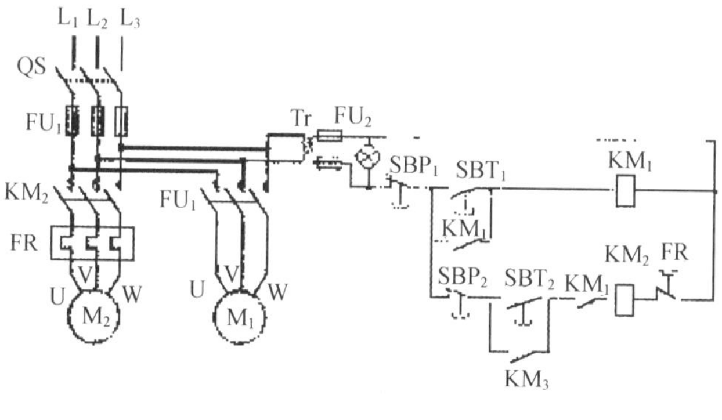


图 4-22 顺序控制线路

## 四、多地点控制

为了操作方便,某些设备往往要求在两个或两个以上的地点对它都能进行操作,例如,机舱的许多泵要求既能在机旁操纵,又能在集中控制室操纵。为实现这一要求需做到多地点控制,只要将两个或多个启动按钮和停止按钮分别组成并联和串联电路即可,如图 4-23 所示。

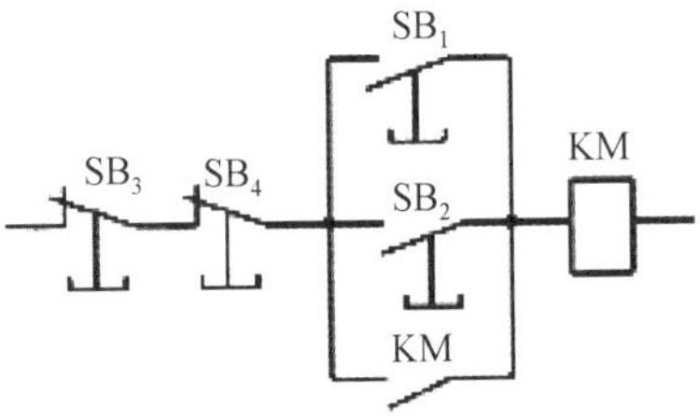


图 4-23　两地控制线路

## 五、短路、过载、失(欠)压保护的基本功能及功能实现

### 1. 短路保护环节

电动机的短路保护是通过熔断器来实现。当发生短路时,较大的短路电流将使供电线路或电动机和其他电器受到严重损坏,因此应及时将短路部分和电源隔离或脱离。在磁力启动器控制线路中分为主回路短路保护和控制回路短路保护两种,其熔断器额定电流的选择也是有所不同的。

### 2. 过载保护环节

电动机的过载保护是通过热继电器来实现的。当过载时,它的热元件发热将其常闭触头断开,使接触器线圈断电,电动机与电源断开。

热继电器至少有两个发热元件,分别串联在任意两相线路中。这样不仅在电动机过载时有保护作用,而且当任意一相电源断路后,使电动机单相运行时,仍有一个或两个发热元件中通有电流,热继电器仍能正常工作,从而使电动机得到保护。

### 3. 失(欠)压保护环节

失压保护是依靠接触器本身的电磁机构来实现的。当电源电压由于某种原因消失时,电动机会自动停车。当电源电压恢复时,电动机不会自动启动,只有在操作人员按下启动按钮后,电动机方可启动。这种保护环节称为失压保护。

当电源电压过分降低(即欠压)时,电动机为了维护电磁转矩满足负载转矩的需要,其电流必将增加,使电动机可能过载甚至烧毁,而此时由于电源电压过分降低,接触器反力弹簧的作用力大于电磁吸力时衔铁将释放,主触头断开,使电动机脱离电源,实现欠压保护。

## 六、典型控制电路的常见故障及其处理

船用电动机的启停、调速和保护都是通过主电路和控制电路来实现的。交流启动箱主要

包含箱内主电路、控制线路和操作显示面板。启动箱常见故障现象、原因和处理方法分析如下：

**1. 按下启动按钮电器不动作，电动机不启动**

(1)故障原因：熔断器烧断；与控制回路串联的触头接触不良；热继电器未复位或接触器线圈断线等，也可能因机械方面故障使接触器卡住不能吸合。

(2)处理方法：更换熔断器或修复相关电气元件。

**2. 按下启动按钮电动机启动，放松按钮电动机停转**

(1)故障原因：自保回路有断线或触头接触不良。

(2)处理方法：检查并修复自保回路或修复接触器触头或换新。

**3. 运转时噪声较大**

(1)故障原因：交流接触器衔铁上短路环断开或脱落；铁芯面贴合不紧而振动；机械连接部分有松动现象；电源电压低于接触器电磁线圈的额定电压，使接触器吸力过小也会产生噪声。

(2)处理方法：更换接触器，修复机械电气故障，或调整电源，或更换与电压匹配的接触器。

**4. 接触器线圈发热或烧坏**

(1)故障原因：线圈内部有匝间短路；交流接触器通电后，衔铁被卡住吸不上；气隙很大，造成电流过大；弹簧反作用力过大使衔铁不能完全吸合。

(2)处理方法：更换烧坏的接触器，修复卡死的衔铁或调整气隙。

**5. 按下停止按钮电动机不停车**

(1)故障原因：自保线路接错；接触器被卡阻不能释放；主触头烧熔在一起；触头不能断开或由于铁芯剩磁过大；释放弹簧反作用力过小，不足以使衔铁释放。

(2)处理方法：正确接线，更换或修复相关电气元件。

# 第三节 ◉ 交流三速锚机简介

## 一、对锚机电力拖动的要求

(1)应能满足在规定的航区内，单锚破土后能起双锚；

(2)电动机应有足够的功率储备，在最大转矩的应急起锚状态时，电动机能正常启动运行；

(3)在2倍额定转矩下能堵转1 min，最好具有软机械特性或下坠特性；

(4)有一定的调速范围，满足起锚高速、入孔低速以及系缆调速的要求；

(5)短时工作制(不小于30 min)，防水式。

## 二、对锚机控制电路的要求

采用操作手轮或手柄有明确空间方向的鼓形控制器或主令控制器，将电动机接成正、反转调速的控制电路：

(1)主令控制器手柄从零位快速扳到高速挡，控制线路应能自动的由低速逐级加速到高速，不受手柄快速移动的影响，以避免过大的冲击电流；

(2)过载或过电流保护应适应电动机堵转 1 min 的要求，当高速发生堵转时能自动进入低速；

(3)深水抛锚应能实现再生制动或能耗制动下的等速抛锚；

(4)手柄回零位，应有电气制动和机械制动相配合的控制，以达到迅速、可靠的停车；电源停电时应有支持锚重的能力；

(5)应具有短路、失压、过载、缺相等基本保护环节。

## 三、交流三速电动锚机控制电路

目前我国交流锚机广泛应用多速变极异步电动机拖动。16/8/4 极三速二绕组鼠笼式异步电动机的 4 极高速绕组单独一套，如图 4-24(a)所示，采用星形接法：4U、4V、4W 分别接电源，8U、8V、8W 和 $16U_1$、$16U_2$、16V、16W 开路。其中速和低速合用一套绕组。低速时采用三角形接法为 16 极，如图 4-24(c)所示，$16U_1$、16 $U_2$连接后和 16V、16W 分别接电源，8U、8V、8W 平和 4U、4V、4W 开路。中速 8 极采用双星形接法，如图 4-24(b)所示，8U、8V、8W 分别接电源，$16U_1$、$16U_2$、16V、16W 合并短接，4U、4V、4W 开路。

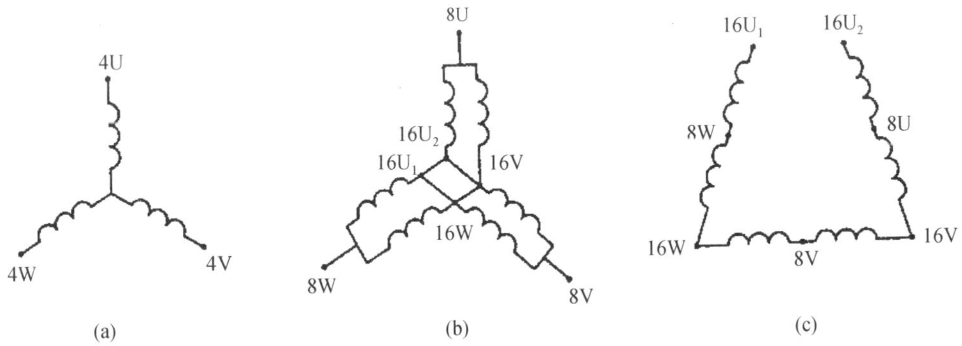


图 4-24　16/8/4 极三速二绕组异步电动机绕组接法示意图

## 四、交流三速电动锚机的工作原理

交流三速电动锚机的控制电路如图 4-25 所示。

**1. 交流三速电动锚机启动和运转**

(1)手柄置“0”位

合上电源开关 QS 和控制开关 SA(5)，则主令控制器的电源指示灯 HL(5)亮，表示电网已供电。因主令控制器置“0”位，其触头 $SA_1$(6)闭合，故零压继电器 $KA_2$(6)有电，其常开触头

$KA_2$(7)闭合且自锁,并接通控制电路的电源和整流电源。此时,时间继电器 $KT_1$(18)通电,触头 $KT_1$(14)瞬时断开,切断 $KM_5$(13)回路;$KT_2$(19)通电,触头 $KT_2$(4)瞬时闭合,短接过电流继电器 $KA_1$(4)。$KT_3$(20)通电,$KT_3$(22)瞬时闭合,为直流电磁制动器吸合线圈 YB(21)通电做准备。

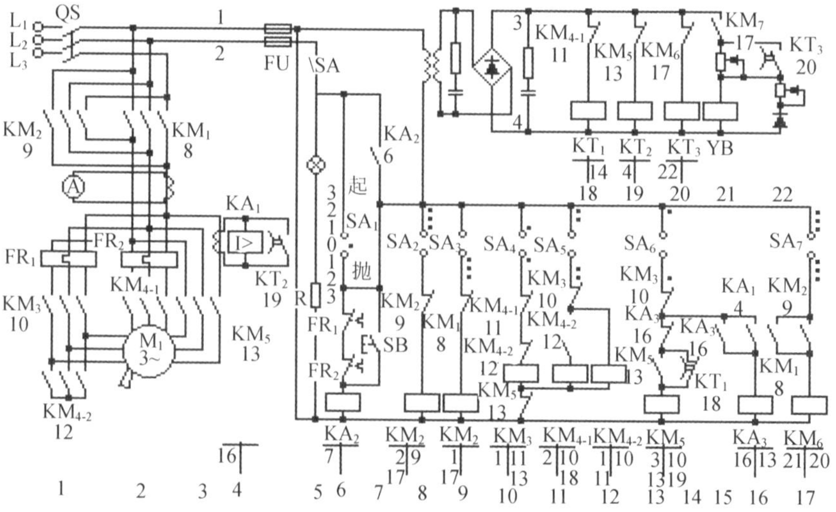


图 4-25　交流三速锚机电动机的控制电路图

(2)手柄从“0”位转到“1”挡

当主令控制器手柄扳到起锚第一挡时,触头 $SA_2$(8)、$SA_4$(10)、$SA_7$(17)闭合。$SA_2$(8)闭合,使起锚接触器 $KM_1$(2)线圈通电,主触头 $KM_1$(2)闭合,为电动机起锚做好准备。辅助触头 $KM_1$(9)断开起互锁作用;$SA_7$(17)闭合,由于 $KM_1$(17)闭合,制动接触器 $KM_6$(17)通电,其触头 $KM_6$(21)闭合,直流电磁制动器线圈 YB(21)因得到全电压,立即强励快速释放电动机轴。同时,由于触头 $KM_6$(20)断开,使时间继电器 $KT_3$(20)立即失电,其触头 $KT_3$(22)延时不大于 1 s 断开,使经济电阻 $R_3$ 串入电磁制动器线圈的电路中,以减少线圈电流的热损耗;$SA_4$(10)闭合,低速接触器 $KM_3$(10)通电,其主触头 $KM_3$(1)闭合,电动机低速起锚,其常闭触头打开,分别锁住中速和高速接触器,防止误动作。

(3)手柄从“1”挡转到“2”挡

当主令控制器手柄扳到起锚第二挡时,触头 $SA_2$(8)、$SA_7$(17)、$SA_5$(11)闭合,$SA_4$(10)断开。低速接触器 $KM_3$(10)失电。中速接触器 $KM_{4-2}$(12)、$KM_{4-1}$(11)相继通电,电动机接成双星形进行中速运转。同时,时间继电器 $KT_1$(18)因触头 $KT_{4-1}$(18)断开而失电,其触头 $KT_1$(14)延时 2 s 闭合,为进入高速起锚做准备。

(4)手柄从“2”挡转到“3”挡

当主令控制器手柄扳到起锚第三挡时,触头 $SA_2$(8)、$SA_7$(17)、$SA_5$(11)、$SA_6$(13)闭合。高速接触器 $KM_5$(13)通电,其主触头闭合,电动机的另一套星形绕组接通电源,电动机进入高速起锚;辅助触头 $KM_5$(13)闭合自锁;$KM_5$(10)断开,锁住低速和中速接触器支路;$KM_5$(19)断开,使 $KM_2$(19)失电,其触头 $KT_2$(4)延时 2.5 s 断开,此时间是电动机高速启动的整定时间,在此时间内触头闭合为避免过电流继电器 $KA_1$(4)动作,使电动机不能上高速,当启动完毕后,触头打开,因此使 $KA_1$(4)能起高速运行过载保护的作用。当高速运行过载时,过电流继电器

$KA_1$(4)动作，触头 $KA_1$(16)闭合，中间继电器 $KA_3$(16)通电，触头 $KA_3$(15)闭合自锁；触头 $KA_3$(13)断开，使 $KM_5$(13)失电，电动机退出高速运转。同时，辅助触头 $KM_5$(10)闭合，使 $KM_{4-2}$(12)、$KM_{4-1}$(11)通电，电动机自动退换到中速运转。

(5)手柄从"0"位转到"3"挡

如果主令控制器手柄由"0"位直接扳到起锚第三挡时，则 $KM_{4-2}$、$KM_{4-1}$ 先通电，电动机直接中速启动，然后经过时间继电器 $KT_1$ 延时后，高速接触器 $KM_5$ 才通电，从而转换到高速运转。

抛锚时控制电路工作过程与起锚基本相同，只是抛锚接触器 $KM_2$ 通电，电动机反转。深水抛锚时，在锚和锚链的自重作用下，电动机将进入再生制动状态。

SB(7)为紧急操作按钮，当电动机在中低速挡运行过载时，热继电器 $FR_1$、$FR_2$ 触头跳开，在紧急情况下，按下 SB(7)，可迫使电动机在低速或中速挡运行。

**2. 交流三速锚机的停止**

当主令控制器手柄扳到"0"位时，各接触器线圈都失电，其主触头皆断开，同时，电磁制动器线圈失电，线圈中的储能迅速通过二极管 $V_2$(22)和放电电阻 $R_4$ 放电而开始制动，使电动机迅速停止运转。

# 第五章

# 船舶电站

## 第一节 同步发电机的并联运行

为确保船舶的安全航行，在靠离码头、进出狭水道等电力负荷比较高的航行工况，通常需要发电机组并联运行。两台或两台以上的发电机通过公用母线共同向负载供电的运行方式称为发电机并联运行。使两台或多台发电机组处于并联运行的操作称为并车。

### 一、同步发电机的并车条件

众所周知，船用发电机单机容量相对较小，往往需要多台发电机组并联运行，这就需要并车操作。其目的就是在船上的发电机组并网时，通过并车操作程序检测和调整待并发电机组的电压、频率和相位使得其满足并车条件，并车过程中冲击电流越小，甚至为零，船舶并网发电机并联后越能保持稳定地同步运行。

船舶同步发电机并车操作时需满足的四个条件包括：

(1)待并发电机的电压与船舶电网(或运行机)电压间的相序严格一致；

(2)待并发电机电压有效值(或幅值)与船舶电网电压的有效值(或幅值)近似相等；

(3)待并发电机电压频率和船舶电网电压频率近似相等；

(4)待并发电机电压相位(或初相位)和船舶电网电压相位(初相位)近似相等。

以上并车条件(2)~(4)中的“近似相等”，意为在相关规范(如：中国船级社 CCS 的《钢质内河船舶建造规范》)的规定的范围内，允许并车。

根据中国船级社的《钢质内河船舶建造规范》规定：并车操作时两台发电机组之间的电压差(幅值或者有效值)不超过额定值的±10%；两台发电机电压之间的相位差应在±15°之内；两

台发电机的频差应在±0.5 Hz之内。通常把满足以上条件的并车方式称为准同步并车。

## 二、同步发电机的并车方法

同步发电机的并车就是检查并调整待并发电机组的电压、频率和相位，以满足并车条件。发电机启动建压后，可以通过发电机控制屏上的电压表检测是否与电网电压相等。目前船用自励恒压发电机的调压器能完全满足电压差在允许偏差之内的要求，通常无须特别调整，但需要注意在大负荷启停导致电网电压瞬时波动较大时尽量不要并车操作，否则容易导致并车失败，甚至全船失电。

发电机的频率通过发电机控制屏上的频率表检测。频率是否一致，也可以通过待并机和电网的频率表做初步判断，若相差太大，可以通过发电机控制屏上的调速开关调节原动机的调速器，改变原动机的转速，即调整发电机的频率。当电压差和频率差调节基本结束后，通过同步装置的检测，获取合闸并车的最佳时刻进行合闸操作。

目前船上常用的检测频差和相位差获得同步合闸时刻的方法一般采用同步指示灯法和同步表法。

### 1. 同步指示灯法

(1)灯光明暗法

如图5-1所示画出了灯光明暗法接线图和对应的相量图。

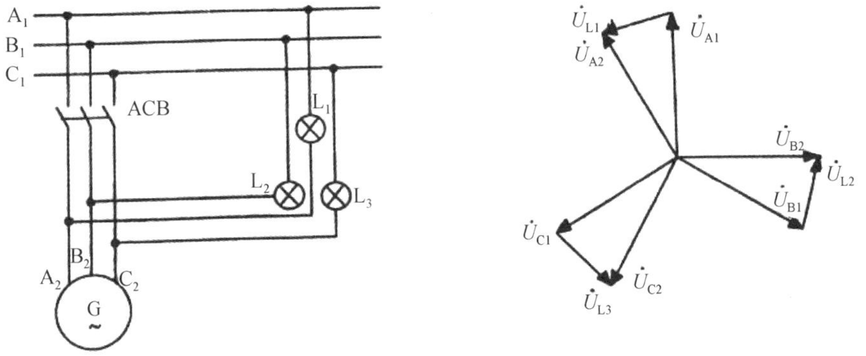


图5-1　灯光明暗法接线和相量图

用三个灯泡$L_1$、$L_2$、$L_3$分别接在电网侧和待并发电机侧对应相A1与A2、B1与B2、C1与C2上，每盏指示灯两端的电压就是对应相之间的电压差。灯泡两端所加电压大小随电网电压与待并发电机之间的相位差(电压幅值由调压器调整为相等状态)的变化而变化，当频率不相等时，其相位差随时间变化，灯泡明暗程度交替变化。当相位差为0时，灯泡两端电压为0，三盏灯泡同时熄灭；当相位差为180°时，灯泡两端电压最大，三盏灯泡均最亮。相位差$\Delta\varphi=(\omega_1-\omega_2)t=2\pi\Delta ft$，灯光明暗变化一周($\Delta\varphi$由$0\to2\pi$)所需时间$T_s=1/\Delta f$，灯泡明暗程度的变化快慢反映频差的大小。变化周期大于2 s时才满足并车时的频差要求。通常调整频差为0.25 Hz(周期约4 s)，然后在灯泡全熄灭的中间时刻(灯泡电压下降到30%~50%额定电压就会熄灭)果断合闸。

明暗法的缺点：灯泡闪烁速度只反映频差大小，不能反映频差的正负。

(2)灯光旋转法

如图5-2(a)所示是灯光旋转法的接线图,灯泡$L_A$接在电网与待并发电机对应的A相上,灯泡$L_B$接在电网的B相与待并发电机的C相,灯泡$L_C$接在电网的C相与待并发电机的B相。假设待并发电机的频率为$f_2$、电网频率为$f_1$,当$f_2$不等于$f_1$时,它们之间对应相量变化的角速度为$2\pi(f_2-f_1)$且三盏灯泡会出现明暗交替变化,即呈现灯光旋转现象,相量图如图5-2(b)所示。如果以电网为参考相量,则待并发电机电压相量变化角速度为$\omega_s=2\pi\Delta f=2\pi(f_2-f_1)$,则加在三盏灯泡上的电压是不断变化的。从相量图可知,当$f_2>f_1(\Delta f>0)$时,三盏灯泡轮流熄灭的顺序是$L_A\to L_B\to L_C\to L_A$;当$f_2<f_1(\Delta f<0)$时,三盏灯泡轮流熄灭的顺序是$L_A\to L_C\to L_B\to L_A$。偏差$\Delta f$越大,灯光转速越快;频差$\Delta f$的正负改变,灯光旋转方向随之变化。

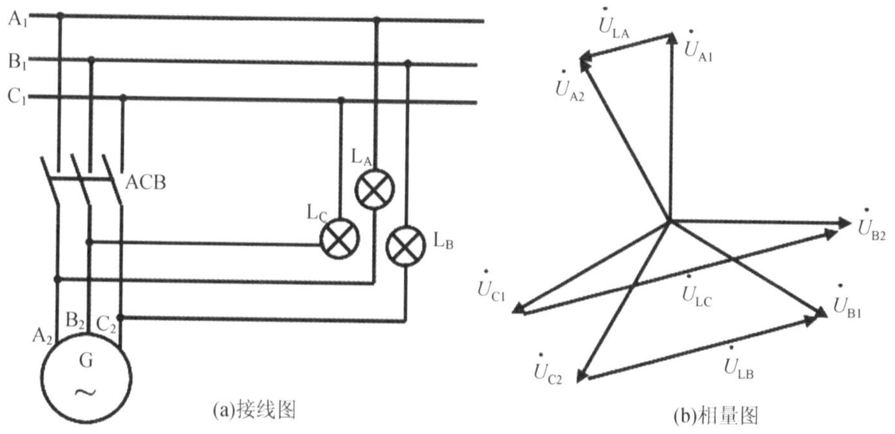


**图5-2 灯光旋转法接线和相量图**

可见,灯光旋转法既能反映偏差的大小,还能反映频差的正负。通常在灯泡旋转一周的时间大于4 s时,即等$L_A$熄灭,$L_B$、$L_C$同样亮度时果断合闸。

**2.同步表法**

目前船舶多采用同步表法实现并车操作。

如图5-3(a)所示为同步表的接线原理图。待并发电机的三相电压经电压互感器接同步表的定子三相绕组,产生旋转磁场;同步表转子励磁绕组经电压互感器接电网的A、B相,产生单相脉动磁场。若频率$f_1=f_2$(即$\Delta f=0$)时,即转子磁化周期与定子旋转磁场的旋转周期相等,转子和指针停止转动,此时指针指向的角度取决于两电压的相位差。并车时,若频差太小,同步表表针将旋转得慢,可能无法迅速合闸,可通过调节发电机的转速适当拉大频差,以便有效捕捉合闸时刻。

如图5-3(b)所示为同步表表针旋转速度与频差$\Delta f$成正比,旋转方向取决于频差$\Delta f$的正负。若待并发电机频率$f_2$大于电网频率$f_1$时,指针向"快"(顺时针)方向旋转,反之,向"慢"(逆时针)方向旋转。表针与表面时钟12点之间的夹角即为待并发电机电压和电网电压之间的相位差。时钟6点处是两电压相位相反点。表盘上时钟12点的位置有红色标志,表针转动到该点时表示两电压同向。

并车时将同步表与转换开关接通,并把转换开关打到待并机位置,调节待并机频率,使指针朝"快"的方向旋转,并使它每转一圈约需3~5 s,待指针接近同相点(11点)时,按下合闸按钮。同步表通常是按短时工作制设计的,一般持续工作时间不大于15 min,间隔为30 min,并车合闸后应立即把同步表电源断开。

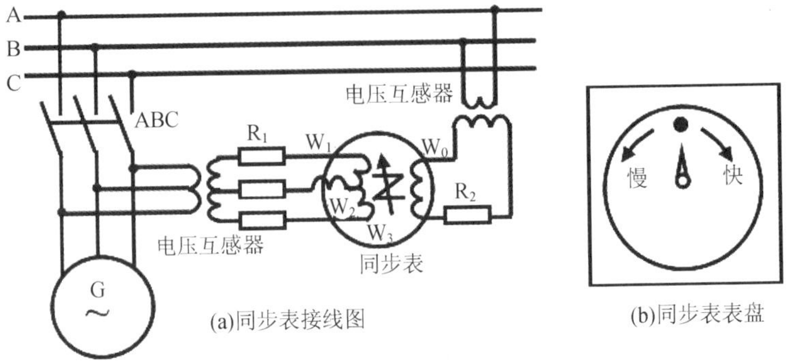


图 5-3　同步表接线图及表盘

3.粗同步并车法

与准同步并车相比，粗同步并车法在并车条件上较为宽松。它是指待并发电机基本满足电网所需的并车条件，通常只要满足电压有效值相等、频率和相位大致接近，即可先行串联一个电抗器与电网并联，然后再合上待并发电机的主开关，完成并车操作。粗同步并车原理如图5-4所示。

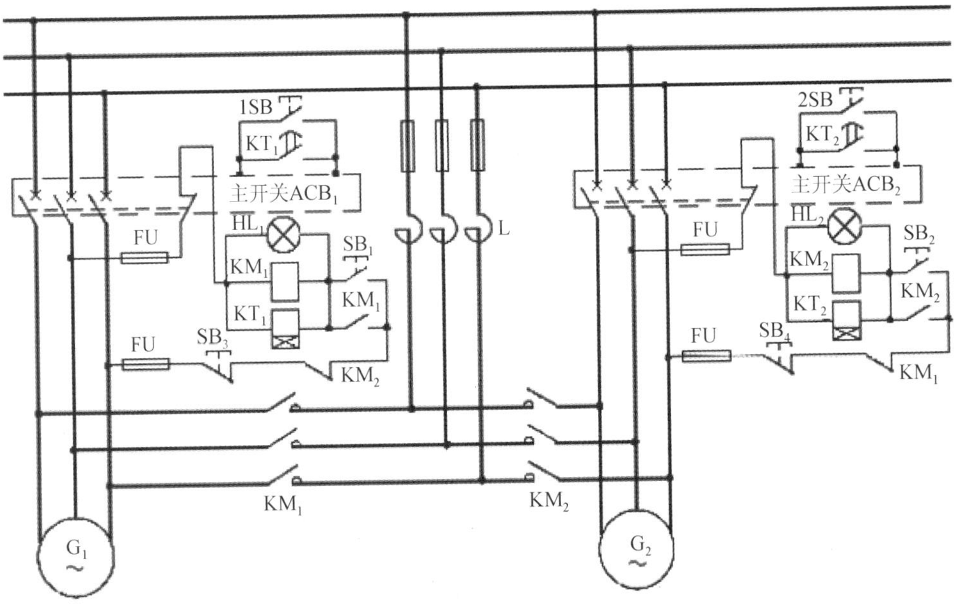


图 5-4　粗同步并车原理

启动待并发电机，调节其频率和电压，大致接近电网的频率和电压，在相位差不在180°的情况下可以不予考虑，接通接触器，待并发电机通过粗同步三相电抗器接入电网。由于发电机组间的自整步作用，机组间很快拉入同步。观察同步表，当指针固定在“同步”标记的位置时，将主开关合闸，然后再将电抗器脱开电网，粗同步并车就完成了。

粗同步并车又叫电抗器并车，它放宽了对准同步并车的条件，提高了并车的成功率。由于粗同步并车参数设置是手动完成的，合闸时自动的，所以又称半自动粗同步并车。

粗同步并车电抗器应选择适当，若太小，并车时的冲击电流将较大，容易损坏发电机；若电抗值太大，则不利于发电机迅速拉入同步。粗同步并车电抗器是按照短时工作制工作的，并车完毕，应及时将其切除。



## 第二节 并联运行发电机组有功功率的分配和频率调节

船舶同步发电机输出的有功功率是由原动机的机械功率转化来的。船舶电力系统负荷的变化需要实时调整原动机的油门，使交流发电机的原动机的转速几乎不变，以保持频率的恒定。

改变并联运行的发电机有功功率的分配，是通过调速装置改变各台发电机原动机的油门，以改变循环喷油量来实现的。柴油机喷油量的大小，决定着柴油机在一定转速下的输出功率，也决定着在一定负荷下的机组转速的高低，因此柴油机喷油量的大小也就决定着电力系统频率的变化，所以并联机组有功率分配与电力系统频率调整相互关联。为保证船舶电力系统的频率变化在允许范围内，船舶发电机组必须装设调速器。

通常，船舶同步主发电机都采用同容量、同型号的机组。当采用多台机组并联供电时，一般都是将系统的总负荷（包括有功功率和无功功率）平均分配给参与运行的各台发电机组。当采用不同容量的发电机并联运行时，系统的总负荷依据各台发电机的容量按比例来进行分配。

### 一、调速器的调速特性

调速器的调速特性是指在柴油机调速器的自动调节下，机组的频率（或转速）与柴油机输出功率的关系，分为静态调速特性和动态调速特性。

船舶发电机组调速器的静态调速特性仅指调速器调整完毕后的稳定情况，如图 5-5 所示。曲线 b 表示由于频率（或转速）随输出有功功率的增加而下降，此时调速器的静态调速特性称为下倾的有差调速特性。曲线 a 表示频率（或转速）不随有功功率变化，则称为无差调速特性。为了使发电机组能稳定地并联运行，如同调压器一般采用有差调速特性一样，船舶发电机组调速器的调速特性也通常采用有差调速特性。

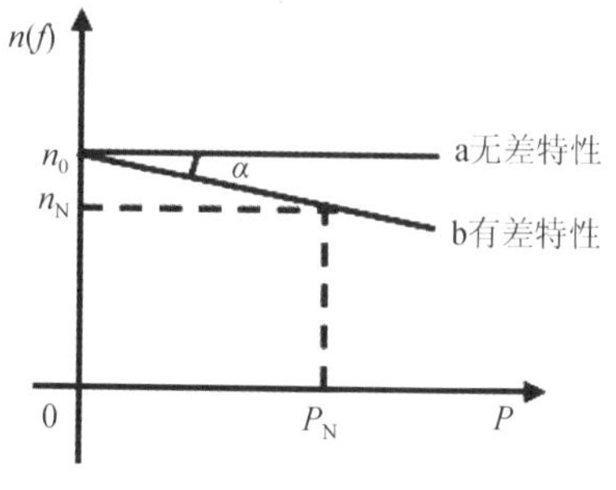


图 5-5 静态调速特性

船舶发电机组调速器的动态(瞬态)调速特性指当有功功率突变时,机组在调速器的自动调节下,从一个稳定状态到另一个稳定状态的过渡过程,频率(或转速)随时间变化的规律。典型调速器动态调速特性如图 5-6 所示。我国《钢质内河船舶建造规范》规定:带动发电机的柴油机应装有调速器,其调速特性应满足:当突然卸去额定负荷和当在空负荷状态下突然加上50%额定负荷,稳定后,再加上余下的 50%负荷时,其瞬时调速率应不大于 10%;稳定调速率应不大于 5%;达到稳定状态(即转速波动率为±1%)的时间不超过 5 s。

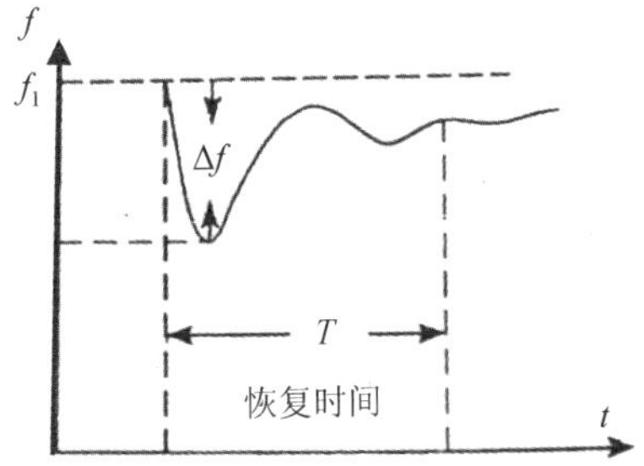


图 5-6　典型调速器动态(瞬态)调速特性

## 二、单机运行时频率的调整

### 1.调速器的二次调节

当发电机的有功负荷变化时,将引起频率的变化,依靠调速器的固有调速特性自动调节油门的大小,从而维持发电机的频率(转速)在一定的范围内,这种调节过程通常称为调速器的"一次调节"。

对有差调速特性的调速器来说,功率变化时仅靠调速器的一次调节不能维持频率不变,只有通过调速器的二次调节才能维持发电机的频率在额定值,即通过适当调节调速器弹簧的预紧力来改变油门的开度。调速器二次调节是通过手动或自动控制调速器伺服电动机的正反转,改变调速器弹簧的预紧力,使调速特性上下平移,实现频率和机组功率的分配的调节过程。调速器二次调节特性曲线平移图如图 5-7 所示。

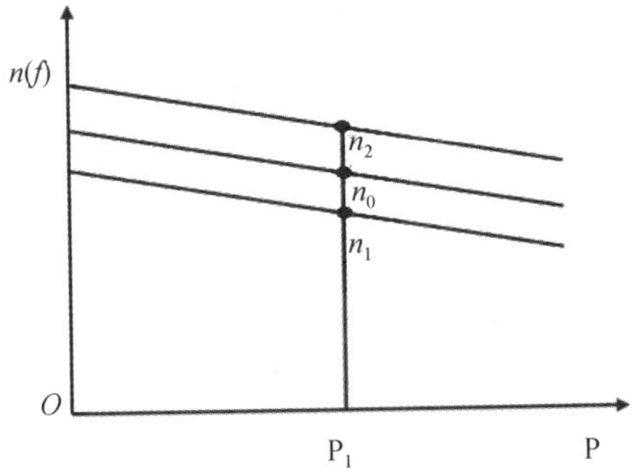


图 5-7　调速器二次调节特性曲线平移图

### 2.单机运行时频率的手动调整

如图 5-8 所示,假设当发电机稳定运行于特性曲线 1 时,负载功率为 $P_0$,此时频率为额定值$f_N$，如图中的$A$点。若负荷功率增加到$P_1$，此时，因发电机组的输出功率小于负荷功率($P_0<P_1$)，发电机组要减速，同时在调速器作用下，柴油机的油门开大，机组输出功率增大，满足功率平衡。动态过程为机组将沿特性曲线1中的$A$点变化到$B$点，这时，新平衡点$B$上对应的频率将为$f_1(f_1<f_N)$，称之为一次调节，仅由柴油机调速器自身的调速特性决定。为了保持频率恒定，必须要通过二次调节增加调速器弹簧的预紧力，加大油门，将特性曲线1向上平移到特性曲线2：由于惯性当机组频率还没有来得及改变时，其频率仍为$f_1$，此时机组已运行于特性曲线2上的$C$点，对应于机组输出功率为$P_2$，而$P_2>P_1$，剩余的功率使机组加速沿曲线2上行，即频率由$f_1$上升，剩余功率逐渐减少，最后将达到功率平衡点$D$稳定，其对应于频率$f_N$和$P_1'$(因频率上升使负荷从电网吸收的总功率也增加)。

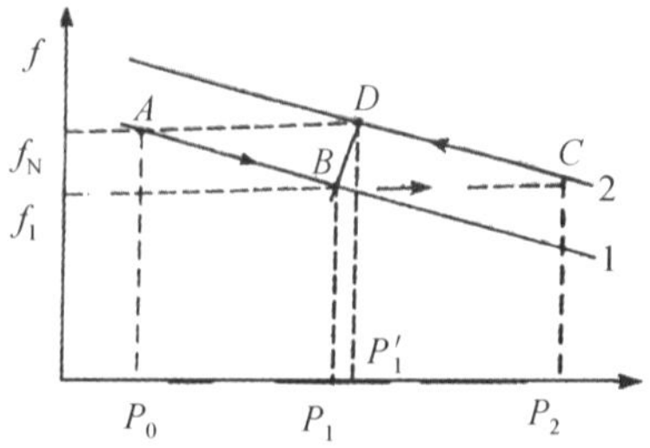


图5-8　单机运行发电机的频率调整示意图

## 三、并联运行机组的有功功率分配

并联运行的发电机组间有功功率的分配亦由原动机调速特性决定，如图5-9所示。

如图5-9所示中，曲线1代表1#发电机组的调速特性，曲线2代表2#发电机组的调速特性。

### 1.有差调节机组的有功功率分配

如图5-9(a)所示中，两发电机具有有差调节特性，并联运行时两特性曲线交于$A_0$点，此时对应频率为额定频率$f_N$。1#发电机与2#发电机承担的有功功率分别为$P_1$和$P_2$，且$P_1=P_2$。当电网所需有功功率增加$\Delta P$时，1#发电机输出有功功率增加到$P_1'$，2#发电机输出有功功率增加到$P_2'$，分别工作在$A_1$点与$A_2$点，且$P_1'\neq P_2'$，频率由$f_N$下降到$f_1$。由图5-9(a)可知，具有有差调节特性的发电机组并联运行时，随着电网负荷的变化，发电机能自动稳定地分配有功功率，两机组稳定运行；但是由于两机组的调节特性曲线不一致(斜率不等)，因此有功功率的分配不能按容量成比例分配。通过调速器的二次调节和两机组油门调节，使曲线1和曲线2均适当向上平移，负荷达到均分，频率$f=f_N$。

### 2.无差调节机组的有功功率分配

如图5-9(b)所示为具有无差调节特性机组调速特性。图中两台并联发电机调节特性有无数个交点，且电网频率只有一个$f_N$。负载总功率在两台发电机之间的分配找不到稳定的平衡点，只要一有扰动，会使得某一台机组有功功率增加，油门加大；另一台发电机，有功功率减少，油门减小。容易导致有功功率增加的这台发动机过载，而有功功率减少的发电机逆功率，因此不能稳定地并联运行。

3.有差和无差调节机组的有功功率分配

如图 5-9(c)所示中 1#发电机具有无差调节特性,2#发电机具有有差调节特性。但负荷变化时,两台发电机调速特性不变,即都不做任何调节,那么系统的频率保持不变,1#发电机的有功功率 $P_2$保持不变,因为只能由原来两曲线交点 $A$ 来决定,因此系统负载功率的增加量全都由具有有差调节特性的 2#发电机承担。

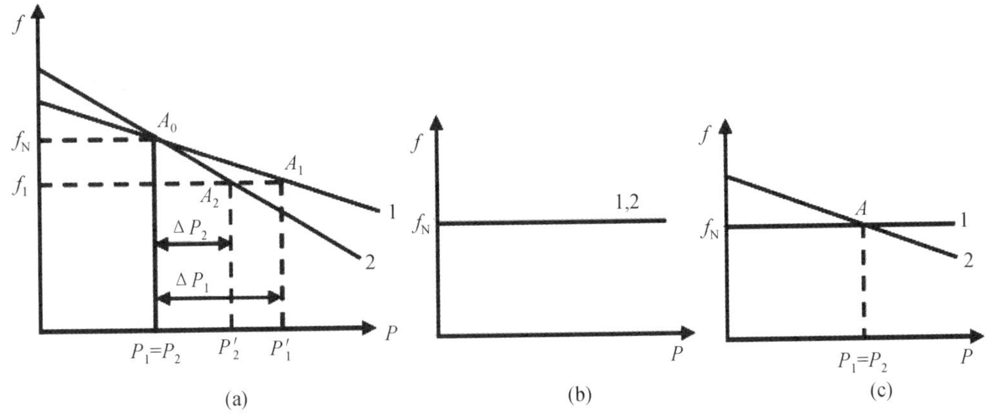


图 5-9 不同调速特性并联运行

中国船级社的《钢质内河船舶建造规范》规定,并联运行的交流发电机组,当负载在总额定功率的 20%~100%变化时,应能稳定运行。其功率分配的误差应符合下列要求:

各发电机组所承担的有功功率与实际总有功负载按机组定额比例分配值之差,在发电机组额定功率不相同时,应不超过最大发电机组额定有功功率的±15%或最小发电机组额定有功功率的±25%(取其较小者);当发电机组额定功率相同时,则应不超过额定有功功率的±15%。

# 第三节 同步发电机自动调压装置及无功功率的分配

## 一、同步发电机的自动调压装置

1.作用

船舶电网是一个独立的电网,电站容量较小,电网负荷变化时,由于发电机的电枢反应,将引起发电机端电压波动较大。船舶同步发电机电压的变化,不论对发电机本身还是负载,甚至对整个电力系统都是很不利的。若电压偏低,将使电机电流增大,电机发热;电动机转矩与电压的平方成正比。若电压下降 10%,则转矩下降至大约 80%,灯的光通量下降至大约 70%。若电压偏高,将使设备寿命下降、电动机电流增大等。电网电压的稳定取决于发电机励磁调整装置的性能。

由同步发电机原理可知,负载电流的大小和性质对发电机输出电压有一定的影响。负载电流的变化，导致发电机输出电压随之变化。为了保持输出电压恒定，难以通过人工进行精确调节，故通常采用自动调压装置。所谓自动调压，实质是自动调整发电机的励磁电流。因此，同步发电机的自动电压调整装置又称自动励磁调节装置。

自动励磁调节装置的主要作用如下：

(1)在船舶发电机并联运行时，合理分配并联机组之间的无功功率；

(2)船舶电力系统正常运行工况下，使电网电压稳定在允许范围内；

(3)船舶电网短路故障时，保持电力系统稳定，保证各种保护装置动作可靠。

**2.技术指标及要求**

(1)发电机稳态(静态)电压变化率

中国船级社的《钢质内河船舶建造规范》中规定：交流发电机连同励磁系统，应能在负载从空载到额定负载范围内，且功率因数为额定值情况下，保持其稳态电压的变化值在额定电压的±2.5%以内。应急发电机允许范围为±3.5%。

稳态电压变化率计算公式为：

$$\Delta U_W(\%)=\frac{U_W-U_N}{U_N}\times 100\% \tag{5-1}$$

式中：$U_W$——在规定负载变化范围内，发电机端电压的稳态最大值或最小值；

$U_N$——发电机额定电压。

(2)动态特性指标

①瞬态电压调整率

电网负载突变后电压的最大波动值与额定电压的差值与额定电压之比，即：

$$\Delta U_S(\%)=\frac{U_{max}(U_{min})-U_N}{U_N}\times 100\% \tag{5-2}$$

式中：$U_{max}(U_{min})$——发电机突增(或减)负荷时的最大(或最小)电压值；

$U_N$——发电机额定电压。

中国船级社的《钢质内河船舶建造规范》中规定：交流发电机在空载、转速为额定转速、电压为额定值状态下，突增或突减60%额定电流及功率因数不超过0.4(滞后)的对称负载时，如电压跌落，瞬态电压值应不低于额定值的85%；电压上升，瞬态电压不应超过额定值的120%。

②电压波动恢复时间

电压波动恢复时间是电网负载突变后，从电压波动开始到电压恢复至稳定值允许差值范围内所需要的时间。

中国船级社的《钢质内河船舶建造规范》中规定：负载突变、电压波动后，电压恢复到与稳定值之间的差值在3%以内所需要的时间应不超过1.5 s。

③具备一定的强行励磁能力

负荷突然大幅度增加或出现短路故障时，发电机输出电压会大大降低，且过渡时间非常短，这都将影响给电力系统的正常稳定运行，甚至会造成全船电力系统瘫痪。强行励磁是有效方法之一，即要求自动调压装置能迅速反应，在最短时间内升高励磁电流到超过额定状态时的最大值，提高电压的上升速度，使发电机输出电压迅速得到恢复。

④合理分配无功功率

为了确保并联发电机运行的稳定性与经济性，并联机组的无功功率通过自动调压装置按发电机的容量比进行分配，防止机组过载。

中国船级社的《钢质内河船舶建造规范》规定，并联运行的交流发电机组，当负载在总额定功率的20%～100%范围内变化时，应能稳定运行。其功率分配的误差应符合下列要求：

各发电机组所承担的无功功率与实际总无功负载按机组定额比例分配值之差，在发电机组额定功率不相同时，应不超过最大发电机组额定无功功率的±10%或最小发电机组额定无功功率的±25%（取其较小者）；当发电机组额定功率相同时，则应不超过额定无功功率的±10%。

**3.自励恒压装置的分类及工作原理**

船用自励恒压装置种类多，分类方法各不相同。自励恒压装置大致经历了带直流励磁机的励磁系统、不带励磁机的相复励恒压励磁系统、晶闸管励磁、同轴交流励磁机的无刷励磁等几个发展历程。

目前船舶同步发电机多采用自励恒压装置，通常是把自身输出的交流电整流成直流后进行励磁。调压原理通常是采用检测发电机端电压、负载电流或功率因数等参数的变化情况来调整励磁电流。根据被检测参数，自励恒压装置可分为如下三类：

（1）按电压偏差 $\Delta U$ 调节

发电机运行时，由于船舶负载变化等会使得发电机端电压偏离额定电压值，出现电压偏差值 $\Delta U$，调节器会根据这个偏差电压 $\Delta U$ 的大小以及极性输出校正信号，对发电机励磁电流进行调节，以减小电压偏差 $\Delta U$。因为被检测参数和被调量都是发电机端电压，恒压装置与发电机一起构成了一个闭环调节系统。这种调节形式的特点是稳态特性好，动态特性欠佳。晶闸管自励恒压装置属于这种类型。

晶闸管自励恒压装置的励磁系统，是按发电机电压偏差来进行自动调压。如图5-10所示是晶闸管自励恒压装置原理图。它利用晶闸管整流器，将发电机G输出的部分功率，反馈到发电机的励磁回路中，以作为发电机的励磁功率。该系统在发电机自励建压过程中，应具有正反馈特性，而在发电机恒压过程中，应具有负反馈特性。这一特性由测量比较桥路1来实现，其特征如图5-10(b)所示，$OA$ 段为起励工作区，具有正反馈特性，$AB$ 为负反馈区，为恒压工作区，$V_c$ 与 $U_G$ 成反比关系，测量比较桥的输出 $V_c$ 去控制触发脉冲移相4，使其发出一个与偏差电压有关的触发脉冲电压，去触发主电路晶闸管导通，以获得并调节励磁电流，使其电压恒定。这类系统动态和静态调压性能好，其缺点是可靠性比较差。

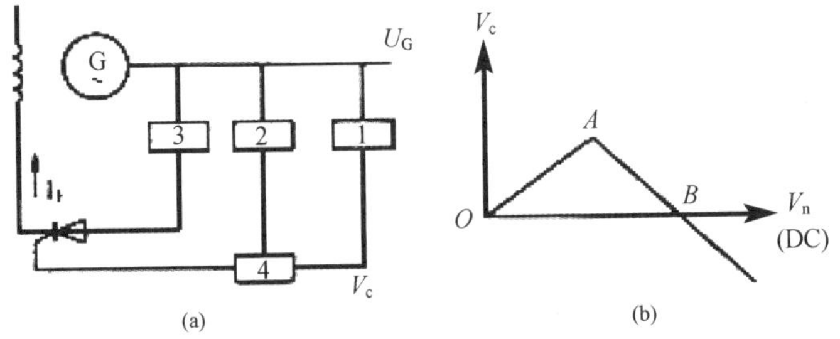


**图5-10 晶闸管自励恒压装置原理图**

1—测量比较桥路；2—同步变压器；3—主变压器；4—脉冲移相

（2）按负载扰动（电流 $I_L$ 和功率因数 $\cos\Phi$）调节

负载大小以及负载性质、电路故障都会引起发电机电压波动。如被测参数是负载电流 $I_L$ 和功率因数 $\cos\Phi$，再通过调压器调整励磁电流稳定发电机端电压，这种情况下被测参数和被调量不同，是开环调节系统。它的特点是静态特性较差，但动态特性好。不可控相复励自励恒压装置属于这种类型。

不可控相复励自励恒压装置是目前交流船舶上主发电机较普遍采用的恒压装置。它是利用发电机输出端电压产生一个励磁电压分量 $u$，以便使发电机能够利用剩磁电压来实现自励起压，而发电机端电压的恒压则是通过励磁电流中的电流分量 $i$（正比于发电机负载电流，$u$ 与 $i$ 叠加时反映了发电机负载的功率因数）来调整。根据 $u$ 与 $i$ 叠加形式不同，不可控相复励自励恒压装置又可分为电流叠加和电磁叠加两种。图 5-11 是电流叠加不可控相复励自励恒压装置原理图。

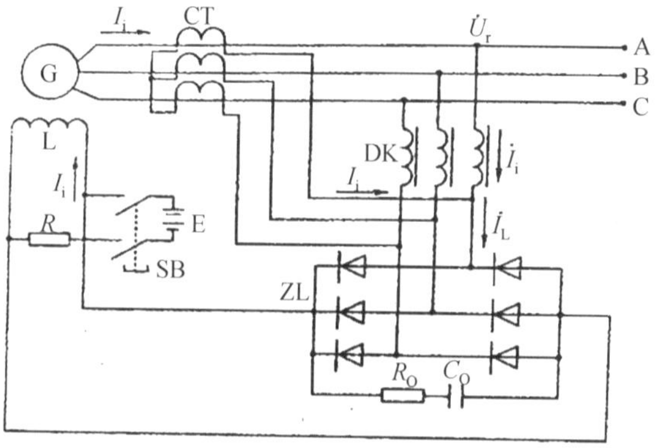

图 5-11　电流叠加不可控相复励自励恒压装置原理图

（3）按负载电流 $I_L$、$\cos\Phi$ 以及 $\Delta U$ 调节

这种调节方式是以上两种方式的结合，特点是静态稳定性和动态稳定性都比较好，是一种比较理想的励磁调节装置。可控相复励自励恒压装置属于这种类型。

可控相复励系统是在不可控相复励的基础上，加一个自动电压校正器，按照电压偏差对发电机的励磁电流做进一步的调整，以提高静态电压调整精度。

如图 5-12 所示为晶闸管直流侧分流自励恒压装置原理图，在该图中晶闸管作为交流开关并联在励磁装置交流侧起分流作用，或是将晶闸管作为直流开关并联在桥式整流器的直流侧进行分流。自动调压器根据发电机电压 $U_G$ 的大小输出相应的触发脉冲来控制晶闸管的导通，起分流作用。当 $U_G$ 升高时，自动调压器输出脉冲超前，晶闸管 $U_1$ 导通时间长，则分流大使励磁电流减小，从而使发电机端电压下降，反之，$U_1$ 导通时间短，调整作用相反。

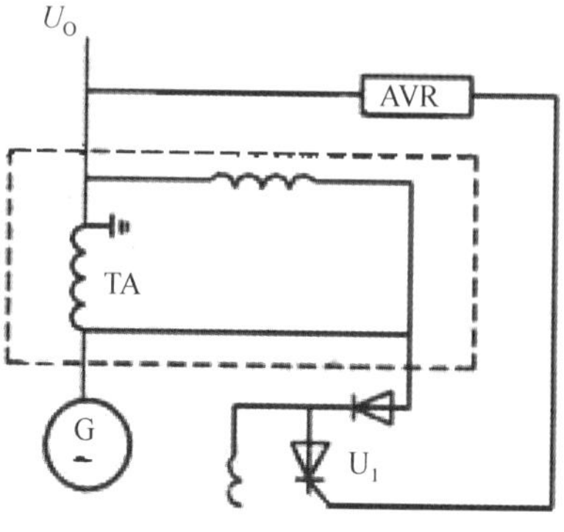

图 5-12　晶闸管直流侧分流自励恒压装置原理图

## 二、并联运行同步发电机的无功功率自动分配

当两台并联运行发电机的电压不相等，而频率、相位相等时，在两机组之间将产生一个无功性质的环流，其结果将使电压较高的发电机输出无功功率增大，而电压较低的发电机输出的无功功率减少(发电机负载电流功率因数低的，无功功率大；功率因数高的，无功功率小)。由此可见，当同步发电机并联运行时，通过改变发电机的励磁电流来调节其电势，即能调整无功输出，实现无功功率转移。具体调节方法是：必须同时调节两台发电机的励磁电流，将功率因数低的发电机励磁电流减小，与此同时将功率因数高的发电机励磁电流增大，这样就可以使两台发电机功率因数趋于一致，即无功功率相等。

为同步发电机具备自动调压能力，通常配有自励恒压装置，且具有一定的电压调节规律，也称为电压调整特性，即发电机端电压 $U_0$ 与无功电流 $I_q$ 之间的变化规律，即 $U_0=f(I_q)$ 如图 5-13 所示。

并联运行的发电机无功功率的分配与电压调整特性曲线有关，即通过调节励磁电流，实现调整电势的目的。并联运行发电机的电压调整特性曲线呈向下的趋势，有利于并联发电机工作稳定。

如图 5-14 所示，当并联运行的两台发电机电压调整特性不同，即皆为有差调节且斜率不一致时，无功功率不均分，特性曲线平坦的机组承担的无功功率变化大，特性曲线陡的承担的无功功率变化小，因此希望并联机组应有相同的电压调整特性。对采用不可控相复自励恒压装置的发电机组，常采用均压线来实现并联机组无功功率均匀分配。

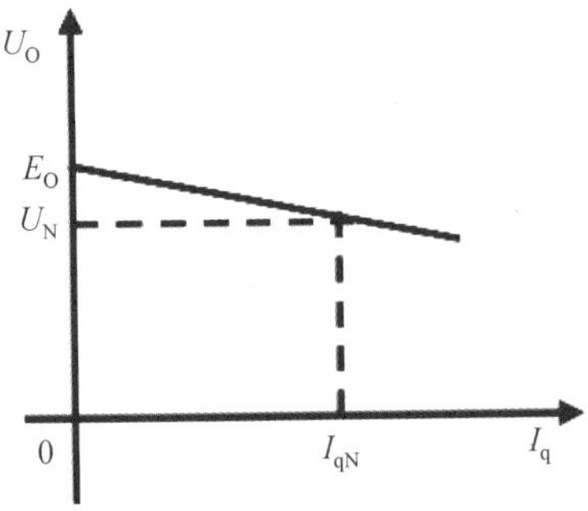


图 5-13　调速特性

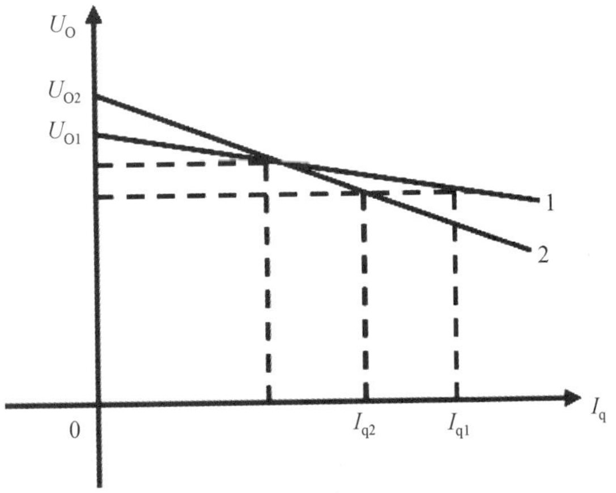


图 5-14　并联运行无功功率分配

### 1.直流均压线

直流均压线适用于同容量发电机组并联时的无功功率均分。在励磁绕组之间采用两根直流均压线并联起来，如图 5-15 所示，均压线的接通和断开与发电机主开关互锁。图中 $KM_1$ 和 $KM_2$ 为接触器，分别由对应发电机的主开关辅助触头控制。当两台发电机并联运行时，对应励磁绕组的励磁电压相同，确保了两台发电机励磁电流相同，实现了两台发电机无功功率均分。

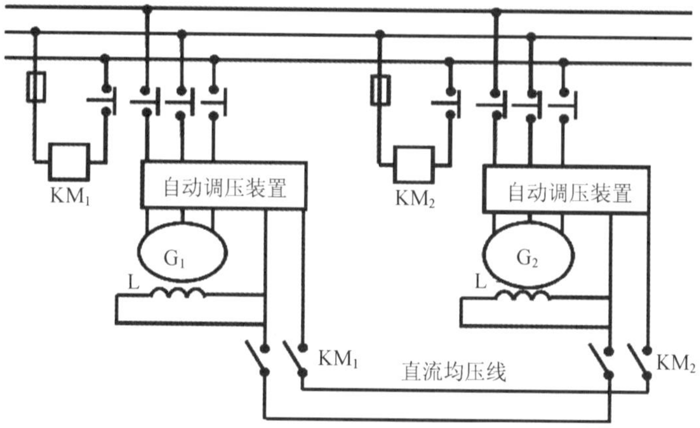


图 5-15 **直流均压线接线图**

如果两台发电机励磁电流不等，均压线将产生均衡电流，均衡电流从励磁电流大的发电机流向励磁电流小的发电机，使大的励磁电流适当减小，使小的励磁电流适当增大，最终接近相等。

**2.交流均压线**

交流均压线适用于不同容量发电机并联时无功功率的均分。交流均压线接线图如图 5-16 所示。当两台发电机电势不等时，通过交流均压线可使两台发电机输出电网均衡，确保无功功率均分。

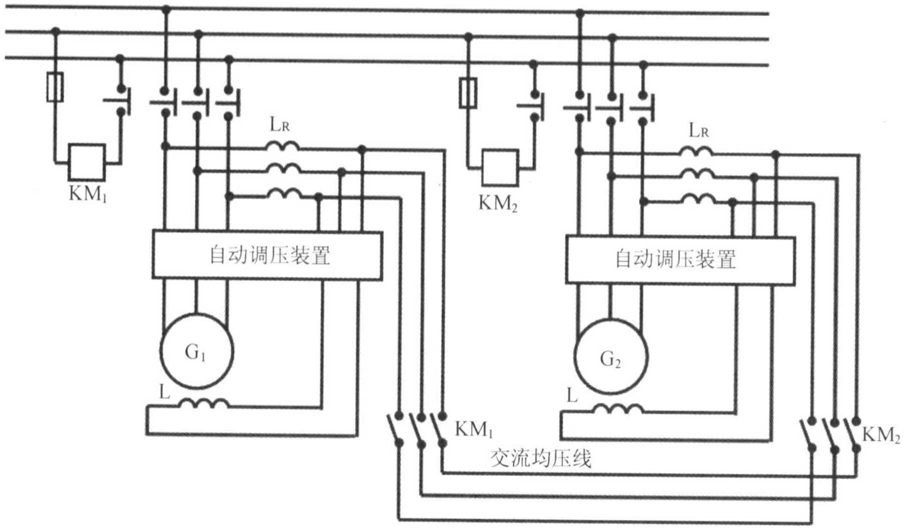


图 5-16 **交流均压线接线图**

采用均压线并联运行的机组，一旦均压线连接不可靠或者中断，其结果是各机组无功功率分配严重不均，主要表现在两台并联运行机组的功率表指示相同而电流表指示相差甚大，抑或两台并联运行机组的功率表指示相同而功率因数表指示相差甚大；检查的内容包括均压接触器是否通电动作，如果动作了，其动静触头的接触是否良好，并及时排除故障。

# 第四节 船舶电力系统的保护

## 一、船舶电力系统中重要负载的供电

船舶电力系统中的重要负载主要是指与人命安全、船舶安全、船舶航行以及货物保存有关的电气设备。其主要包括主机滑油泵、冷却水泵、燃油输送泵、燃油分油机、空压机、循环水泵、给水泵、锅炉风机、舵机、锚机、冷冻装置、主机控制装置、导航设备、无线电通信设备以及各种报警装置等。对这些电气设备必须要求有足够的可靠性和较强的生命力，因此在配电方面常采取如下形式：

(1)重要负载不经过分配电板由主配电板直接供电，如舵机、锚机、消防泵、消防自动喷淋系统、航行灯控制箱、无线电电源板、电罗经、电航仪电源箱、探照灯等重要负载。

(2)由两个或两个以上完全独立的电源供电。对某些特别重要的负载，采用双(或多)电源双(或多)馈线电路独立供电，提高供电可靠性。两舷制的双重供电被认为是船舶最常用、最基本的供电方式。如舵机、航行灯控制箱等即采用双重供电。

(3)按船舶负载的重要性实行分级供电。当船舶电源由于某些原因而出现过载时，为了保证重要负载的安全和供电的连续性，采用自动分级卸载装置，出现过载时自动将次要负载从电网中切除。

(4)汇流排(母线)分段供电。重要负载通常设有两套(一工一备：一套机组工作，另一套机组做备用)，可将这些重要负载分成两组，并分别由配电板上两段独立的汇流排供电(两段汇流排之间用分段开关连接)，从而可提高供电的可靠性。当某段汇流排上的线路发生故障而未得到迅速排除时，汇流排的分段开关将自动断开，使得这些重要负载中的一半能可靠工作。

## 二、船舶电力系统的保护

### 1.概述

船舶电力系统的保护的任务和作用根据《钢质内河船舶建造规范》，船舶电站供电的基本要求包括保证船舶安全可靠的供电、保证船舶电能质量和经济性。船舶电力系统的异常运行情况主要有过载、欠压过压、欠频、过频、逆功率以及三相三线制中性点绝缘系统发生单相接地等，而最常见、最严重的故障是各种形式的短路。解决这些异常状况的主要方法就是在主要电气设备上装设保护装置，自动且迅速地切除或隔离故障。基于此，船舶电力系统保护的任务可归纳为：

(1)当电气设备发生故障或足以造成故障发生时，保护装置将自动、迅速并有选择性地切除发生故障的电气设备，保证非故障部分正常安全运行。

(2)当电气设备发生异常运行情况时，保护装置应自动发出报警信号，或自动切除异常运行的设备，防止事故范围的扩大。

(3)配合自动控制装置自动消除或减少事故及不正常运行情况的发生。

船舶电力系统保护的作用就是保证船舶电力系统安全可靠运行,保护重要设备,保证无故障部分继续运行。船舶电力系统的保护主要包括:船舶发电机的保护、船舶变压器的保护、船舶电网的保护和船舶电动机的保护等。

**2.保护装置的要求**

基于船舶保护装置所担负的任务和作用,根据《钢质内河船舶建造规范》规范,要求船舶电力系统的保护应满足以下四个要求:

(1)选择性

保护装置的选择性是指当电力系统发生故障时,保护装置应能仅把故障元件切除,使停电范围尽量缩小,从而保证电力系统中其他非故障部分仍然能够继续安全地运行。实现保护的选择性有两个基本原则:时间原则和电流原则。

(2)快速性

保护装置的快速性就是保护装置的动作时限应力求尽可能短。迅速切除故障可减轻被保护设备的损坏程度;防止故障蔓延,缩小破坏范围;减少对非故障部分的影响,保证其正常安全运行。

(3)灵敏性

保护装置的灵敏性是指对于其保护范围内的故障或不正常工作状态的反应能力。就是说,在保护范围内,不管运行情况、短路性质和位置如何,对属于保护范围内的故障,都应反应灵敏。灵敏性越高,故障发现和切除的时间就越早,从而对系统的影响和设备的破坏就越小。

(4)可靠性

保护装置的可靠性是指装置本身要能可靠地工作,对它保护范围之内的故障,应根据设定要求动作;正常运行或不在它保护范围内的故障,不应误动作,否则,它本身就可能成为产生和扩大事故的根源。因此,保证保护装置的可靠性是很重要的。保护装置的可靠性主要取决于装置本身的结构、制造、质量、接线、安装和整定等。

**3.船舶电网的保护**

船舶电网输电线路短,大都采用有保护的电缆,对电网的保护较陆上系统简单,一般只设置电网的过载保护和短路保护。船舶电网的检测与保养亦是安全用电的一个重要方面,电气线路在运行和使用、故障检修、大修、小修过程中,都要求按照有关规定进行定期和不定期的检测工作,其目的是检测船舶电网的工作状态及可靠程度,从而保证安全用电。作为轮机员,应能分析和处理船舶电网的故障,掌握船舶电网绝缘检测标准、方法和日常保养内容。

(1)船舶电网的短路保护

船舶电网的短路保护就是当电网发生短路时,能自动将短路故障切除,从而保证电网不受破坏。

为避免船舶电网出现短路故障时造成不必要的大范围停电,对短路保护装置最基本的要求是具有良好的选择性,即:故障时只切断故障部分,其他无故障的设备应继续正常工作,前一级保护装置不应抢先动作(除非短路保护装置失灵)。为此,应合理地整定各级自动开关或保护装置的动作值,通常按以下两个原则进行整定:

①时间原则:以各级保护装置动作时间整定值的不同来实现选择性保护,整定的原则是各

级开关或保护装置的整定值朝发电机的方向逐级递增。

②电流原则：以各级保护装置动作电流整定值的不同来实现选择性保护，动作电流的整定值也应保证自负载向发电机的方向逐渐递增。

(2)船舶电网的过载保护

船舶电网一般不单独设置过载保护装置，电网过载保护通常与用电设备共用一套过载保护装置。"不单独设置过载保护"并非"不保护"，而是由负载的过载保护进行共同保护。特别说明，为了保证舵机紧急状态时可用，对于舵机的供电线路，无论舵机本身还是线路上均不设过载保护装置。

(3)单相接地保护及电网绝缘监测

①单相接地保护

船舶电网通常采用中性点绝缘的三相三线制接线，虽然单相接地并未破坏三相电压的对称性，电网上的用电设备也能够正常工作，但提高了人员触电的电压等级，存在较大的安全隐患；且若再有一相接地则会造成两相短路的故障。所以，船舶电网发生单相接地故障时潜在危险性大，须及时检测和排除故障。

船舶电网是否单相接地，常采用绝缘指示灯(又称地气灯)进行监测，其接线原理图如图5-17(a)所示。三盏灯泡(指示灯)采用星形连接，每盏灯泡两端的电压均为相电压。正常工作时，三灯亮且亮度相同。当某一相接地(如A相)，则灯($L_1$)两端的电压为零，灯熄灭。另两盏灯泡$L_2$、$L_3$两端的电压升为线电压，亮度增强。因此，值班人员可以根据三个指示灯的亮度情况判断船舶电网是否单相接地故障。

如图5-17(b)所示为直流电网的接线。两盏灯分别接在电源的正、负极线路上，亦由灯泡的亮度来判断电路的绝缘情况。实际使用中，常于负极侧发生接地，这多是由机舱报警系统中的传感器引起的。

接地灯所用的灯泡必须规格相同(不大于15 W)，更换时必须三盏(两盏)同时更换。但当电网三相绝缘同幅度降低时，接地灯仍指示为三盏亮度相同，会使操作人员误认为对地绝缘很好。

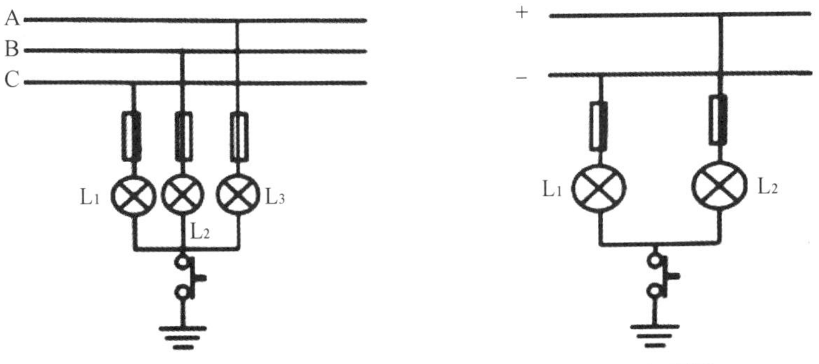

(a)三相交流　(b)直流

**图5-17　接地灯接线原理图**

②电网绝缘监测

常采用配电板式兆欧表(装在配电板上)对船舶电网进行绝缘监测，能在线实时监测船舶电网的绝缘电阻。

这种兆欧表是由兆欧表头与整流电源组成的。其接线图如图5-18所示。当测量电网对地绝缘时，从整流电源正端流出的电流流到动力电网，再经电网对地的绝缘电阻流到船壳，再经船壳流回测量表头的正端，最后经仪表线圈流回电源的负端。电网对地绝缘电阻越低，表头指针偏转方向就越大，当一相接地时，表头指针偏转最大，指示绝缘电阻值为零。虽然兆欧表的一端接电网的其中一相，但所测的绝缘电阻却是三相电网总的绝缘电阻，三相的接地电阻在测量时是并联的关系。



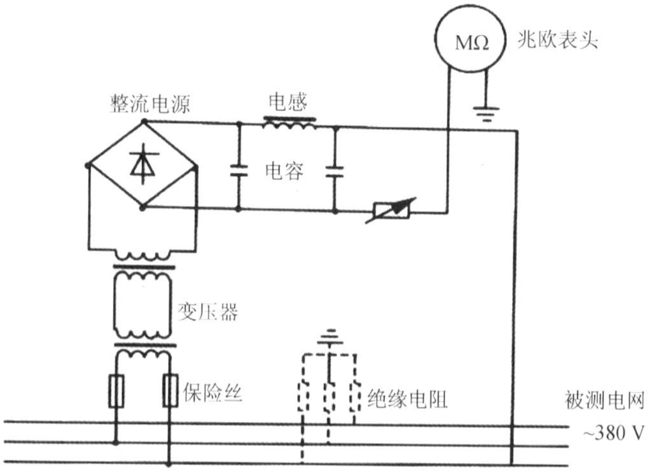


图 5-18 兆欧表接线

测量表头可以直接读出电网的绝缘电阻值，配电板式兆欧表配合转换开关可分别测量动力电网和照明电网的绝缘电阻值。

4.同步发电机的保护

发电机是船舶电力系统中的重要设备，保护发电机不受损坏对于船舶、货物和船上人员的安全具有非常重要的意义。船舶低压同步发电机的保护主要有外部短路保护、过载保护、欠压/失压保护以及逆功率保护。

(1)外部短路保护

发电机的外部短路是指发电机的输出电流远远超过了其额定电流。大电流产生的热和电动力是发电机受损的主要原因。长时间过电流运行产生热量的积累会使得绝缘层老化，甚至烧坏。

发电机发热与电流的大小和电流的持续时间有关，即由发电机的热容量决定。单机运行的发电机的保护主要是短路保护。发电机的短路或过流保护原则是既要保护发电机，又要尽可能保证电网连续供电。保护装置的动作应兼顾到选择性、快速性和可靠性，通常采用电流原则与时间原则相结合的方式进行整定。其整定值应满足《钢质内河船舶建造规范》要求。

《钢质内河船舶建造规范》规定：

容量大于 24 kW(或 kVA)的发电机应采用能同时分断所有绝缘极的断路器进行过载保护，其保护装置应能满足：

当船舶同步发电机电流大于发电机额定电流的 150%，但小于发电机稳态短路电流时，短路保护装置应能使断路器短延时分断，并同时应与系统的选择性保护相协调。建议整定值为发电机额定电流的 200%～300%，延时时间对直流最长为 0.2 s，对交流最长为 0.6 s。

容量小于或等于 24 kW(或 kVA)且不并联运行的发电机，可采用多极联动开关，并在每一绝缘极上设置熔断器进行保护。

船舶同步发电机外部短路保护通常由自动空气断路器中的过电流脱扣器或综合保护装置中的晶体管过电流继电器来实现。

(2)过载保护

发电机的过载是指发电机输出的功率或电流超过了额定值。发电机的过载保护的原则是:首先保证发电机不受损坏;其次是避开短暂的过载,尽量不中断供电。发电机具有短时过载能力,所以大负载或多个负载同时启动时保护装置不会发生过载跳闸,过载保护具有一定的时限性。船舶同步发电机的过载保护装置可分为自动分级卸载装置和非自动分级卸载装置。

《钢质内河船舶建造规范》规定:

容量大于 24 kW(或 kVA)的发电机应采用能同时分断所有绝缘极的断路器进行过载保护,其保护装置应能满足:

非自动分级卸载装置的船舶发电机,当电流为发电机额定电流的 110%~150%时,断路器应能延时分断,其延时时间应不超过 2 min。建议过电流保护整定值为发电机额定电流的 125%~135%,延时 15~30 s 后断路器分断。

对于动力操舵装置,为主机服务的各种辅机、消防泵、舱底泵等,以及船舶安全航行所必需的设备均为电力拖动和供电情况下,则在发电机过载时应能自动卸除非重要负载,此种负载的卸除可按一级或多级进行。具有自动分级卸载装置的船舶发电机,当过载达 150%额定电流时,保护装置延时 10~20 s 动作。

所谓自动分级卸载是指自动地把部分次要负载依次切除电网,保护发电机正常运行,同时保证重要负载不断电。图 5-19 是 ZFX-1 型自动分级卸载装置原理框图。

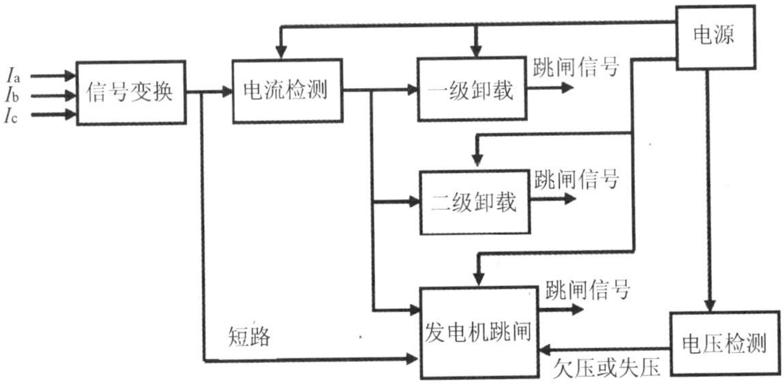


**图 5-19　ZFX-1 型自动分级卸载装置原理框图**

ZFX-1 型自动分级卸载装置具有一级定时卸载保护、二级定时卸载保护、发电机过载反时限跳闸保护和发电机欠压定时限保护。两级卸载与过载跳闸的工作原理一样,仅是延时时间不等。发电机过载时,第一级卸载和第二级卸载同时计时,达到 110%额定电流时,第一级卸载延时 5~8 s 动作,使部分次要负载脱离电网;若依然过载,则第二级线路延时 8~17 s,切除第二批次要负载。若经过两次卸载后,发电机仍然过载,发电机主开关将跳闸,从而实现分级过载保护。

船舶同步发电机过载保护是由自动空气断路器中的过电流脱扣器或综合保护装置中的晶体管过电流继电器来实现的。

(3)欠压/失压保护

欠压是指发电机发出的电压低于额定值的不正常电压;失压是指电压等于零,即无电压。习惯上把两者统称为失压。

当自动励磁调压装置发生故障而使得发电机输出电压降低时,将导致负载不能正常运行,电动机可能会降速、堵转、发热,这些都对发电机和电动机不利。发电机欠压保护就是当电网电压降低时,确保发电机从电网中脱开或者合不上闸,实现对发电机与电动机的保护。

《钢质内河船舶建造规范》规定:

电压降低到额定值的70%~35%时,延时1~3 s动作跳闸;用于防止发电机电压不足时或并联运行发电机不发电时闭合断路器瞬时动作跳闸。

船舶发电机的欠压保护通常是由空气断路器中的失压脱扣器或综合保护装置中的晶体管低压继电器来实现。

(4)逆功率保护

发电机逆功率是指当发电机失磁或因其他某种原因,发电机变为电动机运行,从系统中吸取有功功率。发电机逆功率会造成原动机损坏,也会使电网上其他正常运行的发电机输出功率增加,甚至过载跳闸。因此,当出现逆功率时,应通过保护装置将处于逆功率状态的发电机从电网中脱开,实现逆功率保护。

《钢质内河船舶建造规范》规定:

并联运行的交流发电机设有延时3~10 s动作的逆功率保护,逆功率值整定为额定功率的8%~15%(原动机为柴油机)或2%~8%(原动机为涡轮机)。

与蓄电池组并联供电的直流发电机应具有不带延时的逆电流保护,保护装置的选择和整定值应与原动机特性相适应,其整定值为发电机额定电流的4%~10%。

## 第五节 船舶电力系统常见故障分析及处理

### 一、引起船舶电力系统故障的主要原因

**1.设备发生故障**

(1)发电机定子绕组匝间短路或断路等故障;

(2)发电机励磁装置故障;

(3)发电机的原动机发生调速器失灵、气缸体过热等故障;

(4)发电机主开关故障;

(5)电网绝缘破坏,绝缘值低于规定值。

**2.操作不当而引起的故障**

(1)并车合闸操作不当;

(2)发电机负荷分配不均;

(3)由于观测错误而引起的不当操作。

**3.恶劣环境条件影响而引起的故障**

(1)环境温度高,通风条件不良,导致设备温度过高;

(2)潮湿和霉菌造成设备、电力线路绝缘能力降低,引发接地、短路故障。

**4.意外事故导致设备或系统的故障**

(1)包括短路、撞船等,这些事故发生的概率较低,其出现的次数与电站设备的质量、操作人员的熟练程度等因素都有关。

(2)在一般情况下,故障总是首先出现在某个或某一部分设备上,这种设备或器械的故障称为一次事故。虽然故障可以各种形式发生在系统的任何部位上,但因电站设备大部分具有单项保护措施,一般可在一定时间内可靠地将故障设备切除,因而这种故障并不会给系统带来很大的危害,不过当遇到以下几种情形时:

①单项保护设备的断路器失灵,没有及时切断故障设备,让一些比较严重的故障在电网上持续了较长时间;

②保护装置的整定数值不恰当,以致不能按设计要求完成保护动作;

③保护设备发生误动作;

④故障发生在系统的保护死区。

此时,一部分设备的故障就可能发展并迫使电力系统设备处于多重故障的严重条件之下,从而进一步引起电网频率异常,大范围电压异常,系统失效和发电设备过载。这种扩大到系统的事故被称为系统性故障(即二次事故)。如果发生系统性故障,就会接连不断地引发其他事故,最终导致大范围的停电。

## 二、船舶同步发电机失(欠)压故障分析与排除

如果船舶发电机无法正常建压,如基本没有电压或电压很低处于严重失(欠)压状态,一般的处理步骤是:

(1)充磁,以保证足够的剩磁和正确的极性。

(2)检查、调整自励回路阻抗。如果电刷接触不良或滑环不清洁,可能造成自励回路阻抗偏大。

(3)检查励磁回路是否出现故障。如硅整流器被击穿,励磁回路某连接点发生开路故障等。

(4)检查调压器。

## 三、常规电站主开关跳闸的应急处理

种种机械和电气故障或操作不当等原因均可能引起发电机主开关跳闸,造成主配电盘失电,后果很严重。作为船舶机电管理人员,当发生全船失电情况后应能迅速采取措施,尽快恢复供电,以避免事态扩大。发电机主开关跳闸后,应根据主开关跳闸前的具体情况,采取相应措施恢复供电。

**1.航行中主开关突然跳闸**

在船舶航行中,发生发电机主开关突然跳闸,其主要原因可能有:

(1)负载太大或电网发生短路

如果发生故障时机组仍在运行且电压正常,说明可能是过载或短路保护造成跳闸。此时应仔细检查主配电盘汇流排是否短路,排除短路故障后或确信主配电盘汇流排没有发生短路故障时,才可合闸供电,负载从零逐渐增加,并限制负载。

(2)电站设备本身故障

如果负荷不大,又没有发生短路现象,则有可能是电站设备本身故障引起的跳闸。如果故障表现为发电机组仍在运行但电压很低或基本没有电压,则主开关的跳闸是由其欠压或失压保护造成的。此时,即使重合闸也不能成功,也应将该故障发电机组停止工作,启动备用发电机组投入电网运行,再检查故障机组发电机的励磁调压系统。如果故障表现为发电机组运行正常,电压也正常,则多数是由主开关自身故障引起的。例如主开关失压脱扣机构松动,加上船舶振动引起失压脱扣器动作,使主开关跳闸;如果失压线圈绝缘老化,被击穿短路烧坏,也可使主开关跳闸等。

(3)运行机组的机械故障

运行机组的机械故障引起主开关跳闸的故障通常会自动停机。声、光报警装置会指示滑油失压或发动机超速等机械故障的种类。应答警报后,启动备用机组,待发电机参数正常后合闸供电,再按负载重要性及功率大小逐级启动。故障机组的检修应及时完成。若故障发生前毫无征兆,发电机组转速大幅下降会造成其主开关跳闸且停机,则燃油供给系统故障(如调速器失灵、断燃油等)的可能性最大。假如发电机组的原动机调速器故障导致喷油量的大小不能随负载的改变而改变,这会导致并联运行机组产生逆功等故障而引起主开关跳闸,跳闸前后发动机的转速不稳。燃油系统检查,确定系统故障排除后方可启动备用机组合闸供电。

**2.并车时跳闸**

如果并车时引起跳闸,应该是合闸时没有满足并车条件,导致冲击电流太大,过流保护装置或逆功率保护装置动作,主开关跳闸。该故障发生的原因主要是操作不当引起的,所以应尽快检查和确认各发电机组的原动机运行状况,并将逆功率继电器复位或过流继电器复位(视具体船舶电站而定,有些不需要复位),将任一台发电机主开关试合闸,若各参数皆正常,再按照负荷的重要性和功率大小逐级加载,再对待并机组进行各参数调节,使其满足并车条件后合闸并车、负载均分,以保证两台发电机稳定并联运行。

# 第六章 机舱监控及报警系统

## 第一节 自动控制基础

轮机自动化是指利用各种自动化仪表、控制元件和逻辑元件包括计算机在内所组成的各种控制和监视系统,对机舱的运行参数进行自动控制、监视、显示、记录、报警以及对主要机器设备进行自动操作,其有效降低了轮机管理人员的劳动强度。

自动控制是指在没有人直接参与的情况下,利用外加的设备或装置,使机器、设备或生产过程的某个工作状态或参数自动按照预定的规律运行。这些外加的设备或装置称为自动控制装置,它们和控制对象一起形成自动控制系统。例如通过自动控制技术,能使锅炉水位和压力保持在一定的数值范围内,船舶的舵角按发出的舵令变化,柴油机的启动按设定的程序进行等。

由于自动控制技术所涉及的内容相对广泛,这里主要介绍反馈控制系统的基本概念、组成环节和系统的动态过程。随着应用场合的不同,反馈控制系统的具体用途和实现形式也不尽相同,但组成这些控制系统的基本单元及其工作过程是大致相同的。

### 一、反馈控制系统的组成

反馈控制系统对机器设备或生产过程参数的控制过程实际上是直接模拟人的手动操作过程,图 6-1 为柴油机气缸冷却水温度手动控制和自动控制过程的示意图。

柴油机在运行过程中需要保持说明书要求的最佳冷却水温度。在手动控制时,管理人员要用眼睛观察温度表,并把观察到的冷却水实际温度报告给大脑,大脑对冷却水温度进行分析(温度的实际值是否偏离了最佳值)、判断(实际水温是高于还是低于最佳值)和计算(实际水温离开最佳值的数量),然后输出控制指令给双手,用双手来改变三通调节阀的开度,从而改变气缸冷却水的冷却强度,使冷却水的实际温度逐渐恢复并稳定在冷却水温度的最佳值上。在自动控制过程中,由于不需要人为干预控制过程,必须采用各种自动化仪表来代替人的感官。比如可用温度传感器和变送器来代替人的眼睛,实时测量冷却水的实际温度并把该值送给调节器。调节器相当于人的大脑对冷却水温度进行分析、判断和计算,然后输出控制信号给执行机构,执行机构相当于人的双手来改变三通调节阀的开度。不论是手动控制还是自动控制,反馈都是有作用的。我们把包含反馈作用的控制过程称为反馈控制过程。

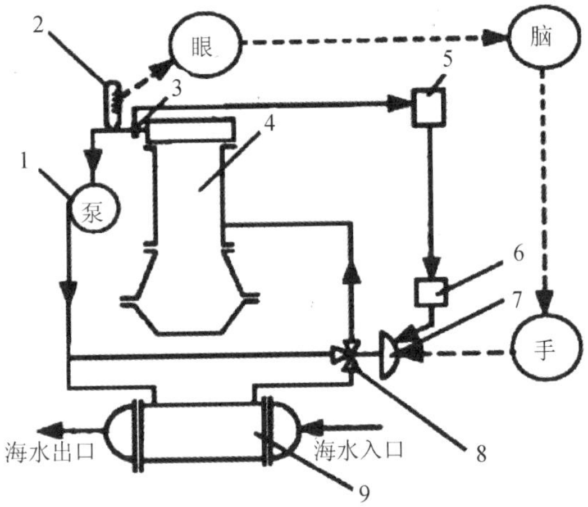


图 6-1 柴油机气缸冷却水温度手动控制和自动控制过程的示意图

1—淡水泵;2—柴油机;3—温度表;4—感温元件;5—温度变送器;6—调节器;7—执行机构;8—三通调节阀;9—淡水冷却器

通过以上实例不难看出:对任何运行参数进行控制所组成的控制系统,必定要由最基本的四个单元组成,分别是控制对象、测量单元、调节单元和执行机构。

**1.控制对象**

控制对象是指所要控制的机器、设备或装置。把所要控制的运行参数叫作被控制量。例如在锅炉水位自动控制系统中,锅炉是控制对象,水位是被控量;在锅炉蒸汽压力控制系统中,锅炉是控制对象,蒸汽压力是被控量;在柴油机气缸冷却水温度自动控制系统中,淡水冷却器是控制对象,冷却水温度是被控量;在燃油黏度自动控制系统中,燃油加热器是控制对象,燃油黏度是被控量;在空气压力的自动控制系统中,空气瓶是控制对象,空气压力是被控量;在柴油机转速控制系统中,柴油机是控制对象,转速是被控量,等等。

**2.测量单元**

测量单元的作用是检测被控量的实际值,并把它转换成标准的统一信号,该信号叫作被控量的测量值。在气动控制系统中,对应被控量的满量程,其统一的标准气压信号是 0.02~0.1 MPa;在电动控制系统中,对应被控量的满量程,其统一的标准电流信号是 0~10 mA 或 4~20 mA,现用 4~20 mA 居多。测量单元一般包含两部分,即传感器和变送器,传感器用于对物理量进行检测,变送器则将传感器的输出转换为调节器能够接收的信号。例如,在温度自动控制系统中,测量单元常采用温度传感器和温度变送器;在压力自动控制系统中,测量单元常采用压力传感器和压力变送器;在锅炉水位控制系统中,测量单元常采用水位发讯器(参考水位罐)和差压变送器等。



3.调节单元

调节单元是指具有各种调节作用规律的调节器。调节器接收测量单元送来的被控量测量值,并与被控量的设定值相比较得到偏差信号,再根据偏差信号的大小和方向(正偏差还是负偏差),按照某种调节作用规律输出一个控制信号,送给执行机构,对被控量施加控制作用,直到偏差等于零或接近于零为止。

在反馈控制系统中,把运行参数所希望控制的最佳值叫作给定值,用 $r$ 表示;被控量的测量值用 $z$ 表示。把被控量的测量值离开给定值的数量叫作偏差值,用 $e$ 表示。显然 $e=r-z$,

若 $e>0$,则说明测量值小于给定值,叫作正偏差;

若 $e<0$,则说明测量值大于给定值,叫作负偏差;

若 $e=0$,则说明测量值等于给定值,为无偏差。

在实际应用中,调节单元有位式调节器、比例调节器、比例积分调节器、比例微分调节器、比例积分微分调节器五种,根据控制对象的特性不同及对被控量控制精度的要求,其控制系统可选用不同调节作用规律的调节器。

4.执行机构

执行机构接收调节单元输出的控制信号,并将该信号转换为作用在控制对象上的实际控制作用。调节单元输出的控制信号一般都要经过执行机构才能作用到控制对象上,从而改变流入控制对象的物质或能量流量,使之能适应控制对象的负荷变化,被控量才会逐渐回到给定值或给定值附近,系统将会达到一个新的平衡。在气动控制系统中,执行机构一般是气动薄膜调节阀或气动活塞式调节阀;在电动控制系统中,一般采用伺服电机。

在组成反馈控制系统中,以上四个单元是缺一不可的。但对一个完整的控制系统,一般还设有显示单元,用来指示被控量的给定值和测量值。同时,对气动控制系统来说,应设有气源装置和定值器,对电动控制系统尚需设稳压电源等辅助装置。

## 二、反馈控制系统传递方框图

为了分析反馈控制系统工作过程方便起见,可把组成反馈控制系统的四个基本单元分别用一个小方框来表示,并用带箭头的信号线来表示各单元之间的信号传递关系。如此便构成了如图 6-2 所示的反馈控制系统传递方框图。通过传递方框图要明确以下几个概念。

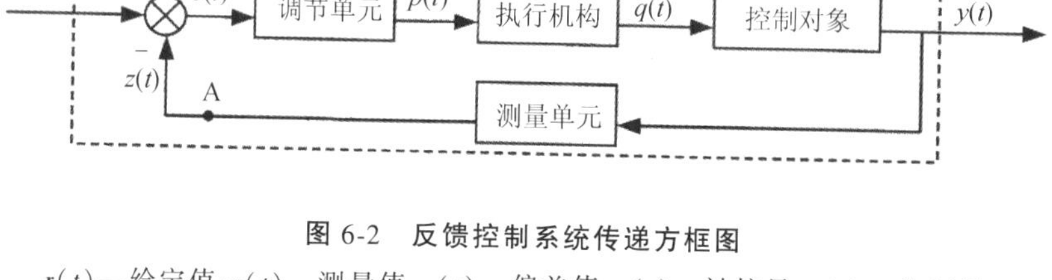


图 6-2 反馈控制系统传递方框图

$r(t)$—给定值;$z(t)$—测量值;$e(t)$—偏差值;$y(t)$—被控量;$q(t)$—执行量;

$p(t)$—控制量;$d(t)$—外部扰动值

1. 环节

在反馈控制系统传递方框图中,代表实际单元的每个小方框称为一个环节。每一环节必须满足两个条件:

其一,必定有输入量和输出量,并用带箭头的信号线来表示,其中箭头指向该环节的信号线为输入量,箭头离开该环节的信号线为输出量,在信号线上可标注输入量和输出量的名称,也可以不标注。

其二,任何环节输出量的变化均取决于输入量的变化及该环节的特性,而输出量的变化不会直接影响输入量,这就是信号传递的单向性。

2. 扰动

把控制对象看作一个环节,它的输出量是被控量。引起被控量变化的一切因素统称为扰动或扰动量。显然,扰动量是控制对象的输入量。扰动量可分为两类,即基本扰动和外部扰动。

基本扰动是指来自控制系统内部控制通道(调节通道)的扰动。例如,在水位控制系统中,给水调节阀开度的改变将引起水位的变化;在冷却水温度控制系统中,三通调节阀开度的改变将引起水温的变化,等等。这种扰动通过系统内部的调节通道,改变流入控制对象的物质或能量的流量,从而影响控制对象的输出。因此,基本扰动通过调节通道来影响被控量。

外部扰动是指来自系统外部环境的扰动。例如,以锅炉为控制对象的水位控制系统,水位是被控量,锅炉负荷(外部用汽量)的变化将引起水位的变化;在柴油机气缸冷却水温度控制系统中,水温是被控量,柴油机负荷的变化、海水温度的变化、淡水冷却器中水管结垢的多少等都会引起冷却水温度的变化。这种扰动是由于设备负荷或外界环境的变化而导致控制对象内部的能量平衡遭到破坏而引起的。因此,外部扰动通过扰动通道来影响被控量。

如图 6-2 所示,有两个信号线的箭头指向控制对象,它们分别是基本扰动[用 $q(t)$ 表示的信号线,即执行机构的输出]和外部扰动[用 $d(t)$ 表示的信号线,即控制对象负荷的变化]。从"控制对象"环节可以看出,输入信号(包括基本扰动和外部扰动)的改变会引起输出量的改变,而输出量的变化不会直接影响调节阀的开度和控制对象负荷的改变,这就是信号传递的单向性。

3.系统的输入与输出

前述的输入和输出的概念都是针对环节而言的,若从系统的角度来看,则可将如图 6-2 所示的各个基本环节看作一个整体,如图中的虚框所示。不难看出,作为一个整体,系统具有两个输入值(即给定值和外部扰动值),以及一个输出量(即被控量)。

4.反馈

在反馈控制系统传递方框图中,符号"⊗"是比较环节(它不是一个独立环节,而是调节器中的一个组成部分,为清楚起见,单独画出)。它随时对被控量的给定值 $r(t)$(旁标"+"号)与被控量的测量值 $z(t)$(旁标"-"号)相比较,得到偏差值 $e(t)=r(t)-z(t)$。$e(t)$ 就是调节器的输入量,调节器的输出量经执行机构改变调节阀的开度,即改变流入控制对象的物质或能量流量,目的是控制被控量。而被控量的变化经测量单元又反送到调节器的输入端,这个过程叫反馈。只有反馈才能随时对被控量的给定值和测量值进行比较,只要存在偏差,调节器就会指挥调节阀改变开度,直到测量值回到给定值使偏差值 $e(t)=0$ 为止。这时调节器输出不再改变,调节阀的开度正好适应负荷的要求,控制系统达到一个新的平衡状态。可见对运行参数的自动控制必须要有反馈过程,这就是把运行参数的自动控制系统称为反馈控制系统的原因。

在反馈中,有正反馈和负反馈之分。正反馈是指经反馈能加强闭环系统输入效应,即使偏差增大;负反馈是指经反馈能减弱闭环系统输入效应,即使偏差减小。显然,按偏差控制运行参数的控制系统,必定是负反馈控制系统。但是,在自动化仪表中,特别是在调节器中,为实现某种作用规律和功能,常采用复杂的正、负反馈回路。

**5.前向通道与反馈通道**

在反馈控制系统传递方框图中,从系统的输入端沿信号线方向到达系统输出端的通道称为前向通道;相反方向的通道则称为反馈通道。

**6.闭环系统和开环系统**

在反馈控制系统传递方框图中,前一环节的输出就是后一环节的输入。这样的控制系统就形成了一个封闭控制回路,称为闭环系统,反馈控制系统必定是闭环系统。如果在某处把回路断开,如果在图 6-2 中的 A 处断开,该系统就由闭环系统变为开环系统。开环系统不再是反馈控制系统,也就不能对被控量进行自动控制。

运行参数自动控制系统,必定是闭环系统;而逻辑控制系统,如主机遥控系统的启动、换向、制动等回路,均为开环系统。

## 三、反馈控制系统的工作过程

反馈控制系统的工作过程描述如下:

系统在初始平衡(受到扰动前,系统稳定运行)状态时,突然受到一个扰动(控制对象受到扰动,也可以看作是系统受到扰动),被控量将离开初始稳定值发生变化,测量单元对被控量的实际值进行检测后,转变成统一的标准信号送至调节器的输入端,调节器实时将被控量的给定值与测量值进行比较,得到系统偏差值,并作为调节器的输入量,调节器依据该系统的调节作用规律输出一个控制信号,从而改变调节阀的开度,就是改变流入控制对象的物质或能量流量,从而可以克服扰动,逐渐消除偏差,最终使被控量又回到给定值或给定值附近,系统达到一个新的平衡状态。

当改变给定值时,系统的工作与上述过程类似。

## 四、反馈控制系统的分类

反馈控制系统通常有以下几种分类:

**1.按所用能源分类**

反馈控制系统按所用能源分为气动控制系统和电动控制系统。在气动控制系统中,用压缩空气作为能源,气源压力是 0.14 MPa,各种气动仪表输入和输出信号为标准的气压信号。在电动控制系统中,用电能作为能源,各种电动仪表的输入和输出信号是标准的电流信号。

**2.按仪表的结构形式分类**

按仪表结构形式可分为单元组合仪表和基地式仪表。若组成反馈控制系统的各个单位都分别制成一台独立的仪表，各仪表之间用标准的统一信号联系起来叫单元组合仪表。若把测量单元、调节单元和显示单元组装成一台仪表，在这台仪表中虽然仍有测量和调节等功能，但在结构上，它们已是不可分割的整体，因而它们之间也不用标准信号加以联系，这种仪表叫基地式仪表。

**3.按给定值的变化规律分类**

按给定值变化规律控制系统可分为定值控制系统、程序控制系统和随动控制系统。

在定值控制系统中，给定值是不变的。当系统受到扰动后，被控量的测量值会离开给定值出现偏差，控制系统的作用是逐渐消除偏差，使被控量最终回到原来的给定值上或给定值附近。机舱中大多数运行参数的自动控制系统均属于定值控制系统。一般在调节器上都有一个给定值调整旋钮，可以对给定值进行人工整定。当旋钮的位置固定以后，控制系统的给定值就不再改变。例如，缸套水温控制、燃油黏度控制等属于定值控制系统。

在程序控制系统和随动控制系统中，给定值是变化的。控制系统的作用是使被控量始终跟踪给定值，随给定值的变化而变化。两者的区别在于，程序控制系统给定值的变化是按人们事先设定好的规律进行变化，一般给定值是一个时间的函数，如柴油机在高负荷区加速的转速控制。随动控制系统给定值是某个参数的函数，这个参数的变化是任意的，不可能按事先设定好的规律来变化。如在船舶舵机的随动控制系统中，舵角的设定值往往是随机的。

## 五、反馈控制系统的其他形式

反馈控制系统由于其输出信号经过反馈回路送回到系统的输入端，形成了一个封闭的回路，因此也叫作闭环控制系统。闭环控制只是对被控量进行有效控制的一种基本手段，在实际系统中通常还有开环控制与复合控制两种形式。

**1.开环控制**

如图 6-1 所示的缸套水温度控制系统中，如果轮机管理人员根据不同的温度设定值操作旁通阀开度，之后不再调节旁通阀，这样就形成了一种开环控制。对于人的这种操作方式，同样可以采用相应的控制仪表来实现，其传递方框图如图 6-3 所示。由于是按照不同的给定值来确定不同的旁通阀位置，因此这是一种按照给定值操作的开环控制系统。

图 6-3　按给定值控制的开环控制系统传递方框图

这种控制方式对来自外界的干扰没有任何补偿作用（即控制作用），如主机负荷变化或者海水温度变化，则缸套水温不可能稳定在给定值。

开环控制是一种最简单的控制方式，其特点是，在控制器与被控对象之间只有前向控制作用而没有反馈控制，即系统中信号的流动未形成闭合回路，系统的输出量对控制量没有影响。

**2.复合控制**

在一个控制系统中既有开环控制方式，同时又有闭环控制方式，这种控制方式就称为复合控制。如图 6-4 所示为某种复合控制系统的传递方框图，该系统在闭环控制的基础上分别增加了按给定值控制和按扰动值控制的开环控制方式。当给定值 $r(t)$ 或外部扰动值 $d(t)$ 发生变化时，控制系统均能够立即改变执行机构的执行量 $q(t)$，使被控量 $y(t)$ 迅速按照给定值变化的方向变化，或者对外部扰动及时地进行补偿，抑制被控量的变化。但开环控制作用在系统中只能起到粗调的作用，无法消除偏差。消除偏差的任务只能通过闭环控制系统完成。

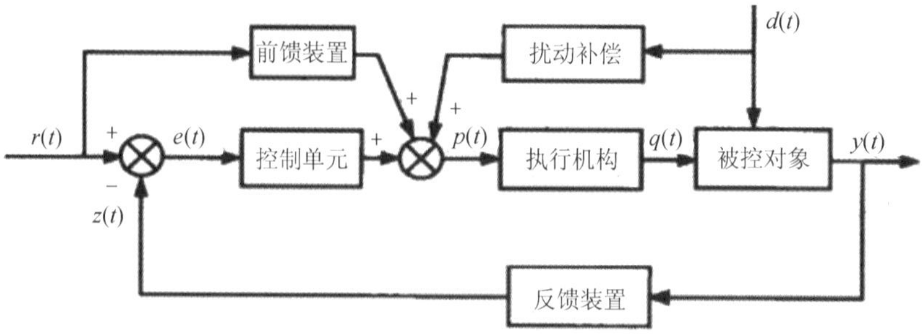


图 6-4　复合控制系统传递方框图

应当指出的是，如图 6-4 所示只是为了说明复合控制系统的概念，在实际应用中，根据控制任务的不同，往往只在闭环控制的基础上增加一种开环控制。

## 六、反馈控制系统的动态过程

1.动态过程特点

一个控制系统在运行过程中，若输出量（被控量）不随时间变化而是稳定在给定值上或给定值附近，系统的这种状态叫稳态。稳态是暂时的、相对的，因为系统经常会受到扰动，系统的平衡状态（稳态）就会遭到破坏。系统受到扰动后，由于控制对象有惯性，被控量不能突变。被控量在受到扰动的瞬时，偏差不大，调节器输出的控制信号及经调节阀流入控制对象的物质或能量流量的改变量都不大，不足以克服扰动，使偏差越来越大。随着时间的延长和偏差的增大，调节器输出的控制信号及由它所指挥的调节阀开度变化量都增大，克服扰动能力增强。控制系统在实际运行中，调节阀开度的变化量往往会过调，被控量在向给定值恢复的过程中，会出现反向偏差，即被控量会让给定值产生波动。在调节器的控制作用下，被控量波动越来越小，最终会稳定在新稳态值（给定值或给定值附近），系统达到一个新的平衡，如图 6-5 所示。

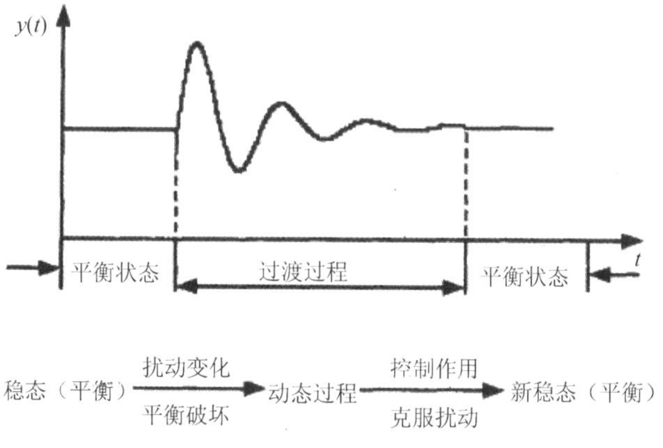


图 6-5　控制系统过渡过程示意图

系统从受到扰动开始到被控量稳定在新稳态值,系统达到新的平衡状态的过程即被控量随时间的变化规律,称为动态过程,也叫过渡过程。正常动态过程是一个振荡衰减过程。

**2.控制系统的典型输入信号**

在实际中,控制系统之所以会出现动态过程,是因为系统受到了输入(扰动)信号的作用,但其扰动形式是随机的。为了研究控制系统的过渡过程,经常要给系统施加某种可以精确描述的输入信号,然后计算或观察其输出变化规律。归纳起来,常用的输入信号主要有以下4种形式,即阶跃输入函数、速度输入函数、脉冲输入函数和正弦输入函数。

在上述四种典型输入信号中,阶跃扰动对控制系统的影响是最为不利的,例如突加或突卸负荷。控制系统如果能抵御阶跃扰动,那么对其他形式的扰动也就容易克服了。另外,阶跃扰动也基本符合实际的扰动形式。因此,下面只取阶跃的输入形式来研究控制系统的动态过程。

**3.评定控制系统动态过程品质的指标**

为评定控制系统动态过程品质,通常给系统施加一个阶跃输入信号,然后研究系统的输出量(被控量)随时间的变化曲线,即系统的动态过程。根据控制系统接受的扰动途径,可以分为两种情况:一种情况是外部扰动不变,改变给定值(如随动控制);另一种情况是给定值不变(如定值控制),改变外部扰动。由于控制器控制规律或系统参数的不同,控制系统的动态过程将表现为不同的形式。

如图6-6所示为控制系统在受到外部阶跃扰动后可能出现的动态过程曲线4种基本类型。如图6-6(a)所示为振幅不断增加的发散振荡过程,如图6-6(b)所示为振幅相同的等幅振荡过程,显然这两种情况都是不稳定的过程,作为一个实际的控制系统,这是不可接受的。如图6-6(c)所示是一个振幅不断减小的衰减振荡过程,而如图6-6(d)所示则是一个非周期过程。虽然这两种情况均属于稳定的过程,但非周期过程往往会出现较大的偏差,或者整个调节过程所经历的时间过长,在实际中也是不可取的。因此,实际可用的控制系统,其过渡过程至少应该是衰减振荡过程。

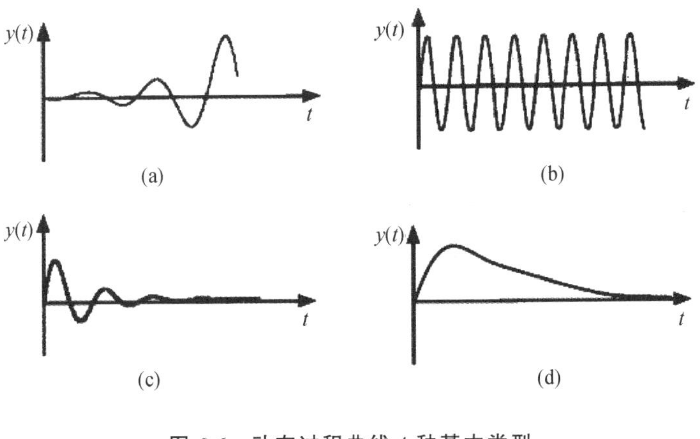


**图6-6 动态过程曲线4种基本类型**

控制系统的衰减振荡过程存在着衰减的快慢,所以并不是所有衰减振荡过程都符合要求。为了便于讨论控制系统扰动的动态过程品质,通常采用一些定量指标加以衡量。在定值控制和随动控制两种情况下,评价动态过程品质的指标存在差异。

因阶跃扰动对控制系统的影响最为不利,本章以阶跃扰动为例分析反馈控制系统动态过程指标。

如图 6-7 所示给出了定值控制在 $t_0$时刻外部扰动阶跃变化的动态过程曲线。归纳起来，评价反馈控制系统动态过程品质的指标包含以下三个方面。

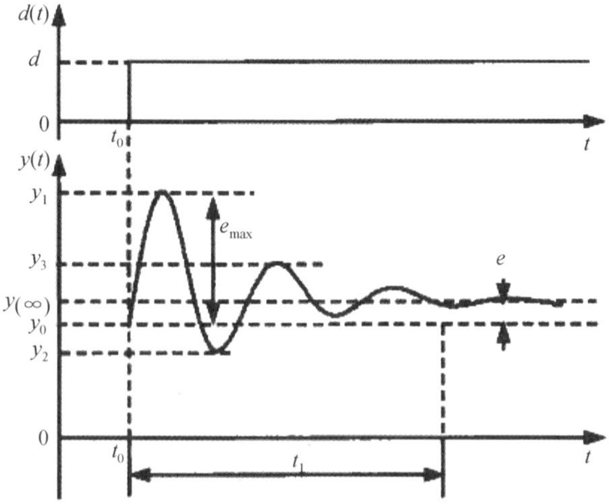


图 6-7　定值控制系统阶跃扰动的动态过程

(1)稳定性指标：衰减率 $\Phi$ 和振荡次数 $N$

衰减率 $\Phi$ 是指在衰减振荡中，第一个波峰值 $y_1$减去第二个同向波峰值 $y_3$除以第一个波峰值 $y_1$，即：

$$\Phi = \frac{y_1 - y_3}{y_1}$$

与衰减率相对应的另一种衡量指标是衰减比。所谓衰减比是指第一个波峰值 $y_1$与第二个同向波峰值 $y_3$的比值，即为 $y_1/y_3$。衰减率 $\Phi$ 是衡量系统稳定性的指标，要求 $\Phi = 0.75 \sim 0.9$。当 $\Phi = 0.75$ 时，$y_1$是 $y_3$的 4 倍，此时衰减比为 4∶1。$\Phi$ 不能小于 0.75，否则系统动态过程的振荡倾向增加，降低了系统稳定性，过渡过程时间延长。特别是当 $\Phi = 0$ 时，其动态过程是等幅振荡，系统变成不稳定系统。

振荡次数 $N$ 是指在衰减振荡过程中，被控量的振荡次数。一般要求被控量振荡 2~3 次就应该稳定下来。

(2)精确性指标：最大动态偏差 $e_{max}$和静态偏差 $\varepsilon$

最大动态偏差 $e_{max}$是指在衰减振荡中第一个波峰的峰值，它是动态精度指标。$e_{max}$大，说明动态精度低，要求 $e_{max}$小些为好，但不是越小越好，因为若 $e_{max}$太小，有可能使动态过程的振荡加剧。

静态偏差 $\varepsilon$ 是指动态过程结束后，被控量新稳态值与给定值之间的差值。$\varepsilon$ 越小，说明控制系统的静态精度越高。在实际控制系统中，由于所使用调节器的作用规律不同，其存在静态偏差的情况也不相同。有的控制系统受到扰动后，在调节器控制作用下，被控量最终不能稳定在给定值上，只能稳定在给定值附近，存在一个数值较小的静态偏差，称为有差调节。有的控制系统受到扰动后，在调节器的控制作用下，被控量能最终稳定在给定值上，即 $\varepsilon = 0$，称为无差调节。

(3)快速性指标:过渡时间 $t_s$

过渡过程时间 $t_s$ 是指从控制系统受到扰动开始到被控量重新稳定下来所需的时间。理论上讲,这个时间是无穷大的。因此,通常这样定义过渡过程时间 $t_s$。当 $t \geq t_s$ 时,满足:

$$\frac{|y(t)-y(\infty)|}{y(\infty)} \leq \Delta$$

式中,$y(t)$ 是系统受到扰动后在时间为 $t$ 时的被控量值;$y(\infty)$ 是被控量的最终稳态值;$\Delta$ 是选定的任意小的值,一般取 $\Delta=0.02$ 或 $\Delta=0.05$。上式的物理意义是,在 $t \geq t_s$ 的所有时间内被控量 $y(t)$ 的波动值 $|y(t)-y(\infty)|$ 均小于或等于最终稳态值 $y(\infty)$ 的 2% 或 5%。

在设计反馈控制系统时,总是希望系统是最稳定的,动态与静态偏差都最小,过渡过程时间最短,即控制系统的三个基本要求都是最理想的。对于实际的控制系统,品质指标之间是互相牵制的,不能同时满足。在设计时必须根据实际控制系统的要求,在控制系统品质评价的三方面做出合理的折中选择:保证系统稳定,尽量减小动态和静态偏差和减少过渡过程时间,以达到最满意的控制过程。

# 第二节 双位控制调节

双位控制不能使被控量稳定在某个值上,被控量被控制在上、下限之间波动。被控量在上、下限之间变化时,调节器输出状态不变,只有在上、下限值时,调节器输出状态才会改变。由于双位控制的输出只有两种状态(或位置),由它构成的控制系统是一种最简单的控制系统,有着广泛的应用。对参数要求不高的控制系统通常使用温度继电器、压力继电器或液位继电器等实现控制。

## 一、辅锅炉浮子式水位双位控制系统

如图 6-8 所示为辅锅炉浮子式水位双位调节器控制系统的原理图。在锅炉外面的浮子室有汽管和水管分别与锅炉的汽空间和水空间相通,故浮子室内水位与锅炉水位一致。浮子与水位同步变化,浮子杆绕枢轴 4 转动,通过上、下限位销钉 5 带动调节板框架 3 转动,调节板右边磁铁也跟着转动,当水位达到上限值时,浮子杆与上面的限位销钉相接触,并带动调节板及同极性的永久磁铁 12 绕枢轴 4 顺时针转动使同极性的永久磁铁 12 转至与它同极性的永久磁铁 6 在同一直线上时,由于同极性互相排斥,同极性的永久磁铁 6 立即被向上弹开,动触头 11 立即与静触头 7 断开,切断电机电源,给水泵停转,停止向锅炉供水。由于外界负荷不断消耗蒸汽,水位会不断降低,浮子连同浮子杆绕枢轴 4 逆时针转动,但调节板暂时不动。当水位下降到接近下限水位时,浮子杆与下面的限位销钉相碰,并带动调节板一起转动。当水位下降到下限值时,两同极性的永久磁铁 12 和 6 正好相遇并互相排斥,动触头 11 立即与静触头 7 相接触,接通电机电源,并带动给水泵向锅炉供水。随着水位的上升,浮子连同浮子杆绕枢轴 4 顺时针转动,调节板暂时不动,只有水位接近上限水位时,浮子杆才与上面的限位销钉相碰,并带动调节扳转动,当水位上升到上限值时,两同极性的永久磁铁又相遇,动触头 11 又与静触头 7

断开，切断电机电源，停止给水泵向锅炉供水。



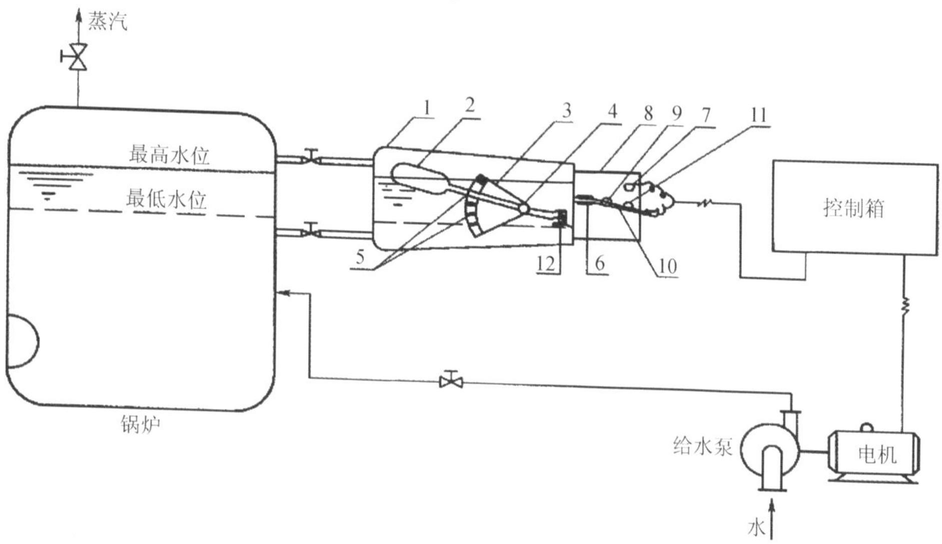


**图 6-8 辅锅炉浮子式水位双位调节器控制系统原理图**

1—浮子室；2—浮子；3—调节板框架；4—枢轴；5—上、下限位销钉；6、12—同极性的永久磁铁；7—静触头；8—开关箱；9—转轴；10—转杆；11—动触头

可见，只有水位处在上、下限值时，调节器输出状态才改变，水位在上、下限之间变化时，调节器输出状态不变，例如水位从上限值下降时，电机保持断电，水位从下限值上升时，电机保持通电。

在双位控制中，若减小被控量变化范围，即提高控制精度，则缩短了执行机构的动作周期，使控制动作频繁，容易出现机械磨损及电火花。

在调节板上对应浮子杆上、下各有三个销钉孔，调整上、下限位销钉 5 的位置，可调整水位的上、下限值，若把上、下限位销钉之间的距离调整得很小，则此时水位波动范围较小，但电机启停频繁，这是不利的。

## 二、YT-1226 型压力调节器

YT-1226 型压力调节器也叫压力开关，是双位作用规律调节器，可用于船舶锅炉、空压机和制冷装置等船舶装置的压力双位控制。如图 6-9 所示为 YT-1226 型压力调节器的结构原理图。在比较杠杆上，对支点作用的三个力矩互相平衡，包括由测量波纹管产生的测量力矩、由给定弹簧产生的给定力矩和由幅差弹簧产生的幅差力矩。当输入信号 $P_\lambda$ 达到压力下限值时，比较杠杆处于水平位置。这时动触头离开静触头 1 而紧压在静触头 2 上。同时，作用螺钉离开幅差弹簧一段距离，幅差弹簧对杠杆不起作用，当 $P_\lambda$ 增大时，比较杠杆绕支点逆时针转动，通过拨臂使舌形片的下边框左移，跳簧被压缩，贮存弹性能。同时，作用螺钉逐渐与幅差弹簧接触，比较杠杆再转动时，不仅要克服给定力矩，还要克服幅差力矩。当比较杠杆转过 $\alpha$ 角，即 $P_\lambda$ 达到压力上限值时，舌形片的下边框正好与跳簧在同一平面，跳簧有了释放所贮存弹性能的机会，迅速把舌形片弹开，使动触头离开静触头 2 而与静触头 1 闭合。当 $P_\lambda$ 降低时，比较杠杆绕支点顺时针转动，只有比较杠杆转到水平位置，舌形片下边框又转过 $\alpha$ 角，与跳簧处于同一平面，跳簧再次把舌形片弹开，使动触头离开静触头 1 而与静触头 2 闭合。$P_\lambda$ 在上、下值之间变化时，跳簧保持原状态不变，也就是调节器输出状态不变。

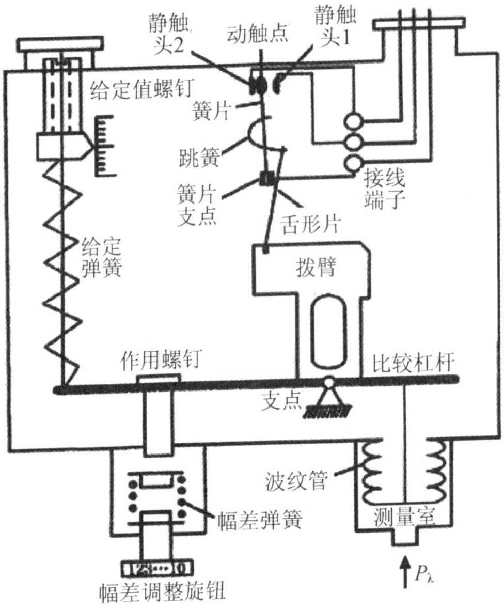


图 6-9　YT-1226 型压力调节器结构原理图

调整给定弹簧的预紧力，可调整触头动作的下限压力值，用 $P_X$ 表示，其值大小由给定值指示器来指示。调整幅差弹簧可调整的预紧力，即可调整触头动作的压力上限值，用 $P_Z$表示。$\Delta P=P_Z-P_X$，称为幅差。输入压力信号 $P_\lambda$的下限值是通过人工扭动给定值螺钉调整螺钉来调整的，要确定压力的上限值，只需求出幅差即可。幅差调整旋钮有一红色标记，在它旁边的圆柱面上有 0~10 挡刻度。红色标记对准 0 挡，其 $\Delta P=0.07$ MPa；红色标记对准 10 挡，其 $\Delta P=0.25$ MPa；红色标记对准不同挡时，其 $\Delta P$ 的计算公式为：

$$\Delta P=P_Z-P_X=0.07+(0.25-0.07)\times\frac{X}{10}$$

式中，$X$ 是设定的挡数，各数值的单位均为 MPa，在压力的上限值、压力的下限值及所设定的挡数 $X$ 这三个变量中，知道任意中的两个，就可以求出第三个。

例如有一压力开关，压力调整范围为 0~8 kg/cm$^2$，幅差可调范围是 0.7~2.5 kg/cm$^2$，要求压力波动范围为 6.4~7.5 kg/cm$^2$，所以在调整时，先调整下限值，即给定幅差弹簧的调整螺钉，使指针指在 6.4 kg/cm$^2$上，计算幅差应为

$$7.5-6.4=1.1\ \text{kg/cm}^2$$

如果再调整幅差调整旋钮（共 10 格），则

$$X=\frac{1.1-0.7}{2.5-0.7}\times10=2.2（格）$$

# 第三节　主机遥控系统

目前，大型船舶的推进装置主要有柴油机推进和电力推进两类。采用柴油机推进装置时，

直接驱动螺旋桨的柴油机称为主柴油机。主柴油机一般可以在机旁、集控室和驾驶台三个操作部位进行操作和控制。当离开机旁在集控室或驾驶台操作时，需要在操纵部位与主机之间设置一套能够对其进行远距离操纵的控制系统，称为主机遥控系统。随着柴油机制造技术的发展，近年来在船上已经开始采用无凸轮轴的电喷式柴油主机（也称为智能柴油主机），其控制系统与常规的凸轮轴式柴油机有较大区别。这里主要针对传统的凸轮轴式柴油机介绍主机遥控系统的基本概念。

对于大型低速柴油主机，主机遥控可分为自动遥控和手动遥控两种方式。在驾驶台操作时通常采用自动遥控方式。在这种控制方式下，遥控系统能根据驾驶员发出的车令信号按照主机要求的操作步骤和要求自动地进行启动、停车、换向和加减速控制，直至主机运行状态达到车令要求。在集中控制室操作时，考虑到操纵主机的是轮机员，通常采用手动遥控方式。在这种控制方式下，轮机员根据驾驶台车令，按照操作步骤和要求通过主机气动操纵系统对主机进行手动操作。

## 一、主机遥控系统的组成

主机遥控系统是包括主机在内的自动遥控系统，从其装置的分布情况来看整个主机遥控系统有遥控操纵台、遥控装置、测速装置、安全保护装置以及包括遥控执行机构在内的主机操纵系统五大部分组成，如图 6-10 所示。

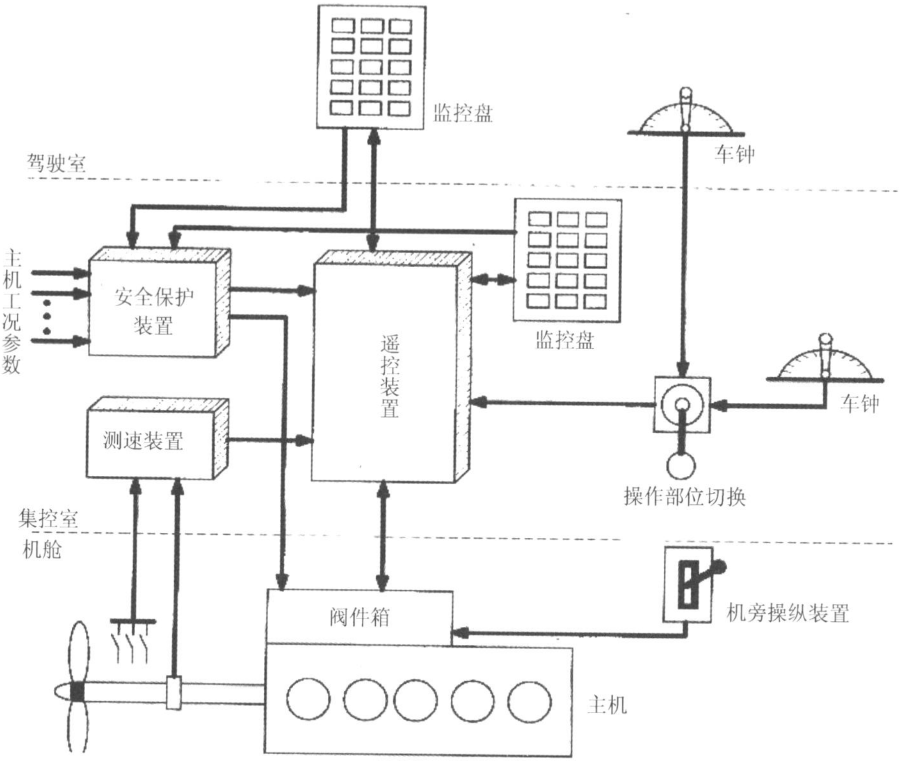


图 6-10 主机遥控系统图

1.遥控操纵台

遥控操纵台设置在驾驶台和集控室内,其作用是实现人机对话。人通过操纵台上的操作元件向系统下达命令,系统则通过操纵台上的显示屏向人提供系统执行命令的情况。遥控车钟用于正、倒停车的发令和主机转速的设定;遥控监视屏用于各种参数和状态信号的显示、报警指示、车钟记录以及辅车钟信号的联系;紧急操纵按钮用于应急停车、应急运行及越控指令等的发令;操纵部位切换开关用于驾驶台与集控室间的遥控部位选择。

2.遥控装置

遥控装置是整个遥控系统的控制中心,它根据遥控操纵台给出的指令与测速装置提供的主机状态参数,完成遥控系统中的停油、换向、启动逻辑程序控制以及转速与负荷控制功能。

3.测速装置

测速装置用来检测主机的转速、转向等状态参数,向遥控系统提供所需的各种工况参数。

4.安全保护装置

安全保护装置用来监视主机运行中的一些重要参数。一旦主机发生严重故障,它将控制主机自动减速或自动停车,以保障主机安全运行。安全保护装置是一个不依赖于遥控系统而相对独立的系统,即使遥控系统出现故障,也应能正常工作。

5.遥控执行机构与主机操纵系统

遥控执行机构与主机操纵系统用来执行遥控装置发出的停油、换向、制动、启动及供油控制命令。在遥控系统失灵时,可通过机旁操纵装置紧急操纵主机。

## 二、主机自动遥控系统的主要功能

尽管不同厂家生产的主机遥控系统在实现方案和手段上不尽相同,但各厂家都必须共同遵守我国船级社《钢质内河船舶建造规范》。总体上讲,主机自动遥控系统的主要功能应包括五个方面,即操作部位切换功能、逻辑程序控制功能、主机的转速与负荷控制功能、安全保护与应急操纵功能和模拟试验功能。

1. 操作部位切换功能

出于安全考虑,主机遥控系统在设计上必须保证在驾驶台自动遥控失效时能切换到集控室进行操纵,而集控室失效时能切换到机旁进行应急操纵。因此,遥控系统必须在机旁和集控室提供操作部位切换装置。机旁一般设有“机旁”和“遥控”转换开关,而在集控台上则设有“集控室”和“驾驶台”转换开关。只有在机旁转换开关转至“遥控”位置时才能在集控室或者驾驶台操作,是在集控室还是驾驶台操作由集控室转换开关进行选择。在三个操作部位中,机旁的操作优先权最高,自动化程度最低;集控室的操作优先权和自动化程度均在其次;驾驶台的操作优先权最低,但自动化程度最高。在进行操作部位切换时,在高优先级的操作部位可以无条件地获得操作权,反之则不然。

2.逻辑程序控制功能

(1)换向逻辑控制

当有开车指令时,即车钟手柄从停车位置移至正车或倒车的某一位置,遥控系统首先进行换向逻辑判别，即判断车令与凸轮轴的实际位置是否一致。当车令与实际凸轮轴位置不符时，便自动控制主机换向，将主机的凸轮轴换到车令所要求的位置上。换向完成后，遥控系统转入启动逻辑控制（如车令位置与实际凸轮轴位置相符，则省去上述换向过程，直接进入启动逻辑控制）。如在规定的时间内，主机凸轮轴未能换到车令所要求的位置，遥控系统将发出换向失败报警信号，同时禁止启动主机。

（2）启动逻辑控制

换向逻辑控制完成后，遥控系统便进入启动逻辑判断程序，即鉴别主机的启动逻辑条件。当满足主机启动所需的各项条件时，控制空气分配器投入工作，打开主启动阀，启动空气进入主机进行启动，在主机转速达到发火切换转速时，自动完成油气转换（对油气并进的主机可提前供油），停止启动。这时若启动成功，自动转入主机加速程序。

（3）重复启动程序控制

若主机在启动过程中发生第一次启动失败，遥控系统将自动进行第二次启动。若第二次启动又失败，则自动进行第三次启动。无论第二或第三次中哪次启动成功都将自动转入主机加速程序。当出现第三次启动失败时，遥控系统将自动停止启动，同时发出启动失败报警。当故障排除后，需把车钟手柄拉到停车位置，对三次启动失败信号复位，方可对主机进行再启动。

（4）重启动逻辑控制

在应急启动、倒车启动或有重复启动的情况下，为了提高主机启动的成功率，遥控系统将自动增大启动供油量，或者自动地提高启动空气切断转速对主机进行重启动。

（5）慢转启动逻辑程序

当主机停车时间超过规定时间（一般是 30～60 min 内可调）以后，或在停车期间停过电，再启动主机时，遥控系统将自动控制主机先进入慢转启动，即让主机缓慢转动 1～2 转，随后再转入正常启动。若慢转启动失败，将发出报警信号并且封锁正常启动。之所以要设置慢转启动，其目的是使主机各主要摩擦面建立起润滑油膜后再转入正常启动，以减少磨损；另一方面当慢转启动失败后，可以检查出主机的故障，避免启动事故发生。

（6）主机运行中的换向与制动逻辑程序控制

当船舶全速航行遇到紧急情况时，若把车钟手柄拉到停车位置，遥控系统会发出停油指令切断燃油的供应。由于船舶的惯性很大，船舶的滑行距离长，主机转速也会因为螺旋桨的水涡轮作用而保持相当长的时间，这不利于船舶的紧急避碰。为了解决上述问题，现在的主机遥控系统一般都设有主机运行中的换向与制动功能。

当主机在正车（或倒车）运行中车钟手柄突然从正车位置拉到倒车位置（或相反）时，遥控系统将自动执行停油-换向-制动-倒车启动-倒车加速过程。有的主机换向有转速限制，即转速降到一定数值才允许换向，而且换向转速分为正常换向转速和应急换向转速（应急换向转速比正常换向转速大）。制动的前提是换向完毕。制动分为能耗制动和强制制动，有的遥控系统只设置强制制动（主要用于大型低速柴油机），有的遥控系统先进行能耗制动，然后再进行强制制动（主要用于中速柴油机）。所谓能耗制动，是在应急换向完成后，只让空气分配器工作，主启动阀关闭，这时主机是正车转向，而凸轮轴是倒车位置。因此，当某缸活塞上行（压缩冲程）时，空气分配器使此缸气缸启动阀开启，气缸内的气体经气缸启动阀到主启动阀后被截止，使主机起着压缩机作用，消耗其能量，降低其转速，实行能耗制动。能耗制动是主机转速较高且制动力矩较小时的制动方式。而强制制动是让空气分配器工作，且主启动阀开启。此时，高压启动空气在各缸的气缸启动阀前等待，当某缸活塞上行时，空气分配器控制此缸气缸启动阀开启。于是，高压启动空气进入气缸，强行阻止活塞运动，使主机转速迅速下降为零，实行强制制动，当主机转速下降为零后，则按倒车的启动逻辑控制来启动主机，使主机倒转，并按倒车加速程序将主机转速调节到车令设定转速。

**3.主机的转速与负荷控制功能**

(1)转速程序控制

当对主机进行加速操纵时，应对加速过程的快慢有所限制，转速(或负荷)范围不同，对加速过程的限制程度就不同，因此加速过程控制有下列两种形式：加速速率限制、程序负荷(也称负荷程序)。其中加速速率限制指的是主机在中速区以下的加速控制，加速速率较快。而程序负荷指的是高速区的加速控制，特别强调慢加速。因为在高负荷时加速太快，会使主机超热负荷，严重影响缸套、活塞和缸盖等燃烧室部件的寿命。因此，有了加速速率限制和程序负荷这两种控制功能，驾驶员可按实际情况把车钟手柄扳到任一速度挡，而不必考虑是否会损害主机。当车钟手柄从停车扳到正车(倒车)全速时，主机先进行启动操作，启动阶段完成以后，主机的加速过程就会按预先设定好的加速速率进行加速，当主机定速后，主机转速控制系统就会按设计好的程序负荷继续给主机加速，最后一直到车钟手柄所设定的正车海速转速。由此可见，转速给定值是变化的，而且变化规律是确定的。因此，在主机启动完成到转速稳定这段时间内，主机转速控制系统实际上是在完成一个转速程序控制过程。

(2)转速一负荷控制

主机的转速与负荷控制回路是一个综合控制回路。在正常航行工况下，控制回路主要是通过调速器对主机转速进行定值控制。控制回路的作用就是克服各种扰动，把主机转速控制在车钟手柄所设定的转速上。但是，当船舶在恶劣海况下航行时，螺旋桨可能会频繁露出水面导致转速升高，若此时仍采用转速定值控制，调速器为了维持主机运行在设定转速上，不得不频繁地大幅度调节主机供油量，这就有可能导致主机超热负荷。一旦调速器减油不及时，主机就会发生飞车而使主机超机械负荷。这时，主机转速控制系统常采用负荷控制方式或死区控制方式来保障主机的安全运行。

(3)转速限制

为了保证主机安全、可靠及有效地运行，车令设定的转速值必须符合主机自身特性的要求，因此，遥控系统将对进入主机调速器的设定转速进行临界转速避让、最小转速限制、最大转速限制以及轮机长手动设定最大转速的限制。

①临界转速自动避让。当车钟设定转速处于临界转速区时，为了保证主机不在临界转速上运转，遥控系统将自动地把设定转速限制在临界转速区之外，并在设定转速经过临界转速区时，自动地控制其快速通过临界转速区，以确保主机安全运转。

②最小转速限制。当车令设定转速值小于主机最低稳定转速时。为了防止主机不稳定运转或熄火停车，遥控系统将自动地把设定转速限制在主机最低稳定转速上。

③最大转速限制。当车令设定转速值大于主机所允许的最大转速时，为防止主机超速，遥控系统将自动地把设定转速限制在主机所允许的最大转速范围内。由于主机倒车运行工况较正车差，故有些遥控系统还设置了数值上较正车小的最大倒车转速限制。

④轮机长手动设定最大转速的限制。在非应急运转工况下，当车令设定转速值大于轮机长手动设定最大转速的值时，遥控系统将对其车令设定转速值进行限制，以确保主机转速不超

过轮机长所设定最大允许转速。

(4)负荷限制

主机转速控制系统在对主机转速进行转速自动控制时,主机的供油量是由调速器根据偏差转速大小来控制的。调速器为了把主机的转速快速地调节到设定转速,有可能使主机因供油量太大而超负荷。为此,遥控系统应对主机的供油量进行限制。负荷限制主要包括如下几个方面:

①启动油量的设置。若要使主机顺利且平稳地启动起来,就必须在主机启动时供给适量的燃油,为了使启动油量不受车令设定转速的影响,实现定油量启动,遥控系统在主机启动期间自动阻断车令设定转速信号,给出一个最佳启动转速及最大允许启动油量,以确保主机安全、平稳、可靠地启动。

②转矩的限制。为了保证主机的安全运行,延长使用寿命,遥控系统一般都设置转矩限制功能,原因是主机在某一转速下运行时,如供油量过大就有可能使主推进轴的扭矩超机械负荷。此时,遥控系统将自动地限制主机的供油量,即根据车令设定的转速或主机的实际转速给出一个相应的允许供油范围,从而将主机的转矩限制在安全的范围内。

③增压空气压力限制。主机从低速开始加速时,油量会突然增加很多,而此刻增压器输出的增压空气压力较低,这样就会出现油多气少的现象,导致燃烧不充分而冒黑烟。为防止主机在加速过程中出现冒黑烟现象,遥控系统将自动地根据增压空气压力的高低来限制主机的供油量,以保证喷入气缸的燃油充分燃烧,同时也可防止主机受热部件的过热现象。

④螺旋桨特性限制。主机与螺旋桨的配合是按螺旋桨推进特性工作的,即功率与转速成三次方关系。转矩与转速成平方关系,而前述的各种限制方式都是在某一负荷范围内的直线限制特性。有的遥控系统设置了按螺旋桨的特性来限制主机的供油量,用来修正原有负荷的限制特性,使之接近螺旋桨推进特性曲线形状,以满足螺旋桨吸收功率的需要。

⑤最大油量的限制。在主机供油量超出轮机长所设定最大供油量时,遥控系统将自动地将主机供油量限制在轮机长设定的最大供油量上,以实现主机的最大负荷限制。

**4.安全保护与应急操纵功能**

(1)安全保护

如前所述,安全保护装置是主机遥控系统的重要组成部分,当主机重要参数越限时,它能使主机自动减速或自动停车,并发出报警信号显示安全系统动作的原因,以保护主机的安全。有些重要参数的安全保护值有两个:一个是自动减速值,另一个是自动停车值。当出现安全保护装置动作且故障排除后,这时需要对故障复位才能进行启动和加速。

(2)应急操纵

在应急情况下,为了保证船舶的安全需要对主机进行一些特殊的操纵,主要包括以下三个方面:

①机旁应急运行。在主机遥控系统失灵的情况下,为了保证主机仍然继续运行,只要将主机操纵部位从驾驶台或集控室直接切换到机旁,即可实现机旁手动应急操纵。

②应急运行。在运行中的全速换向操纵一般在紧急避碰中使用,属于应急运行。它包括应急换向、应急启动和应急加速。应急换向指的是主机在应急换向转速下的换向。应急启动除了采用重启动外还将自动取消慢转启动与时间启动。应急加速主要指的是取消负荷程序进行快加速,同时还自动取消某些限制(如增压空气压力限制、转矩限制等)。船在锚地走锚后

所进行的应急启动和应急加速也是一种应急运行。还有当安全保护系统动作后,使主机减速和停车,但从整个船舶的安全看,又不允许停车和减速,这时应采取“舍机保船”措施,取消自动减速和自动停车信号,迫使主机“带病”运转。但对一些严重的故障停车信号(如主机滑油低压和超速)一般是不能强迫运转的。有的船上只能在有自动减速信号时才可采取应急运行的强迫运转方式,而对所有故障停车信号都不能采取强迫运转方式。

③手动应急停车。当车钟手柄扳回到停车位置,由于遥控系统出现了故障,不能使主机停油,这时应按下“应急停车”按钮,通过应急停车装置使主机立即断油停车,并发出报警。若要重新启动主机,必需对应急停车信号进行复位,才可进行启动操作。

5. 模拟试验功能

各种主机遥控系统几乎都设置了相应的模拟试验装置。它主要用于:显示遥控系统的运行工况,如电磁阀的状态、主机凸轮轴的位置以及启动过程等;测试和调整遥控系统的各种参数;检查遥控系统的各种功能是否正常,若有故障,可利用模拟试验来查找和判定故障部位。

掌握正确的模拟试验方法对轮机管理人员来说是十分重要的。尽管有各种各样的模拟试验装置和多种试验方式,但其中最基本的试验方式是在主机停车时利用车钟(实际车钟或模拟车钟)和模拟转速旋钮配合操作,使遥控系统完成一系列动作。因为,遥控系统对主机的实际转速和模拟转速是没有辨别能力的,把模拟转速同实际转速同等对待。正是利用这一点,使之达到检查遥控系统各种功能和判断故障的目的,按设计要求完成各种动作。在用实际车钟和模拟转速的试验中,除了主机因主启动阀关闭而不能转动以外,遥控系统的各种阀和部件都可以动作。因此,在进行模拟试验前要做好相关的准备工作。

## 三、主机遥控系统的类型

根据所采用的遥控设备及实现手段的不同,主机遥控系统可以分为以下几种类型。

1.气动式主机遥控系统

气动式主机遥控系统主要由气动遥控装置和气动驱动机构组成,并配有少量的电动元件,如电磁阀和测速电路等。它的主要特点是驱动功率大,工作可靠,结构简单、直观,便于掌握和管理。但是存在压力传递滞后的现象,因此控制距离受到限制,而且对气源要求高,气动元件容易出现漏气、脏堵及磨损现象。

2.电动式主机遥控系统

电动式主机遥控系统的遥控装置与驱动机构均由电动元件构成。它的主要特点是结构紧凑,遥控距离不受限制,控制性能好,较灵活地实现各种功能。但执行机构的驱动功率小,对管理人员技术要求较高。电动遥控系统又可分为有触头继电器式和无触头集成电路式两种。

3.气电式主机遥控系统

气电式主机遥控系统的遥控装置主要由电动元件构成,而驱动机构则由气动元件构成。这种结构充分发挥了电动式和气动式两种遥控系统的优点,是较完善的遥控系统。

4.电/液式主机遥控系统

电/液式主机遥控系统主要由电动遥控装置与液压执行构成组成。它具有驱动功率大、可控性好、便于远距离控制等优点,但结构复杂,需设置液压油回收系统,并且容易出现漏油、漏气现象。

5.微机控制的主机遥控系统

微机控制的主机遥控系统主要由 PLC 或微型计算机及其接口电路组成,只有驱动机构采用气动或电动元件。遥控系统的功能主要由软件实现,具有应用灵活、功能强大、适用性强和可靠性高的特点。近几年下水的船舶几乎全部采用微机控制,并朝着分布式和网络化的方向发展。

6.现场总线型主机遥控系统

现场总线型主机遥控系统是计算机网络化技术在船舶上广泛应用的产物。在现场总线型主机遥控系统中,控制系统的各个组成部件采用分布式计算机节点控制,各个控制节点采用现场总线互联,大大地减少了连接电缆,降低了布线成本,安装维护极为方便,同时也提高了系统的可靠性。严格意义上说,现场总线型主机遥控系统也属于微机控制的范畴。

## 四、主机遥控系统实例

本教材以 CTQD-A 型气电式主机遥控装置为例,介绍内河典型主机遥控系统。

1.概述

(1)主要用途及适用范围

本系统为气电控制形式的主机遥控系统,具有齐全的越限报警和多种联锁及保护功能,可在驾驶室远距离控制主机调速、紧急停车和齿轮箱换向;在机旁手控主机调速和齿轮箱换向;并可通过设在机舱的各种仪表,声、光信号监视主机的运行工况。该系统适用于装配倒顺离合器组成的船舶主推进系统。

(2)系统采用驾控台到机舱的主机调速信号是气动控制信号,齿轮箱的换向和逻辑控制是采用 PLC 的程序控制。简单可靠,船员使用维修方便。

(3)本系统符合中国船级社的《钢质海船入级规范》,满足 SOLAS 公约的要求。

2.技术特性

(1)技术规格

①型号:CTQD-A。

②形式:气电混合,单手柄控制式。

③调速范围:从主机最低稳定转速到主机额定转速的 103%。

④调速精度:小于额定转速的 4%(不含调节器精度)。

⑤换向时间:4~15 s(可调)。

⑥主电源:AC 220 V±15% ;备用电源:DC 24 V±20%。

⑦电功耗:小于 300 W。

⑧绝缘电阻:大于 1 MΩ。

(2)技术参数

①操纵器手柄位移角度:144±1°。

②精密调压阀输出压力:0~0.49 MPa。

③膜片执行器输出位移:0~14 mm。

④失气压力控制器动作值:0.48 MPa。

(3)主要性能

①程序调速:调速系统依靠操纵手柄控制,能够自动按程序实现慢增速—快降速,直至主机转速与遥控指令一致。

②程序换向:换向联锁系统逻辑动作靠 PLC 微机控制,自动实现"快降速—定速脱排—空车延时—定速合排—慢增速"的换向程序,并与程序调速配合完成。

③错向联锁:螺旋桨的转向与遥控换向指令不相符时,系统自动切断增速气信号,换向到位后方可解锁增速。

④升速平缓:主机升速的速率可调,降速快。

⑤失气自保:控制系统失气后,主推进遥控装置转速和转向不变,直至转换到机旁操纵为止。

⑥紧急停车:操作"急停"按钮,主机立即停止运转,并有声、光报警指示信号。

⑦越控:当故障降速,故障停机信号来后,按下越控(降速或停车)按钮,此时主机自动降速和自动停机功能均失效,同时发出声、光指示信号。

⑧应急供电:当主电源失压,DC 24 V 备用电源自动投入并报警。主电源恢复后,备用电源自动退出。

⑨报警:可对多种故障点进行越限报警。报警回路各自独立,互不干扰,当每一路故障出现时,均能发出声、光报警信号,并在驾驶台、机舱分别显示。

⑩机旁手控:当驾控台遥控系统失灵时,可在机旁根据应急车钟指令手动操纵主机的调速和在控制箱上操纵齿轮箱换向。

⑪系统设有试灯、调光、消音功能。

**3.结构与工作原理**

(1)CTQD-A 型气电式主机遥控系统结构如图 6-11 所示。

①驾控台:调速整个系统的发信机构,由操作、PLC、元件板、报警板、辅车钟等部件组成。

②机舱控制箱:主要由车钟显示器、报警联络指示及控制阀件等组成。

③气源处理装置:该装置为本系统提供稳定、清洁的压缩空气。该装置由截止阀、调压阀、分水过滤器、梭阀等组成。

④调速执行机构:膜片执行器是程序调速的执行元件,通过连接机构传送给主机调速器,达到控制主机转速的目的。

⑤到位信号检测组件(QD1/QD2):是离合器顺车(倒车)压力传感器。当离合器换向真实到位时,离合器顺车(倒车)压力传感器输出信号,并反馈给控制箱内的 PLC(可编程序控制器),与指令信号相比较,当无"错向"时,方可增速。

(2)工作原理:如图 6-12 所示为 CTQD-A 型气电式主机遥控系统工作原理图。

①程序调速

在遥控操作时,操纵手柄在正车范围内转动或在倒车范围内转动,精密调压阀 A00 输出调速指令—气信号,当增速电磁阀 A03 得电(A12 导通)时,允许主机增速时,由单向节流阀 A02 对增速气信号加以节流延时,在增速气信号的作用下由膜片执行器推动主机调速器,实现主机的慢增速;相反,在主机降速时,单向节流阀对降速信号不予约束,从而实现主机的快降速。

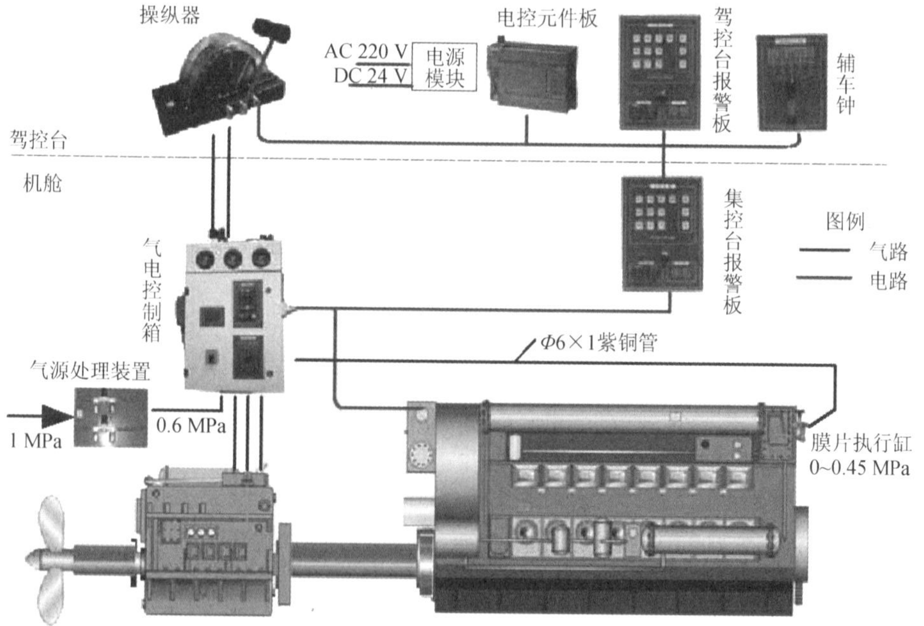


图 6-11 CTQD-A 型气电式主机遥控系统结构图

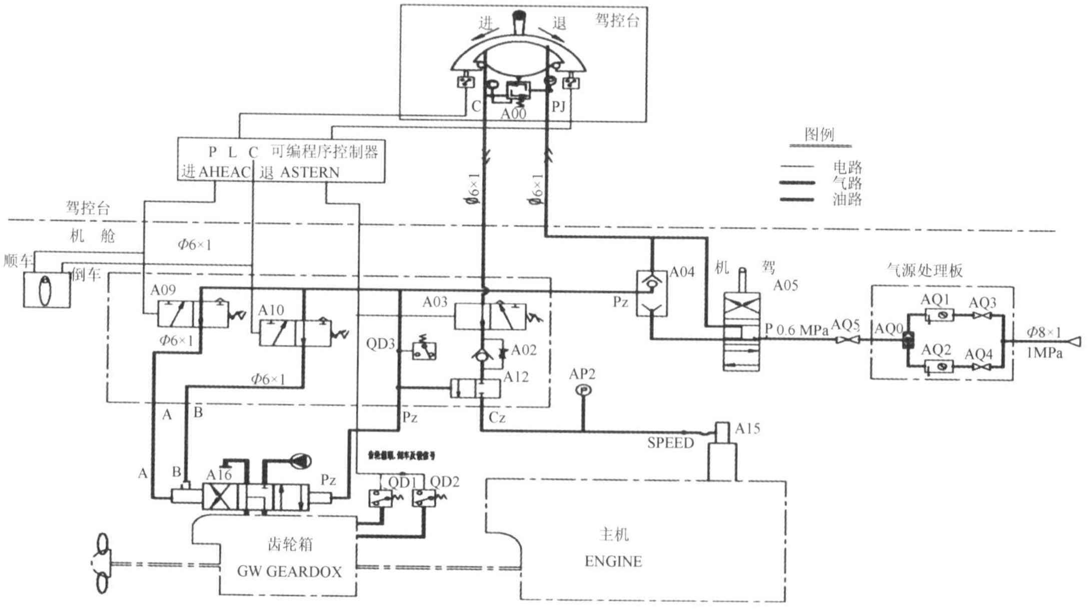


图 6-12 CTQD-A 型气电式主机遥控系统工作原理图

A00—精密调压阀；A02—单向节流阀；A03—增速电磁阀；A04—“或门”阀；A05—驾控/机控转换阀；A09/A10—换向电磁阀；A12—失气自保阀；A15—膜片执行器；A16—三位四通气控阀；QD1/QD2—顺车(倒车)压力控制器；QD3—控制气源压力开关

②程序换向

选用德国西门子公司的可编程序控制器(简称 PLC)来实现程序控制。

当操纵手柄发出正车令(倒车),操纵头内的顺车行程开关动作,正车电磁阀 A09(或倒车电磁阀 A10)得电,齿轮箱按指令进入正车(倒车)运行。同时齿轮箱顺车(倒车)压力控制器 QD1(QD2)输出顺车(倒车)信号,反馈给 PLC,经 PLC 检测,如与驾驶操纵手柄同步,PLC 输出允许主机增速的信号(即 A03 得电)。

本系统在允许操纵手柄自前进挡直接拉至后退挡,按预定设计的程序可自动实现如下换向功能:

a.降速:操纵手柄自正车最高挡转到正车最低挡,随着控制凸轮曲率半径的减小,精密压力阀适时发出降速指令,主机迅速降速至怠速状态。

b.脱排:操纵手柄从前进最低挡转至停位时,正车指令断开。经过 PLC 进行内部逻辑运算处理,使离合器保持 1~2 s 后脱排,主机维持怠速状态。

c.空车:齿轮箱正车脱排后,离合器正车油压降低,正车油压传感器脱开,操纵台上的“正车”指示灯熄灭,“空车”指示灯亮,切断调速气路,主机降速。

d.合排:操纵手柄转至倒车位置,发出倒车指令信号并输入到 PLC 内部。经过 PLC 进行内部逻辑运算处理,倒车电磁阀得电,离合器倒车合排,齿轮箱倒车油压升高,倒车油压传感器闭合,“空车”灯熄灭,“倒车”指示灯亮。接通调速气路,允许主机增速。

e.增速:错向阀解锁后,操纵器内的精密压力阀受凸轮曲率半径大小的控制发出相应的增速气信号。在单向节流阀的延时作用下,主机缓慢增速直至主机转速与调速指令一致为止,并使主机转速稳定在操纵手柄所指示的位置上。

操纵手柄从倒车最高档转换正车最高档的程序换向过程与此同理。

(3)CTQD-A 型气电式主机遥控系统主要部件原理及功能

①PLC:本系统采用德国西门子公司的可编程序控制器,它具有可靠性高、抗干扰能力强等特点。其用来接收有关指令信号,经过比较逻辑运算,实现离合器“延时脱排-空车延时-合排”的程序换向,是本系统的核心所在。PLC 接线及外形图如图 6-13 所示。

PLC 面板上所有指示灯若出现有规律闪烁,需及时检查电源电压是否低于要求电压的数值。PLC 在正常使用时严防水、铁屑、灰尘、油污落入 PLC 内部,以防内部短路,需正确使用 PLC 的防尘罩。

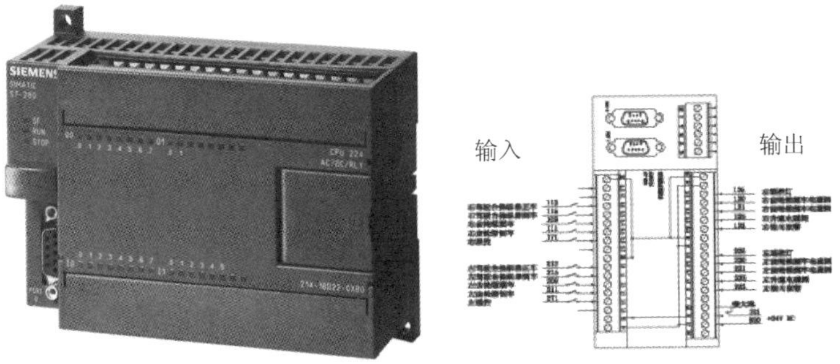


**图 6-13　PLC 外形及接线图**

②精密调压阀(A00):又称调速定值器,如图 6-14 所示。它是调速气压信号的发讯元件,随着操纵器内凸轮曲率的增减该阀发出的调速气压信号也相应增减,是调速系统的关键元件。为了保证调速精度,选用国际品牌德国力士乐公司的阀件。其主要优点是带有空气过滤网,可靠性高,使用寿命长。如出现漏气现象,可将其拆开,清洗后还原(注意加点黄油)。

图 6-14 精密调压阀

③驾控/机控转换阀(A05):是整个遥控系统的气控开关和进口阀件,一般不易出故障,系统关闭时应将其回到“0”位。

④增速电磁阀(A03):为增速闭锁阀,当错向时主机不能增速。

⑤单向节流阀(A02):是实现主机慢增速、快降速的控制元件。在机控箱上“调速气压”没有或主机转速无法上升,可检查该阀件是否节流过“多”或堵了。可卸下用空气吹一下,还原即可。注意膜片和阀件的相对位置不能装反了,否则没有调速信号输出。

⑥失气自保阀(A12):是气控阀,主要完成失气自保功能,当遥控气源打开,该阀件即导通,无须电信号控制。当气源突然失效后,该阀件可维持主机的转速不变。该阀一般不易损坏,其外形如图 6-15 所示。

⑦换向电磁阀(A09/A10):选用德国进口阀件。它是齿轮箱换向的气路的输出元件,由 PLC 程序换向电路控制。其一般不易出现故障,即使漏气,卸下清洗即可,如图 6-16 所示。

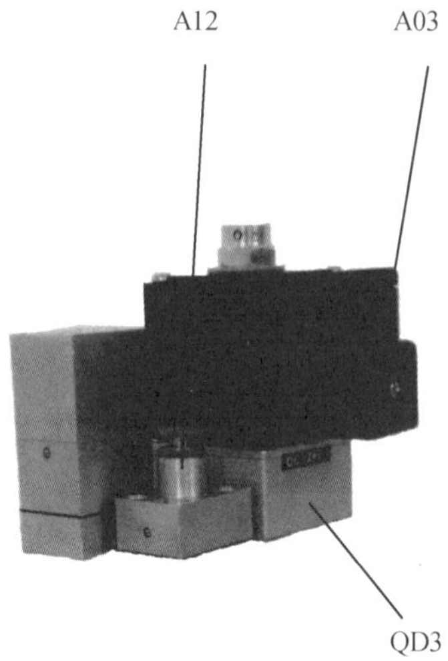


图 6-15 气控阀

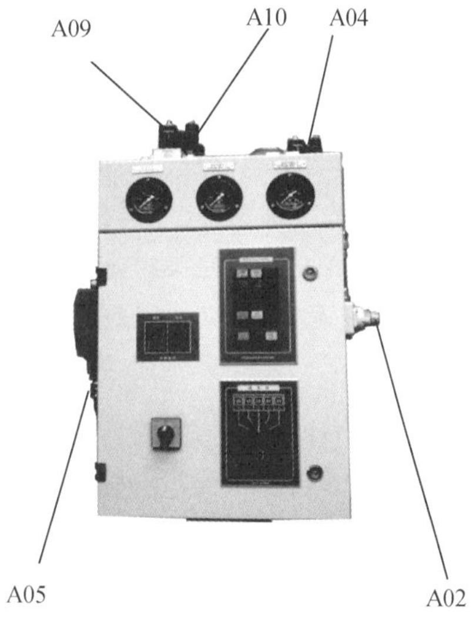


图 6-16 气电控制箱图

⑧膜片执行器(A15):如图 6-17 和图 6-18 所示,是按照精密调压阀发出的增减速指令信号转换成相应的机械位移而使主机增减速的执行元件。它是主机调整转速的关键,在调试和试航时一定要求遥控服务商和主机服务商共同协商调整好。安装时注意调整与调试器连杆之

间的夹角,可确定主机增速的曲线。如主机不增速,可检查该元件是否漏气,用肥皂水检查即可。一般应由主机配带该执行器,主机没带执行器本公司也可提供。

⑨顺车(倒车)压力控制器(QD1/QD2):由齿轮箱配带。它是检测齿轮箱是否换向成功的标志性元件,也是增速电磁阀(A03)是否能增速的指令信号。在实际使用中,其经常出现故障,影响主机的增速。原因主要在三个方面:

a.线路接错了,无反馈信号;

b.压力控制器质量不好,使用一段时间就不易回位(弹簧没有力);

c.压力控制器上的参数调整不对,一般可调整到 1.1 MPa 左右,太低或太高都会影响控制器弹簧片的动作。

⑩三位四通气控阀(A16):如图 6-19 所示,由齿轮箱配带。它是控制离合器状态的换向操纵阀,一般选用气控式,它采用无弹簧自复位阀,即使丧失气源也能保证实现螺旋桨的保留状态。

图 6-17 主机自带膜片执行器图

图 6-18 配置的膜片执行器图

图 6-19 三位四通气控阀图

⑪气源处理板:能为遥控系统提供清洁的能源,由杂用空气瓶减压至 1 MPa 进该处理板,经减压过滤后,0.6 MPa 的气源给遥控系统。它是并联的双回路控制,正常情况只需用一路,另一路备用。做好气源处理板的维护保养工作,防止因装配误差导致漏泄。注意:梭阀的气源不能短路。

⑫报警系统和辅车钟:它与调速换向控制系统是完全独立的,即使有指示灯显示该装置故障一般也不会影响驾控台遥控操纵主机。报警板采用集成电路,可以根据接线图检查问题,故障概率小,当线路板发生故障时予以整体更换。

**4.安装与调试**

(1)调试方法及注意事项

①一般性检查:安装完毕后即做该项检查。

a.打开气源截止阀,检查各管路的接头是否松动漏气、管路有无接错等;

b.接线是否牢靠,有无松脱;

c.仪表、压力开关按要求调定动作值。

②功能检查

装置送入主电源后,将操纵台面板上的电源开关接通,电源灯亮。

a.试灯、调光和消音;

b.辅车钟联络:与船上的应急车钟的使用方法相同;

c.模拟检查各报警点的动作是否运行正常；

d.紧急停车：操作“急停”按钮，主机立即停车，并伴有声、光报警，消音后，灯光保持到急停按钮复位为止。

（2）系统调试

系统调试主要包括换向程序的调整和调速机构的调整。

①换向程序的调整

换向程序调整可逐台进行。首先接通电源和气源，在驾驶室将操纵手柄由倒车推向正车（或由正车拉至倒车），同时观察到位信号，从“倒车”灯熄灭到“正车”灯点亮为 10 s 左右，该时间在出厂时已设定，如需调整应由制造厂根据实船需要进行调整，禁止船上管理人员私自调整。

②调速机构的调整

调速机构的调整主要是调节膜片执行器连接杠杆与主机调速手柄的比例，使膜片执行器的位移与调速手柄的指令同步。调毕，将调节杆锁紧。

**5.使用与维护**

（1）使用前的准备与检查

①系统在使用前必须经过调整；

②应经常排放分水滤气器中的积水；

③应检查气路中的管接头，是否有松动和漏气现象。

以上部分确认无误后，即可开始操作。

（2）操作顺序和方法

①将操纵台和机舱监控箱上所有开关置于初始位置；

②将操纵台总电源开关打开，在总电源指示灯点亮后进行试灯，检查指示灯的完好情况；同理，检查监控箱上所有指示灯的完好情况；

③当航行结束，机舱接到“完车”指令后，将开关置“完车”位置作为回令，做好完车工作停机，关闭气源后，将开关置于中位，完车联络结束，并将所有开关置初始位置。

**6.常见故障与维修**

（1）漏气

漏气一般发生在管接头部位（通气后用肥皂水检查，不应有气泡出现），发现漏气要及时排除，否则会影响工作性能，一般情况紧固管接头即可排除，严重时需更换接头和局部管路。

（2）精密调压阀漏气

一般是由于管路内的灰尘安装时未吹干净进入精密调压阀引起，在安装之前应按照程序将管路彻底清洁。

（3）主机不能加速

若其他功能正常而主机不能加速，则有以下几种情况：

①增速电磁阀 A03 处于闭锁状态，查看 A03 是否有电；

②膜片执行器严重漏气，应修理或更换气动执行器元件的膜片；

③调速连接机构有松脱现象，可维修机械连接部分。

(4)齿轮箱无换向信号

①驾驶操纵头内正车或倒车发讯行程开关未压合;

②PLC 是否有正、倒车输出信号;

③换向电磁阀(A09/A10)是否有电,开车时(139 和 101)/(140 和 101)之间是否有直流 24 V 的电压;

④检查三位四通气控阀(A16):开车时用手感觉排气孔是否漏气;正、倒车是否串气。

检查串气的方法:开正车,此时气控阀的正车端有气,将阀体上的倒车接头卸下,查看阀体上的倒车接口是否有气,如有少量气排出,则是正、倒车串气,更换该密封圈。

对于以上情况应参考电气原理图予以检查或更换损坏的元器件。

(5)其他故障

①电源故障

首先检查熔断器是否熔断,更换熔芯时必须使用相同的规格;如果熔断器正常,检查电源空气开关及其他线路。

②指示灯不亮

首先检查指示灯是否损坏或接触不良,再检查相应线路的导线是否松动、脱落或折断,必要时更换修复。

## 第四节 船舶常用传感器测量与检查

机舱内的各种传感器用来感受被监视的工况参数,并将其变换成电信号后传送到报警或控制单元,因此传感器是集中监视和报警系统的信息获取装置,又称为发送器。

传感器可分为模拟量传感器和开关量传感器两大类。模拟量传感器用来把被测参数变换成连续变化的模拟量电信号,适用于既要监视运行设备运行状况,又要实时显示其运行参数的监视通道。开关量传感器是用来检测设备被测参数是否越限或把设备工作状态变换成其触头的断开或闭合,即开关量信号,它仅适用于运行设备的故障鉴别和工作状态的指示,而不能用于参数的实时测量显示。下面对常用的温度、压力、转速、液位、流量传感器的原理、测量与检查逐一进行介绍。

### 一、温度传感器

常用的温度传感器有热电阻、热电偶和热敏电阻,用于在船上测量柴油机排烟温度、冷却水温度、润滑油温度、轴承温度等。

热电阻或热敏电阻常用于测量气缸冷却水温度、滑油温度、主轴承温度等温度较低的场合。在测量较高温的场合如主机排烟温度等一般采用热电偶。

**1. 热电阻式温度传感器**

热电阻式温度传感器是利用金属材料电阻值随温度的升高而增大,且在检测范围内利用它们之间保持良好线性关系的特性制造的。常用的热电阻式温度传感器由电阻体、绝缘体、保护套管和接线盒四部分组成，有铜热电阻和铂热电阻两大类。

通常，由铜丝绕制的热电阻称为铜热电阻，而由铂丝绕制的热电阻称为铂热电阻。铜热电阻的测温范围为-50～150 ℃，铂热电阻的测温范围为-120～800 ℃。铂热电阻测量精度较高，故机舱报警系统中大多采用铂热电阻。

从热电阻测温原理可知，当被测温度变化时，热电阻的阻值也随之发生变化。而在自动调节和监测系统中所需要的是随温度变化的电流、电压等，为了获得反映被测温度的电流、电压量信号并使之有足够的信号幅度和测量精度，需要通过一定形式的电路来进行再次变换和放大。

如图 6-20 所示是一种将被测温度变化转换成阻值变化，再由电桥将电阻值的变化转换成输出电压变化的测温电路。该电路的输出电压可直接用于推动温度指示仪表以指示被测温度，也可以作为调节或监测系统的输入电压信号。图 6-20 中热电阻 $R_t$ 是测温电桥的一个桥臂，在实际使用时放在测温现场，而电桥电路放在集控室，两者相距较远。连接热电阻的两根小导线的电阻值会随环境温度的变化而引起一定的测量误差。

为了减少以致消除引线电阻随温度变化所产生的误差，在实际测量电路中往往把“两线制”接法改为“三线制”，如图 6-20 所示，图中 $R_{ia}$ 和 $R_{ib}$ 不再同属热电阻 $R_t$ 的同一桥臂，而是分属两个相邻的桥臂。这样当环境温度变化时，这两根导线电阻值的变化可互相抵消，实现了对环境温度变化的补偿。$R_0$ 是调零电位器，当测量温度为 0 ℃时，调整 $R_0$ 使桥路输出 $U_{ab}=0$。

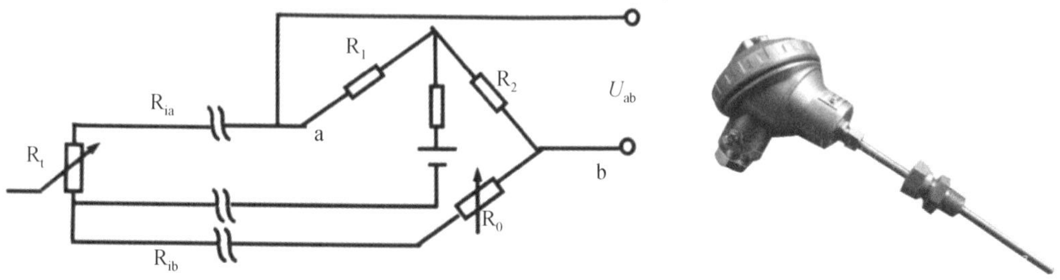


图 6-20　热电阻式三线制测温电桥原理图与热电阻实物图

**2. 热敏电阻温度传感器**

热敏电阻的测温优势表现在：灵敏度高、体积小、结构简单、性能比较稳定、有较长的使用寿命。

热敏电阻常用于轴承的温度检测、活塞冷却水是否供应中断的判断等项目。出于可靠和方便的考虑，如尾轴轴承的温度检测特设置了两套热敏电阻温度传感器。

**3. 热电偶式温度传感器**

在船舶上检测高温的场合如排烟温度等一般都采用热电偶式温度传感器。

热电偶是由两种不同的金属导体或半导体材料焊接并插入护套而制成的。焊接端称为热端，与导线连接端称为冷端。

热电偶的基本原理是将热端插入需要测温的监视点，冷端置于室温中，若冷、热两端温度不同，在热电偶回路中，会产生热电势 $e$。当冷端温度不变时，其热电势 $e$ 随热端温度的升高而增大。

在实际应用时，热电偶总是要和电路或负载相连接的，因而在热电偶回路中，总是要接入第三种导体,在接入第三种导体时,只要接入导体和热电偶冷、热端温度相同,就不会对热电偶的输出热电势 $e$ 产生影响。

热电偶的主要特性:

(1)热电偶的总输出热电势 $e$ 和它的热端与冷端的温差在一定的范围内成近似的正比关系,当冷端温度保持不变时,热电势 $e$ 和热端温度成近似的正比关系。当热电偶的热端和冷端温度相同时,其输出热电势 $e$ 为零。

(2)在热电偶回路中接入第三种导体时,只要保持热电偶和第三种导体连接处的两个连接点温度相同,则第三种导体的接入对热电偶的输出热电势不产生影响。

(3)在测温范围较大时,热电偶的输出热电势 $e$ 和被测温度之间存在约6%的非线性误差。不同的材料制成的热电偶,其测温范围不同,表6-1列举了几种常用的热电偶的最高工作温度以及对应于此温度工作时的热电势。

使用热电偶注意问题

(1)热电偶的热端应插入被测温的介质中且应有一定的插入深度。

**表6-1　几种常用热电偶最高工作温度以及对应此温度工作时的热电势**

| 热电偶 | 最高工作温度(℃) | 对应的热电势(mV) |
|---|---|---|
| 铜-铜镍 | 350 | 17.1 |
| 铁-钴 | 600 | 37.4 |
| 铬-铜 | 600 | 49.0 |
| 镍铬-镍 | 1000 | 36.7 |
| 铬铜-铝铜 | 1000 | 41.31 |
| 铂铑-铂 | 1300 | 13.15 |

(2)在测量精度要求较高时,热电偶的冷端温度应保持分度温度不变,如果不能保证冷端温度恒定不变,则应采取相应的冷端温度补偿措施,才能获得较好的测量结果。

(3)接线时,注意热电偶元件的正、负极性,以免接错。

热电偶冷端补偿测温电路由于船舶机舱温度变化大,热电偶冷端不能恒定。为了获得较高的测量精度和输出标准的4~20 mA或1~5 V直流电信号,常采用带有冷端补偿的测温电路。

如图6-21所示是一种常见的具有冷端温度补偿作用的热电偶冷端补偿测温电路及热电偶实物图。它由热电偶元件和冷端补偿电桥电路组成。由于冷端温度是随室温变化的,若热端测量温度不变而室温升高时,则因热、冷端温差减小使热电势 $e$ 也减小,这就降低了测量的精度。为了消除冷端温度变化对测量精度的影响,一般要采用冷端温度补偿措施。图中 $R_0$、$R_1$ 和 $R_2$ 是锰钢丝绕制好的电阻,它们的电阻值基本上不随温度变化。$R_{cu}$ 是铜丝绕制的补偿电阻,其电阻值随温度升高而增大。温度补偿电桥的输出为 $U_{ab}$,与热电偶输出的热电势 $e$ 串联,热电偶传感器输出电压 $U_o=e-U_{ab}$。假定热端温度不变而冷端室温升高,此时热电势 $e$ 要减小,而桥路 $R_0$、$R_1$、$R_2$ 电阻值基本不变,$R_{cu}$ 要增大,致使a点电位升高,故 $U_{ba}$ 下降。由于冷端室温升高后,热电势 $e$ 和 $U_{ab}$ 都有所减小,故可维持 $U_0$ 基本不变达到补偿效果。

常用的热电偶有铂铑-铂热电偶、镍铬-镍热电偶。机舱中检测排烟温度常用镍铬-镍型热电偶。

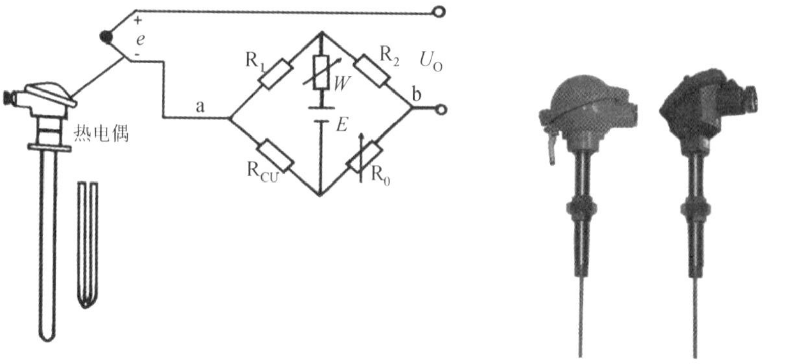


图 6-21 热电偶冷端补偿测温电路及热电偶实物图

## 二、压力传感器

压力传感器的种类很多,下面只介绍电阻式和应变片式两种压力传感器。

### 1. 电阻式压力传感器

电阻式压力传感器主要由弹簧管、传动机构、滑线电阻及测量电桥等组成。其结构和工作原理如图 6-22 所示。弹簧管又称波登管。它是弯成 C 形的空心管,用来将压力信号转换成自由端的位移。滑针把电位器电阻 $R_3$分成两部分:一部分串联在 R 的桥臂上,另一部分串联在 $R_P$的浮臂上。当测量的压力变化时,通过弹簧管和传动机构使滑针绕轴转动,改变两个相邻桥臂的电阻值,使测量电桥输出的电压信号 $U$ 与压力变化成比例。

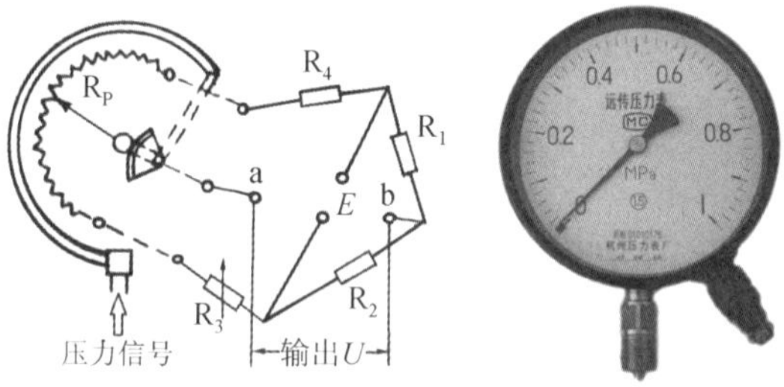


图 6-22 电阻式压力传感器原理图与实物

由于弹簧管和传动机构存在滞后现象,因而这种传感器一般多用于静态压力的测量,不宜用于动态压力的测量。

### 2. 应变片式压力传感器

应变片式压力传感器有金属式和半导体式两种。金属式应变片式压力传感器是将铜镍或镍铬等金属丝绕成栅状,用黏结剂贴在基板上,两端焊接镀银或镀锡铜线作为引线,这样便构成了金属式应变片。应变片粘贴在压力传感器的测压部分。应变片具有一定的电阻值,它可以作为测量电桥的一个桥臂,如图 6-23 所示。当所测压力为零时,电桥处于平衡状态,输出电压为零。当压力信号增大时,应变片发生弯曲变形,栅状金属丝被拉长使其电阻值增大,电桥失去平衡并输出一个与压力成比例的不平衡电压信号。

应变片式压力传感器可用来监视柴油机的爆压、气缸套螺栓的疲劳程度等,它不仅可以用来测量静态压力,也可以用来测量动态压力。

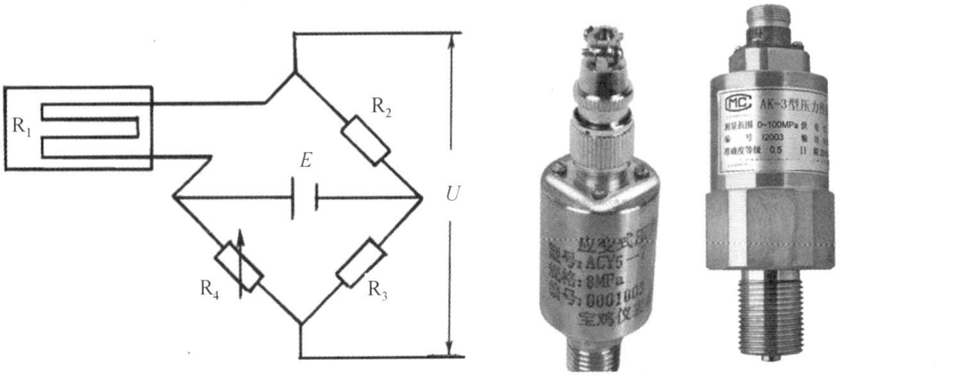


图 6-23 应变片式压力传感器原理图与实物图

## 三、转速传感器

常用的转速传感器有测速发电机和磁脉冲式测速装置。转速传感器可用来检测主机的转速和转向、发电机的原动机及废气涡轮增压器的转速。

**1.测速发电机**

测速发电机是把所测量的转速信号直接用发电机输出的电压信号来表示。测速发电机有直流和交流两种形式。

直流测速发电机输出的直流电压信号 $U$ 与主机转速 $n$ 成比例,即 $U=K\cdot n$,式中 $K$ 是比例系数,$U$ 的大小反映了主机转速的高低,$U$ 的极性反映了主机的转向。直流测速发电机电路简单,但由于存在电刷等元件易引起故障,故新型的船舶中较多地采用交流测速发电机。交流测速发电机输出的电压信号的极性是交变的,需要对它进行相敏整流、滤波后变成直流电压信号。同样该电压信号的大小反映主机转速的高低,极性反映主机转向。

测速发电机测得的转速信号可送至转速表指示主机的转速和转向,但作为转速的反馈信号和逻辑信号不能使用负向电压的转速信号,尚须经过整流把倒车负极性电压转变成正极性电压信号,如图 6-24 所示。

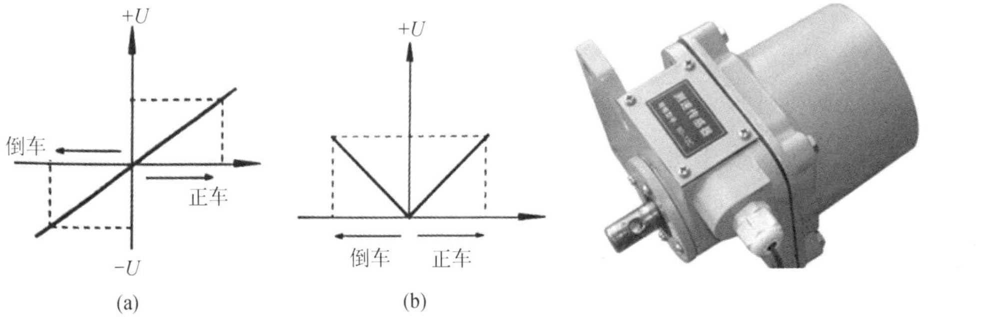


图 6-24 整流后正、倒车转速所对应的电压信号及测速发电机实物

**2.磁脉冲式测速传感器**

磁脉冲式测速装置属于非接触式测速传感器,它没有相对摩擦的运动部件,使用寿命长、检测精度高。磁脉冲式测速传感器是由磁头脉冲整形放大电路、频率-电压转换电路及滤波

电路等部件组成。磁头是产生脉冲信号的部件,它所产生脉冲信号的频率与转速成比例,在主机的主轴或凸轮轴上装一个齿轮(可利用盘车的齿轮)把磁头对准齿顶固定,磁头与齿顶之间保持一个较小的间隙(0.5~1.0 mm)。磁头的结构原理和安装如图 6-25 所示。



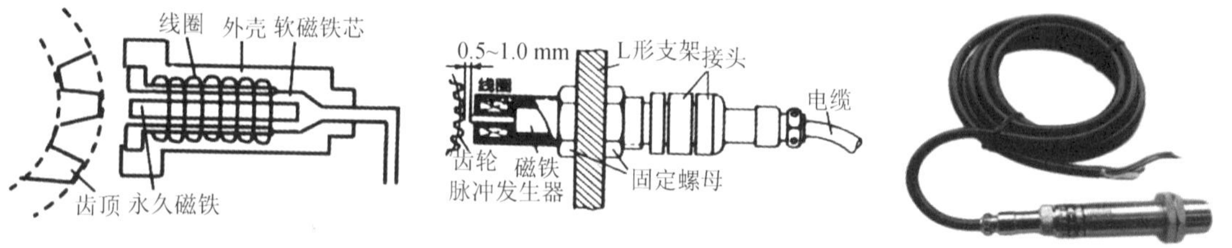


图 6-25 磁脉冲式测速传感器磁头结构、安装与实物

当机器转动时,齿轮随之转动,当齿顶对准磁探头时,因间隙较小,所以磁阻较小,通过磁探头线圈中的磁通量较强;而当齿槽对准磁探头时,间隙增大,磁阻增大,则通过磁探头线圈中的磁通量较弱。因此,在齿轮随机器转动时,齿顶与齿槽相继对准磁探头,使其线圈中磁通量不断改变而感应出一系列脉冲电势,每转过一个齿,磁探头就产生一个脉冲。磁脉冲探头所产生的脉冲频率可表示为:

$$f=\frac{z\cdot n}{60}$$

式中,$f$ 为脉冲频率,$z$ 为齿轮的齿数,$n$ 为转速。当齿轮的齿数 $z$ 等于 60 时,$f=n$,因此可用脉冲的频率来表示转速的高低,脉冲频率越高则反映转速越高。

由于,磁探头线圈所感应的脉冲电势幅值与磁通量的变化速度有关,当转速降低时,线圈中磁通量的变化速度减小,则感应的脉冲电势不仅频率降低,而且幅值也减小。因此,必须对脉冲电势进行整形放大,变换成幅值不受转速快慢影响的方波脉冲信号,然后把方波脉冲经过频率/电压转换电路转换成电压信号,从而将转速按比例转换为相应的电压信号,该电压信号的大小反映了转速的高低。

为了检测转向,必须安装两个磁脉冲的探头,而且两个探头之间需错开 1/4 个周期,使两个探头产生的脉冲信号 $f_1$、$f_2$ 在相位上相差 90°(1/4 周期),然后根据正转或反转时,两个脉冲信号的相位或超前或滞后,由转向鉴别电路来判别,给出相应的正转或反转的信号,如图 6-26 所示。

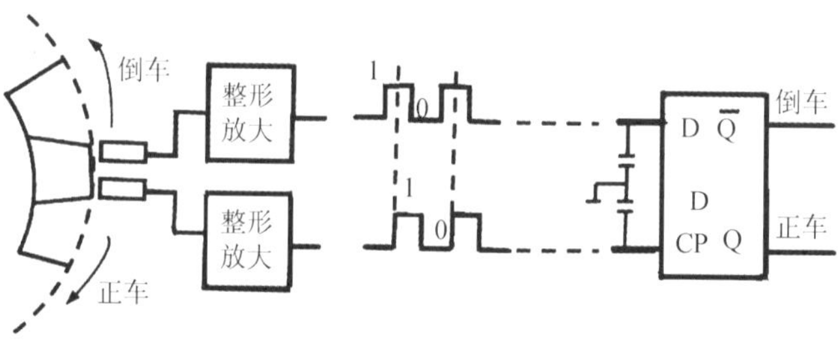


图 6-26 用磁脉冲传感器检测机器转向原理图

## 四、液位传感器

液位传感器有浮力式、吹气式、电容式、超声波式、微波雷达式等多种类型,船舶上常用浮力式、吹气式和电容式液位传感器。

### 1.浮力式液位传感器

浮力式液位传感器的结构如图 6-27 所示,它主要由浮筒、弹簧和差动变压器组成。当液位变化时浮筒浸没在液体中的体积发生变化,浮筒受到的浮力 $F$ 也随之变化(图中 $W$ 是浮筒重力),于是浮筒会克服弹簧张力使差动变压器的铁芯产生位移,差动变压器就会输出一个与液位成比例的电压信号,经整流后输出标准信号,用于控制和显示。

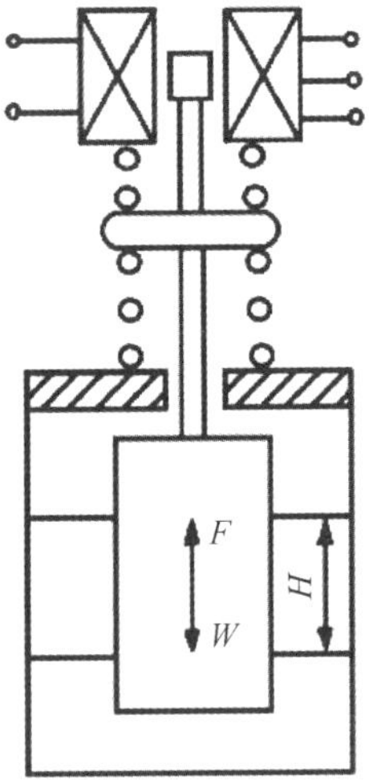


图 6-27　浮力式液位传感器结构图

差动变压器的原理和浮力式液位传感器实物如图 6-28 所示,初级线圈通常接中频交流电,次级两个对称线圈采用反向串联,使得输出电压 $u_0=u_1-u_2$。当液位最低时,差动变压器的铁芯在中间位置,次级两个线圈中的感应电压大小相同,亦即 $u_1=u_2$, $u_0=0$。当液位升高时,铁芯上移,使得 $u_1>u_2$, $u_0>0$。在量程范围内,液位越高,$u_0$越大。

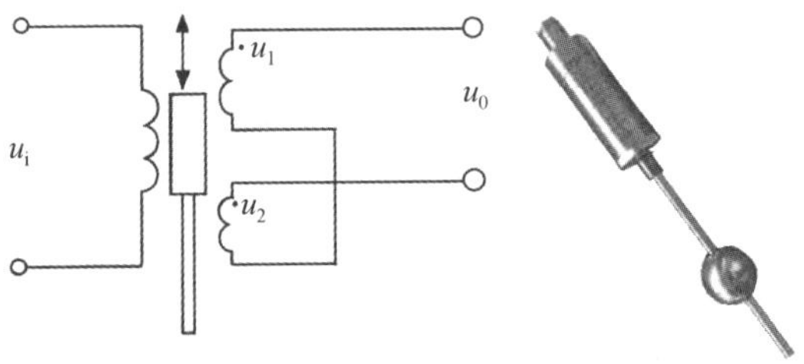


图 6-28　差动变压器原理图与浮力式液位传感器实物

### 2.吹气式液位传感器

吹气式液位传感器的结构如图 6-29 所示,它主要由过滤减压阀、节流阀、二位三通阀、安全阀、差压变送器、转子式流量计、导压管等组成。

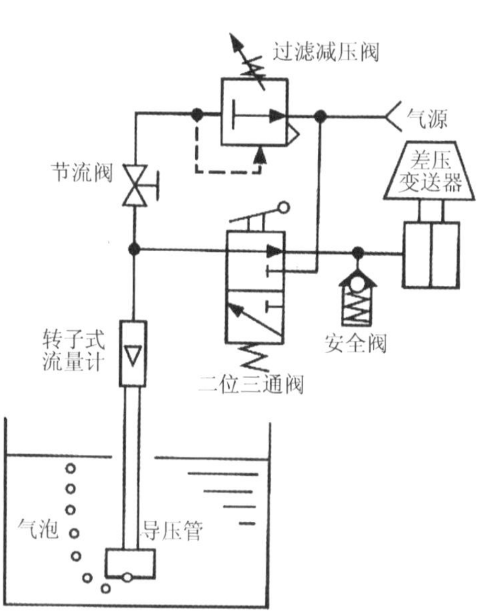


图 6-29 吹气式液位传感器结构图

吹气式液位传感器利用静压检测原理工作。调整节流阀使在最高液位时液面上有微量气泡逸出,这样导压管排气口处的吹气压力就与该处的静压力近似相等,而静压力又与液位高度成正比。因此,只要通过差压变送器测出吹气压力的大小就可获知被测液位的高低。如图 6-29 所示中的二位三通阀有"测量"和"冲洗"两种选择方式。当选择"冲洗"方式时,二位三通阀工作在下位,气源空气对导压管进行冲洗以免堵塞。

吹气式液位传感器一般用于水舱、油舱等敞开式容积液位的测量。液体的静压力不仅与液位高低有关,还与液体的相对密度(比重)有关,因此,还需要对测量结果进行相对密度(比重)的校正。

**3.电容式液位传感器**

电容式液位传感器通常利用电容量随极板间介质的变化而改变的原理工作。

如图 6-30(a)所示为测量非导电液体液位的原理示意图,传感器主要由金属制成的内电极和与之相互绝缘的同轴金属套筒制成的外电极组成。板外电极上开有许多孔,于是被测液体能自由地流进两个电极之间的空间,从而在被测液位高度内形成一个以被测液体为介质的同轴圆筒形电容器。当液面高度上升到 $H$ 时,电容可视为上、下两段,上段以空气为介质,下段以液体为介质,由于液体的介电常数比空气大得多,因而在液位升高时,相应使两电极间的电容量增大,用测量电路测出电容量的变化即可得到液位值。

如图 6-30(b)所示为测量导电液体液位的原理示意图。内电极用铜或不锈钢材料制成,外面套上塑料套管或涂搪瓷作为绝缘层。若外壳是用金属制作的,则外壳就可作为电容的外电极,当导电液体的液面(如辅锅炉水位)上升到 $H$ 时,由于液体的导电作用相当于将外电极由容器壁移近到内电极的绝缘层上,电容量增加且与液位高度呈线性关系,经放大电路处理后形成 4~20 mA 标准信号输出。

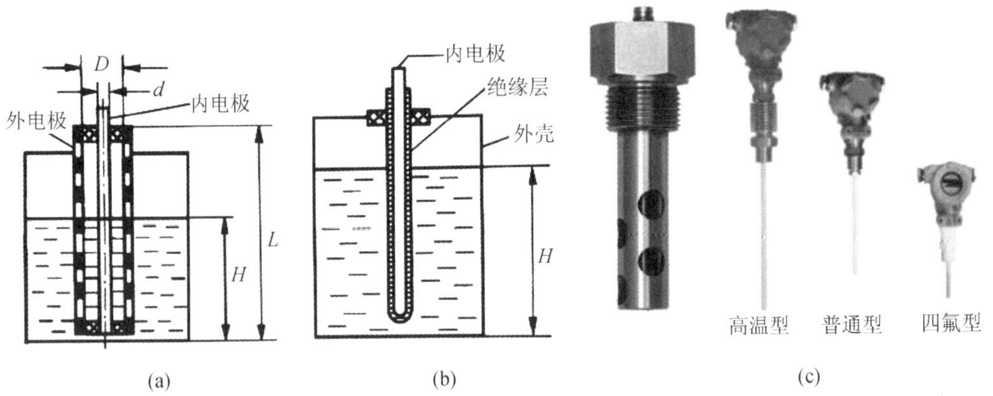


图 6-30　电容式液位传感器原理图与实物图

## 五、流量传感器

流量一般指的是单位时间内流过管道某截面的液体或其他的体积，单位是 $m^3/h$ 或 L/min。船舶上常用的流量传感器有容积式、电磁式、差压式等。

### 1.容积式流量传感器

如图 6-31 所示，容积式流量传感器主要用来检测水和油等液体流量，它由检测齿轮、转轴、永久磁铁和干簧继电器所组成。当进口流体压力 $P_{进}$ 大于出口流体压力 $P_{出}$，检测齿轮在压差的作用下产生作用力矩而转动，然后由齿轮转轴上端的永久磁铁来驱动干簧继电器，使其触头随着齿轮转动而闭合与断开，从而输出反映流量大小的一系列电脉冲信号。被测介质流量越大，齿轮转速越快，输出的电脉冲频率就越高。

图 6-31　容积式流量传感器

容积式流量传感器具有计量精度高、范围度宽、可用于高黏度液体的测量、安装操作简便等优点。但也存在结构复杂，体积庞大；被测介质种类、口径、介质工作状态局限性较大；大部分仪表只适用于清洁单相流体；产生磨损、振动、噪声等缺点。

### 2.电磁式流量传感器

如图 6-32 所示，电磁式流量传感器是由一对磁极、一对电极和检测放大电路所组成。它是根据电磁感应原理来检测流量的，一对磁极置于测量管道两侧，以产生一个磁场，当导电液体在磁场中垂直于磁通方向流动时，因切割磁力线而在两个电极之间产生感应电势。电磁式流量传感器只能用来检测导电液体的流量。液体的体积流量越大，切割磁力线的速度越快，则感应电势就越大，从而把液体的体积流量按比例转换成感应电势的大小，感应电势经检测放大后输出 4～20 mA 的电流信号。

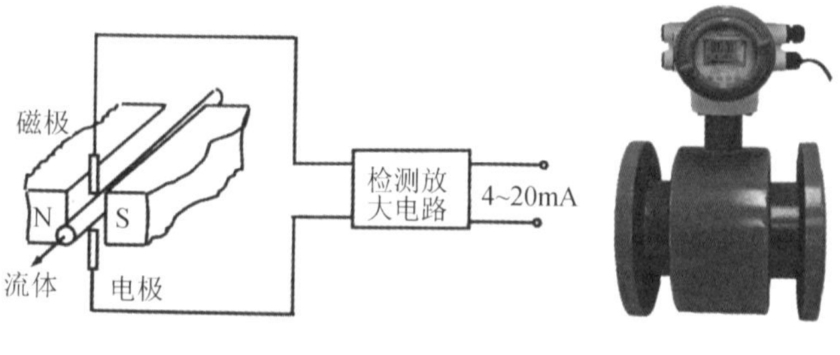


图 6-32 电磁式流量传感器

只能测量导电液体流量；测量不受流体密度、黏度、温度、压力和电导率变化的影响，测量精度高；测量管内无阻碍流动部件，无压损，直管段要求较低；测量管道内无运动部件，不会引起磨损，传感器寿命极长。

3.差压式流量传感器

如图 6-33 所示，差压式(也称节流式)流量传感器是基于流体流动的节流原理，利用流体流经节流装置时产生的压力差而实现流量测量的。它具有结构简单、应用范围广、便于维修、标准件便于生产等特点，是目前生产中测量流量最成熟、最常用的方法之一。它的基本工作原理：当被测流体流过节流孔板时，节流孔板的两端产生与流量的平方成正比的压差 $\Delta P$，压差 $\Delta P$ 使得膜片产生微小位移，经连杆传递可使差动变压器的铁芯也移动一个微小位移，差动变压器副边输出一个与位移量成正比的交流电压 $U_{sc}$，再经整流、放大后得到与流量的平方成正比的电流或电压信号。

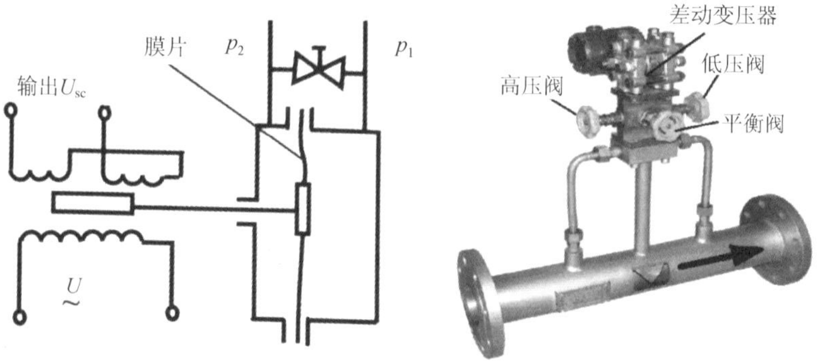


图 6-33 压差式流量传感器

## 六、传感器的保养与检修

(1)每天检查传感器运行情况是否正常，发现异常立即检修；

(2)定期检查清洁传感器的检测装置，有水垢、油污、垃圾等污物要清除；

(3)经常检查机舱各种传感器接线是否松脱、传感器对地绝缘是否良好；

(4)按照维护保养说明，定期用标准校验仪对传感器进行校验；

(5)测量传感器的检修一定遵循先断电、再检修的原则。很多传感器属于精密仪器,检修时要做到胆大、心细。

# 第五节 机舱集中监视与报警系统

机舱集中监测与报警系统是轮机自动化的一个重要内容,它的功能是准确可靠地监测机舱内各种动力设备的运行状态及其参数,一旦运行设备发生故障,会自动发出声、光报警信号。根据自动化程度的不同,有些系统还具有报警记录打印,参数和状态的定时以及参数的分组显示等功能。对于无人值班机舱,集中监视与报警系统还能把报警信号延伸到驾驶台、公共场所、轮机长房间和值班轮机员的住所。机舱集中监视与报警系统不仅可以改善轮机管理人员的工作条件,减轻劳动强度,及时发现设备的运行故障,而且也是实现无人机舱的基本条件。

下文简单介绍机舱集中监视与报警系统的参数类型、监测方法、功能和组成。

## 一、参数类型

在机舱中需要监视的参数可分两类:一类是开关量,另一类是模拟量。

开关量通常是指只有两个状态的量。这两个状态通常表现为开关的通断,而开关的形式可以是机械开关或继电器触头。在船舶机舱中,开关量可以反映设备的运行状态,例如设备是处于运行状态还是停止状态、设备是正常工作还是出现故障、主机凸轮轴位置以及阀门位置等。机舱集中监视与报警系统能对这些开关量进行显示,需要报警时则发出声、光报警。

模拟量是连续变化的量,例如温度、液位、压力和转速等参数均为模拟量。机舱集中监视与报警系统应能对这些模拟量进行实时检测和显示,如果参数超过预定的范围,则应发出越限声、光报警。越限报警分为两种情况,有些参数是不允许超过某一上限值的,当超过这一上限值时发出的报警称为上限报警;另外一些参数则不允许低于某一下限值,当低于这一下限值时发出的报警称为下限报警。通常,温度参数的报警为上限报警,压力参数的报警为下限报警,而液位参数的报警则既有上限报警,也有下限报警。

应当指出的是,对于有些设备,其运行参数虽然为模拟量,但并不是把这些模拟量直接送入机舱集中监视与报警系统,而是通过压力继电器、温度继电器或液位开关等转换为开关量信号再送至机舱集中监视与报警系统。对于这类参数,机舱集中监视与报警系统将以开关量的形式进行处理。

## 二、监测方法

机舱集中监视与报警系统的种类很多,但所采用的监测方法无非有两类。一类是采用连续监测方法,另一类是采用扫描监测方法。

**1. 连续监测**

连续监测是指机舱中所有监测点的参数并行地送入机舱集中监视与报警系统,同时对所有监测点的状态及参数进行连续监测。系统中的核心单元是报警控制单元,它由各种测量和报警控制电路组合而成。每个监测点需要一个独立的电路进行测量和产生报警信号,测量结果和报警信息送至公共的显示和报警电路,但在设计上通常将多个同类型参数的电路制作成一块电路板。

连续监测的方法:由于每个监测点采用单独的电路,因此各监视点之间的相互影响较小,当某一监视点通道发生故障时,不会影响其他通道的工作,监视点的数量增减在原则上也不受限制。但所需硬件较多,造价较高。

2. 扫描监测

扫描监测也称为巡回监测,这种方法是以一定的时间间隔依次对各个监测点的参数和状态进行扫描,将监测点信息逐一送入机舱集中监视与报警系统进行分时间段处理。因此无论监视点有多少,仅需要一个测量和报警控制单元。

巡回监测方法可通过常规集成电路和微型计算机来实现,但由于微机具有采样速度快、检测精度高、体积小、数据处理功能强大、显示手段先进等优点,大多数船舶均采用基于微机技术的机舱集中监视与报警系统。此外,计算机网络技术的成熟应用已经使得机舱集中监视与报警系统朝着分布式网络结构的方向发展。

## 三、监测报警系统的组成与功能

一个完善的机舱集中监视与报警系统由三大部分组成:(1)分布在机舱各监视点的传感器;(2)安装在集中控制室内的控制柜和监视仪表或监视屏;(3)安装在驾驶台、公共场所、轮机长和轮机员居室的延伸报警箱。机舱监视与报警系统的组成及其分布如图 6-34 所示。

不同的机舱集中监视与报警系统,由于实现手段不同,在功能上也略有差异,但原则上都应该具有以下几个方面的功能:

1.声、光报警

声、光报警是机舱集中监视与报警系统最根本的功能,只要监测点的状态发生异常或者出现参数越限,系统就应该发出声、光报警,以便问题得到及时处理。大多数导致报警发生的原因均无法在报警发生之后自行消失,只有进行了相应的处理才能使状态恢复正常,这类报警称为常规报警或长时报警。对于某些具有主/备切换功能的设备,当主用设备出现故障并发出报警时,备用设备将自动运行,往往由于运行参数恢复正常而在短时间内自动消失,这类报警被称为短时报警。机舱集中监视与报警系统对这两种情况一般采用不同的处理方法,如图 6-35 所示为监测点报警处理流程图。

在正常运行期间,监视与报警系统不会发出报警指示和声响报警。当被监视点发生异常时,若该监视点未被闭锁,则系统立即发出声响报警,同时相应的报警指示灯(或屏幕文本字块)快速闪烁,指示报警内容。报警发生后,要求值班人员按消音按钮进行消音(一般情况下,消音按钮对于所有报警都是共用的)和报警确认(按确认按钮或点击闪烁文本)。报警确认后,报警指示灯由闪烁转为平光(或者闪烁文本转为高亮)。当监视点状态或参数恢复正常时,报警指示消失,即报警灯熄灭(或者高亮消失)。当出现短时报警时,系统也会立即发出声、光报警,但往往由于监测状态在短时间内自动恢复正常,报警指示将由“快闪”转为“慢闪”,但声响报警还将继续,直到按下消音按钮。

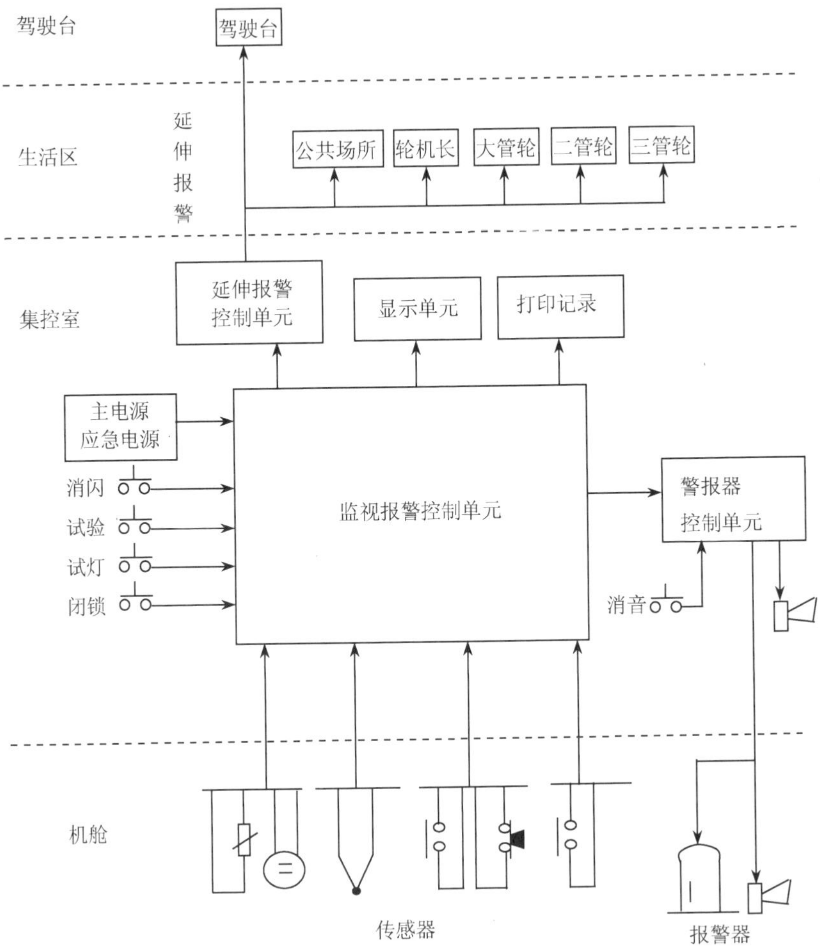


图 6-34 机舱监视与报警系统的组成及其分布

### 2.参数与状态显示

参数显示是指通过模拟仪表、数字仪表或者计算机屏幕对所有监测点的运行参数进行显示，即模拟量显示。状态显示指的是反映设备运行状态的开关量显示，通常采用绿色指示灯(灯泡或发光二极管)表示系统或设备的正常运行，红色指示灯表示报警状态。对于采用计算机屏幕的系统，则还可以采用“ON”“OFF”“HIGH”“LOW”“NORMAL”“FAIL”等文本来进行状态显示。

### 3.打印记录

打印记录一般有参数打印和报警打印两种。参数打印又分为定时制表打印和召唤打印，定时制表打印是打印机以设定的时间间隔自动将机舱内需要记录的全部参数打印制表，轮机人员只要将打印纸整理成册，即可作为轮机日志。召唤打印是根据需要，随时打印当时的工况参数，可对监测点参数进行全点或选点打印。报警打印是由系统自动进行的，只要有报警发生，系统就会把报警名称、报警内容和报警时间进行自动打印输出。而在报警解除时，则自动打印报警解除时间。

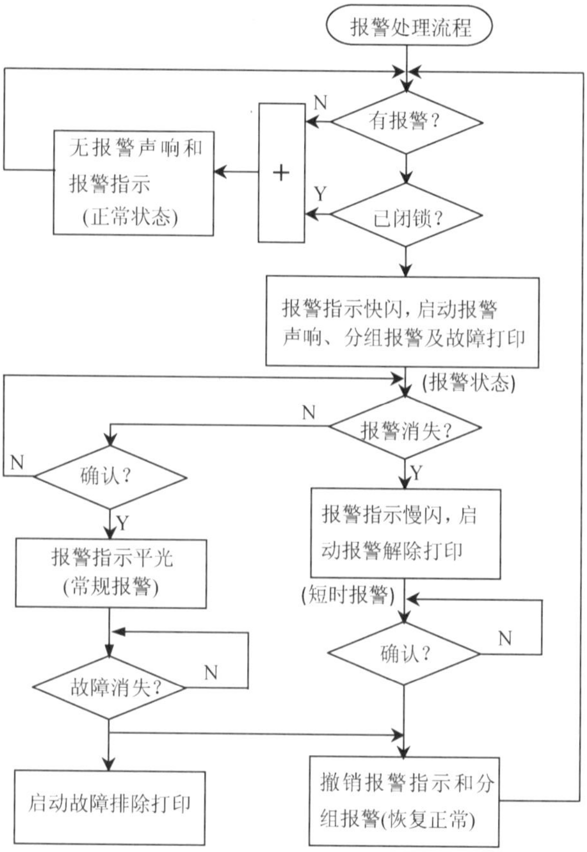


图 6-35 监测点报警处理流程图

许多机舱集中监视与报警系统的软件功能还具有“事件”(Event)记录和打印功能。当对系统进行了设置、组态或上、下限报警值等参数的修改时,这些操作都会以“事件”的形式在数据库中进行记录或进行打印输出。

**4.报警延时**

在报警装置中,一般均设有延时报警环节,以免发生误报警。根据所监视的参数不同,其延时时间有长延时和短延时之分。例如在监视液位时,由于船舶的摇摆,容易反复造成虚假越限现象,导致频繁报警。类似这些情况可采用 2~30 s 的长延时报警,在延时时间之内越限不报警。另外,在运行期间,某些监测开关的状态会由于环境干扰的原因而发生瞬间变化,例如船舶在激烈振动时,某些压力系统的压力波动容易使报警开关发生抖动。为避免误报警,可采用延时 0.5 s 的短延时。

**5.报警回差**

当采样值在报警点附近波动时,为了防止仪表不断进入和退出报警状态,这样输出触头会经常跳动,产生频繁报警,导致外部联锁装置产生故障,对于上限和上上限报警,若报警限设为 80,报警回差设为 5,当采样值大于等于 80 时,触头动作,仪表报警;当输入减小,采样值小于 80 时,仪表不会马上退出报警状态,而是直到仪表采样值小于等于 75 后,仪表才退出报警状态。

同样，对于下限和下下限报警，若将报警限设为45，报警回差设为5，当采样值小于等于45时，触头动作；当输入增大，采样值大于45时，仪表不会马上退出报警状态，而是直到仪表采样值大于等于50时，仪表才退出报警状态。

**6.闭锁报警**

闭锁报警就是根据动力设备不同的工作状态，封锁一些不必要的监视点报警。例如，船舶在停港期间，由于主机处于停车状态，主机的冷却系统、燃油系统、滑油系统等均停止工作，与这些系统相关的参数都会出现异常。因此，有必要对与这些系统有关的监视点进行报警闭锁。

**7.延伸报警**

延伸报警功能是为无人值班机舱设置的。在无人值班的情况下，必须将机舱故障报警信号分组后传送到驾驶台、公共场所、轮机长及值班轮机员住所的延伸报警箱。延伸报警通常是按故障的严重程度来分组，可把全部监视点的报警信息分为四组：主机故障自动停车报警；主机故障自动降速报警；重要故障报警；一般故障报警。有时为了简化延伸报警，在值班轮机员住所的延伸报警箱上仅设置重要故障报警和一般故障报警两个报警指示灯。

**8.失职报警**

在无人值班的情况下，监视与报警系统在发出故障报警的同时，还会触发3 min计时程序。若值班轮机员未能在3 min内及时到达集中控制室完成确认操作，即使已在延伸报警箱上进行过确认，仍将被认为是一种失职行为，报警系统就使所有延伸报警箱发出声、光报警信号。报警系统发出失职报警后，只能在集中控制室进行消声，复位3 min后计时器才能撤销失职报警。

**9.值班呼叫**

值班呼叫功能主要用于轮机员交接班时进行信号联络。例如，大管轮与三管轮进行交接班时，大管轮只要在集控室把“值班选择”指向“三管轮”的位置即可。这样，系统就会撤销大管轮的值班信号，而向驾驶台、公共场所和三管轮住所的延伸报警发出三管轮值班呼叫声响信号，值班指示灯闪光。应答后，报警声消失，值班指示灯从闪光转为平光，表示三管轮进入值班状态。以后，监视系统会把报警信号传送到三管轮住所的延伸报警箱，而不再送到大管轮处。

**10.测试功能**

在集中控制室的操纵台上，一般都设有试灯按钮和功能测试按钮。按试灯按钮，所有指示灯都要亮，不亮的指示灯需要换新。按功能测试按钮，所有监视点均进入报警状态，否则，未报警的监视点表示相应监视通道有故障。测试功能可协助进行故障定位。

**11.自检功能**

机舱集中监视与报警系统正常工作的前提是系统本身没有故障。为了确保机舱集中监视与报警系统本身的工作可靠性，对诸如输入通道、电源电压和保险丝等重要环节，应具有自动监测功能。出现异常时，系统将自动发出相应的系统故障报警。

**12.备用电源的自动投入**

要使监视报警系统在全船失电的情况下仍能正常工作，就必须配备相应的备用电源。在主电源失压或欠压时，系统能自动启用备用电源，实现不间断供电。

# 第六节 火警报警系统

## 一、火警探测器

火警探测器是火警报警系统的检测单元，它是根据火灾前兆的物理现象，如冒烟、发热等制成不同类型的探测器，船上常用的探测器有感温式和感烟式两类。

### 1.感温式火警探测器

感温式火警探测器主要用于船上住室、走廊和控制室等舱室较小场所的火警探测。感温式探测器可分为定温式和温升式两种。

(1)定温式火警探测器

它是根据监视点的温度达到火警设定值时发出火警。该火警探测器常用低熔点的金属丝或膨胀系数不同的双金属片制成，如图 6-36(a)、(b)所示。发生火灾时，温度将会升高，当温度达到火警设定值时，金属丝被熔断或者双金属片受热弯曲使触头断开，从而发出火警信号。

《钢质内河船舶建造规范》规定，在温度升高速率小于 1 ℃/min 时，对温度低于 54 ℃时，探测器不动作，而在温度达到 78 ℃之前必须动作，因此定温式火警探测器的火警设定值整定在 70 ℃左右。

(2)温升式火警探测器

它是根据监视点的温度升高变化率大小来探测火情，当温度升高变化率超过 5.5 ℃/min 时，探测器动作发出火警信号。温升式火警探测器由测量气室 1、波纹膜片 2 和电触头 3 等组成，如图 6-36(c)所示。它利用气体随温度升高而膨胀与小孔慢放气特点来检测。无火灾时，环境温度变化很慢，因此测量气室内温度缓慢上升使气体膨胀较慢，膨胀气体经小孔放出，使得气室内的压力基本保持为大气压力，膜片受力平衡，触头处于断开状态，不发出火警信号。当发生火灾时，监视点温度快速上升，使测量气室内快速膨胀的气体来不及从小孔泄放，其压力升高，波纹膜片受到一个向下的不平衡力，带动其动触头与静触头闭合，经火警报警器发出火警信号。

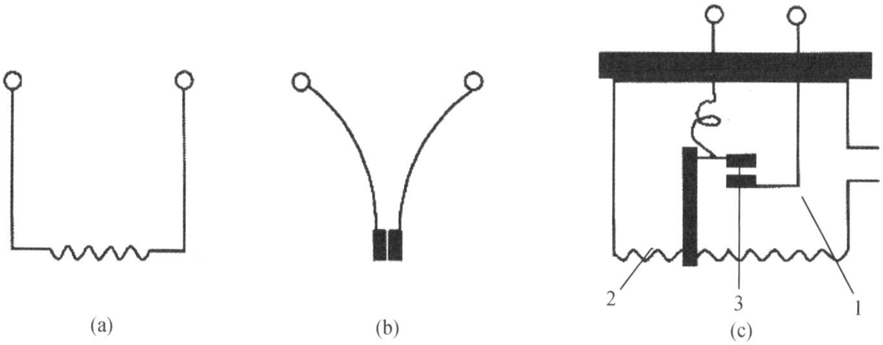

1—测量气室；2—波纹膜片；3—电触头

图 6-36 感温式火警探测器

### 2.感烟式火警探测器

感烟式火警探测器常用的有感烟管式和离子式两种。感烟管式主要用于货舱等舱容较大场合的火警探测,离子式主要用于机舱等处的火警探测。

(1)感烟管式火警探测器

感烟管式也称光电效应式,是由集烟管1、抽风机2、光源3、测量光电池4、基准光电池5和检测电路6组成,如图6-37所示。它是利用火灾前产生烟雾,且烟雾浓度不同其透光程度不同的原理来检测的,或者说是利用烟雾的遮光性来检测的。检测时,由抽风机抽取货舱内的气体经集烟管排出,光源经透镜产生一束平行光分别照射在光电池4和5上。当气体中的烟雾浓度增大时,使测量光电池所接收到的光照度减弱而光电流减小,基准光电流保持不变,把这两个光电流信号送至检测电路进行比较,当两者的差值达到设定的报警值时,便发出火警信号。

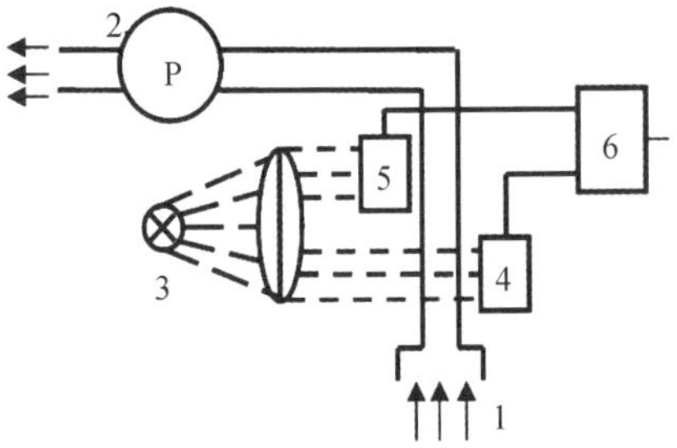


**图6-37　感烟管式火警探测器原理图**

1—集烟管;2—抽风机;3—光源;4—测量光电池;5—基准光电池;6—检测电路

除了利用烟雾遮光性来测定烟雾浓度外,还有利用烟雾散射性来测定烟雾浓度的探测器。其测量光电池不是安装在光源的正对面,而是安装在光源不能直接照射到的侧面。当烟雾浓度增大时,烟雾粒子的散射作用增强,使测量光电池接收到的光照度增强,光电流增大,同样当其达到设定的报警值时,发出火警信号。

(2)离子式火警探测器

它是由内、外电离室及检测电路组成。该探测器是根据烟雾颗粒能吸附离子的原理,利用同位素镅放射α射线所产生的离子流随烟雾浓度增大而减小的特性来探测烟雾。

## 二、火警报警系统

火警报警系统是在火灾发生前或发生初期,向全船发出报警信号,指明火灾发生部位以便及时施救。它是保障船舶和人员安全不可缺少的重要设备之一。其系统框图如图6-38所示。

### 1.工作原理

火警报警系统用来检测烟雾、温度的装在各舱室的同类传感器,在超标时发出开关信号,通过控制电路发出声、光报警。消防电铃等设在驾驶台、船员和旅客居室通道上。消防报警监测装置设在驾驶室,值班驾驶员听到警铃查看火警区域(通过信号灯),关闭该区域通风机。

### 2.失火自动报警

发出火警声(间断警铃)、光(红色闪光)报警;按下消声按钮、火警灯仍亮。

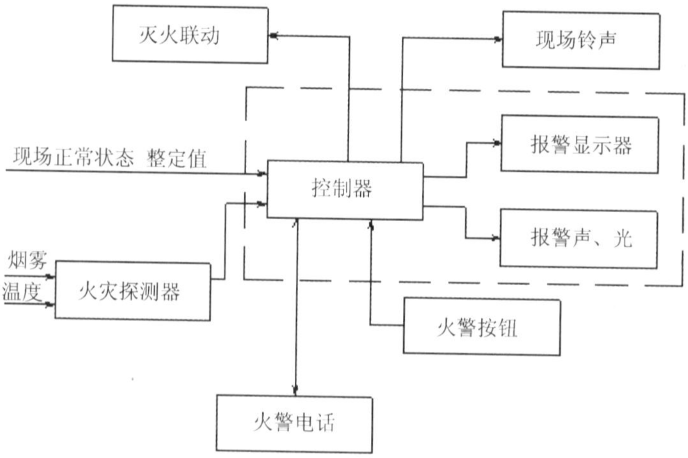


图 6-38 船用火警报警系统

### 3.手动（玻璃）报警按钮（器）

手动(玻璃)报警按钮(器)相当于自动火警探测器的常开触头,当人员发现火警时,利用小锤击碎按钮盒的玻璃,按下按钮,按钮灯亮并接通触头,报警信号发到报警指示器。消防通道里装有多个这样的报警装置,原始安装与触头状态为并联且断开。

### 4.监测探测器

监测探测器可同时用于探测火警和检测器断线报警(蜂鸣声/黄光),装在报警终端。若同时有火灾和断线出现,则火灾报警优先。

### 5.气体探测器

气体探测器装于危险处所空间底部,使较重的可燃气体能充分扩散进入探头,以提高探测的灵敏性。

# 第七章 船舶安全用电

由于工作需要，船舶轮机管理人员经常操作各种电气设备，如电站操作、各种电力设备等，因此特别要求船舶轮机管理人员具有一定的安全用电常识，以免造成人身触电和设备损坏事故。这里的“安全”就是指的人身安全、电气设备安全。

## 第一节 船舶安全用电概述

### 一、电流对人体的作用及影响

**1.触电对人体的伤害**

人体因触及带电体，受到电压作用造成局部受伤，甚至死亡的现象称为触电。人体触电时，电流通过人体就会产生伤害。根据电流对人体的伤害性质不同，触电可分为电击和电伤两类。

(1)电击

电击是电流对人体内部组织的伤害，是最危险的一种伤害，可使人体肌肉抽搐、内部组织损伤，造成发热发麻、神经麻痹等，由于电流的热效应、化学效应以及熔化蒸发的金属微粒的侵蚀，往往造成肌肉与神经的坏死，严重时将引起昏迷、窒息，甚至心脏停止跳动、血液循环中止等而造成死亡，绝大多数（大约85%以上）的触电死亡事故都是由电击造成的。

电击的主要特征有：

①伤害人体内部。

②在人体的外表没有显著的痕迹。

③致命电流较小。

按照发生电击时电气设备的状态，电击可分为直接接触电击和间接接触电击：

①直接接触电击：如图 7-1 所示。直接接触电击是触及正常运行时设备和线路带电体发生的电击（如误触接线端子发生的电击），也称为正常状态下的电击。

图 7-1 直接接触电击

②间接接触电击：如图 7-2 所示。间接接触电击是触及正常状态下不带电，而当设备或线路故障时意外带电的导体发生的电击（如触及漏电设备的外壳发生的电击），也称为故障状态下的电击。

图 7-2 间接接触电击

（2）电伤

电伤是在电流的热效应、化学效应、机械效应以及电流本身作用下造成的人体外伤，常见的有：

①电烧伤：是电流的热效应造成的伤害，分为电流灼伤和电弧烧伤。电流灼伤是人体与带电体接触，电流通过人体由电能转换成热能造成的伤害。电流灼伤一般发生在低压设备或低压线路上。电弧烧伤是由弧光放电造成的伤害，分为直接电弧烧伤和间接电弧烧伤。发生直接电弧烧伤时，电流进、出口烧伤最为严重，体内也会受到烧伤。与电击不同的是，电弧烧伤都会在人体表面留下明显痕迹，而且致命电流较大。

②皮肤金属化：是在电弧高温的作用下，金属熔化、汽化，金属微粒渗入皮肤，使皮肤粗糙而张紧的伤害。皮肤金属化多与电弧烧伤同时发生。

③电烙印：是在人体与带电体接触的部位留下的永久性斑痕。斑痕处皮肤失去原有弹性、色泽，表皮坏死，失去知觉。

④机械性损伤:是电流作用于人体时,由于中枢神经反射和肌肉强烈收缩等作用导致的机体组织断裂、骨折等伤害。

⑤电光眼:是发生弧光放电时,由红外线、可见光、紫外线对眼睛的伤害。电光眼表现为角膜炎或结膜炎。

**2.触电事故方式**

按照人体触及带电体的方式和电流流过人体的途径,触电可分为单相触电、两相触电和跨步电压触电。跨步电压触电仅发生在岸上,这里不再赘述。

(1)单相触电

单相触电如图7-3(a)所示。当人体直接碰触带电设备其中的一相时,电流通过人体流入大地,这种触电现象称为单相触电。对于高压带电体,人体虽未直接接触,但由于超过了安全距离,高电压对人体放电,造成单相接地而引起的触电,也属于单相触电。

(2)两相触电

两相触电如图7-3(b)所示。人体同时接触带电设备或线路中的两相导体,或在高压系统中,人体同时接近不同相的两相带电导体,而发生电弧放电,电流从一相导体通过人体流入另一相导体,构成一个闭合回路,这种触电方式称为两相触电。发生两相触电时,作用于人体上的电压等于线电压,这种触电是最危险的。

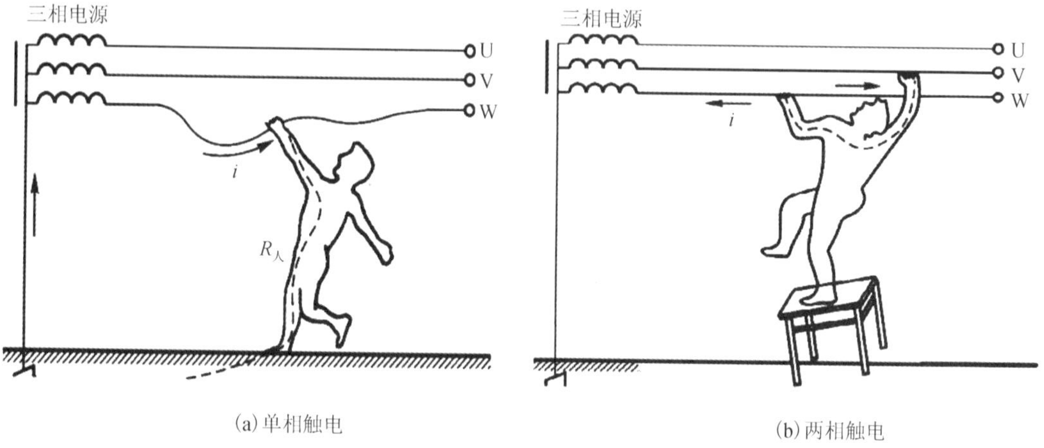


图7-3 单相触电与两相触电示意图

**3.人体触电电流、频率及安全电压**

触电对人体伤害的程度与通过人体电流的大小、频率、路径和持续时间有关。

(1)电流大小对人体的伤害

电流的大小决定于人体两点的接触电压和人体电阻。人体总电阻是皮肤角质层电阻和体内电阻之和。通常皮肤角质层电阻约为40~100 kΩ,而体内电阻仅为600~800 Ω,但皮肤潮湿、不洁净或有伤口时,皮质电阻可下降到1 kΩ左右。因此人体电阻不是固定的常数,而且实际触电时的人体电阻和电流还与人体的触电部位、接触面积和接触紧密程度等有关。

危险的触电电流通过人体,首先是使肌肉突然收缩,使触电者无法摆脱带电体,以致麻痹中枢神经,导致呼吸或心脏跳动停止。能引起人感觉到的最小电流值称为感知电流,交流为1 mA,直流为5 mA;人触电后能自己摆脱的最大电流称为摆脱电流,交流为10 mA,直流为

50 mA；在有防止触电保护装置的情况下，人体允许通过的电流一般可按 30 mA 考虑。10～30 mA 的电流流过人体，便会产生麻痹、剧痛、痉挛、血压升高、呼吸困难等症状，人体不能自主摆脱带电体，但通常不致有生命危险；在较短的时间内危及生命的电流称为致命电流，致命电流为 50 mA，如 100 mA 的电流通过人体 1 s，可足以使人致命。如果触电者的人体电阻值约为 1 kΩ 被 220 V 电压作用，通过人体的电流是 220 mA，因超过 100 mA，足以置人于死地。因此电流通过人体的路径不同，其伤害程度不同。手和脚间或双手之间触电最为危险。

(2) 工频电流对人体的伤害

实验表明，直流电对人身的危害作用与交流电不同。直流电对人身血液有分解作用，而交流电的危害在于人的神经系统会受到破坏作用。在交流频率中，对人体伤害最危险的是工频(50 Hz 或 60 Hz)，因为这与人体的细胞特性有关，当电流通过人体时，人体细胞被极化拉伸成为一个个偶极子，使细胞的生物化学机能遭到破坏，在直流电作用下，细胞的极化是定向的；在交流电的作用下，这种极化是随电流极性的改变往返进行的；在工频电流作用下，极化的往返最为激烈，对细胞产生的损伤最大，因而使细胞的生物化学机能受到最大的破坏。而在高频电流的作用下，细胞的极化方向来不及改变因而产生损伤较少，但是，高频电流的热效应仍可对人体造成严重的伤害。触电危险性与电流频率的关系如图 7-4 所示。

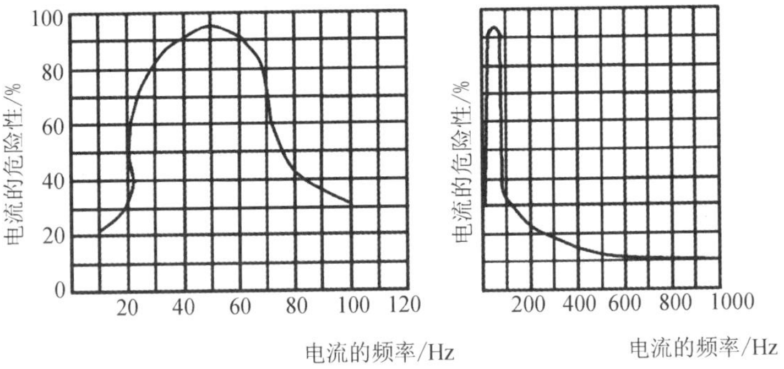


图 7-4　触电危险性与电流频率的关系

另外，考虑到人体心脏搏动周期因素，引起心室颤动而致命的阈值是工频电流 50 mA。所以，工频电流对人体危害很大，但是我们日常生活和船舶上用的交流电频率基本为 50～60 Hz，因此我们必须掌握安全用电常识。

# 第二节 触电安全防护措施

## 一、触电的原因及预防

在船上引起触电的原因很多，但主要有三点：

(1) 思想麻痹，不遵守安全规则，违章冒险，直接触及或过分靠近电气设备的带电部分，结果触电受伤或死亡；

(2)缺乏安全用电常识,如把普通 220 V 台灯移到浴室照明,并用湿手去开关电灯,移动灯具、无安全电压等;

(3)电气设备年久失修,绝缘能力降低,电线刮破或导体裸露出来,当人触及时造成触电。

预防触电措施:

(1)克服麻痹大意思想,任何操作严格遵守安全规则和操作规程。

(2)加强触电知识和安全用电培训。

(3)及时维修、保养好电气设备,保持电气设备绝缘良好,接地可靠。

## 二、电气作业安全规则要点

(1)工作前应着工装,把衣服纽扣扣好,必要时扎紧裤脚,不要把手表、钥匙等金属物品带在身上,工作时应穿电工绝缘鞋。严禁穿短衣裤和拖鞋进行工作。

(2)使用的工具要完备良好,绝缘工具的绝缘套不能有破损。

(3)电气器具的电线、插头必须完好,插头应与所有插座吻合,无插头的电器不准使用。36 V 以上的电器应使用具有接地触头的插头,以便连接保护接地线或接中线。平时要维修保养好电气设备,保持电气设备绝缘和接地良好。

(4)无关人员禁止乱动电器开关,手提电器禁用湿手或在潮湿的地方使用电器或开启开关,使用时先连接电源后开启开关。

(5)修理任何线路及线路上的电器时,应拉下电源开关并拿掉熔断器,挂上警告牌如"不许合闸 有人工作",同时应通知值班轮机员。修理完毕后,通电前应先查看一下线路有无他人在工作,确认无人后方可装上熔断器、合上开关。

(6)换熔断器(保险丝)时,一定要先拉断开关,并换上规定容量的熔断器(保险丝),不得用铜丝或其他金属丝代替。

(7)检查电路是否有电,只能用万用表、验电笔或校验灯,未确定无电前不得进行工作,带电作业必须经过电气负责人的批准,并采取可靠的安全措施,作业时必须由两人一同进行。在带电操作时,应穿上绝缘鞋,戴上绝缘手套,使用绝缘电工工具,并尽可能用一只手接触带电设备和进行操作,整个操作过程须有人监护。

(8)在维护和检查有大电容器的电气装置时,应将电容器进行充分放电,必要时可短接后再进行工作。

(9)高空作业要系安全带,且须两人一起。所用工具、器件应装袋,以防失手下落伤人或损坏设备。

(10)携带式工作灯要使用 36 V 以下的安全电源。

## 三、安全用具

为了保证安全,防止发生触电事故,电气作业时必须使用各种安全用具。

电气作业的安全用具如图 7-5 所示。常用的安全用具有:绝缘电工鞋、绝缘手套、装有绝缘柄的电工工具、橡皮垫、警告牌等,这些绝缘用具要保证清洁、完好,耐压等级符合要求。

电气作业警告牌有四类:

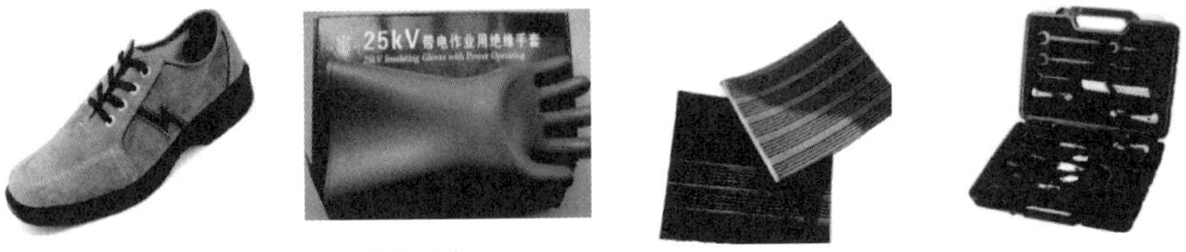


图 7-5　电气作业的安全用具

1. 警告类

警告类警告牌用于警告人员不得接触或接近。如“当心触电”“高压危险”等，如图 7-6 所示。

图 7-6　电气作业的警告类警告牌

2. 禁止类

禁止类警告牌用于提示人员禁止操作某些设备，以防在停电设备上检修的人员触电，如“正在检修 禁止合闸”等，如图 7-7 所示。

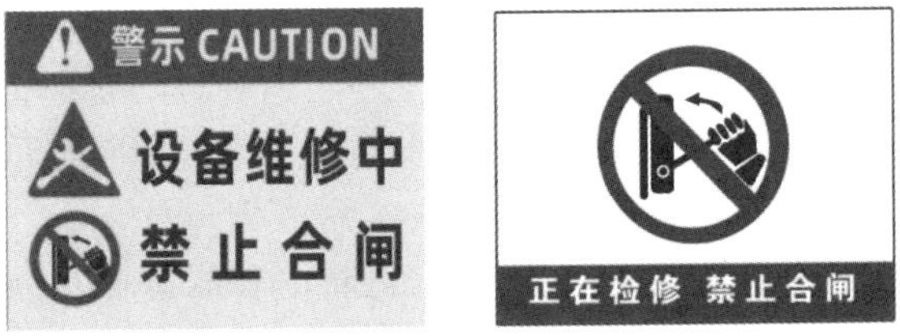


图 7-7　电气作业的禁止类警告牌

3. 准许类

准许类警告牌表示允许人员在某处作业，如“在此工作”“从此上下”“从此进出”等，如图 7-8 所示。

图 7-8　电气作业的准许类警告牌

4. **提醒类**

提醒类警告牌用于提醒人员某些事项或方向指示。如“安全出口”“已送电”等,如图 7-9 所示。

图 7-9 电气作业的提醒类警告牌

## 四、保护接地

船舶保护接地是指船舶电气设备的金属外壳、支架和电缆的保护套等与金属船体做永久良好的电气连接,一旦这些部件带电,使站在船体上的人体的接触电压和人体电流几乎为零。中性点不接地的三相三线制系统保护接地,如图 7-10 (a)所示。当电机的 C 相因绝缘破坏使电机外壳带电时,如果采用了金属外壳保护接地,人体与接地体并联,由于人体电阻比接地体电阻大得多,所以人体的电流几乎为零,不会产生危险。

## 五、工作接地及保护接零

三相四线制电力系统的中性点接地就是工作接地。如船上利用船体作为电焊机的一根导线就属于工作接地,如图 7-10(b)所示。

在中性点接地的三相四线制低压电力系统中,为防触电将电气设备的金属外壳等与系统的零线连接,就是保护接零,如图 7-10(b)所示。当电气设备某相绝缘损坏碰到金属外壳时,通过零线构成单相短路。因这种单相短路电流较大,可使电气设备的继电保护开关或熔断器断开。这样既避免了人身触电,又迅速切除了故障设备,保证了其他电气设备的正常运行。即使在保护电器断开之前触及外壳,也由于人体电阻远大于回路电阻而使人体电流极小而避免了人身触电。

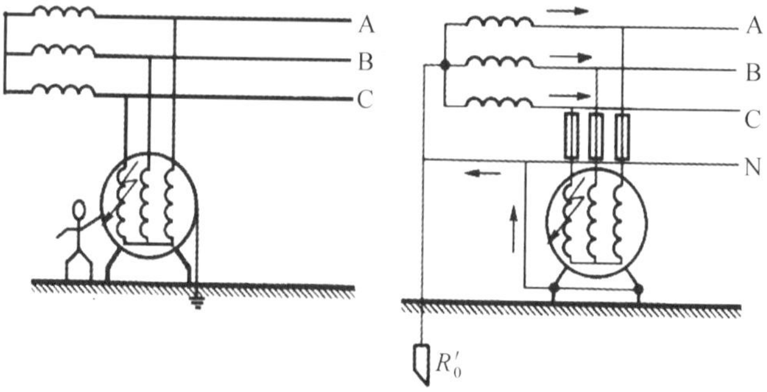


(a)保护接地　(b)工作接地,保护接零

图 7-10 安全保护措施

在三相四线制电力系统中,决不允许用保护接地代替保护接零。由于接地电阻的存在(接地电阻允许有 4 Ω),发生碰壳时短路电流并不很大,如果保护装置的动作电流很大,就可

能不会切断电源，设备外壳就会有比较高的电压而造成危险。

# 第三节 电器防火防爆

## 一、船舶电气设备船用条件及通用要求

船舶电气设备的工作环境要比一般陆地条件恶劣得多，船舶处于连续运动状态，存在着机械振动和冲击，经常处于倾斜和摇摆状态，因此船舶电气设备必须符合船用环境技术条件。

### 1.适应振动和冲击的条件

船舶电气设备应能承受船舶正常运营所产生的振动和冲击。由于振动可使电气设备的固定或连接部件松脱，使部件结构损坏或失灵，因此这些部件要有防松脱的措施；对受振动影响较大的设备应有减振或隔振措施，并且具有坚固的耐振动和抗冲击的机械结构。

### 2.适应倾斜和摇摆的条件

船用电气设备在表 7-1 所列的条件下应能有效地工作。持续的倾斜和摇摆，破坏了正常静止位置时力的平衡，对运动部件产生附加力，导致设备故障或损坏。例如，电机转子对轴承产生轴向推力或出现轴锤现象，使轴承受到损害以及使滑动轴承的油环不能做正常的润滑运动；使继电接触器的衔铁部件不能正常动作等。因此要求船用电气设备在结构上、技术条件上和安装方式上要能适应特定条件。例如，电机轴端游隙要小，应采用轴向直立安装或沿船舶纵向卧式安装；电磁接触器要有足够的电磁吸力和弹簧释放力等。

表 7-1 船舶电气设备正常工作倾斜角

| 设备组件 | 横倾 | 横摇 | 纵倾 | 纵摇 |
| --- | --- | --- | --- | --- |
| 应急设备、开关设备、电器及电子设备 | 22.5° | 22.5° | 10° | 10° |
| 上列以外的设备或组件 | 15° | 22.5° | 5° | 7.5° |

### 3.适应环境温度条件

船舶环境温度一般为-25~45 ℃，锅炉舱的电气设备规定为 50 ℃。环境温度对电气设备性能和使用寿命有重要影响。船用电气设备应能在表 7-2 所列的初级冷却海水温度和标准环境温度下正常工作。

表 7-2 船舶电气设备环境温度要求

| 介质温度 | 空气温度(℃) | | | |
| --- | --- | --- | --- | --- |
| 电气设备安装处所 | 封闭处所内 | 高于 45 ℃、低于 0 ℃处所 | 开敞甲板 | 热交换器入口 |
| 无限航区 | 0~45 | 按该处所温度 | -25~45 | 32 |
| 除热带海域的有限航区 | 0~40 | 按该处所温度 | -25~40 | 25 |

### 4.耐潮湿、盐雾、油雾和霉菌的环境条件

环境空气的潮湿、盐雾、油雾和霉菌使电气设备绝缘材料的绝缘性能下降,使金属部件发生锈蚀和腐蚀。因为潮湿和盐雾在绝缘材料表面形成潮湿的漏电薄膜,在湿热条件下霉菌分泌有机酸,加剧了表面的潮湿性。油雾和灰尘黏附于表面也增加了表面的漏电,而且阻碍散热,使温度增高。潮湿的水分子渗入绝缘材料的裂缝和毛细孔中,使体积漏电流增大,从而导致绝缘电阻的下降。

如果某些设备没有专门的船用电气产品,则可考虑采用经"三防"(防湿热、防盐雾、防霉菌)处理过的陆用产品代替,但需征得有关船级社的认可。

### 5.适应船舶电网电压和频率的变化

船舶电力系统是一个独立的有限电网,电压和频率均受负载变化的影响,特别是频率的变化与陆上差别较大。因此要求船用电气设备应在表7-3所规定的电压、频率的变化范围内能有效地工作。

**表7-3 电压和频率的波动**

| 设备 | 参数 | 稳 态(%) | 瞬态 | |
|---|---|---|---|---|
| | | | (%) | 恢复时间(s) |
| 一般设备 | 电压 | +6~-10 | ±20 | 1.5 |
| | 频率 | ±5 | ±10 | 5 |
| 由蓄电池或半导体变流器供电的设备 | 电压 | ±20 | | |

### 6.防护要求

为了避免电气设备受到外部固体和液体异物的侵入而发生故障或损坏,也为了避免人身遭受触电伤害和机械伤害,一般电气设备都应有防护壳罩。我国电气设备的防护等级采用国际电工委员会(IEC)推荐的国际防护IP××等级标准。防护标志IP后面第一位数字表示防护固体异物侵入的等级,第二位数字表示防水液侵入的等级,两位数字的意义见表7-4所示。

船用电气设备根据安装处所的不同有不同的最低防护等级要求:(1)只存在与带电部分接触危险的干燥舱室为IP20级;(2)存在滴水和(或)中等机械伤害的机器舱室、控制室和配膳间等处所为IP22级,其附具(开关、分电箱等)为IP44级;(3)存在较大水和机械侵害危险的机器处所(如机舱花铁板以下)为IP34级,其附具为IP55级;(4)存在较大水和机械侵害危险的压载泵舱、冷藏舱、厨房和洗衣间等处所为IP44级,其附具为IP55级;(5)存在喷水、货物粉尘、严重机械伤害、腐蚀性气体的双层底中的轴隧、管隧、干货舱等处所为IP55和IP56级;(6)存在大量水浸入危险的露天甲板为IP56级;(7)存在爆炸危险处所,其外壳除具有合格的防爆功能外,还应根据安装处所有相应的防潮防水等级。

表 7-4 电气设备外壳的 IP××防护等级

| IP 等级 | | 简要说明 | 含义 |
|---|---|---|---|
| 第1位数字 | 0 | 无防护 | 没有专门防护 |
| | 1 | 防大于 50 mm 的固体 | 人体大面积部分如手(对有意识接触无防护),直径大于 50 mm 的固体 |
| | 2 | 防大于 12 mm 的固体 | 手指或类似物,长度不超过 80 mm,直径超过 12 mm 的固体 |
| | 3 | 防大于 2.5 mm 的固体 | 直径或厚度在于 2.5 mm 的工具、电线等,直径大于 2.5 mm 的固体 |
| | 4 | 防大于 1.0 mm 的固体 | 直径大于 1 mm 的线或片状物,直径超过 1 mm 的固体 |
| | 5 | 防尘 | 并不防止全部灰尘进入,但进入量不应妨碍设备正常运转 |
| | 6 | 尘密 | 无灰尘进入 |
| 第2位数字 | 0 | 无防护 | 没有专门防护 |
| | 1 | 防滴 | 垂直滴水应无有害影响 |
| | 2 | 15°防滴 | 设备与垂直线成 15°角时,滴水应无有害影响 |
| | 3 | 防淋水 | 与垂直线成 60°角范围的淋水应无有害影响 |
| | 4 | 防溅 | 任何方向溅水应无有害影响 |
| | 5 | 防冲水 | 任何方向冲水应无有害影响 |
| | 6 | 防猛烈海浪 | 猛烈游泳或强烈冲水时进入机壳水量应无有害影响 |
| | 7 | 防浸水 | 沉浸在规定压力的水中经规定的时间后,进入水量应无有害影响 |
| | 8 | 防潜水 | 能长期潜水,完全密封,进水量不会产生有害影响 |

## 二、船舶危险区电气设备要求

运载石油及石油产品的船舶上有相当广泛的区域或处所存在易燃易爆的蒸气或气体,经常积聚这些气体的区域或处所称为船舶危险区,如货油舱及其毗邻的舱室空间,货油舱口、洗舱口、气口、观测口周围,货油泵舱,输油软管存放舱,以及所有上述舱室顶部甲板上封闭或半封闭空间等区域。在装卸油、装排压载水和清除空货油舱气体时,可能出现大量易燃易爆气体的区域或处所,称为扩大的危险区,如全部露天甲板、上层建筑上面和后面及有开口直接开向主甲板的区域或处所等。

任何危险区域或处所,必须设置或安装的电气设备有如下的基本规定:

(1)货油舱只准安装或使用本质安全型电气设备。

(2)其他危险区域或扩大的危险处所,应为本质安全型或合格防爆结构的电气设备。

(3)危险区域或处所禁止装设插座,露天安全区域的插座也为了避免操作时产生火花,要用具有开关联锁的插座,即当开关在断开位置时插头可以插入或拔出,当在接通电源的位置时,则既不能插入也不能拔出。

(4)危险处所电气设备的开关和保护装置应设在安全区域或处所,并有清晰耐久的标志,以便于识别。

(5)油船严禁悬挂彩灯。

上述规定也基本适用于滚装船装载车辆的货舱或处所的电气设备。

对于防爆电气设备应注意检查和维护防爆的有效性。当拆装防爆型电气设备的壳罩时，应使用防爆工具（如铜制扳手等），注意法兰连续防爆面的清洁，防爆面不准放入任何衬垫，连接螺栓应齐全。检查和维护引入电缆管的气密填料的有效性，检查电缆管有无裂纹和锈蚀孔洞等，以确保其防爆功能。

## 三、船舶危险区防火防爆措施

燃烧和爆炸须同时具备三个基本条件：(1)有可燃性气体；(2)有空气或氧气；(3)有火源或危险温度。据此可采取相应的措施，使这三个条件不同时存在，则危险区将不会发生危险。但是任何粗心大意、管理不善、措施不当、违反操作规程等，都可能造成燃烧或爆炸的条件。燃烧和爆炸是同一化学反应，当空气中所含可燃气体达到一定的浓度比例时，由于氧化反应的传播速度极快，则燃烧将变成爆炸。爆炸和燃烧都产生大量的光和热，但爆炸还伴随由于气体急剧膨胀而发出的巨大声响和压力波。

为防止货油舱形成燃烧和爆炸的条件，在卸油、排压载水或洗舱前，都要向舱内充入惰性气体。此外，无论是舱内装有货油还是压载水，在航行期间都要向舱内补充惰性气体，以使其含氧量保持在8%以下。这种惰性气体通常是将锅炉或主机的排烟经洗涤、净化、干燥等处理后而得，或由专用惰性气体产生设备提供。

其他危险区域或处所混合气体的浓度虽然难以人为控制，但是火源和危险温度是可以加以管制、限制和控制的。严格管制和限制任何人为的明火或金属碰擦等发出的火花；严格防护或限制电气设备产生的或可能产生的火花和高温。电气系统中的各种触头，包括正常开闭的触头和故障触头，如绝缘的短路点、线路破断点和松脱的连接点等，都能产生或可能产生火花。电气设备中有正常高温元件，如电灯等；也有非正常高温，如接触不良的大电流连接点等。因此，原则上在危险区域不准安装电气设备。在危险区必须使用的电气设备应是合格的防爆型结构，或者采用安全火花型或称本质安全型的电路或设备。

本质安全型电路或设备在正常或故障情况下，所产生的火花能量不足以点燃可燃性气体。点燃可燃性气体需要一定的火花能量和足够的瞬时火花功率。在一定的能量下，空间集中、时间集中的尖端火花放电，其瞬时功率最大，最易点燃。本质安全电路或设备都是用来进行测量、监视、控制、通信信号等的弱电电路，没有高压和大电流，电路与其电源间有短路隔离保护等措施，多为无触头的半导体器件，因此不会发生大的火花能量和火花功率。例如监视和检测货油舱的油温、油位、惰性气体含氧浓度等的电路或设备均为本质安全型。

不论是固体、液体或气体，任何两种不同物质的摩擦、紧密接触与分离、受压、受热或感应都能产生正负电荷分离的静电现象。液体的流动、过滤、搅拌、喷雾、飞溅、冲刷、灌注、剧烈晃动等过程，都可能产生十分危险的静电。为避免货油舱内静电火花引起爆炸，除前述的充入惰性气体外，在技术上对货油注入的流速、洗舱水压力和流速等都有严格的限制和规定，以减少静电的产生。货油管路应连续可靠接地，法兰连接的管段之间也要用金属导线可靠地连接，以便及时释放静电，因为静电积累导致电压过高会在突出部位产生火花放电。

人体和衣着也会产生危险的静电。穿脱毛料与合成纤维衣物时，由于摩擦和接触一分离所产生的静电电压可高达数千伏至数万伏，足以引燃周围爆炸性气体。人体是静电的良导体，人体处于带电的静电空间因感应而成为一个独立的带电等位体，人体与地或与周围物体之间达到一定的电位差时就会产生放电。因此在静电危险场所的工作人员应穿导电好的服装和鞋袜。在货油舱甲板上禁止穿脱衣物。由生活居住区进入货油舱区前,手应触摸用来消除静电的专设金属板,以防止人体带静电进入危险区。

船上工作人员,只有了解上述各种威胁船舶安全的可能因素,才能有针对性地对船舶电气设备及系统进行检查、检测和维护,遵守操作规程和安全要求,防患于未然。

## 四、船舶电气火灾的预防

船舶火灾危害极大,不仅直接危及船舶安全运输,同时也给广大船员和乘客的人身安全造成很大威胁。因此,做好船舶电气设备的防火工作非常重要。

### 1. 电气设备起火的原因

(1)绝缘强度下降或损坏的电气设备和电缆,通电时发生短路、断路、接地等故障而迸发火花。

(2)电气设备或电缆长期超负荷工作,引起电气设备温升过高。

(3)直流电机换向不良,在电刷下引起火花,开关、接触器等通断时引起电弧火花。

(4)电缆与其他导体接触不良,局部过热引起火花或燃烧。

### 2. 电气设备的防火要求

为了防止电气设备引起火灾,应注意以下几项:

(1)限制电气设备的负荷量及电缆的载流量在额定值以下,不得长期过载运行;

(2)严格按照安装要求装设电气设备,保证安装质量符合要求;

(3)严格按照环境条件选择电气设备和电缆;

(4)防止机械碰伤,破坏绝缘;

(5)电缆与其他导体的连接必须牢靠,符合要求;

(6)按要求定期测量绝缘电阻,发现绝缘电阻下降到最低要求值(电动机、配电屏不应小于0.5 MΩ,变压器、控制设备不应小于1.0 MΩ)以下时,应查明原因及时处理;

(7)注意日常维护、保养和清洁工作,及时排除电机及电器的故障。

(8)易燃易爆场所要使用防爆电气设备和防爆专用工具;

(9)保证探火和失火报警系统正常运行。

### 3. 电气设备灭火

电气设备起火时,一般使用下列灭火器具:

(1)二氧化碳灭火器

装在钢瓶中的液态二氧化碳是一种不导电的气体,其干燥而没有腐蚀性,灭火后不留残渣渍,不损坏设备。二氧化碳是理想的电气火灾灭火剂。灭火时,它由液态迅速地膨胀成气态,吸收大量的热量,同时二氧化碳的相对密度比空气大,能覆盖在燃烧物表面,达到隔离空气、稀释氧气而扑灭火灾的目的。注意不要与水或蒸汽一起使用,否则会大大降低灭火性能。

(2)干粉灭火器

干粉灭火器的干粉是由碳酸氢钠加硬脂酸铝、云母粉、石英粉或滑石粉等粉状混合物组成。干粉本身无毒,不腐蚀、不导电,是扑灭电气火的理想物质。灭火时,依靠压缩气体(二氧化碳或氮气)的压力,将干粉以粉雾状喷射到燃烧物表面,一是靠干粉中的无机盐的挥发性分解物与燃烧过程中燃料所产生的自由基或活性基团发生化学抑制和负催化作用,使燃烧链反应中断而灭火;二是靠干粉的粉末落在可燃物外表面,发生化学反应,并在高温的作用下形成一层玻璃状覆盖层,从而隔绝氧气达到窒息灭火。另外,其还有部分稀释氧和冷却作用,从而把火熄灭。干粉灭火迅速、效果好,但成本高,一般仅用于小面积电气火灾。由于干粉灭火后难以清理,一般不用于船舶精密电器和配电板火灾。

(3)新型气体灭火器

哈龙1211、1301是一种卤代烷灭火剂,也是一种扑灭电气火的理想材料,但由于灭火时卤代烷的蒸气有一定的毒性,而且对大气臭氧层有破坏作用,现在已禁用。目前有一些新型的气体灭火剂替代卤代烷,如七氟丙烷灭火剂、novec1230灭火剂、气溶胶灭火剂和混合洁净气体灭火剂。

目前船上广泛采用的电气灭火器具是二氧化碳灭火器和干粉灭火器。对已经切断电源的电气火灾,也可采用水来灭火,但由于水(特别是海水)会浸湿电气设备和电缆,使绝缘性能大大降低,如果火势较小最好不要用水,以免损坏设备和电缆。

**4. 电气消防方法**

在发生电气设备火灾或邻近电气设备附近发生火灾时,轮机员应运用正确的灭火知识,指导和组织船员采用正确的灭火方法。

(1)当电气设备或电气线路发生火灾时,要尽快切断电源,防止火情蔓延和灭火时发生的触电事故。

(2)若未切断电源时,不可用水或泡沫灭火器灭火,应采用干粉、二氧化碳和新型气体灭火器灭火。

(3)灭火人员不可使用身体及手持的灭火器碰到有电的导线或电气设备。

# 第八章 船舶电气设备实操训练

## 第一节 船舶电气设备操作

### 一、船舶安全用电操作

**1.安全电压的识别**

安全电压是指对人体不产生严重反应的接触电压。根据触电时人体和环境状态的不同，安全电压的界限值也不同。我国则是根据发生触电危险的环境条件将安全电压分为三种类别，其界限值分别为：

(1)特别危险(潮湿、有腐蚀性蒸气或游离物等)的环境，安全电压为12 V；

(2)高度危险(潮湿、有导电粉末、炎热高温、金属品较多)的环境，安全电压为36 V；

(2)没有高度危险(干燥、无导电粉末、非导电地板、金属品不多等)的环境，安全电压为65 V。

可见"安全"电压是相对的，在某种状态或环境下是安全的，当状态或环境发生变化时就可能是危险的。特别是触电作用时间是触电安全的重要因素，即使是可摆脱的电流，若在20~30 s内未能摆脱，也会由于电流的热效应、化学效应等，使人体发汗，电阻下降，以及发生一系列的病理变化，仍会造成伤亡事故。

**2.安全用电操作规程**

(1)执行电气设备操作的人员必须严格遵守电气设备安全技术操作规程。

(2)电气设备的安装、检查、调试、维修保养、拆移等工作应由电气人员承担，人员不够时轮机长派人协助。未经轮机长的许可,禁止其他人员进行电气作业。

(3)无关人员严禁擅自启动船上电气设备。

(4)电气作业人员在作业前必须检查工具、测量仪表和防护用具是否完好,并穿戴好绝缘良好的防护用品,严禁穿拖鞋赤脚工作。

(5)任何电气设备未经验电,一律视为有电,不准用手触及。

(6)非特殊情况,禁止带电检修设备。

(7)需带电作业时,必须采取下列措施:

①作业现场必须有两人以上,一人工作,一人监护。作业前还应查清电源开关位置,以便出现险情时迅速切断电源。

②人体切勿同时接触带电的两极。

(8)检修设备的注意事项:

①切断检修回路电源开关、动力配电箱的闸刀开关,禁止带负荷拉闸,开关上必须悬挂"有人工作禁止合闸""禁止启动"等警告牌。

②用试电笔或试灯确认设备线路无电后才能工作。

③有接地电容的设备必须用导线消除残存电荷,防止电击。

④电器或线路拆除后,可能带电的线头必须及时用绝缘胶带包好。

⑤检修工作结束后,必须清点所带工具、零件,以防遗留在设备内造成事故。

⑥检修完毕必须确认线路及其设备无人工作后才能合闸供电。

⑦检修工作中断后再作业前,必须重新检查才能工作。

(9)工作手提灯应使用不高于 36 V 的安全电压,移动式灯具使用的低压电源与高压电源在电路上分开,不得使用自耦式变压器。在油水舱柜等有爆炸危险的舱室内工作应使用防爆灯。

(10)更换熔断器应先切断电源,没有开关的要用绝缘夹钳,熔断器的容量要与设备和线路安装容量相一致。

(11)测量电气设备、线路绝缘电阻,测量前必须切断电源,电气设备线路绝缘低于规定值时,必须采取措施提高绝缘能力。

(12)所有电气设备的外壳、电缆金属编织护套接地必须良好。

(13)移动式电动器具的电缆、电线、插头应有良好的绝缘和接地线。

(14)所有安装在露天甲板的电气设备必须保持良好的水密,并加帆布或金属护罩。

(15)操作者手上有油、水等污物时,不得进行设备的操作。

(16)主配电板前、后、分电板等处垫的绝缘橡胶要保持整洁完好,不得挪作他用。

(17)配电板、分电箱、控制箱内部均不许存放任何物品。

(18)在配电板、电源箱、插座箱等高压部位均应标有红色"高压危险"的警告标志,配电板附近应备放适用于扑救电气火灾的灭火器。

(19)电气作业人员要检查电动工具,移动式灯具、插头、插座、电线等,如有绝缘损坏、软电缆保护套破裂、接地保护零线脱落、插杆头和插座裂开损坏应及时修理或更换,禁止电气设备、电缆带电部分裸露和严重损坏时仍对付使用。

(20)接拆岸电引线时必须两人以上参加,并指派专人负责看管岸上开关,统一联系信号,全过程应由电工负责指挥。

(21)进行电瓶保养,作业人员应按规定戴好防护眼镜和乳胶手套等防护用品。

(22)在配制电解液时应将硫酸缓慢加入蒸馏水中并不停搅动,禁止将水倾倒入硫酸内,禁止使用塑料等不耐热的容器配制电解液。

(23)在电瓶间应安装防爆灯,保持良好通风,在明显位置应标有"禁止吸烟"警示标志。附近禁止明火作业。

(24)严禁随意架设电缆、电线、天线和私自安装电器,禁止在电缆上悬挂任何物品。

(25)船舶任何场合禁止使用明火电炉和超出原设计容量的任何电器,任何人均不得随意扩大保险丝容量。

(26)当发现有人触电时,按人员伤亡的应急预案进行处理。

**3.触电者的急救措施**

如果遇到触电情况,要沉着冷静、迅速果断地采取应急措施。针对不同的伤情,采取相应的急救方法,争分夺秒地抢救,直到医护人员到来。触电急救的要点是动作迅速,救护得法。若发现有人触电,首先要使触电者尽快脱离电源,然后根据具体情况,进行相应的救治。

(1)脱离电源

①如开关箱在附近,可立即拉下闸刀或拔掉插头,断开电源,如图 8-1 所示。

图 8-1　切断电源

②如距离闸刀较远,应迅速用绝缘良好的电工钳、绝缘手套或有干燥木柄的利器(刀、斧、锹等)砍断电线,或用干燥的木棒、竹竿、硬塑料管等物迅速将电线拨离触电者,如图 8-2 所示。

图 8-2　将电线拨离触电者

③若现场无任何合适的绝缘物可利用,救护人员亦可用几层干燥的衣服将手包裹好,站在干燥的木板上,穿上橡胶底鞋,拉触电者的衣服,使其脱离电源,如图 8-3 所示。

④对高压触电,应立即通知有关部门停电,或迅速拉下开关,或由有经验的人采取特殊措施切断电源。

图 8-3 拉触电者衣服使其脱离电源

(2)对症救治

对于触电者,可按以下四种情况分别处理:

①对触电后神志清醒者,要有专人照顾、观察,使其就地平躺,严密观察,暂时不要站立或走动,以免发生休克、死亡。待情况稳定后,方可正常活动;对轻度昏迷或呼吸微弱者,可针刺或掐人中、十宣、涌泉等穴位(穴位图如图 8-4 所示),并送医院救治。

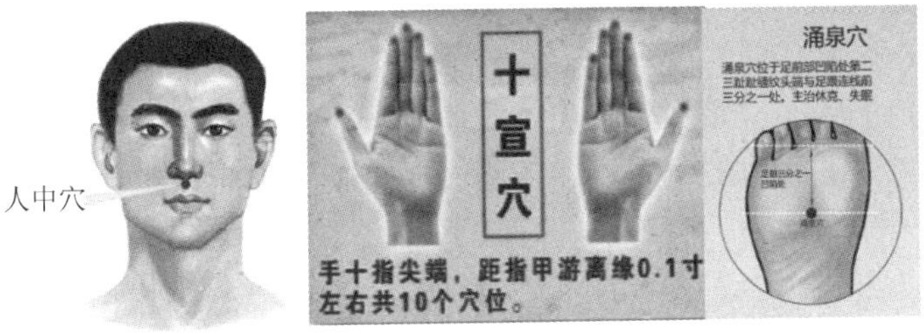


图 8-4 触电急救穴位图

②触电者神志不清,但呼吸、心跳正常的,可就地舒适平卧,保持空气畅通,解开衣领以利呼吸,天冷要注意保暖,间隔 5 s 轻呼伤员或轻拍肩部(但禁止摇动伤员头部呼叫伤员),如图 8-5 所示。

图 8-5 触电者神志不清的急救图

③对触电后无呼吸但心脏有跳动者,应立即采用口对口人工呼吸;对有呼吸但心脏停止跳动者,则应立刻进行胸外心脏挤压法进行抢救,如图 8-6 所示。

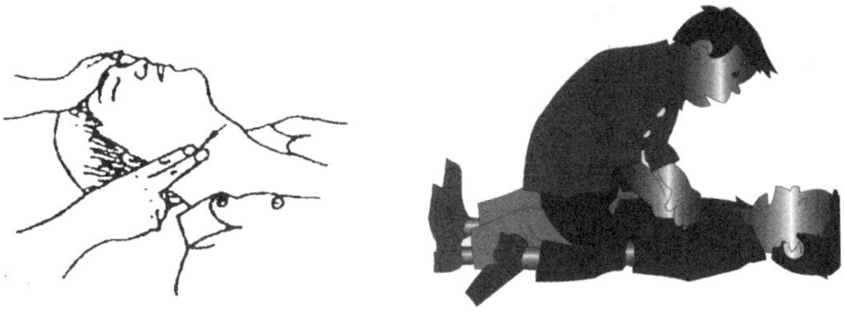

图 8-6 触电者脉搏检查和胸外心脏挤压法急救

④如触电者心跳和呼吸都已停止，则须同时采取人工呼吸和俯卧压背法、仰卧压胸法、心肺复苏法等措施交替进行抢救。

俯卧压背法（如图 8-7 所示）：被救者俯卧，头偏向一侧，一臂弯曲垫于头下。救护者两腿分开，跪跨于病人大腿两侧，两臂伸直，两手掌心放在病人背部。拇指靠近脊柱，四指向外紧贴肋骨，以身体重量压迫病人背部，然后身体向后，两手放松，使病人胸部自然扩张，空气进入肺部。按照上述方法重复操作，每分钟 16~20 次。

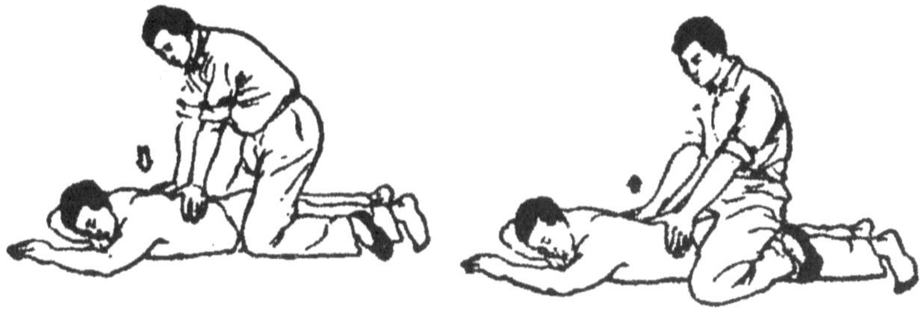

图 8-7 俯卧压背法急救

仰卧压胸法（如图 8-8 所示）：被救者仰卧，背后放上一个枕垫，使胸部突出，两手伸直，头侧向一边。救护者两腿分开，跪跨在病人大腿上部两侧，面对病人头部，两手掌心压放在病人的胸部，大拇指向上，四指伸开，自然压迫病人胸部，肺中的空气被压出。然后把手放松，病人胸部依其弹性自然扩张，空气进入肺内。这样反复进行，每分钟 16~20 次。

图 8-8 仰卧压胸法急救

心脏挤压法：触电者心跳停止时，必须立即用心脏挤压法进行抢救，具体方法如下：

a.将触电者衣服解开，使其仰卧在地板上，头向后仰，姿势与口对口人工呼吸法相同。

b.救护者跪跨在触电者的腰部两侧，两臂伸直，肘关节固定不屈，两手掌根相叠，手指翘起，将下面的手掌根部置于伤员胸骨中、下 1/3 交界处（两乳头连线与胸骨交界处），如图 8-9 所示。

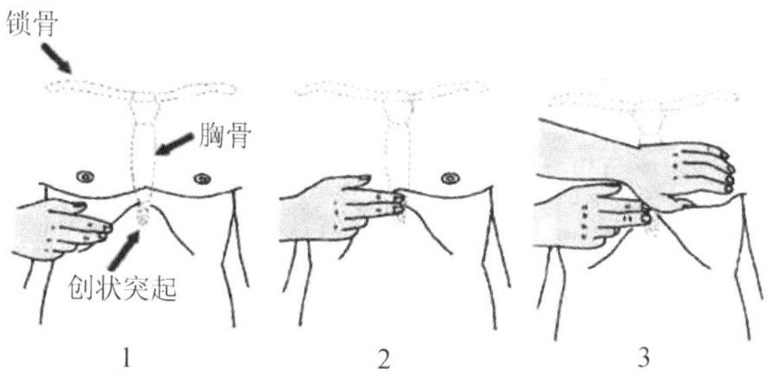


图 8-9 心脏挤压法按压位置

c.掌根用力垂直向下，向脊背方向挤压，对成人应压陷 4~5 cm，每分钟挤压 60~80 次左右为宜，如图 8-10 所示。

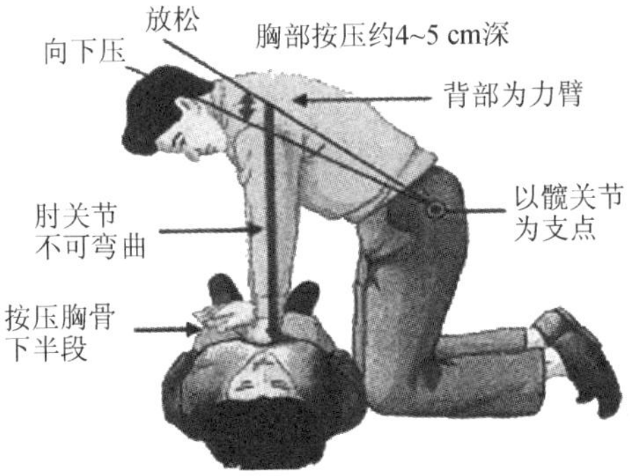


**图 8-10　心脏挤压法按压方法**

d.挤压后，掌根迅速全部放松，让触电者胸部自动复原，每次放松时掌根不必完全离开胸部。

按压有效的指标是按压过程中可以触及颈动脉搏动，触电者皮肤由紫变红，瞳孔由大变小，说明已见效果；当触电者嘴唇稍有开合、眼皮活动或咽喉有咽物样动作，应观察呼吸和心跳是否恢复。

注：在抢救过程中，要每隔数分钟再判定一次，每次判定时间不超过 5~7 s。

上述步骤反复操作。如果触电者的呼吸和心跳都停止了，应同时进行口对口人工呼吸和胸外心脏挤压法。如果现场仅一人抢救，两种方法应交替进行。每次吹气 2~3 次，再挤压 10~15 次。

(3) 人工呼吸

①通畅气道：触电伤员呼吸停止，重要的是应始终确保气道通畅。如发现伤员口内有异物，可将其身体及头部同时侧转，并迅速用一个手指或用两手指交叉从口角处插入，取出异物。操作中要注意防止将异物推到咽喉深部。

注：严禁用枕头或其他物品垫在伤员头下，头部抬高前倾，会更加重气道阻塞，且使胸外按压时流向脑部的血流减少，甚至消失，如图 8-11 所示。

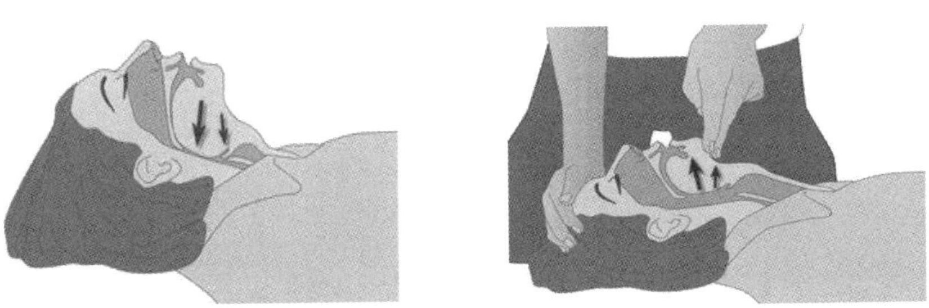

(a) 病人仰卧呼吸道梗阻　　(b) 病人仰头抬颏疏通气道

**图 8-11　呼吸道阻塞与畅通示意图**

通畅气道可采用仰头抬颏法、仰头抬颈法、双下颌上提法，如图 8-12 所示。

②口对口(鼻)人工呼吸：在保持伤员气道通畅的同时，救护人员用放在伤员额头上的手指，捏住伤员的鼻翼，在救护人员深吸气后，与伤员口对口紧合，在不漏气的情况下，先连续大

口吹气两次,每次 1~5 s。如两次吹气后试测颈动脉仍无搏动,可判断心跳已经停止,要立即同时进行胸外按压。

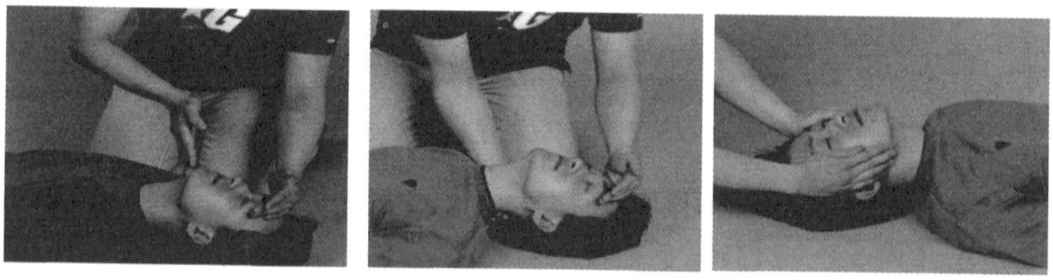

仰头抬颏法　　仰头抬颈法　　双下颌上提法

图 8-12　触电者畅通气道方法示意图

除开始时大口吹气两次外,正常口对口(鼻)呼吸的吹气量不需过大,以免引起胃膨胀。吹气和放松时要注意伤员胸部应有起伏的呼吸动作。吹气时如有较大阻力,可能是头部后仰不够,应及时纠正。

触电伤员如牙关紧闭,可口对鼻进行人工呼吸。口对鼻人工呼吸吹气时,要将伤员嘴唇紧闭,防止漏气,如图 8-13 所示。

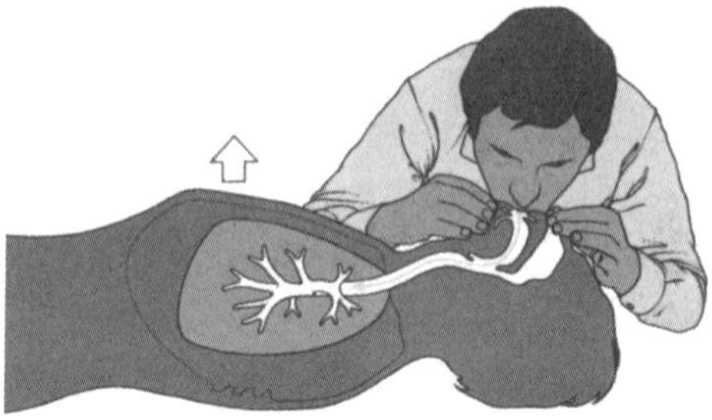

图 8-13　口对口(鼻)人工呼吸示意图

胸外按压与口对口(鼻)人工呼吸同时进行,其节奏为:单人抢救时,每按压 15 次后吹气 2 次(15 : 2),反复进行;双人抢救时,每按压 5 次后由另一人吹气 1 次(5 : 1),反复进行。

如伤员的心跳和呼吸经抢救后均已恢复,可暂停心肺复苏法操作,但心跳呼吸恢复的早期有可能再次骤停,应严密监护,不能麻痹,要随时准备再次抢救。初期恢复后,伤员可能神志不清或精神恍惚、躁动,应设法使伤员安静。移动伤员或将伤员送往医院时,应使伤员平躺在担架上,并在其背部垫以平硬阔木板。

## 二、电工仪表的使用操作

船舶常用的电工仪表有万用表、兆欧表、钳形电流表。

### (一)万用表

万用表又叫多用表、三用表或复用表,是一种多功能、多量程、携带方便的常用电工仪表,它是电子测试领域最基本的工具,也是一种使用广泛的测试仪表,是从事电子行业的人员必须掌握的测量工具。万用表分为指针式和数字式,一般的万用表可测量直流电压、直流电流、交流电压、电阻,有的还可以测量交流电流、电容、二极管以及三极管的一些参数。

万用表可分为指针式万用表和数字式万用表两种,分别如图 8-14、图 8-15 所示。

图 8-14　指针式万用表

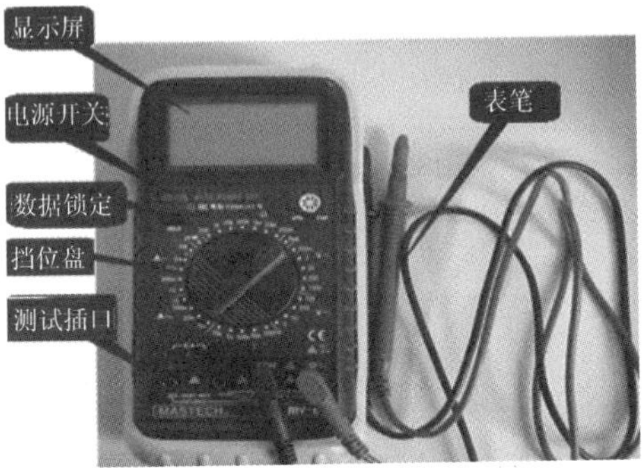


图 8-15　数字式万用表

**1. 指针式万用表**

指针式万用表的形式很多,但基本结构是类似的。指针式万用表的结构主要由表头、转换开关(又称选择开关)、测量线路等三部分组成,如图 8-16 所示。

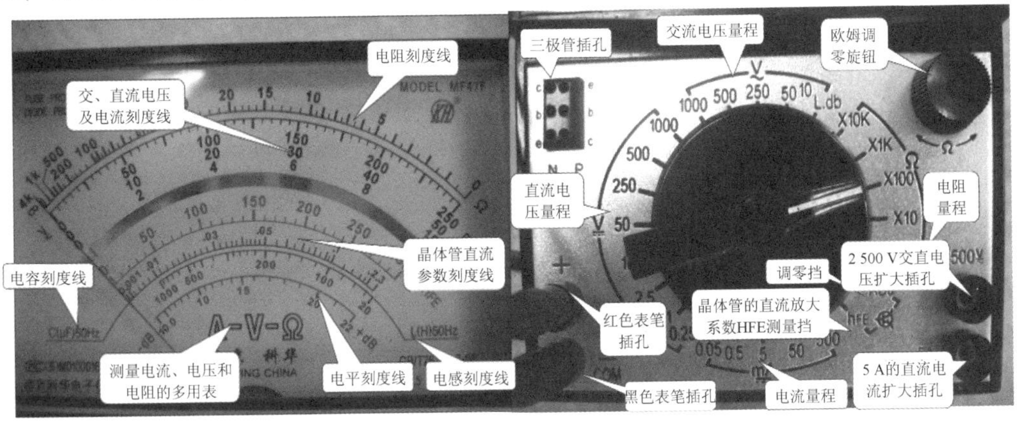


图 8-16　指针式万用表表头和转换开关

表头:是测量的显示装置。根据测量的对象和转换开关选择量程的位置进行相应的读数。如图 8-16 所示的挡位选择开关选在欧姆挡,且在“×100”挡,表头先找到欧姆读数挡(最上一排),看指针知识的数值再“×100”就是所测电阻的阻值。

转换开关:选择被测电量的种类和量程(或倍率)。

测量线路:将不同性质和大小的被测电量转换为表头所能接受的直流电流。

指针式万用表的使用方法:

(1)插孔(或接线柱)的选择。红色表笔的连线应接到标有“+”符号的插孔内,黑色表笔应接到标有“-”或“com”符号的插孔内。有些万用表针对特殊量设有专用插孔,在测量这些特殊量时,应把红色表笔改接到相应的专用插孔内,而黑色表笔的位置不变。

(2)测量挡位的选择。使用万用表时,应根据测量的对象将转换开关旋至相应的位置上。选择好测量种类后,应仔细核对无误后才能进行测量。否则将使表头遭受严重损伤,甚至可能烧毁表头。

(3)量程选择。用万用表测量交直流电流或电压时,尽量使指针工作在满刻度值 1/2 或 2/3 之间区域,以保证测量结果的准确度;测量电阻时,则应尽量使指针接近该挡中心刻度值;如果测量前无法估计出被测量的大致范围,则应先把转换开关旋至量限最大的位置进行粗测,然后再选择适当的量程进行精确测量。

(4)正确读数。指针式万用表的表盘上有很多条标度尺,每一条标度尺上都标有被测电量的标志符号,测量读数时,应根据被测量及量程在相应的标度尺上读出指针指示的数值。另外,读数时应尽量使视线与表面垂直;对装有反射镜的万用表,应使镜中指针的像与指针重合后再进行读数。数字式万用表则可直接读取数据。

(5)欧姆挡的使用。使用欧姆挡时,要注意以下几个问题:

①每一次测量电阻时都必须调零,即将两支表笔短接,旋动"欧姆调零旋钮",使指针指示在"Ω"标度尺的"0"刻度线上。特别是改变了欧姆倍率挡后,必须重新进行调零。当调零无法使指针达到欧姆零位时,则说明电池的电压太低,应更换新电池。

②测量电阻时被测电路不允许带电,否则,不仅是测量结果不准确,而且很有可能烧坏表头。

③被测电阻不能有并联支路,否则其测量结果是被测电阻与并联支路电阻并联后的等效电阻,而不是被测电阻的阻值。由于这一原因,测量电阻时,决不能用手去接触表笔的金属部分,避免因人体并联于被测电阻两端而造成不必要的误差。

④用欧姆挡测量晶体管参数时,考虑到晶体管所能承受的电压和允许通过的电流都比较小,一般应选择"$R\times100$"或"$R\times1$K"的倍率挡。这是因为"$R\times1$"挡万用表电池提供的电流较大,容易烧坏管子,而"$R\times10$K"挡万用表电池提供的电压较高,容易使管子击穿。还要注意的是,红色表笔与表内电池的负极相连接,而黑色表笔与表内电池的正极相连接。

⑤万用表欧姆挡不能直接测量微安表头、检流计、标准电池等仪器仪表。在使用的间歇中,不要让两根表笔短接,以免浪费电池。

(6)注意操作安全。在万用表的使用过程中,必须重视人身和仪表的安全。一般地说,要注意以下几点:

①决不允许用手接触表笔的金属部分,否则会发生触电或影响测量准确度。

②不允许带电转动转换开关。

③测量叠加有交流电压的直流电压时,要充分考虑转换开关的最高耐压值,否则会因为电压幅度过大而使转换开关中的绝缘材料被击穿。

④万用表使用完毕后:一般应该把转换开关旋至交流电压的最大量限挡,或旋至"OFF"挡。

**2.数字式万用表**

目前,数字式万用表已成为主流,有取代模拟式仪表的趋势。与模拟式仪表相比,数字式万用表灵敏度高,准确度高,显示清晰,过载能力强,便于携带,使用更简单。数字式万用表的种类很多,使用方法也不尽相同,下面以一种数字式万用表为例,简单介绍其使用方法和注意事项。数字式万用表接线插口可转换开关如图 8-17 所示。

(1)使用方法

①使用前,应认真阅读有关的使用说明书,熟悉电源开关、量程开关、插孔、特殊插口的作用。

②将电源开关置于"ON"位置,或按下"POWER"键。

③测量电压:根据需要将量程开关拨至"DCV"(直流)或"ACV"(交流)的合适量程,红色表笔插入"V/Ω"孔,黑色表笔插入"COM"孔,并将表笔与被测线路并联,读数即显示数字。

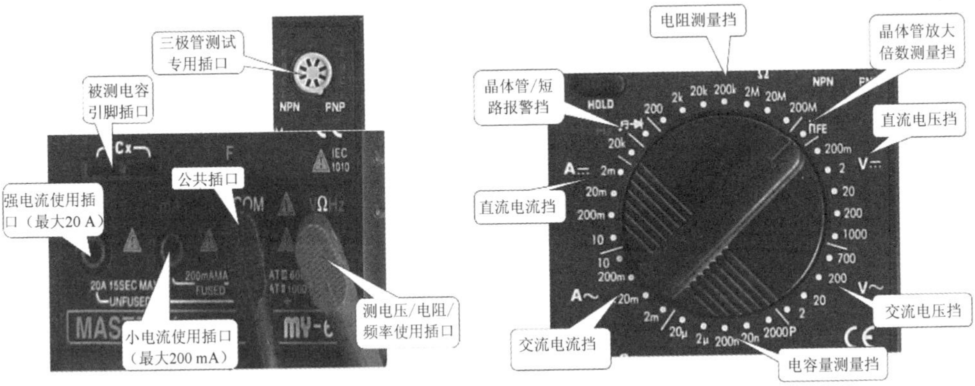


图 8-17　数字式万用表接线插口可转换开关

④测量电流：将量程开关拨至“DCV”（直流）或“ACV”（交流）的合适量程，红色表笔插入“mA”孔（<200 mA 时）或“20 A”孔（>200 mA 时），黑色表笔插入“COM”孔，并将万用表串联在被测电路中即可。测量直流电流时，数字万用表能自动显示极性。

⑤测量电阻：将量程开关拨至“Ω”的合适量程，红色表笔插入“V/Ω”孔，黑色表笔插入“COM”孔。如果被测电阻值超出所选择量程的最大值，万用表将显示“1”，这时应选择更高的量程。测量电阻时，红色表笔为正极，黑色表笔为负极，这与指针式万用表正好相反。因此，测量晶体管、电解电容器等有极性的元器件时，必须注意表笔的极性。

（2）使用注意事项

①如果无法预先估计被测电压或电流的大小，则应先拨至最高量程挡测量一次，再视情况逐渐把量程减小到合适位置。测量完毕，应将量程开关拨到最高电压挡，并关闭电源。

②满量程时，仪表仅在最高位显示数字“1”，其他位均消失，这时应选择更高的量程。

③测量电压时，应将数字万用表与被测电路并联。测电流时应与被测电路串联，测交流电流时不必考虑正、负极性。

④当误用交流电压挡去测量直流电压，或者误用直流电压挡去测量交流电压时，显示屏将显示“000”，或低位上的数字出现跳动。

⑤禁止在测量高电压（220 V 以上）或大电流（0.5 A 以上）时换量程，以防止产生电弧，烧毁开关触头。

⑥当显示“BATT”或“LOW BAT”时，表示电池电压低于工作电压。

### （二）兆欧表

兆欧表就是用来测量电气设备及电路绝缘电阻的仪表，兆欧表又叫迈格表、高阻计、绝缘电阻测定仪，常用的兆欧表有手摇式兆欧表、按钮式兆欧表和电子式兆欧表，如图 8-18 所示。它们的工作原理是一样的，使用方法基本相同，只是电源的形式不同。本章主要介绍手摇式兆欧表。

#### 1.手摇式兆欧表的组成

手摇式兆欧表主要由手摇发电机、磁电式流比计和接线桩三部分组成。手摇式兆欧表电源是一台小容量、输出高电压的手摇发电机，所以手摇式兆欧表也常被称为摇表。

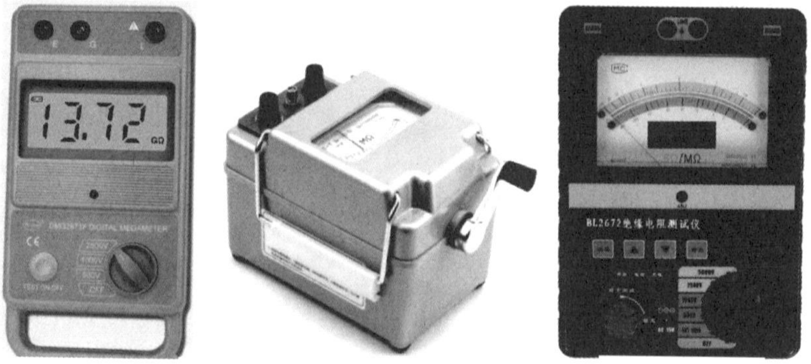


电子式兆欧表　　手摇式兆欧表　　按钮式兆欧表

**图 8-18　常用的几种兆欧表**

手摇式兆欧表结构如图 8-19 所示。表上的 3 个接线柱，分别是线路端（L）、接地端（E）和屏蔽端（G）。测量时一般只使用兆欧表的线路端（L）和接地端（E）两个接线端接被测对象。但在测量特高电阻或被测物表面有较严重漏电时需使用屏蔽端（G），以消除漏电引起的误差。

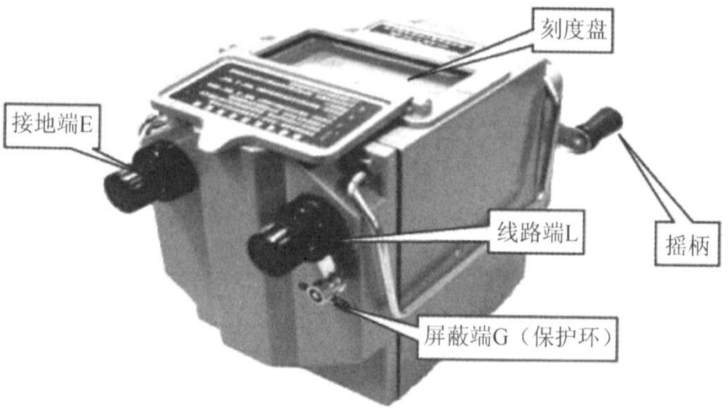


**图 8-19　手摇式兆欧表结构图**

**2.手摇式兆欧表的使用方法**

（1）测量电气设备绝缘电阻时，应根据设备额定电压的大小选用不同等级的兆欧表。额定电压在 500 V 以上的电气设备，应选用 1 000~2 500 V 的兆欧表；额定电压在 500 V 以下的电气设备，一般选用 500 V 或 1 000 V 的兆欧表；额定电压为 36 V 以下的电气设备只能选用 100~200 V 的兆欧表。

（2）被测设备必须切断电源，并将设备放电，以保障仪表和人身安全，并使测量结果准确。

（3）测量前的检查

①将兆欧表进行开路试验，在兆欧表未接通被测电阻之前，摇动手柄使发电机达到 120 r/min 的额定转速，观察指针是否指在标度尺“∞”的位置。如果是，说明正常，如图 8-20 所示。

②将兆欧表进行短路试验，将端钮“ L ”和“ E ”短接，缓慢摇动手柄，观察指针是否指在标度尺的“ 0 ”位置。如果是，则为正常（在短路试验中，注意在摇动手柄时不得让“L”和“E”短接时间过长，否则将损坏兆欧表），如图 8-21 所示。

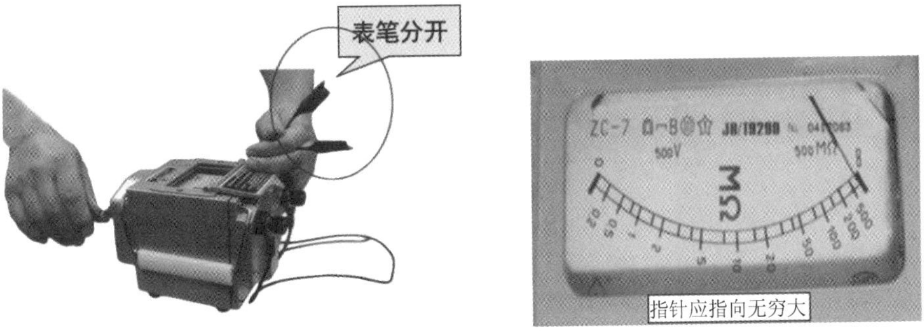


图 8-20　手摇式兆欧表的开路试验

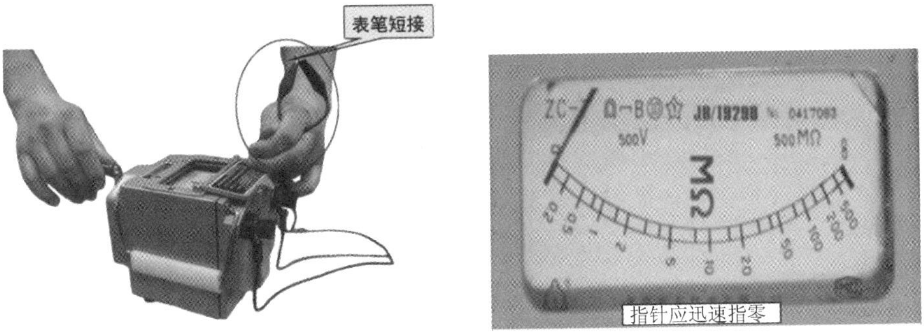


图 8-21　手摇式兆欧表的短路试验

(4)将兆欧表与被测设备进行连接

①兆欧表与被测设备之间应使用单股线分开单独连接,并保持线路表面清洁干燥,避免因线与线之间绝缘不良引起误差。

②如测量电气设备内两绕组之间的绝缘电阻时,将"L"和"E"分别接两绕组的接线端。

③在测量电缆的缆芯导体对外壳的绝缘电阻时,应将"L"线接缆芯导体,"E"线接电缆金属护套,"G"线接电缆套芯之间的内层绝缘物,"G"线主要用以消除因表面漏电而引起的测量误差。

(5)测量

①被测设备必须与其他电源断开,测量完毕一定要将被测设备充分放电(需 2~3 min),以保护设备及人身安全。

②摇测时,将兆欧表置于水平位置,摇柄转动时其端子间不许短路。摇测电容器、电缆时,必须在摇柄转动的情况下才能将接线拆开,否则反充电将会损坏兆欧表。

③一手稳住摇表,另一手摇动手柄,应由慢渐快,均匀加速到 120 r/min,并注意防止触电(不要接触接线柱、测量表笔的金属部分),摇动过程中,当出现指针已指零时(说明被测电阻较小),就不能再继续摇动,以防表内线圈发热损坏。

(6)读数

从刻度盘上指针所指的示数读取被测绝缘电阻值大小,如图 8-22 所示(本次测量的绝缘电阻为 16 MΩ)。同时,还应记录测量时的温度、湿度、被测设备的状况等,以便于分析测量结果。(注:湿度对绝缘电阻表面泄漏电流影响较大,它能使绝缘表面吸附潮气,瓷制表面形成水膜,使绝缘电阻降低。此外,还有一些绝缘材料有毛细管作用,当空气湿度较大时,会吸收较多的水分,增加电导率,也使绝缘电阻降低。)

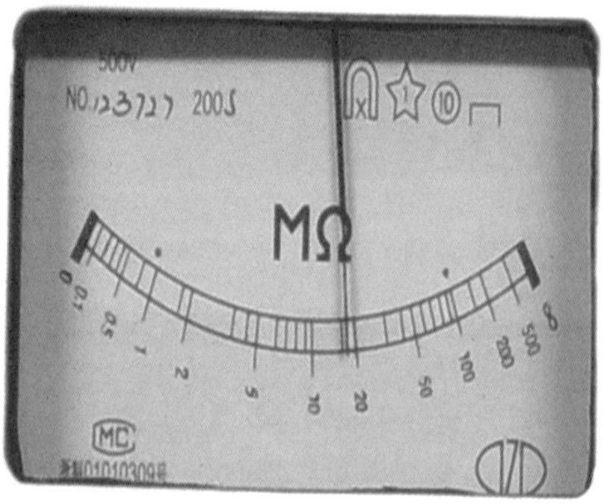


图 8-22　手摇式兆欧表的读数

(7)测量完毕后，给兆欧表放电

测量完毕后，需将“L”“E”两表笔对接，如图 8-23 所示，给兆欧表放电，以免发生触电事故。

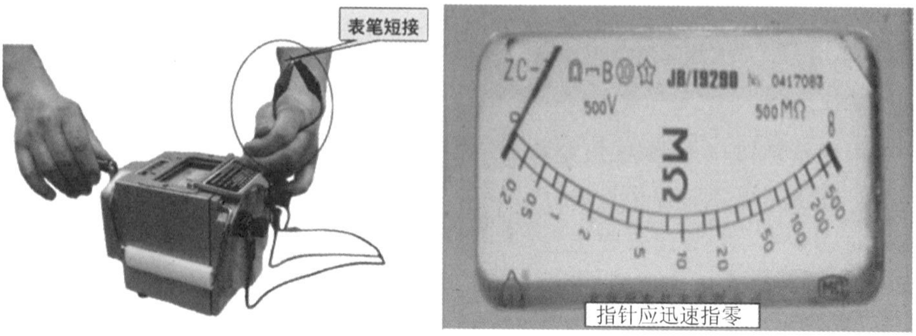


图 8-23　手摇式兆欧表放电

## (三)钳形电流表

### 1.钳形电流表的特点

通常在测量电流时，需将被测电路切断，才能将电流表或电流互感器的初级线圈串接到被测电路中。而钳形电流表是在不需断开电路的情况下，进行电流测量的一种仪表，如图 8-24 所示。

钳形电流表具有使用方便，不用拆线、切断电源及重新接线的特点。但它的精度不高，只能用于对设备或电路运行情况进行粗略了解，而不能用于需要精确测量的场合。

### 2.钳形电流表的使用方法

①首先根据被测电流大小选择合适的量程，当电流大小不明时，应将转换开关置最大量程挡，然后再变换合适量程。

②测量电流时，被测载流导线应放在钳口中央，以免产生误差。

③测量较小的电流时，为了得到较精确的数值，在条件许可的情况下，可把导线绕几圈放进钳口测量，但实际测量值应为：电流的实际测量值＝读数/绕的圈数。

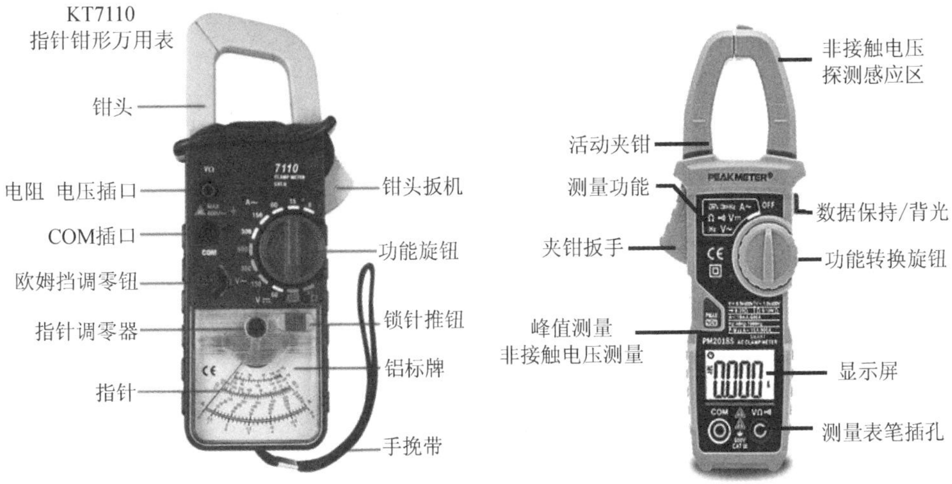


**图 8-24 钳形电流表**

④测量完毕后,一定要将转换开关置于最大量程挡,以免再次使用时,由于疏忽未选择量程而损坏仪表。

**3. 使用注意事项**

①测量前应清洁钳口,应保证钳口紧密结合。

②不允许在测量电流时切换量程。

③测量时表要平放并远离强磁场。

④测量电流时,要将测试导线与仪表断开,将手指放在触摸挡板之后。

⑤测量电流时,每次只能测量一相导线的电流,被测导线应置于钳形窗口中央,不可以将多相导线都夹入窗口测量。

⑥被测电路电压不能超过钳形表上所标明的数值,否则容易造成接地事故,或者引起触电危险。

## 三、船舶电站的操作

**1.同步发电机启动与供电配电板操作**

(1)启动同步发电机组使其空载怠速运转至油、水的温度和压力均正常,同时观察发电机组有无其他异常情况,待其正常后逐步加速至正常转速,为供电做好准备。

(2)检查所有动力开关,确保其都在断开位置。

(3)调整发电机频率和电压,使其达到额定值。

(4)检查配电板是否有其他发电机或岸电在船舶电网上工作,如有应切除工作的发电机或将转换开关转到船电供电位置上。

(5)按上合闸按钮或推动合闸手柄,使其投入船舶电网工作。

(6)接通各动力开关(接通前应观察是否有检修标牌或标记,如有,请不要随意打开该开关),并通过各种仪表监视发电机供电及用电情况。

(7)根据仪表反映的电压与频率变化情况进行适当调整,使其达到额定值。

**2.两台发电机并联运行的操作**

1)手动准同步并车程序

(1)启动待并发电机组。检查冷却水、滑油、燃油、启动气源或电源均正常后,启动待并发电机组,并观察发电机是否建立端电压。

(2)进行频率调整。通过调速开关调整待并发电机转速,使待并机与电网的频率接近。

(3)观察同步表。接通同步表并将选择开关指向待并机,调整频差,使同步表指针旋转一周所需的时间在3~5 s左右。

(4)合闸操作。待指针向“快”的方向转到接近红色“同相点”(相当于钟表“11~12点”之间的位置)时,果断按下合闸按钮。

(5)有功功率均分(均分负载)。同时向相反方向调整两机组的调速开关,使待并机“加速”、原运行机“减速”,直至两机组功率表读数相等(对同容量发电机而言)。

(6)最后断开同步表,并车完毕。

2)手动准同步并车操作注意事项

(1)允许频差不能太大也不可太小,频差太大,同步表指针旋转快,不易捕捉“同相点”,易造成较大电流冲击,使并车失败;频差太小,指针转一周时间较长,拖延并车时间。当频率完全相等时,频差为零,同步表指针会静止不动,这种现象叫“呆滞”现象,无法捕捉“同相点”,不能正常并车,所以频差周期调节到3~5 s为合适。

(2)避免逆功率,一般要求调整待并机转速,使同步表指针向“快”的方向转动,合闸后待并机就能立即分担一点负荷,不易造成逆功率跳闸。

(3)按合闸按钮时应有适当的提前时间或相位角,比红色“同相点”提前一个角度(类似于时钟的“11~12”点之间的位置)按下合闸按钮,减小合闸冲击电流。

(4)禁止180°反相合闸,此时冲击电流最大,不仅造成合闸失败,甚至会造成全船失电。

(5)电网发生突然扰动时不应合闸,电网电压幅度或频率突然发生波动可能导致并车失败。

(6)并车完毕应及时断开同步表,同步表为短时工作制(连续工作不允许超过15 min)。

3)粗同步并车法

粗同步并车法是利用电抗器进行抑制并车冲击电流的一种并车方法,它是指待并机基本满足电网所需的并联条件后,即可先行将一个电抗器与电网串联,然后再合上主开关的方法。粗同步并车法又叫电抗器并车法,它放宽了对准同步并车的条件,提高了并车的成功率。

**3.并联运行发电机组的手动解列与停机操作**

1)操作步骤

(1)手动转移并联运行机组的负载;

(2)手动解列发电机组;

(3)手动降低解列发电原动机的转速;

(4)停止解列发电原动机机组。

2)手动负载转移

(1)将待解列发电机组的“手动/自动”选择开关设定在手动位置上。

(2)同时向相反方向手动调节两台发电机组的调速开关,并观察功率表和电流表,使待解列发电机组的油门减小,以逐步减少负载,同时将另一台发电机组(运行机组)的油门加大,以逐步增加负载,负载转移过程中要使电网频率保持恒定。

(3)观察两台发电机组负载状态,当解列发电机组功率小于5%的额定功率时,停止转移负载。

3)手动解列

(1)按下待解列发电机组的主开关分闸按钮,将发电机组解列。

(2)发电机组解列后,电网电压和频率会略有下降,此时可手动调节运行机组的调速开关,使频率稳定在额定值上。

4)手动停机

调节解列发电机组的调速开关(降速),当电压降至额定电压的70%左右时,按下解列发电机组的"停车"按钮,使发电机组停车。

**4.换接岸电的操作**

(1)检查岸电电压、频率及相数是否与本船电网相符。

(2)接通岸电后在岸电控制箱检查相序是否正确。

(3)合上岸电控制箱开关,将岸电送入配电板。

(4)在空载情况下将配电板船岸电转换开关转接至岸电位置。

(5)接通各分配电开关,并通过配电板仪表监视岸电供电情况。

(6)岸电电压低或高于额定电压10%时禁止使用岸电。

**5.电站故障分析与排除**

1)发电机转速正常,但不能建立起电压的一般原因与处理方法

(1)发电机无剩磁或剩磁太小、剩磁电压与调压器输出的励磁电压极性相反。

处理方法:充磁保证足够的剩磁和正确的极性。

(2)调压器的相复励变压器、移相电抗器、谐振电容器之间的连线断开。

处理方法:检查连线并重新连接、紧固。

(3)谐振电容器短路。

处理方法:更换新的电容备件。

(4)移相电抗器无气隙或气隙太小。

处理方法:重新调整气隙到规定值。

(5)励磁绕组断路。

处理方法:检查线路并回复励磁供电。

(6)发电机集电环锈蚀、发黑不导电。

处理方法:清洁、打磨,保证接触良好。

(7)调压器整流元件被击穿。

处理方法:更换调压器整流元件或整个调压器。

2)同步发电机正常运行时空气开关不能合闸的原因与处理方法

(1)万能式空气开关的自由脱扣器脱扣钮严重磨损,握不住。

处理方法:检查并修理;

(2)失压脱扣线圈烧坏,万能式空气开关触头(主触头、副触头、弧触头)或中间继电器触头接触不良。

处理方法:检查失压脱扣线圈或触头接触状况并修理;

(3)控制线路熔丝烧断。

处理方法:检查熔丝,并按同规格换新;

(4)逆电流和逆功率继电器的电压线圈和电流线圈通电后作用与控制要求相反,加上正常负载后产生逆功率。

处理方法:互调电压线圈或电流线圈的两接线端头。

3)航行中电站主开关跳闸的原因与处理方法

(1)负载太大或电力网发生局部短路,引起过载或短路保护造成跳闸。

处理方法:排除短路故障;降低电网负载。

(2)发电机本身故障或电力系统的故障引起保护装置动作。

处理方法:启用备用机组投入运行,检查发电机励磁系统、电站主开关排除故障。

(3)原动机转速下降或升高引起发电机频率和电压的变化(波动)而使保护装置动作。

处理方法:启用备用机组,待转速、油压、水温、电压、频率正常后合闸供电,检修故障机组。

(4)保护装置本身故障。

处理方法:更换保护装置。

(5)并车操作不当。

处理方法:先合闸一台发电机组保证供电,再调整待并发电机组的参数,重新由经验丰富的船员实施并车操作。

## 四、蓄电池的维护操作与保养

**1.蓄电池的维护保养要点**

(1)注意保持清洁,绝不允许在上面放置金属工具、物品,以免发生短路而损坏蓄电池,同时为防止极柱夹头生锈,其上面应保持一层凡士林油膜。

(2)每15~20天应检查一次电压、电解液的液面高度和比重,及时补充。注液孔应旋紧,以防电解液溢出。

(3)为消除极板硫化,应按时进行过充电,定期进行全容量放电。对于经常不带负荷的蓄电池,每月应进行一次充、放电。

(4)充电时,电解液的温度不能超过规定值。

(5)蓄电池室应保持通风,并严禁烟火。

(6)碱性蓄电池充电时,不要取下气塞,以防进入大量二氧化碳,而使电解液失效,一般每年或使用过50~100次充电循环,应更换一次电解液。要注意保持排气胶管畅通,定期打开气塞排气,防止气体聚集太多而造成蓄电池膨胀。

(7)测量蓄电池容量的仪表(比重计、放电仪)应定期进行检查。

**2.蓄电池的充电操作方法及步骤**

(1)初次充电

新蓄电池,在使用前需初次充电。初次充电时,应先将配制好的相对密度为1.285经冷却后的电解液注入蓄电池内,液面应高出极板顶部10~15 mm。电解液注入后,电池内部发热,要等电池内电解液的温度低于35 ℃时,才能进行充电操作。

初次充电分两个阶段进行，在第一阶段，用最大电流充电至单格电池端电压为 2.4 V 时，改为用 1/10 电池额定容量电流进行第二阶段充电，直到电压和电解液相对密度在 3 h 内基本不变时，需测量电池内的电解液相对密度，使其达到 1.285~1.31，继续充电 1 h 即告完成。

(2)常充电

使用中的蓄电池的充电分两个阶段进行。第一阶段用 1/10 电池额定容量电流充电，使单格电池端电压升至 2.4 V 时，转用 1/18~1/20 电池额定容量电流进行第二阶段充电，使电解液的相对密度达到 1.285~1.31，继续充电 1 h，即充电过程完成。

(3)过充电

为了弥补经常性充电不足，使部分硫酸铅还原为铅和二氧化铅，就需要进行过充电。过充电是在常规充电充足后，待温度下降后用常规充电电流的 1/2 再行充电 1~3 h。通常对长期工作的蓄电池，每月至少进行一次过充电，对负载较轻的蓄电池，每 2~3 个月进行一次过充电。

**3.电解液的配制**

在使用、维护蓄电池时需要配制电解液，配制时应当按照正确的操作方法和步骤进行。

(1)酸性蓄电池电解液的配制操作步骤

①穿戴好防酸手套、围裙、高筒胶靴以及护目镜；准备好干净、干燥的配制工具，如玻璃量杯、塑料杯、玻璃(塑料)搅拌棒、比重计、温度计、万用表等。

②选择化学纯硫酸与纯蒸馏水进行电解液的配制。工业用硫酸和一般的水因含有铁、铜等杂质，会引起自放电和极板损坏，不能用于蓄电池。

③蒸馏水的检测：先将 500 mL 蒸馏水倒入容量为 1 000 mL 的量杯中，万用表调至 $R\times$ 1 kΩ 挡，将两表笔贴在内壁插入水中，测量水的电阻值应大于 100 kΩ 方能使用。

④确认蒸馏水无误后将硫酸沿玻璃棒缓缓倒入蒸馏水中并不停搅动如图 8-25 所示。切记不可将蒸馏水倒入硫酸中，以免硫酸溅出伤害人体和腐蚀设备，如图 8-26 所示。如配制过程中温度过高应停止加入硫酸，待温度低于 55 ℃后再配制。

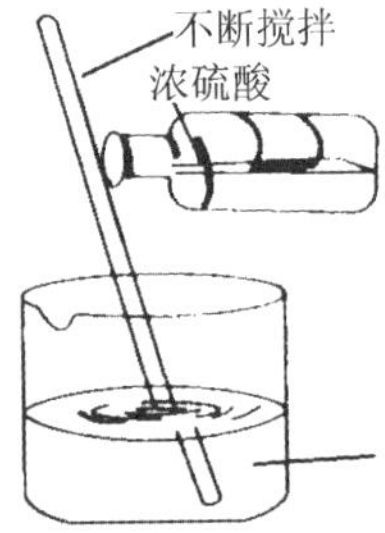

图 8-25　正确的电解液配制操作

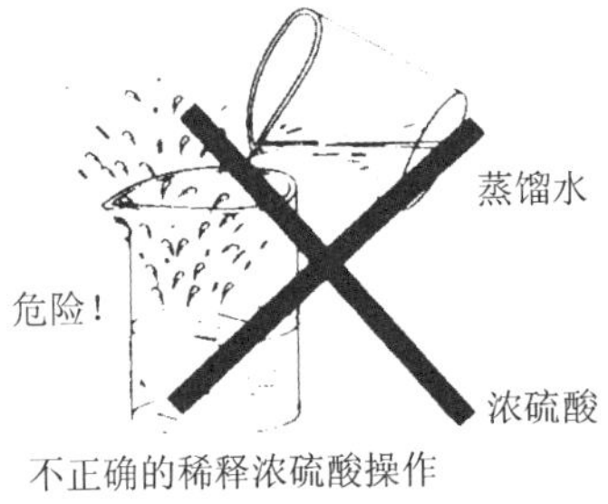

图 8-26　不正确的电解液配制操作

⑤测量电解液温度和密度。用温度计和比重计测量配制的电解液的温度和密度，当电解液密度为 1.25~1.29 g/mL(15 ℃时)时为合格。电解液相对密度的高低，应根据使用地区的气温而定。室温为 30~40 ℃时，电解液相对密度为 1.27 g/mL；20~30 ℃时，电解液密度为 1.28 g/mL；20 ℃以下时，电解液密度为 1.29 g/mL；

⑥电解液初配好时温度可高达 80 ℃左右，在加入蓄电池时，其温度须控制为 21~32 ℃。

(2)碱性蓄电池电解液的配制

碱性蓄电池的电解液是用固体氢氧化钾或氢氧化钠与蒸馏水配制而成的，碱与蒸馏水的配制比例如表 8-1 所示。



表 8-1 碱与蒸馏水配置比例

| 种类 | 比重 | 温度/℃ | 电解液成分 | 碱：水 |
|---|---|---|---|---|
| 1 | 1.18±0.02 | 45～10 | 氢氧化钠+氢氧化锂 | 1：5 |
| 2 | 1.20±0.02 | 35～-10 | 氢氧化钾+氢氧化锂 | 1：3 |
| 3 | 1.25±0.01 | 10～-25 | 氢氧化钾 | 1：2 |
| 4 | 1.28±0.01 | -15～-40 | 氢氧化钾 | 1：2 |

配置步骤与酸性电解液大致雷同，注意事项如下：

①配制好碱性电解液要静置 4 h，取澄清液使用。保存时，为防止空气中的二氧化碳进入，应将容器密封。

②电解液的更换。由于二氧化碳不可避免地侵入到电解液中，而使电解液逐渐变质，一般在室温条件下，电解液每经过 100 次充放电循环后应当予以更换，并且一年不得少于更换一次。当蓄电池容量显著降低时，用 8 h 放电率进行放电，使每个电池电压降到 1 V，倒出电解液，再用蒸馏水洗涤蓄电池数次，直至倒出的液体清洁为止。然后倒出全部剩余的洗涤液，再用新配制经过冷却的电解液注入电池内，盖上塞子，静置 2 h 后调整电解液的比重，使其达到规定值。最后加入适量的凡士林油（液体），按初次充电方法进行充电。

（3）蓄电池电解液的补充及注意事项

酸性蓄电池在充放电过程中，液面会有所降低。液面降低主要是因产生气体或蒸发使电解液中的水分减少造成的，因此补充液面至原来的高度时，只加蒸馏水，不可加酸。

**4.电解液比重的测量**

测量液体比重的工具叫作比重计。在配制电解液和观察蓄电池充放电状况时，均要用到它。它的结构如图 8-27 所示。

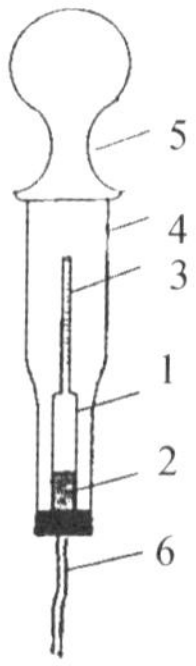


图 8-27 比重计及吸管

1—吸管；2—铅球；3—玻璃梗吸管；4—玻璃管；5—橡皮球；6—橡皮管

一般蓄电池中的电解液只高出极板顶部 10～15 mm，不能使比重计浮起，因此需将比重计放在吸管中，用时先捏紧橡皮球，把玻璃管中的空气挤掉。然后把橡皮管伸入蓄电池盖的圆孔中，放松橡皮球，将电解液吸入吸管中，于是管中的比重计就会按电解液的比重浮起。测量好后，将吸管中的电解液重新注入蓄电池中。

**5.蓄电池常见故障及处理方法**

蓄电池维护、使用不当会降低其使用寿命和容量，甚至会受到损坏，使用中可以通过充放电情况及观察极板外观和容器底上是否有沉淀物来判断蓄电池是否正常。下面介绍蓄电池常见故障现象、原因及处理方法。

(1)极板硫化

当发现蓄电池充电时冒气泡过早,或刚开始通电就有气泡;充电时电压太高,放电时电压降落很快,而且电解液的比重低于正常值;正极板呈褐色,还带白色时,说明极板已硫化。

极板硫化的原因:经常充电不足;放电电流过大;放电后没有及时充电;电解液不纯,含有杂质;电解液比重太高;电解液液面太低,致使极板上部硫化。

处理方法:如果充电不足,可采用过充电的方法来恢复活性物质;如果电解液比重过高,可加蒸馏水调整比重;如果电解液中含有杂质,则应清除杂质或更换电解液。

(2)极板短路

如果充放电时电压很低(有时为0);充电过程中电解液比重不能上升;充电时冒气泡少,且气泡发生很晚,说明电池极板有短路。

极板内部短路主要原因:极板上活性物质脱落卡在极板之间形成短路;沉淀物过多,或有其他杂质掉入,使极板短路。

处理方法:更换隔离板;清除沉淀物或杂质。

(3)极板弯曲

蓄电池使用中维护不当会引起极板弯曲。

极板弯曲原因有:充放电电流过大;长期过放电;长期过充电;充电温度太高;电解液不纯。

处理方法:首先要更换合适的电解液;在极板之间插入木板校正极板;如果弯曲太严重,无法校正时,应更换极板。

(4)沉淀物过多

当充放电时电流过大,电解液温度过高或电解液不纯时会产生沉淀。若蓄电池下部沉淀物过多将使蓄电池容量下降,放电电压过低,严重时将使极板之间发生短路,因此充放电时要注意不要使电流过大,处理时,先用硝酸银对电解液做定性检查,观察是否有氯根,如果有则应消除或更换电解液。

(5)容器损坏

当发现电解液漏出,绝缘电阻和电压下降时,应注意检查蓄电池容器是否破损。引起容器损坏的原因主要是搬运时碰撞、安装不当,或者容器本身质量不好,这时必须更换容器。

## 五、船舶用电设备的操作

### 1.船舶电气控制箱的操作注意事项

(1)所有电气控制箱操纵台前应铺设防滑、绝缘毯或木格。

(2)电气控制箱的门应可靠锁紧,非专业检修人员不得随意打开。

(3)不准在电气控制箱附近堆放易燃易爆物品和金属等其他物件,并做好清洁保养工作。

(4)无关人员严禁随意操作电气控制箱上的开关。

(5)值班人员应经常检查电气控制箱上的指示灯、显示仪表,如有异常应立即报告主管人员。

(6)电气控制箱内保护继电器跳闸后,应查明原因,不得随意复位合闸。

(7)带有正反转电气设备,如需换向操作,应待设备完全停下来后再进行。

**2.常用控制线路接线操作与故障排除**

凡正常运行时定子绕组接成三角形的三相鼠笼式异步电动机,在启动时临时接成星形,待电动机启动后接近额定转速时,将定子绕组通过 Y/△降压启动装置接换成三角形运行,这种启动方法叫 Y/△降压启动。属于电动机降压启动的一种方式,由于启动时定子绕组的电压只有原运行电压的 $1/\sqrt{3}$倍,启动力矩较小只有原力矩的三分之一,所以这种启动电路适用于轻载或空载启动的电动机。异步电动机星形–三角形(Y/△)降压启动控制电路如图 8-28 所示。异步电动机定子绕组 Y/△接法接线盒内部接线图如图 8-29 所示。

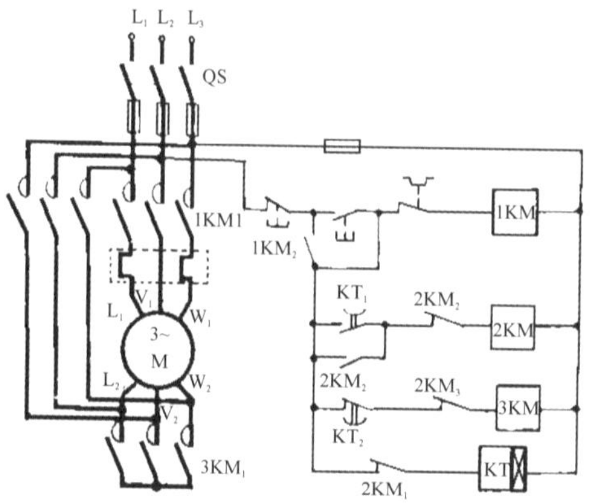


图 8-28　异步电动机星形–三角形(Y/△)降压启动控制电路图

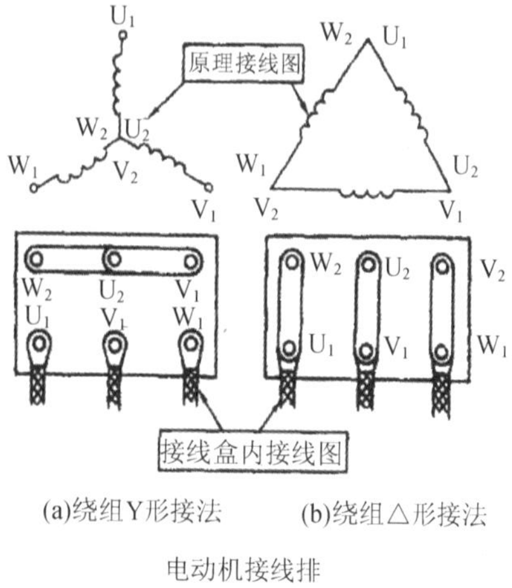


图 8-29　异步电动机定子绕组星形–三角形(Y/△)接法接线盒内部接线图

(1)线路分析

首先,合上空气开关 QS 接通三相电源。

然后按下启动按钮,首先交流接触器 1KM 线圈通电并自锁,接触器 3KM 和时间继电器 KT 线圈通电,1KM 的主触头 $1KM_1$ 和 3KM 的主触头 $3KM_1$ 将定子三相绕组接成星形(Y)。3KM 的辅助常闭触头 $3KM_2$ 断开,接触器 2KM 断电。

随着电动机转速的升高,待接近额定转速时(或观察电流表接近额定电流时)时间继电器常开延时闭合触头 $KT_1$ 闭合,接触器 2KM 线圈通电并自锁,主触头 $2KM_1$ 闭合,将电机三相绕组接成三角形(△)。同时时间继电器 KT 的常闭延开触头 $KT_2$ 断开,接触器 3KM 线圈断电,三相电机接成三角形(△)正常运行。

最后完成了星形–三角形(Y–△)降压启动的任务。

(2)接线训练工具

万用表、测电笔、剥线钳、黑胶布、熔丝、熔芯、螺钉旋具、尖嘴钳、红黄蓝导线若干、低压电器(按钮开关、接触器、热继电器、时间继电器)、闸刀开关、异步电动机等。

(3)操作步骤

第一步,用螺丝刀打开电动机接线盒,拆除接线柱上的连接片。

第二步,用万用表检查各低压电器触头接触情况,确认完好。

第三步，查出时间继电器的延时闭合与延时断开触头并做好记号。

第四步，用剥线钳剥好线头准备好导线，按照图 8-29 所示的接线图和图 8-30 所示的接线图一步一步进行接线。

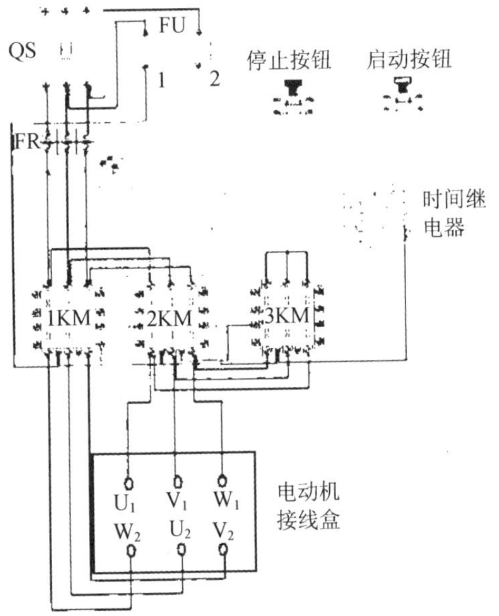


**图 8-30 异步电动机星形-三角形(Y/△)降压启动接线图**

第五步，完成接线后自检一遍，确认无误后报告指导老师检查评定。

第六步，所有接线正确、牢固后，盖上电动机接线盒，打开主电源开关 QS，按下启动按钮启动电机验证。

第七步，按下停止按钮，停止电机运转。

(4)故障排除

异步电动机星形-三角形(Y/△)接法降压启动控制线路常见故障及排除方法如表 8-2 所示。

**表 8-2 异步电动机星形-三角形(Y/△)接法降压启动控制线路常见故障及排除方法**

| 序号 | 故障现象 | 原因分析 | 排除方法 |
| --- | --- | --- | --- |
| 1 | 按启动按钮后电动机不能启动 | 主回路或控制回路无电或电路不通 | 检查断路器、接触器及其线路，排除故障 |
| 2 | | 辅助触头接触不良 | 修整或更换辅助触头 |
| 3 | | 电源电压过低 | 调高电源电压 |
| 4 | | 热过载继电器接触不良 | 检查热过载继电器动力回路接触情况，查找二次回路控制触头 |
| 5 | 接触器触头烧坏、只能吸合断不开 | 控制电源电压偏低，接触跳动引起烧坏 | 调高电源电压 |
| 6 | | 负载侧短路 | 断开负载、根据情况检查线路，排除故障 |
| 7 | | 二次回路故障 | 检查二次回路故障 |
| 8 | | 触头、弹簧损坏 | 触头弹簧退火或损坏，触头超程过小 |

续表

| 序号 | 故障现象 | 原因分析 | 排除方法 |
|---|---|---|---|
| 9 | 发现过载后热过载继电器不动作 | 热过载继电器整定值远大于电动机额定值 | 重新调整热过载继电器整定值 |
| 10 | | 热过载继电器损坏 | 更换热过载继电器 |
| 11 | 热过载继电器经常动作 | 热过载继电器整定值过小 | 重新调整热过载继电器整定值 |
| 12 | | 电动机经常过载 | 找出过载原因,并排除 |
| 13 | | 电动机故障 | 检查电机,排除故障 |
| 14 | 启动时间太长或启动后不能投入运行 | 时间继电器损坏 | 更换时间继电器 |
| 15 | | 时间继电器设时过长 | 重新设定时间继电器时间 |

**3.点动、自锁控制电路接线及故障排除**

(1)训练工具

万用表、测电笔、剥线钳、黑胶布、熔丝、熔芯、螺钉旋具、尖嘴钳、红黄蓝导线若干、低压电器(按钮开关、接触器、热继电器)、闸刀开关、异步电动机等。

(2)操作步骤

①用螺丝刀打开电动机接线盒,检查电动机绝缘情况。

②用万用表检查各低压电器触头接触情况,确认完好。

③用剥线钳剥好线头准备好导线,按照图 8-31 所示接线图和图 8-32 所示接线图一步一步进行接线。

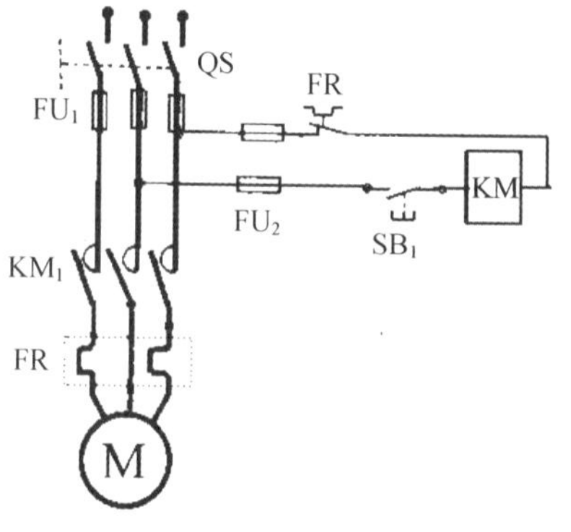


**图 8-31 电动机点动控制接线图**

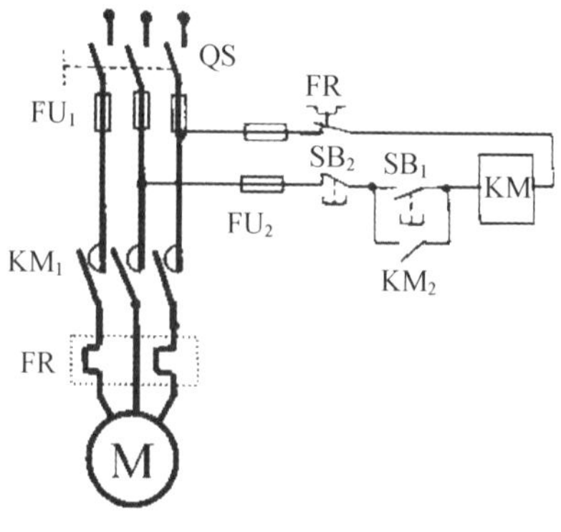


**图 8-32 电动机自锁控制接线路**

④完成接线后自检一遍,确认无误后报告指导老师检查评定。

⑤所有接线正确、牢固后,盖上电动机接线盒,打开主电源开关 QS,按下启动按钮 $SB_1$ 进行验证。

⑥按下停止按钮 $SB_2$,停止电机。

(3)故障查找排除

运行中发现电路异常现象,应立即停电,做认真详细检查。以图 8-31 和图 8-32 接线图为例训练,常见故障原因和处理方法如下:

①合上电源开关 QS 后，指示灯不亮。故障原因：电源有问题（缺相）、熔断器熔丝熔断、指示灯本身坏。故障处理方法：检查更正接线、更换熔断器、更换指示灯。

②合上电源开关 QS 后，烧熔丝或断路器跳闸。故障原因：指示灯被短接、KM 的线圈和 $SB_1$ 同时被短接、主电路（电源开关 QS 到 KM 主触头这一段）可能有短路。故障处理方法：检查更正、重新接线。

③合上电源开关 QS 后，指示灯亮，电动机马上运转。故障原因：$SB_1$ 启动按钮被短接、$SB_1$ 常开点错接成常闭点。故障处理方法：检查更正、重新接线。

④合上电源开关 QS 后，指示灯亮，但按 $SB_1$ 时，烧熔丝或断路器跳闸。故障原因：KM 的线圈被短接、主电路 KM 主触头以下部分可能有短路。故障处理方法：检查更正、重新接线。

⑤合上电源开关 QS 后，按 $SB_1$，KM 不动作，电动机也不转动。故障原因：$SB_1$ 未闭合或接成常开点、FR 的辅助常闭点断开或错接成常开点、KM 线圈未接上，或线圈损坏而未形成回路、接线有误。故障处理方法：检查更正、重新接线。

⑥合上电源开关 QS 后，指示灯亮，按 $SB_1$，KM 接触器能吸合，但电动机不转动。故障原因：电动机星形连接的中性点未接好、电源缺相（有嗡嗡声）、接线错误。故障处理方法：检查更正、重新接线。

⑦合上电源开关 QS 后，指示灯亮，按 $SB_1$，电动机只能点动运转。故障原因：KM 的自锁触头未接好、KM 的自锁触头损坏。故障处理方法：重新接线、修理触头。

**4.正反转控制电路接线及故障排除**

（1）训练工具

万用表、测电笔、剥线钳、黑胶布、熔丝、熔芯、螺钉旋具、尖嘴钳、红黄蓝导线若干、低压电器（按钮开关、接触器、热继电器、指示灯）、闸刀开关、异步电动机等。

（2）操作步骤

①用螺丝刀打开电动机接线盒，检查电动机绝缘情况；

②用万用表检查各低压电器触头接触情况，确认完好。

③用剥线钳剥好线头准备好导线，按照图 8-33 所示接线图一步一步进行接线。

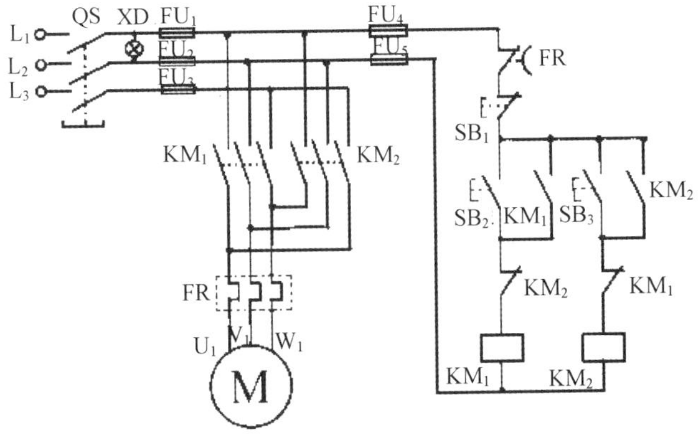


**图 8-33　电动机正反转控制接线图**

④完成接线后自检一遍，确认无误后报告指导老师检查评定。

⑤所有接线正确、牢固后，盖上电动机接线盒，打开主电源开关 QS，按下正转启动按钮 $SB_2$ 和反转启动按钮 $SB_3$ 进行验证。

⑥按下停止按钮 $SB_1$，停止电机。

(3)故障查找排除

以如图 8-33 所示控制线路图为例，进行故障查找与排除。

①故障现象：电动机正反转均缺相，$KM_1$、$KM_2$ 线圈吸合均正常。

故障原因：$KM_1$、$KM_2$ 主电路回路中的共用回路有线路、触头、熔断器损坏。

故障排除：用万用表查找故障点，重新接线或更换熔断器。

②故障现象：电动机正转缺相，反转正常，$KM_1$、$KM_2$ 线圈吸合均正常。

故障原因：$KM_1$ 主电路回路中 U 相的线路或触头损坏。

故障排除：用万用表查找故障点，重新接线或修理触头。

③故障现象：电动机正转正常，反转缺相，$KM_1$、$KM_2$ 线圈吸合均正常。

故障原因：$KM_2$ 的主电路回路中 V 相的线路或触头损坏。

故障排除：用万用表查找故障点，重新接线或修理触头。

④故障现象：电动机正反转均无，$KM_1$、$KM_2$ 线圈均不吸合。

故障原因：$KM_1$、$KM_2$ 线圈不得电，控制电路回路中的共用回路有线路、触头或熔断器损坏。

故障排除：用万用表查找故障点，重新接线或修理触头、更换熔断器。

⑤故障现象：电动机正反转正常，$KM_1$、$KM_2$ 线圈均吸合但电动机无法停止。

故障原因：控制回路中的 $SB_1$ 触头或 $SB_1$ 触头上下线路短路。

故障排除：用万用表查找故障点，重新接线。

⑥故障现象：电动机无正转，反转正常，$KM_1$ 线圈不吸合，$KM_2$ 线圈吸合正常。

故障原因：电动机正转控制回路中的线路、触头或线圈损坏。

故障排除：用万用表查找故障点，重新接线、修理触头或更换 $KM_1$ 接触器。

⑦故障现象：电动机正转正常，反转点动，$KM_1$ 线圈吸合正常，$KM_2$ 线圈吸合点动。

故障原因：$KM_2$ 控制回路无法自锁，自锁回路中有线路或触头损坏。

故障排除：用万用表查找故障点，重新接线、修理触头或更换 $KM_2$ 接触器。

⑧故障现象：电动机正转正常，无反转，$KM_1$ 线圈吸合正常，$KM_2$ 线圈不吸合。

故障原因：电动机反转控制回路中的线路、触头或线圈损坏。

故障排除：用万用表查找故障点，重新接线、修理触头或更换 $KM_2$ 接触器。

**5.日光灯灯具的接线安装**

(1)双联开关日光灯的安装

①日光灯的接线图如图 8-34 所示。接线安装前应检查照明板上的元器件：

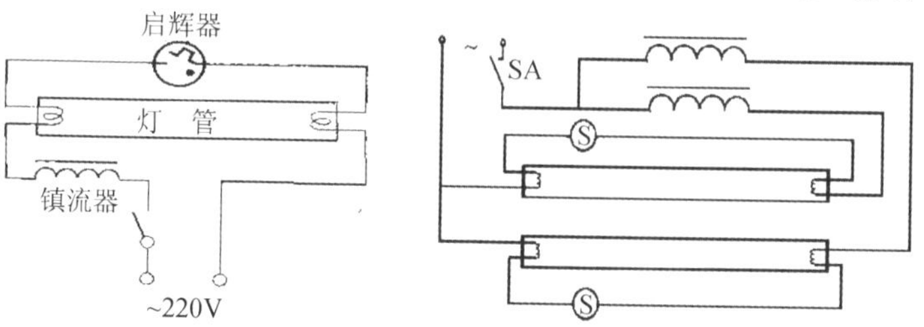


**图 8-34 日光灯的接线图**

镇流器与启辉器：镇流器、启辉器必须与灯管的功率相匹配。然后用万用表的电阻挡测量镇流器的两端，若其电阻为 0 或∞，则说明镇流器的线圈短路或开路。测量启辉器两极，如电阻为0,则动、静触片接触,如一直为∞,则电容器击穿。

日光灯:用万用表的电阻挡测量日光灯的两端,看其是否接通,若其电阻为∞,则说明日光灯的灯丝已经断开。

其他:灯架、灯座、连线柱、开关等要良好,电线长度及规格符合要求。

②测试元器件完毕后,按如图8-35所示接线安装。注意双联开关的1/2/3接线端要分清,不可随意接线,否则无法产生应有的效果。接线时应确保导线已卡在螺丝下,避免接触不良,电源引线上应套上绝缘套管,安装镇流器部位的盖罩上钻通风孔,以利散热。

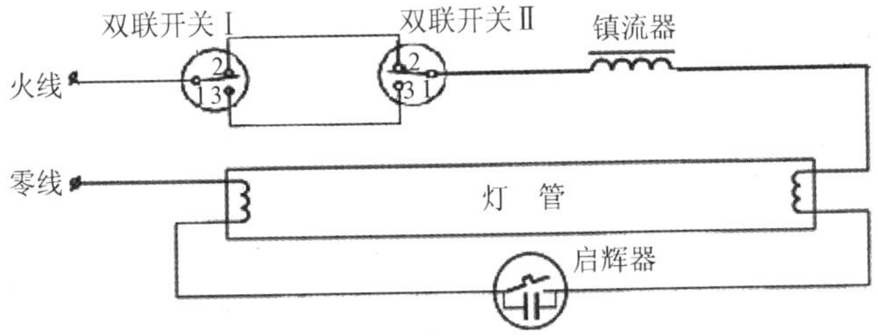


图8-35 双联开关控制日光灯接线图

③在确保各线路已经连接正确的情况下方可接通电源进行试验。

(2)日光灯的故障检修

日光灯照明电路常见故障分析及检修方法如表8-3所示。

表8-3 日光灯照明电路常见故障分析及检修方法

| 故障现象 | 产生原因 | 检修方法 |
|---|---|---|
| 日光灯管不能发光 | (1)灯座或启辉器底座接触不良<br>(2)灯管漏气或灯丝断<br>(3)镇流器线圈断路<br>(4)电源电压过低<br>(5)新装日光灯接线错误 | (1)转动灯管,使灯管四极和灯座四夹座接触,使启辉器两极与底座两块铜片接触,找出原因并修复<br>(2)用万用表检查或观察荧光粉是否变色,若确认灯管损坏,可换新灯管<br>(3)修理或调换镇流器<br>(4)不必修理<br>(5)检查线路并正确接线 |
| 日光灯灯光抖动或两头发光 | (1)接线错误或灯座灯脚松动<br>(2)启辉器氖泡内动、静触片不能分开或电容器击穿<br>(3)镇流器配用规格不合适或接头松动<br>(4)灯管陈旧,灯丝上电子发射物质将放尽,放电作用降低<br>(5)电源电压过低或线路电压降过大<br>(6)气温过低 | (1)检查线路或修理灯座<br>(2)将启辉器取下,用两把螺丝刀的金属头分别触及启辉器底座两块铜片,然后相碰,并立即分开,如灯管能跳亮,则判断启辉器已坏,应更换启辉器<br>(3)调换适当镇流器或加固接头<br>(4)调换灯管<br>(5)如有条件应升高电压或加粗导线<br>(6)用热毛巾对灯管加热 |
| 灯管两端发黑或生黑斑 | (1)灯管陈旧,寿命将终的现象<br>(2)如为新灯管,可能因启辉器损坏使灯丝发射物质加速挥发<br>(3)灯管内水银凝结是灯管常见现象<br>(4)电源电压太高或镇流器配用不当 | (1)调换灯管<br>(2)调换启辉器<br>(3)灯管工作后即能蒸发或将灯管旋转180°<br>(4)调整电源电压或调换适当的镇流器 |

续表

| 故障现象 | 产生原因 | 检修方法 |
|---|---|---|
| 灯光闪烁或光在管内滚动 | (1)新灯管暂时现象<br>(2)灯管质量不好<br>(3)镇流器配用规格不符或接线松动<br>(4)启辉器损坏或接触不好 | (1)开用几次或对调灯管两端<br>(2)换一根灯管试一试有无闪烁<br>(3)调换合适的镇流器或加固接线<br>(4)调换启辉器或使启辉器接触良好 |

(3)老式日光灯改装 LED 日光灯

随着 LED 日光灯的普及,船舶上需将老式日光灯改造为新型 LED 日光灯。具体方法如下:

①电感式镇流器日光灯改装如图 8-36 所示:拆除启辉器,将镇流器的两根接线短接后套上绝缘套管。

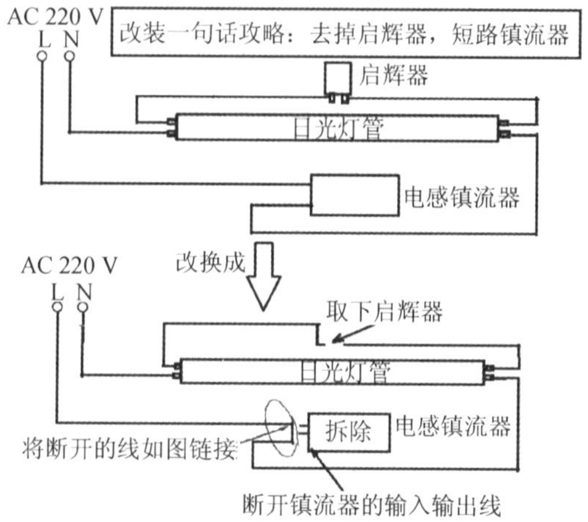


图 8-36　电感式镇流器日光灯改装图

②电子式镇流器日光灯(无启辉器)改装如图 8-37 所示:拆掉镇流器,将电源的火线和零线分别接到灯架两端的触片上。

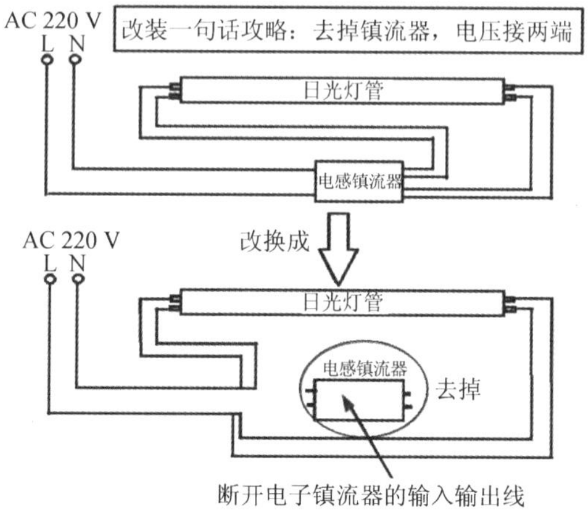


图 8-37　电子式镇流器日光灯改装图

为了防止改装后的光管支架误装上普通的荧光灯管,应在支架内部明显的位置贴上标签,注明"本灯架仅适用于安装 LED 日光灯"。

6.电动三速锚机/绞缆机操作、保养与故障排除

(1)操作注意事项

①打开控制箱电源时,首先检查电源指示灯及电压是否正常。

②打开主令控制器开关,接通电源,启动电机依次1、2、3挡做空车正反向试运转。

③起锚时开机用一挡速度,待锚爪出土锚链呈垂吊状态,可逐渐增车二挡、三挡起锚(用三挡起锚不得超过5 min)。当锚杆出水时应立即减速为一挡,禁用二挡以上速度使锚杆进孔。

④起锚到位后,锚链盘刹紧制动,切不可利用马达制动器来制动锚链。

⑤水深超过50 m抛锚时应采用电动抛锚,使锚匀速下落。

⑥绞缆受力时,负荷不宜过大,不得超过电动机的额定电流。

⑦非紧急情况不得使用强负荷启动按钮实施绞锚或绞缆。紧急情况下使用时间不得超过30 s。

⑧在使用中如遇突然断电,重新来电后应将主令操作手柄置于零位复位零压保护继电器后再进行操作。

(2)常见故障与处理方法

①无法抛锚和起锚

a.交流电源未接通。处理方法:接通电源。

b.熔断器烧坏,控制电路无电源。处理方法:更换相同型号和规格的熔断器。

c.电磁刹车部分有故障,无法松开。处理方法:检查电磁刹车部分,修复。

d.主令控制器失控。处理方法:检查修理主令控制器。

e.零压电压继电器不能正常工作(热继电器动作、零压电压继电器本身有故障、零压电压继电器的控制电路部分有断路)。处理方法:重新调整保护继电器的整定值或换新。

②电磁刹车部分无法松开

a.变压器有故障,内部一次或二次线圈有短路或断路。处理方法:可检查变压器的二次侧有否电压输出。

b.整流电路有故障。处理方法:检查整流电路中的二极管有否断路或短路

c.熔断器烧坏,无直流输出。处理方法:更换相同型号和规格的熔断器。

d.主令控制器的触头无法正常接通,造成无直流输出。处理方法:打磨清洁触头。

e.电阻断路。处理方法:更换电阻。

f.制动器线圈断路、短路或接地。处理方法:更换备用制动器线圈。

③能抛锚而不能收锚或相反

a.相关接触器断路或短路。处理方法:检修或更换接触器。

b.主触头接触不良。处理方法:修理或清洁接触器主触头。

c.主令控制器的相关触头接触不良。处理方法:清洁并打磨相关触头。

④有低速而无中、高速

主令控制器中的相应触头接触不良。处理方法:清洁打磨相关触头。

⑤轻载上不了高速。

过流继电器调整不当,未过载就动作。处理方法:重新整定过流保护电流。

时间继电器调整不当,致使当进入高速时,中间继电器未经延时而立即断电,换挡的冲击

电流使动作。处理方法:重新调整时间继电器的时间。

(3)锚机的维修及保养

①值班日常维护工作

a.检查电动机、电磁制动器、继电器、接触器线圈的温升是否正常;

b.检查通风系统是否正常;

c.检查电动机、电磁制动器、接触器的动作情况是否正常;

d.及时发现故障并更换损坏的零部件。

②一般性检查(航次检查)

a.进行电气控制屏除尘、清洁工作;

b.紧固接线螺丝,检查活动部件是否灵活、可靠;

c.主令控制器的机械活动部分清洁并加润滑油;

d.检查所有电气元件,使其符合说明书的要求;

e.检查电路和元件有无断线、短路、接地现象。

③每三个月应进行的检修

a.检修各电器的吸上电压和释放电压;

b.检查与调整零压继电器、过载继电器、电磁制动器、各时间继电器的整定值是否符合控制电路的规定要求;

c.检查继电器和接触器的触头压力等是否符合规定要求;

d.检查各继电器、接触器线圈的电阻,排除开路或短路故障;

e.测量控制屏、电动机、电磁制动器线圈的绝缘电阻;

f.通风冷却系统检查,轴承清洗加油。

**7.船舶机舱自动控制系统操作**

(1)双位控制器的操作

船舶机舱设备的双位控制器多用在液位、压力和温度控制,其中辅锅炉的水位、汽压和空压机压力控制最为常见。

①浮球式液位双位控制调节

如图8-38所示为船舶辅锅炉浮球式双位水位控制原理控制器。

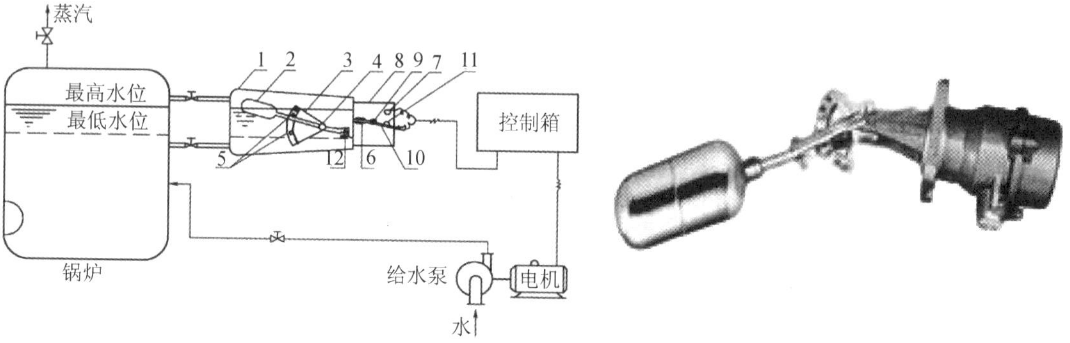


**图8-38 浮球式双位水位控制原理和控制器**

1—浮球室;2—浮球;3—调节板;4—枢轴;5—上、下限销钉;6、12—同极性永久磁铁;7—静触头;8—开关箱;9—转轴;10—转杆;11—动触头

调节操作与管理要点：

a.浮球室要定期放水、清洗，以防泥渣堆积；

b.定期检查清洁浮球机构，查看浮球是否破裂、调节板销钉孔是否固定，清洁转轴、枢轴上的水垢；

c.调整上、下限销钉 5 的位置，可调整水位的上、下限值。

②电极式双位水位自动控制调节

电极式双位水位自动控制系统如图 8-39 所示。

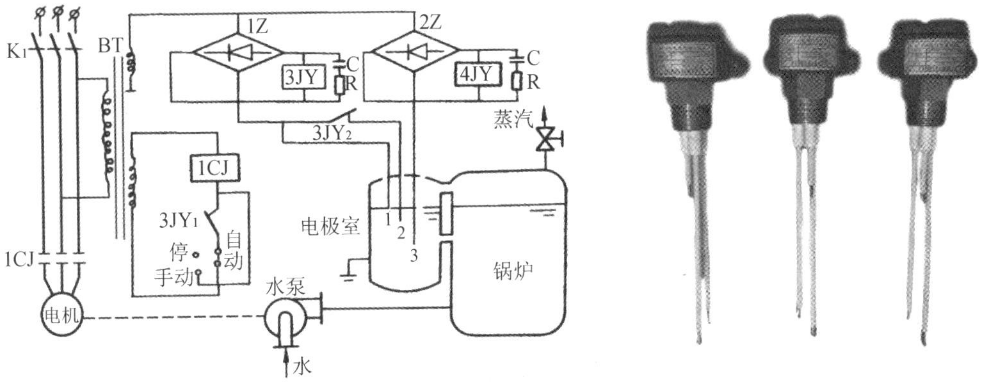


图 8-39　电极式双位水位自动控制系统原理和电极

调节操作与管理要点：

a.电极室要定期放水和清洗，以防泥渣堆积；

b.电极要定期抽出清洁水垢；

c.清洁后要检查电极与电极室的绝缘是否良好，如不好，更换绝缘材料；

d.改变电极 1、2 号的上下位置可以调整上、下限水位。

③双位式压力和温度控制器

如图 8-40 所示为双位式压力和温度控制器原理和实物图，其可用于压力和温度的双位控制。

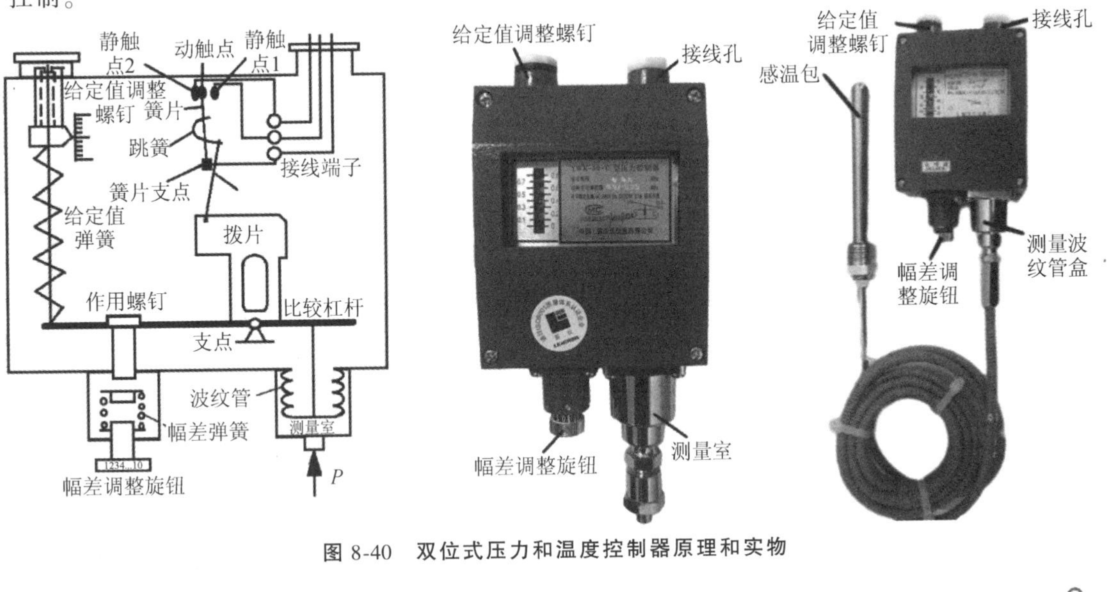


图 8-40　双位式压力和温度控制器原理和实物

压力或温度调整调节操作要点：

a.拧开给定值调整螺钉盖，用螺丝刀调整给定值弹簧预紧力可调整控制下限设定值，用 $P_x$ 表示，其数值大小由指示器来指示。

b.幅差调整旋钮可调整幅差弹簧的预紧力，即可调整触头动作的压力上限值，用 $P_z$ 表示。应该特别注意的是调整给定值弹簧的预紧力，改变下限压力值 $P_x$ 的同时压力上限值也将随之改变。调整幅差弹簧的预紧力，改变上限压力值 $P_z$ 但不会影响下限压力值。幅差调整旋钮有一红色标记，在它下面的圆柱面上有 0~10 挡刻度。

c.控制幅差的计算。被控量的上下限值之差（$\Delta P = P_z - P_x$）称为幅差。每一控制器都有一个允许幅差变化范围。如 YMK-50-C 型压力开关的幅差变化范围为 0.07~0.25 MPa。红色标记对准 0 挡，幅差 $\Delta P = 0.07$ MPa；红色标记对准 10 挡，幅差 $\Delta P = 0.25$ MPa。红色标记对准不同挡时，幅差 $\Delta P$ 的计算公式为：

$$\Delta P = P_z - P_x = 0.07 + (0.25 - 0.07) \times \frac{x}{10}$$

式中，$x$ 是设定的挡数，各数值的单位均为 MPa。这样，在压力的上限值、压力的下限值及所设定的挡数 $x$ 这三个变量中，知道其中任意两个，就可以求出第三个。

例如，如果要求压力上限值为 0.75 MPa，压力下限值为 0.64 MPa，应该怎样对 YMK-50-C 型压力开关进行初始调整？

解决上述问题的第一步是转动给定值调整螺钉，使给定指针对准所要求的下限值 0.64 MPa。然后求出幅差调整旋钮应该对准的刻度 $x$，由于 $\Delta P = 0.75 - 0.64 = 0.11$ MPa，所以

$$\Delta P = 0.07 + (025 - 0.07) \times \frac{x}{10} = 0.11$$

求解上式得，$x = 2.2$，即幅差调整旋钮应该转到第 2 挡稍过一点。

启动被控设备，检查启、停压力或温度，然后再微调到希望的控制值。

调整好后，旋紧下限值调整螺钉密封盖。

（2）船用传感器的保养与检修

①每天检查传感器运行情况是否正常，发现异常立即检修；

②定期检查清洁传感器的检测装置，有水垢、油污、垃圾等污物要清除；

③经常检查机舱各种传感器接线是否松脱、传感器对地绝缘是否良好；

④按照维护保养说明，定期用标准校验仪对传感器进行校验；

⑤测量传感器的检修一定遵循先断电、再检修的原则。很多传感器属于精密仪器，检修时做到胆大、心细。

（3）机舱监测报警系统操作规程

①启动前检查

检查监测报警系统交直流电源，确认交直流电源正常供电；检查打印机电源与信号线接口，确认连接完好；检查不间断供电电瓶，插口应无脱落、松动。

②启动与操作

合上工控机电源开关，（不间断电源开关始终置于“ON”位置，不能关断），开启工控机；合上显示器电源，显示器指示灯亮；工控机启动后，系统进入监视报警系统界面，进行报警试验、消声、消闪；移动光标进入设备状态界面图；报警发生时，报警点闪光，风鸣器发声，按消声按钮

消声、按消闪按钮消闪；若故障排除，在当日报警记录中自动消失；对故障和运行参数打印，移动光标至“打印”项，点击按钮进入“打印”项界面，确定打印项的起始点，点击按钮，进行打印；设定的参数，一般设定可直接更改，特殊参数的设定需输入密码，未经公司主管技术人员同意，操作者不得擅自修改；延伸报警发生时，机旁操作完成后，需在延伸报警点处消声消闪。

③关机

要关闭操作系统，拖动光标至“文件”处，点击“文件”弹出“退出”，拖动光标“退出”并点击操作系统自动关机。

切断显示器电源；工控机按钮复位；不间断电源机箱的开关不允许关闭。

④其他注意事项：

除机舱值班人员以外，其他无关人员禁止操作工控机，如遇此情况，机舱值班人员一经发现必须立即制止，同时做好相应记录。

除公司相关主管技术人员外，禁止操作人员删除、更改和下载报警系统存贮数据。

禁止在工控机上运行其他无关的程序和文件。

未经公司相关主管技术人员的同意，任何人不允许在工控机上外接其他接口设备（如光驱、U 盘、硬盘等）。

值班人员要对工控机设备进行维护和清洁，保持好工控机设备的技术状况。

**8.船舶电网绝缘监测报警装置操作**

目前自动化船舶都装有船舶电网绝缘监测报警装置，一般都是由电子电路组成，也有船舶在配电板式兆欧表的测量回路中串一个电流继电器，当绝缘电阻小于整定值时（如 0.5 MΩ），漏电电流触发报警信号电路，发出声、光报警信号输送到机舱集中监视与报警系统，这样可以连续监测船舶电网对地的绝缘状况。

操作：按下接地灯的按钮进行测试，查看三盏灯的明亮程度，若三盏灯一样亮，说明绝缘良好；如一盏灯熄灭，另外两盏灯比较亮，灯熄灭的那一相发生接地故障。若没有按按钮一盏灯不亮，说明该指示灯灯泡已坏。接地灯所用的灯泡必须规格相同（不大于 15 W），更换时必须三盏（两盏）同时更换。

**9.船舶电网单相接地故障的查找**

船舶电网接地故障大多发生在照明网络。一般在机舱值班巡视中，通过接地灯、配电板式兆欧表或报警装置发现接地故障时，机舱人员应及时找到接地点，排除接地故障，消除隐患，下面以配电板式兆欧表为例，叙说如出现照明网络接地时故障的查找方法和步骤。原理接线如图 8-41、图 8-42 所示。

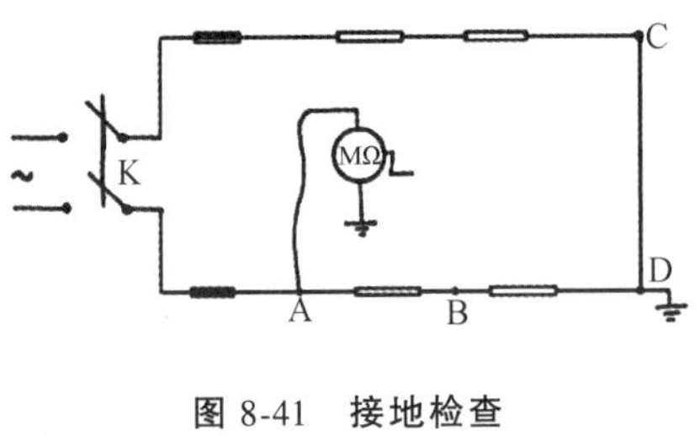


图 8-41　接地检查

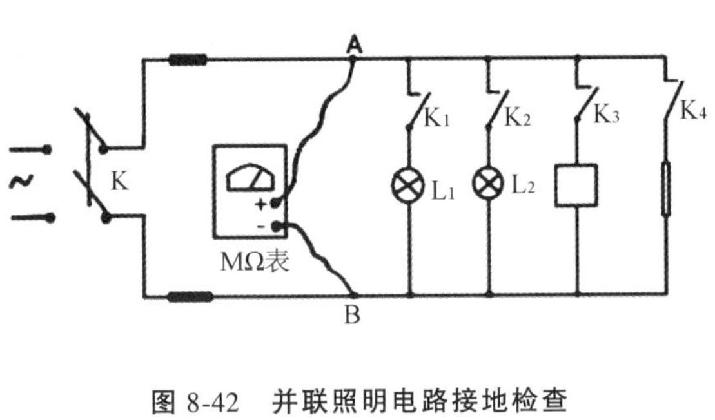


图 8-42　并联照明电路接地检查

(1)首先打开配电板式兆欧表测量照明网络，兆欧表指示此时为0。

(2)在主配电板照明馈电屏前，逐个拉掉照明配电开关，查看兆欧表指示是否恢复正常值，若仍为0，说明接地点不在这一配电区域，故应合上这一配电开关。但要注意有些电源开关(如陀螺电经、卫星基站等)不能随意断电。

(3)拉照明区域开关的顺序一般应为船员居住区—甲板照明区—机舱照明区—驾驶台—通信、导航设施。

(4)找到发生接地故障分配电开关后，切断该路供电，在该开关处挂检修指示牌，并关上兆欧表开关。

(5)在分配电箱前，首先应将配电箱内保险丝全部拆下或将支路配电小开关全部拉下，这样各个支路间互相隔离，然后运用便携式兆欧表来查找二次配电网络，逐个测量分支电路对地绝缘状况。

(6)找到接地的分支电路后除这一路分配电开关或保险丝外，合上其余配电小开关或装上其余保险丝，在主配电板前合上这一路配电开关，向其供电。

(7)在查找具体接地点时，应从中间接线盒(如两个房间中间)断开，来测量判断是哪一区域(如房间)接地。

(8)由于小区域(房间中)只有有限的几个供电点，一般不超过5个点，应逐一检查每个供电点。主要检查插座、可以移动的电器，若不是，则接着查找灯头、插头、开关部分引线，检查灯头、插头、开关内部状况，经过这些检查仍找不到接地点时，应检查接线盒至用电器间电缆，这就需要通过拆卸墙壁板、天花板来逐一查找，直至找到接地故障点，排除之。

(9)船舶电网绝缘下降或通地故障一般多发生在甲板上的电气设备和船员房间的外接电气用具。查找故障时应从容易接地的电气设备开始。

## 第二节 ◉ 常用控制电器的检修

### 一、电气控制箱的检修

船舶电气控制箱是指船舶电力设备、电拖设备和电控设备的控制箱柜，是根据被控制设备的多少、大小、控制要求选择不同的电气元件按电气接线要求组装成封闭或半封闭金属箱柜。

电气控制箱根据不同的需要，采用不同的控制，有传统的继电器式控制、PLC型(可编程序逻辑控制器)控制和新型的微机控制。常用的控制箱电气元件有电源模块、开关设备(包括断路器、接触器、继电器、启动与停止按钮)、测量仪表、保护电器、指示灯和辅助设备。船舶电气控制箱如图8-43所示。

**1.船舶电气控制箱的技术要求**

(1)船舶电气控制箱应采用防水式结构，要有良好的水密性；

(2)船舶电气控制箱的各种电气绝缘应能耐油、防潮、防霉和防盐雾；

(3)机械机构动作要灵活，并能在船舶摇摆、振动下正常工作；

船舶电气控制箱外观

PLC 型船舶电气控制箱

继电器式船舶电气控制箱

图 8-43　船舶电气控制箱

(4)符合电气技术要求,有必需的保护环节,如过载保护、短路保护、欠电压保护等;

(5)操作方便,安全可靠,有必需的状态指示;

(6)便于维修和保养。

**2.船舶电气控制箱的检修**

使用中的船舶电气控制箱应定期进行检修,在航行中检修停用设备的船舶电气控制箱或备用设备的船舶电气控制箱,停靠码头和锚泊时,可以检修服务于主机的各类泵的船舶电气控制箱,检修时应切断电源。对远离船舶电气控制箱的电源开关要挂上修理告示牌,写明“进行检修,不得合闸”等字样。除修理人员外,任何人不得移动告示牌,以保证检修安全。

(1)常见故障和排除方法

船舶电气控制箱常见故障和排除方法如表 8-4 所示。

表 8-4　船舶电气控制箱常见故障和排除方法

| 故障现象 | 故障原因 | 排除方法 |
|---|---|---|
| 电动机不能启动 | 1.主电路或控制电路的熔体熔断<br>2.热继电器动作后尚未复位<br>3.控制电路中按钮和继电器不能正常闭合。接触器线圈内部断线或连接导线脱落<br>4.主电路中接触器主触头因衔铁卡住而不能闭合或连接导线脱落等<br>5.启动时,负载太重 | 1.用万用表电阻挡判断哪相熔体断了,更换之<br>2.用万用表电阻挡测量热继电器常闭触头,若未闭合,按复位按钮<br>3.用万用表电阻挡检查各故障点,针对故障情况修复<br>4.清除卡物;连接脱落导线<br>5.将负载调到额定负载 |
| 电动机在启动时发出“嗡嗡”声 | 1.有一相熔体熔断<br>2.接触器的三对主触头不能同时闭合<br>3.某相接头处接触不良,导线接头有氧化物、油垢,使连接螺钉未旋紧等引起<br>4.电源有一相内部断线 | 1.用万用表电阻挡检查哪相熔体熔断,换上同型号熔体<br>2.用“0”号砂纸对触头研磨,使之对主触头能同时闭合<br>3.用无水酒精清洗接头处,并将螺钉旋紧<br>4.用试电笔判定哪里断线,并排除故障 |
| 电动机运行时不能自保 | 接触器的自锁触头不能保持闭合或连接导线松脱断裂等 | 用“0”号砂纸研磨自锁触头;拧紧松脱的导线 |
| 按下停止按钮后电动机不能停车 | 因过载而造成接触器主触头烧焊 | 将负载减到额定负载,将主触头撬开并研磨,若研磨后不能使用,需更换交流接电器或主触头 |

续表

| 故障现象 | 故障原因 | 排除方法 |
|---|---|---|
| 电动机温升过高(这与启动箱看似无关,但温度过高会使热继电器动作) | 1.负载过重<br>2.轴承油封损坏,因漏油而润滑不良等<br>3.电动机通风条件差 | 1.将负载减到额定负载<br>2.检查轴承,若是故障所在,则修复轴承<br>3.机舱通风条件差,只能更换绝缘等级高的电动机 |

(2)船舶电气控制箱日常维护保养

①除锈:电气控制箱内电器等装置的零件有腐蚀生锈的地方,必须用砂布或刮刀等除锈,刮磨时应尽量除去氧化物,而少磨去金属。对不导电和不受摩擦的零件表面,刮磨后可涂以凡士林或牛油,涂漆零件上的防锈层剥落时,可在除锈后涂以防锈漆。禁止在接线柱、摩擦接触的平滑面、螺纹、弹簧等上面涂漆。

②触头接触面贴合检查:触头接触面保持洁净光滑,露出金属光泽,便于接触导电。触头初压力、终压力和超行程都应符合规定。触头接触面上的氧化物或烧灼的熔化物可用细挫或玻璃砂纸擦磨,研磨时禁止使用金刚砂布。银制触头可用干布或沾有少量清洗液的湿布擦去灰尘和污物,不宜用砂布等擦磨。擦磨时应尽量少磨去金属,磨后应用干布将擦磨面擦拭干净。禁止用任何滑油或其他油漆涂抹触头,以防接触不良。研磨触头时应保持触头原来的形状,不可用力过大而使触头变形。

三相触头修理后应保持三个触头同时接触。当触头磨损烧灼严重而无法修整时,应及时更换同类型的备用触头。

③检查电器的电磁机械、灭弧系统和弹簧张力:通电时,检查电磁机械在吸合和释放时有无卡阻、行程是否符合要求、吸合时触头的接触压力和贴合情况;断电时,检查释放时动、静触头之间的间隙是否足够;清除衔铁铁芯接触面上的灰尘、油污或铁锈;检查灭弧罩安装是否牢固、灭弧栅片数是否缺少,更换振裂破损灭弧罩或烧损严重的灭弧栅;检查弹簧是否完整、弹力是否良好。

④检查各部分机械连接:检查有无零件、螺钉脱落掉入箱内,有无螺母松动;紧固控制箱内导线连接螺钉。

⑤定期用兆欧表测量接触器线圈和线路的绝缘电阻,如接触器线圈的绝缘电阻在冷态下低于 0.5 MΩ,应烘干线圈。导线的绝缘不好应换新。

⑥检查控制箱的防水密封垫,更换损坏或变质的防水密封件。

⑦定期用电吹风、吸尘器清除箱内、箱体通风网及冷却风机的灰尘,保持清洁和散热,每天检查冷却风机运转情况,如风机损坏应及时更换。

⑧定期检查与调整保护电器(热继电器、时间继电器等)的动作值,保证电力设备安全运行。

## 二、常用低压电器的修理与调整

### 1.接触器的修理与调整

(1)触头系统的修理

①触头的表面修理:触头积垢,可用汽油或四氯化碳溶液清洗干净,不能用润滑油涂擦触

头表面氧化，可用小刀或细锉轻轻地把触头表面的氧化层清除，但不可损伤触头表面的平整度，以保持原来的形状。

②触头的整形修理：触头表面烧毛，可用小刀或细锉整修毛面，使触头表面恢复原状，但触头表面不能锉得过分光滑，失去原有形状反而会造成接触不良，影响其使用寿命。注意不能用砂纸修磨，以免砂粒嵌入触头表面，使接触电阻增加。如果动、静触头被严重的电弧熔焊，可在将其分开后，按上述方法处理。

③触头的更换修理：如果触头磨损得很厉害，超程不符合规定，则应更换触头，一般触头磨损到原厚度的 2/3～1/2 时就需要更换，镀银触头若银层被磨损而露铜时应立即更换，如果触头熔焊严重，也必须更换触头，如果是触头容量不够而产生熔焊，则应先用容量大一些的接触器。

(2)接触器参数的调整与测试

①触头的开距与超程的测量与调整

触头开距即触头在完全分开时动、静触头间的最短距离。触头超程即触头从接触到完全闭合后，动触头在接触处发生位移。直动桥式与转动指式触头的开距与超程如图 8-44、图 8-45 所示。开距与超程可用卡尺、内卡钳、塞尺或专用样板等量具测量。触头开距的调整主要考虑电弧熄灭可靠、闭合与分断的时间、分断运动的距离及打开位置的绝缘间隙等因素。超程的作用是保证触头磨损以后仍能可靠地接触，它的大小与触头使用寿命有关，对于单断点的铜触头一般取动、静触头厚度之和的 1/3～1/2，对于银或银基触头一般取动、静触头厚度之和的 1/2～1。

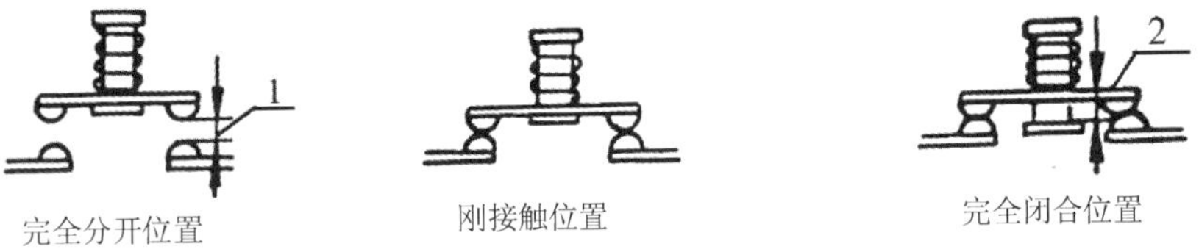


**图 8-44　直动桥式触头的开距与超程**

1—开距；2—超程

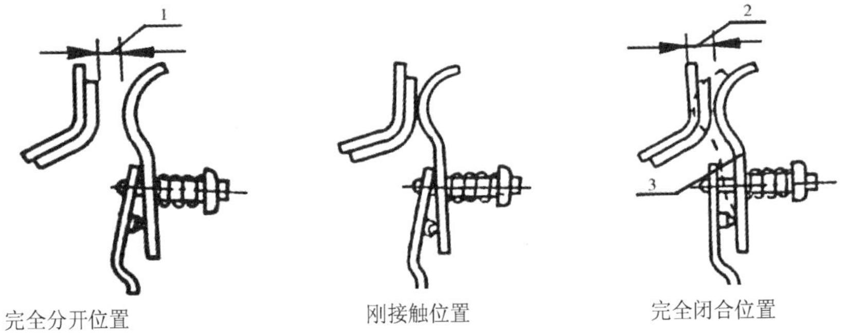


**图 8-45　转动指式触头的开距与超程**

1—开距；2—超程；3—测量处

②触头的初压力和终压力的测量与调整

触头的初压力是指动、静触头刚接触时作用于触头上的压力。触头的终压力是指触头完全闭合后作用于触头上的压力。如图 8-46、图 8-47 所示为测量桥式触头与指式触头终压力示意图，对于桥式触头，每一触头的终压力为指示灯刚熄灭时砝码重力的一半；对于指式触头，当指示灯刚熄灭时砝码重力即为终压力。测量时应注意把拉力方向调整垂直于触头接触线，另外，还可以用图 8-48 所示的方法来测量指式触头终压力；关合电磁系统，使触头完全闭合，在其间垫入厚度不大的纸片，当能轻轻抽出纸片时，弹簧秤的读数即为触头终压力，触头终压力主要取决于触头的材料、导体允许温升及电动稳定性，因为终压力是为了减少接触电阻、降低触头的温升，一般取 0.15～0.25 N/m$^3$，对于银或银基触头和小电流接触器选小值，对于铜或铜基触头选大值，终压力大小可调整触头弹簧压力大小。检查所调触头终压力是否合适，也可用下面方法判定，即用 0.1 mm 厚、宽度比触头稍宽的纸条，夹在闭合的动、静触头之间，如图 8-49 所示，向上拉动纸条，在正常情况下，对于小容量电器，稍用点力，纸条应能被完整拉出，对较大容量的电器，纸条拉出时有撕裂现象。如果纸条轻易被拉出，则说明触头终压力太小；如果纸条一拉就断，则触头终压力过大。

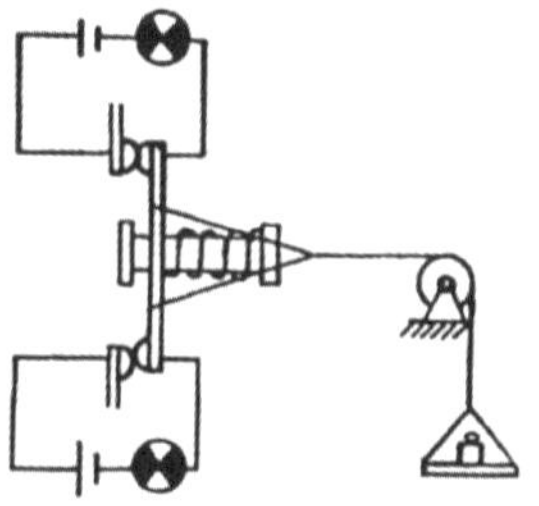

图 8-46　测量桥式触头终压力示意图

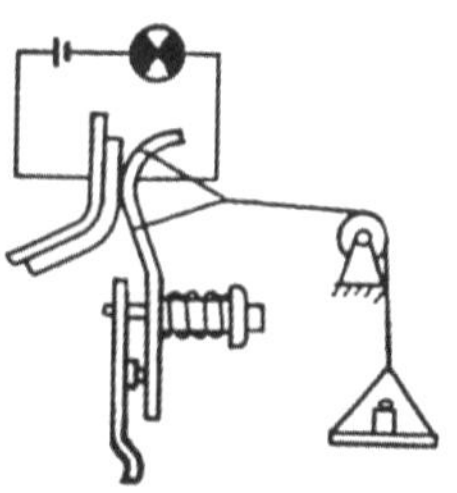

图 8-47　测量指式触头终压力示意图之一

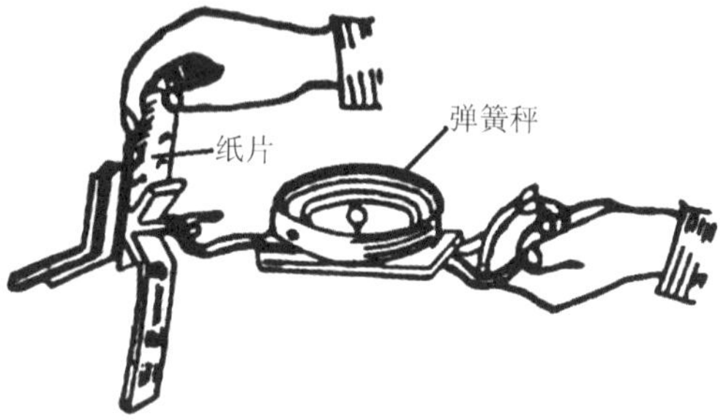


图 8-48　测量指式触头终压力示意图之二

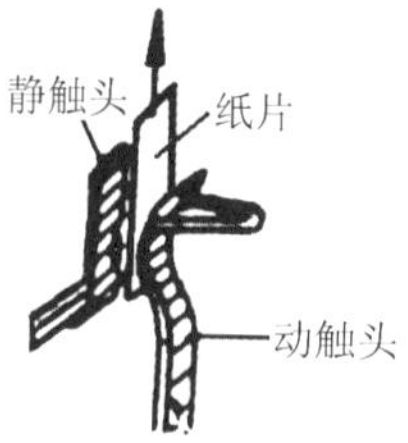


图 8-49　用纸条测量触头终压力

初压力是防止触头闭合时跳动，避免烧坏触头，所以初压力也必须进行测量。触头初压力在触头分开时测量，可采用测量终压力的方法来测量初压力，如图 8-50 所示为测量指式触头初压力的示意图。在动触头及其支架间夹入纸条，当能轻轻抽出纸条时砝码的重力（或弹簧秤的读数）即为触头的初压力。也可测量触头分开与闭合时弹簧相应的位置，然后卸下弹簧，在弹簧测力计上测量在相对应位置上的压力，即为触头的初压力与终压力。触头的初压力也可根据终压力来调整，对于交流接触器一般按终压力的 65%～90%进行调整，对直流接触器则按终压力的 60%～80%进行调整。

（3）接触器的维护及故障排除

①接触器的维护

接触器使用寿命的长短与维护保养工作的好坏有很大关系。定期进行检查，可及时防止故障的发生，保证安全运行。定期检查内容包括：

触头的接触面是否有烧毛及氧化层；动、静触头的位置应正确，不得有歪扭现象；触头的初

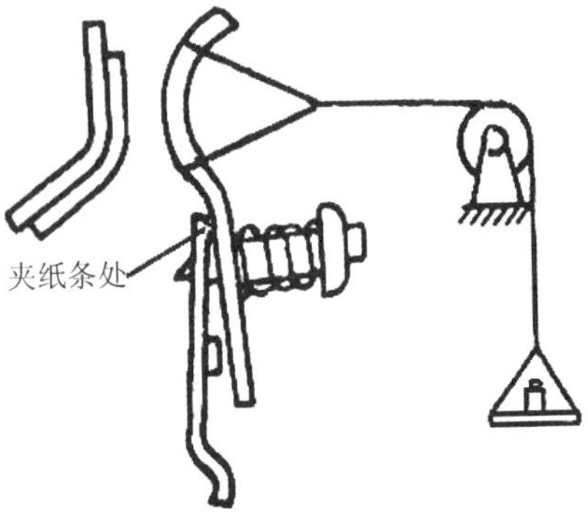


图 8-50　测量指式触头初压力示意图

压力和终压力是否符合技术要求；检查触头磨损程度；静铁芯和衔铁接触面之间接触是否良好；所有连接部分接触面是否紧密，螺帽是否拧紧；各运动部分是否灵活，有无磨损；各部分是否清洁，有灰尘污物者应及时清除；吸引线圈有否过热损坏等。

②故障现象、发生原因及排除方法

接触器触头系统常见故障与排除方法如表 8-5 所示。

表 8-5　接触器触头系统常见故障与排除方法

| 故障现象 | 可能原因 | 排除方法 |
| --- | --- | --- |
| 触头过热 | (1)触头压力不够(触头弹簧变形或烧坏)<br>(2)触头表面氧化或有杂质<br>(3)触头容量不够<br>(4)触头损坏太多使压力减少 | (1)换新弹簧<br>(2)用小刀除去杂质<br>(3)换大容量的<br>(4)换新触头 |
| 触头烧毛 | (1)灭弧故障<br>(2)初压力太小以致闭合时触头跳动<br>(3)触头容量过小 | (1)检查灭弧装置，锉光触头<br>(2)检查触头初压力大小并锉光触头<br>(3)改用大容量接触器 |
| 触头熔焊 | 上述(1)、(2)的现象严重时，将使动静触头熔焊在一起 | 换新触头 |
| 触头磨损很快 | (1)触头弹簧损坏，初压力不足，在闭合时跳动厉害<br>(2)初压力太大<br>(3)电源电压过低<br>(4)电源电压过高 | (1)调整触头弹簧压力<br>(2)调整触头弹簧压力<br>(3)调整到额定值<br>(4)调整到额定值 |

接触器电磁系统常见故障与排除方法如表 8-6 所示。

表 8-6　接触器电磁系统常见故障与排除方法

| 故障现象 | 可能原因 | 排除方法 |
| --- | --- | --- |
| 衔铁噪声大 | (1)铁芯端面接触不良(端面有杂质、油垢、灰尘或磨损)<br>(2)短路环有裂缝或脱落<br>(3)电压太低或太高 | (1)清洁修理端面<br>(2)换新或装好<br>(3)调整到额定值 |

续表

| 故障现象 | 可能原因 | 排除方法 |
| --- | --- | --- |
| 线圈过热或烧损 | (1)操作过于频繁<br>(2)衔铁和铁芯间有灰尘、油垢杂质,使气隙增大<br>(3)外加电压过低,使衔铁不能吸合<br>(4)衔铁发生卡阻不能闭合<br>(5)电源电压过高<br>(6)线圈匝间短路 | (1)按技术要求进行操作<br>(2)清洁铁芯端面<br>(3)查明原因修理<br>(4)检查修理<br>(5)调整到额定值<br>(6)修复或换新 |
| 衔铁吸不上 | (1)线圈断线,短路<br>(2)接线处接触不良,脱落<br>(3)电源电压太低<br>(4)运动部分卡死 | (1)修复或换新<br>(2)将螺钉拧紧<br>(3)调整到额定值<br>(4)检查修理 |

接触器灭弧系统常见故障与排除方法如表 8-7 所示。

**表 8-7 接触器灭弧系统常见故障与排除方法**

| 故障现象 | 可能原因 | 排除方法 |
| --- | --- | --- |
| 电弧不能熄灭,灭弧罩烧焦,触头严重烧毛 | (1)灭弧罩受潮<br>(2)磁吹线圈匝间短路<br>(3)灭弧罩碳化<br>(4)灭弧罩破损或者脱落<br>(5)消弧角脱落<br>(6)灭弧栅脱落 | (1)烘干<br>(2)修整<br>(3)用细锉或小刀将烧焦部分锉刮掉<br>(4)修复或装上<br>(5)重新配制<br>(6)补上 |

**2.热继电器的测试与修理**

(1)测试注意事项

①测试前准备工作:试验前,应将热继电器上所有零部件灰尘、污垢及锈迹清理干净,双金属表面应保持原有光泽。若更换热元件或准备重新调整的热继电器,必须拧紧紧固件。试验时的环境温度尽量接近工作环境温度。试验用的连接线长度不应小于 0.6 m,连接线的截面积要和使用时的实际情况相同,接头应用螺钉拧紧。热继电器的试验线路如图 8-51 所示,一般采用小型负荷变压器供给电流,要求试验电流稳定。

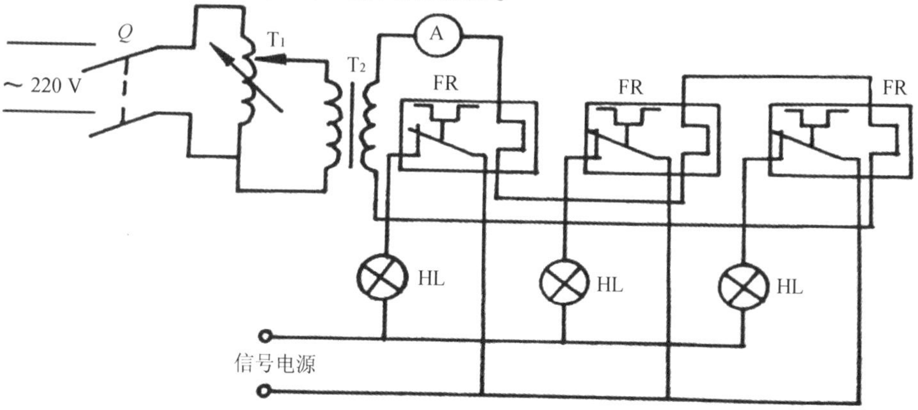


**图 8-51 热继电器试验线路图**

可调式的热继电器，应将热继电器的刻度盘对准所需要的电流值，然后进行调整试验。

②预试：先通以 2~3 倍的整定电流，使其动作 2~3 次，使试验设备预热，再冷却到室温，且注意观察变压器、线路等有没有问题，然后才能进行正式试验。

(2)测试

先将热继电器通入整定电流，热继电器应长久不动作。接着通入最低倍数的动作电流(例如 JR16 型热继电器为 1.2 倍整定电流值)，热继电器应在规定的时间内动作(JR16 型热继电器应在 20 min 内动作)，动作后冷却至室温，如此反复试验三次，各次均符合要求者为合格，如条件许可，再对高倍电流(例如 6 倍整定电流值)进行试验。

对于多极热继电器，若技术条件中没有规定必须每极分别试验，则可以串联试验。当需要每极分别试验时(例如 JR2 系列)，需要准备两套试验设备。开始时两极同时通入整定电流，待温度稳定后，一极保持整定电流值，另一极增至 1.2 倍整定电流值，热继电器应在 20 min 内动作。断电冷却后，再按复位按钮，以同样方式试验另一极。

(3)检修

①热继电器不动作

故障现象：电路过载后，热继电器该动作时不动作，失去过载保护作用。

可能原因：电流整定值调得过大；热元件烧断或脱焊；动作机构卡死或扳扣脱落。

检查修理：可根据负载容量恰当调整整定电流值，校修热敏元件或动作机构。

②热继电器误动作

故障现象：电路未过载，热继电器不该动作时而动作，分断主电路，造成不应有的停电状况。

可能原因：电流整定值调得过小；热继电器与负载不配；电动机启动时间过长或连续启动次数太多；线路或负载漏电、短路；热继电器受强烈冲击或振动等。

检查修理：正确调整整定电流值；调换成与负载配套的热继电器；若系电动机或线路故障，应检修电动机和供电线路；如工作环境振动过大，应配用有防振装置的热继电器。

**3.时间继电器的整定与修理**

测试常用触头断开延时的接线线路图如图 8-52 所示。延时在 3 s 以上的时间继电器，可用秒表测量延时时间。延时时间少于 3 s 的，可用电子秒表或毫秒计来测量时间。时间继电器的延时整定是在线圈上加上额定工作电压，其通电时间大于 3 s 的情况下进行的。

(1)试验方法

预试：将 $Q_1$ 开关合上，再合 $Q_2$，EL 灯亮，调节 R 使 KT 线圈端电压达到额定值，KT 动作，常闭触头延时打开，灯 EL 灭。以上能正常运行后，开始正式测试。

测试：先合上 $Q_1$ 开关，后合上 $Q_2$，马上计时，灯熄灭，计时完毕，将测得时间减去 3 s，就是延时时间。试验结果应取三次测量的平均值，要求其差值不应大于平均值的 10%。

(2)检修

①空气阻尼式时间继电器

常见故障：延时时间自行增长、自行缩短或不能延时。

故障原因：线圈的接线不良或接线柱的接触不好、气室密封不严或橡皮膜漏气、气室不清洁、空气通道不通畅、气流被阻滞、触头接触不良、线圈损坏。

检查修理：改善气室的密封性，橡皮膜漏气应更换；清洁气室和空气通道，更换线圈。

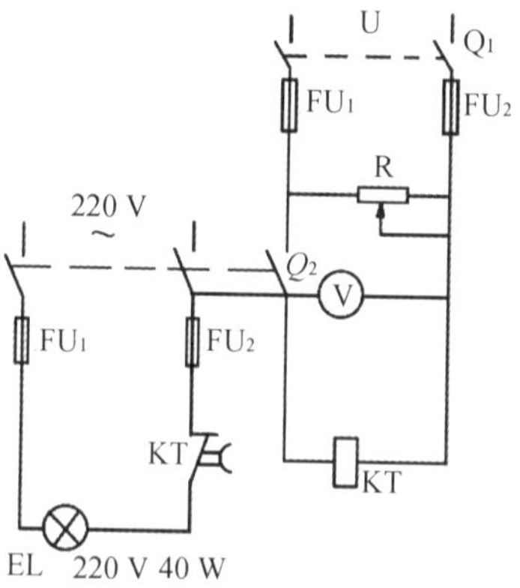


图 8-52　时间继电器试验线路

②电子式时间继电器

电子式时间继电器一般采用晶体管延时电路来进行延时。

常见故障：继电器不工作、延时时间增长或缩短。

故障原因：线圈的接线不良或接线柱的接触不好、气触头接触不良、线圈烧坏。

检查修理：检查接线是否正确或接触是否良好；检查底座簧片；更换继电器。

**4.电磁式继电器的动作值和释放值的调整**

使继电器衔铁（动铁芯）吸合电流值（或电压值）叫作动作值；使其释放的电流值（或电压值）叫作释放值。

（1）动作值

接触器的动作值：直流接触器的动作值在冷态下为额定电压的 65%，交流接触器的动作值在冷态下为额定电压的 85%。

继电器的动作值：可采取调整电源电压（电流）的方法，检查继电器的动作值。不符合要求可用两种方法进行调节：

①改变吸合前动、静铁芯的气隙。气隙增加，动作值提高；减少气隙，动作值降低，气隙变化对动作值影响较大，可做粗调。

②调节释放弹簧的弹力。增加弹力，动作值提高；反之，动作降低。通过调节弹簧弹力，可对动作值进行细调。

（2）释放值

接触器的释放值：直流接触器约为额定电压的 5%～10%，交流接触器约为额定电压的 30%～40%。继电器释放值的调节方法：

①在动、静铁芯之间加入不同厚度的非磁性垫片，改变动铁芯吸合后的气隙。吸合后气隙越大，释放值越高；气隙越小，释放值越低。

②调节释放弹簧的弹力。弹性增加，释放值提高；弹力减弱，释放值降低。

继电器的释放值与动作值之比，叫作继电器的返回系数。一般继电器的返回系数为 0.1～0.4。灵敏度较高的继电器，其返回系数可达 0.8。

**5.熔断器的选用与检修**

熔断器是低压配电网络和电力拖动系统中最常用的安全保护电器，主要用作短路保护，有时也可用于过载保护。熔断器主要由熔体和安装熔体的熔管和熔座组成，各部分的作用如表8-8所示。

**表 8-8　熔断器各部分作用**

| 各部分名称 | 材料及作用 |
|---|---|
| 熔体 | 由铅、铅锡合金或锌等低熔点材料制成，多用于小电流电路；由银、铜等较高熔点金属制成，多用于大电流电路 |
| 熔管 | 用耐热绝缘材料制成，在熔体熔断时兼有灭弧作用 |
| 熔座 | 用于固定熔管和外接引线 |

常见的低压熔断器外形结构及用途如表8-9所示。

**表 8-9　常见的低压熔断器外形结构及用途**

| 名称 | 插入式熔断器 | 螺旋式熔断器 |
|---|---|---|
| 结构图 | 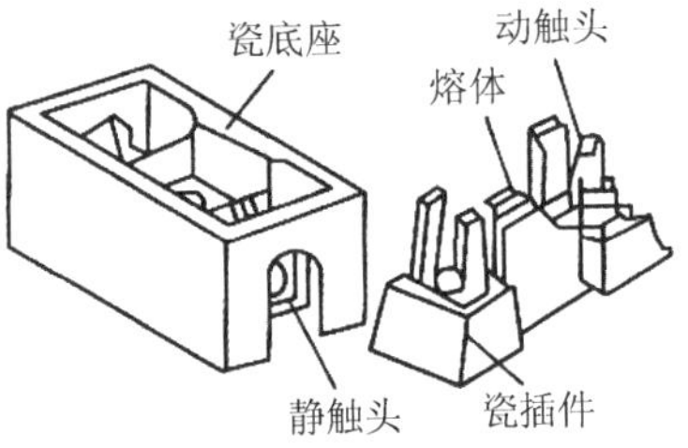 | 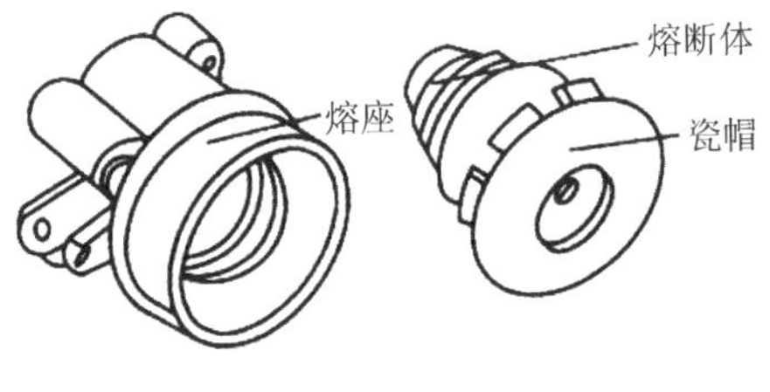 |
| 用途 | 低压分支电路的短路保护 | 常用于电力控制设备保护 |
| 名称 | 无填料密封管式熔断器 | 有填料密封管式熔断器 |
| 结构图 | 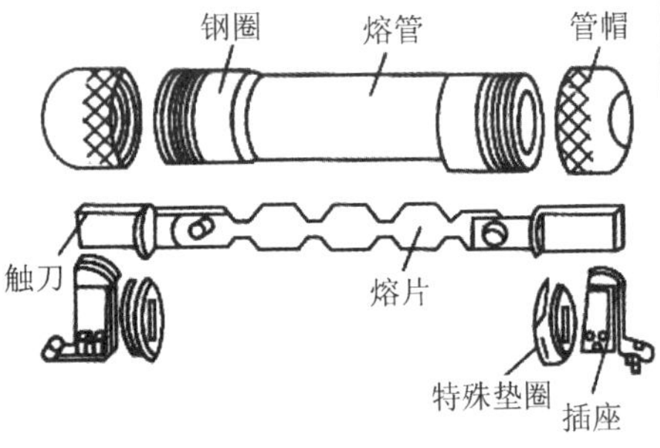 | 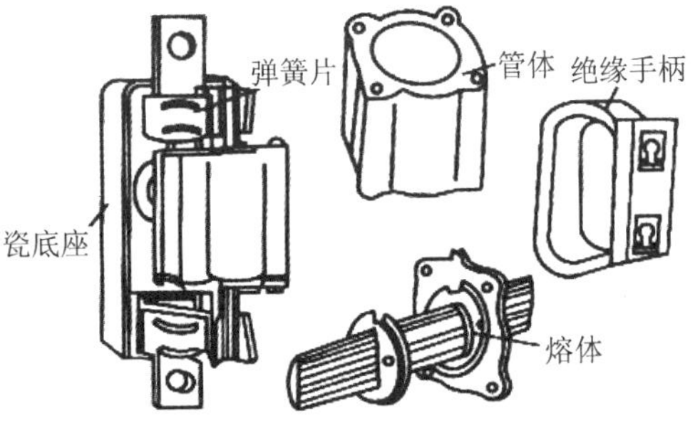 |
| 用途 | 用于低压电网或成套配电设备 | 绝缘管内装有石英砂作填料，用来冷却和熄灭电弧，用于大用量电网或成套配电设备 |

(1)熔断器的选用

选用熔断器时，一般只考虑熔断器的额定电压、额定电流和熔体的额定电流3个参数。

①额定电压：能保证熔断器长期正常工作的电压。若熔断器的实际工作电压大于其额定电压，熔体熔断时可能会发生电弧不能熄灭的危险，所以选用熔断器的额定电压值应大于线路的工作电压。

②额定电流：保证熔断器能长期正常工作的电流，是由熔断器各部分长期工作时的允许温升决定。熔断器的额定电流应不小于所装熔体的额定电流。

③熔体的额定电流：在规定的工作条件下，长时间通过熔体而熔体不熔断的最大电流值。通常，一个额定电流等级的熔断器可以配用若干个额定电流等级的熔体。而低压熔断器保护

对象的不同,熔体额定电流的选择方法也有所不同,如表 8-10 所示。

**表 8-10 低压熔断器熔体选用原则**

| 保护对象 | 选用原则 |
|---|---|
| 电炉和照明等电阻性负载短路保护 | 熔体的额定电流等于或稍大于电路的工作电流 |
| 保护单台电动机 | 考虑到电动机所受启动电流的冲击,熔体的额定电流应大于等于电动机额定电流的 1.5~2.5 倍。一般,轻载启动或启动时间较短时选用 1.5 倍;重载启动或启动时间较长时选用 2.5 倍 |
| 保护多台电动机 | 熔体的额定电流应大于等于容量最大电动机额定电流的 1.5~2.5 倍与其余电动机额定电流之和 |
| 保护配电电路 | 防止熔断器越级动作而扩大断路范围,下一级的熔体的额定电流比上一级熔体的额定电流至少要小一个等级 |

(2)熔断器安装注意事项

①安装低压熔断器时应保证熔体和夹头以及夹头和夹座接触良好,并具有额定电压、额定电流值标志。

②插入式熔断器应垂直安装,螺旋式熔断器的电源线应接在瓷底座的下接线座上,负载线应接在螺纹壳的上接线座上。这样在更换熔断管时,旋出螺帽后螺纹壳上不带电,保证操作者的安全。

③熔断器内要安装合格的熔体,不能用多根小规格熔体并联代替一根大规格熔体。

④安装熔断器时,各级熔体应相互配合,并做到下一级熔体规格比上一级熔体规格小。

⑤安装熔断丝时,熔断丝应在螺栓上沿顺时针方向缠绕,压在特殊垫圈下,拧紧螺钉的力应适当,以保证接触良好,同时注意不能损伤熔断丝,以免减小熔体的接触面积,产生局部发热而造成误动作。

⑥更换熔体或熔管时,必须切断电源,尤其不允许带负荷操作,以免发生电弧灼伤。

⑦熔断器兼作隔离器使用时应安装在控制开关的电源进线端;若仅做短路保护用,应装在控制开关的出线端。

(3)低压熔断器的检修

对低压熔断器检修主要是使用万用表电阻挡检测熔体的电阻值是否为零来判别熔体是否熔断,若不为零,则需要更换熔体。低压熔断器的常见故障及处理方法,如表 8-11 所示。

**表 8-11 低压熔断器的常见故障及处理方法**

| 故障现象 | 故障分析 | 处理措施 |
|---|---|---|
| 电路接通瞬间,熔体熔断 | 熔体电流等级选择过小 | 更换熔体 |
| | 负载侧短路或接地 | 排除负载故障 |
| | 熔体安装时受机械损伤 | 更换熔体 |
| 熔体未见熔断,但电路不通 | 熔体或接线座接触不良 | 重新连接 |

# 第三节 三相异步电动机检修

三相异步电动机是将交流电能转换为机械能的最通用的、最重要的旋转机电设备，具有结构简单、坚固耐用、维修方便、运行可靠、价格低廉等优点，广泛用于船舶的电力拖动。船舶上电动机的检修主要有绝缘与绕组检测、整机拆装、更换轴承、烘潮。绕组换新一般交送岸上专业修理公司进行。

## 一、三相异步电动机结构

三相异步电动机的结构如图 8-53 所示，主要由定子、转子两部分组成，定子由机座，定子铁芯，定子绕组，前后端盖，接线盒组成，转子由转子铁芯、转子绕组、转轴、风扇和轴承组成。

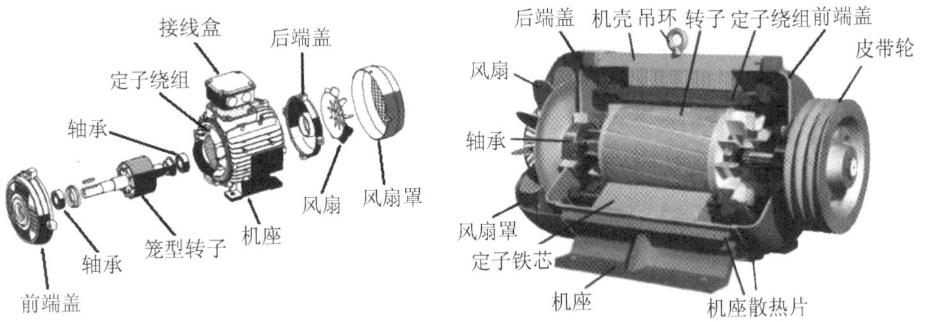


图 8-53 三相异步电动机的结构

## 二、绝缘检测

船舶电机在使用过程中，由于自身发热、受潮、轴承磨损等情况，绕组线圈的绝缘电阻值会发生变化。为了保证船舶设备的安全运转，应定期对船舶电机进行绝缘检测。

### 1.工具选择

选用 500 V、500 MΩ 的兆欧表，十字形螺丝刀，梅花扳手，开口扳手，活络扳手，记号笔等。

### 2.测量准备

(1)三相异步电动机切断电源，拆下控制箱内保险丝，挂上“检修中 · 严禁合闸”警示牌。

(2)打开电机的接线盒，里面有六个接线柱。三相异步电动机分三角形和星形接法两种，连接铜片用记号笔做好标记后拆开，拆开时要记住是哪种接法，然后用万能表电阻挡 1 K 挡在接线柱上找出三个线组，一般是上下斜对角的。

(3)兆欧表进行一次开路和短路试验，检查兆欧表是否正常。具体操作为：将两连接线(L 线、E 线)开路，摇动手柄指针应指在无穷大处，再把两连接线短接一下，指针应指在零处。

### 3.测量并记录

(1)测量 U、V、W 三相绕组对地绝缘，将兆欧表 E 端接电机外壳，L 端分别接在三相绕组上，将兆欧表置于水平位置，转动手摇发电机由慢到快，转速达到 120 r/min 并保持匀速，使指针稳定，分别记录 U、V、W 三相绕组对地绝缘值，如图 8-54(a)所示。

(2)将兆欧表 E 端、L 端分别接在 U、V、W 三相的两相绕组上，按上述测量方法测量 U、V、W 三相绕组两两之间的绝缘电阻值，分别记录相间绝缘值，如图 8-54(b)所示。

图 8-54 电机绝缘值测量

(3)测出的 6 次绝缘电阻值均大于等于 0.5 MΩ 为合格，如果有某个绝缘电阻值低于 0.5 MΩ 为不合格。注意摇把转动时其端钮间不许短路，同时防止触电。摇动过程中，当出现指针指零时，就不能再继续摇动，以防表内线圈发热损坏。

## 三、三相异步电动机拆卸

### 1.拆卸前的准备

(1)切断电源，拆开电机与电源连接线，并做好与电源线相对应的标记，以免恢复时搞错相序，并把电源线的线头做绝缘处理。

(2)备齐拆卸工具，特别是拉具、套筒等专用工具。

(3)熟悉被拆电机的结构特点及拆装要领。

(4)测量并记录联轴器或皮带轮与轴台间的距离。

(5)标记电源线在接线盒中的相序、电机的出轴方向及引出线在机座上的出口方向。

### 2. 拆卸步骤

如图 8-55 所示，简述拆卸步骤：

(1)卸皮带轮或联轴器，拆三相异步电动机尾部风扇罩。

(2)卸下定位键或螺钉，并拆下风扇。

(3)旋下前后端盖紧固螺钉，并拆下前轴承外盖。

(4)用木板垫放在转轴前端，将转子连同后端盖一起用锤子从端口中敲出。

(5)抽出转子。

(6)将木方伸进定子铁芯顶住前端盖，再用锤子敲击木方卸下前端盖，最后拆卸前后轴承及轴承内盖。

### 3.主要部件的拆卸方法

(1)皮带轮(或联轴器)的拆卸：先在皮带轮(或联轴器)的轴伸端(联轴端)做好尺寸标记，然后旋松皮带轮上的固定螺钉或敲去定位销，给皮带轮(或联轴器)的内孔和转轴结合处加入煤油，稍等渗透后，使锈蚀的部分松动，再用拉具将皮带轮(或联轴器)缓慢拉出，如图

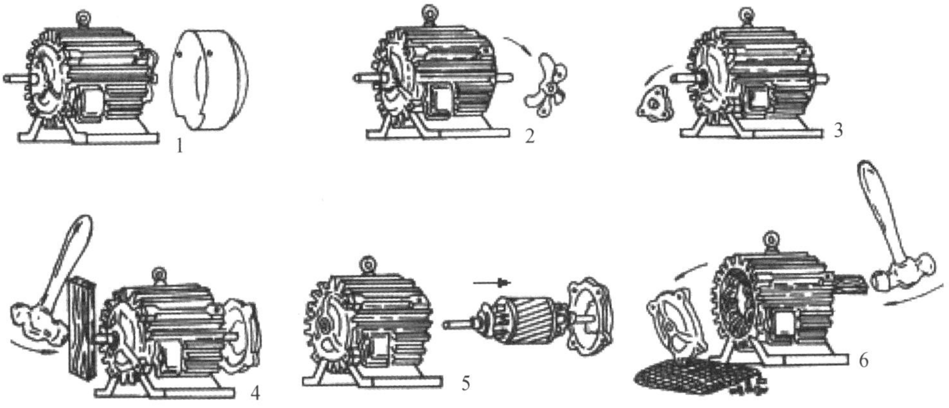


图 8-55　三相异步电动机拆卸步骤

8-56 所示。若拉不出，可用喷灯急火在皮带轮外侧轴套四周加热，加热时需用石棉或湿布把轴包好，并向轴上不断浇冷水，以免使其随同外套膨胀，影响皮带轮地拉出。

注意：加热温度不能过高，时间不能过长，以防变形。

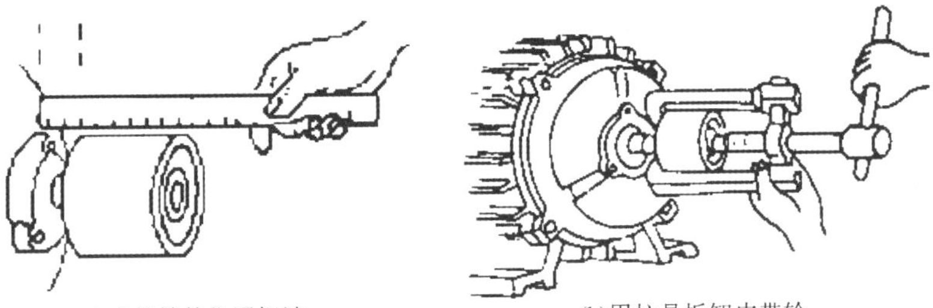

(a)皮带轮的位置标法　　(b)用拉具拆卸皮带轮

图 8-56　拆卸皮带轮

(2)轴承的拆卸：轴承的拆卸可采取以下三种方法。

用拉具进行拆卸：拆卸时拉具钩爪一定要抓牢轴承内圈，以免损坏轴承，如图 8-57 所示。

用铜棒拆卸：将铜棒对准轴承内圈，用锤子敲打铜棒，如图 8-58 所示。用此方法时要注意轮流敲打轴承内圈的相对两侧，不可敲打一边，用力也不要过猛，直到把轴承敲出为止。

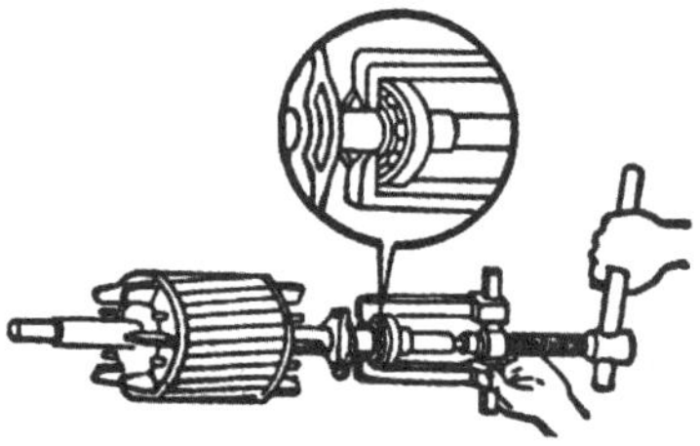

图 8-57　用拉具拆卸轴承

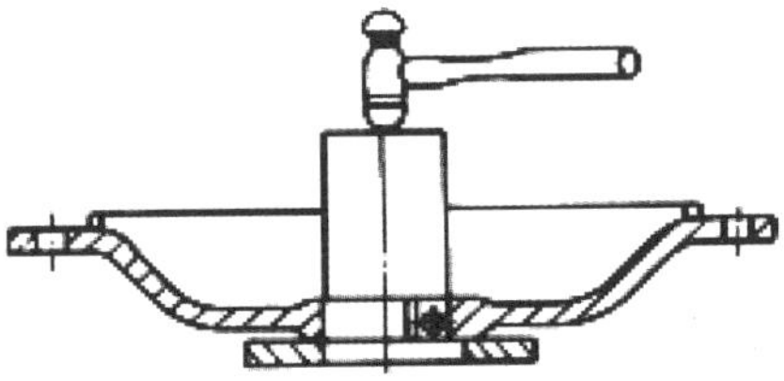

图 8-58　敲打拆卸轴承

在拆卸端盖内孔轴承时，可采用如图 8-59 所示的方法，将端盖止口面向上平稳放置，在轴承外圈的下面垫上木板，但不能顶住轴承，然后用一根直径略小于轴承外沿或略大于轴承内沿的铜棒或其他金属管抵住轴承外圈或内圈，从上往下用锤子敲打，使轴承从下方脱出。

铁板夹住拆卸：用两块厚铁板夹住轴承内圈，铁板的两端用可靠支撑物架起，使转子悬空，如图 8-60 所示，然后在轴承上端面垫上厚木板并用锤子敲打，使轴承脱出。

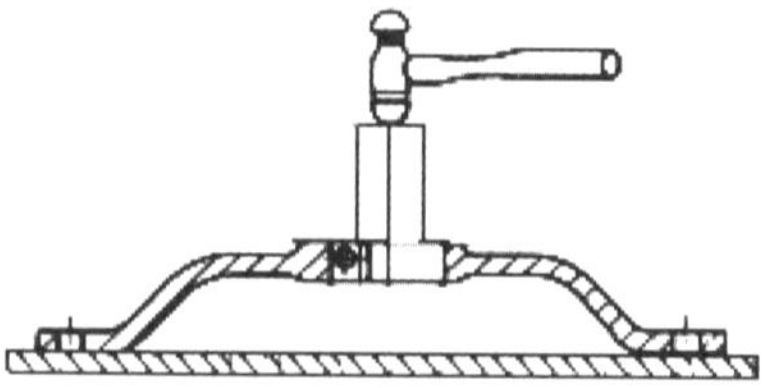

图 8-59 拆卸端盖内孔轴承

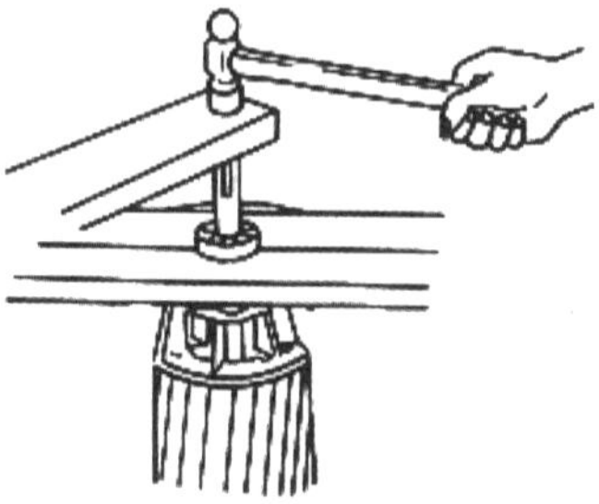

图 8-60 铁板夹住拆卸

(3)抽出转子:在抽出转子之前,应在转子下面气隙和转子绕组端部垫上厚纸板,以免抽出转子时碰伤铁芯和转子绕组。对于小型电机的转子可直接用手取出,一手握住转轴,把转子拉出一些,随后另一手托住转子铁芯渐渐往外移,如图 8-61 所示。

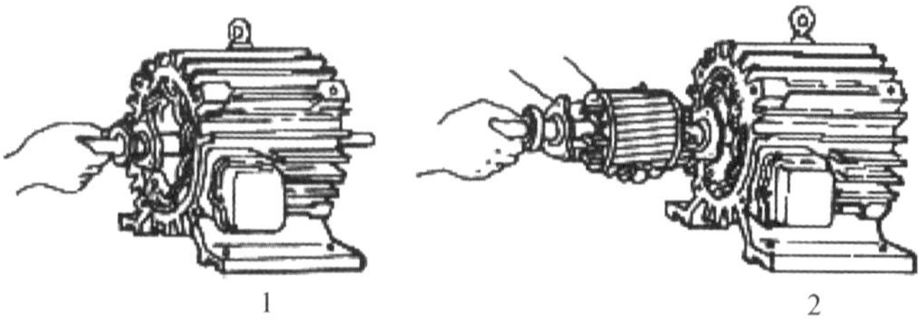


图 8-61 小型电机转子的拆卸

在拆卸较大的电机时,可两人一起操作,每人抬住转轴的一端,渐渐地把转子往外移,若铁芯较长,有一端不好出力时,可在转轴上套一节金属管,当作假轴,方便出力,如图 8-62 所示。

图 8-62 中型电机转子的拆卸

对大型的电机必须用起重设备吊出,如图 8-63 所示。

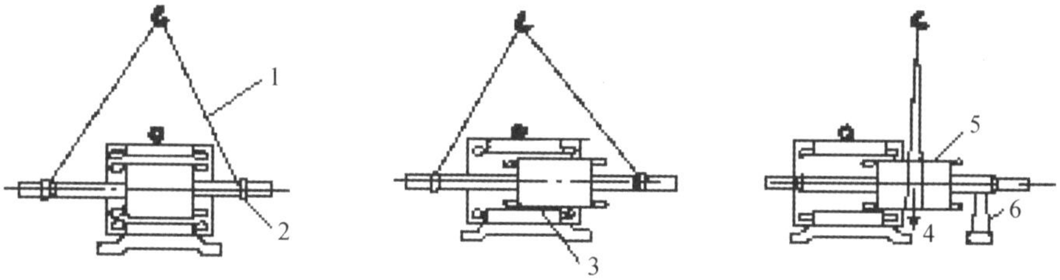


图 8-63 用起重设备吊出转子

1—钢丝绳;2—衬垫(纸板或纱头);3—转子铁芯可搁置在定子铁芯上,但切勿碰到绕组;4—重心;5—绳子不要吊在铁芯风道里;6—支架

4.单相异步电动机的拆卸

由于单相异步电动机结构较三相异步电动机简单，且重量轻、体积小，通常只要会拆卸三相异步电动机的，就会拆卸单相异步电动机。只有带启动开关的单相异步电动机在拆卸时，相对要复杂一些，因此在拆卸时，注意不要碰坏启动开关。

5.轴承的清洗、检查、加油

轴承拆卸后应进行清洗与检查。首先要清除废油，然后用煤油、柴油洗净油污，用布擦干，用压缩空气吹干，再进行检查。要求轴承的外沿、内圈无锈蚀、划痕、裂纹，应滚动灵活、轻快、均匀，没有卡阻或过松现象，用塞尺检查轴承磨损情况，不应超过表 8-12 中的许可值。

如轴承磨损严重，外圈与内圈间隙过大，造成轴承过度松动，转子下垂并摩擦铁芯，轴承滚动体破碎或滚动体与滚槽有斑痕出现，保持架有斑痕或被磨坏等，都应进行更换新轴承。更换的轴承应与损坏的轴承型号相符。

表 8-12　滚动轴承的磨损极限值　单位：mm

| 轴承内径 | 最大磨损 | 轴承内径 | 最大磨损 |
|---|---|---|---|
| 20～30 | 0.1 | 85～120 | 0.3～0.4 |
| 35～80 | 0.2 | 130～150 | 0.4～0.5 |

更换的新轴承应先放入 70～80 ℃的机油中加热 5 min 左右，待防锈油全部溶化后用煤油或柴油清洗。用干净的布擦干，再用压缩空气吹净，然后加注符合要求的润滑脂。

双面密封的轴承是一次润滑性产品，在出厂前已经加注了符合轴承使用性能的适量润滑脂，而且进行了相应的润脂，不用清洗直接安装使用。

## 四、三相异步电动机的装配

三相异步电动机修理后的装配顺序，大致与拆卸时相反。装配时要注意拆卸时做的一些标记，尽量按原记号复位。

1.装配前的准备

先备齐装配工具，将可洗的各零部件用汽油冲洗，并用棉布擦拭干净，再彻底清扫定、转子内部表面的尘垢。接着检查槽楔、绑扎带等是否松动，有无高出定子铁芯内表面的地方，并相应做好处理。

2.主要部件的装配方法

(1)轴承的装配(有冷套法和热套法两种方法)

冷套法是先将轴颈部分揩擦干净，把经过清洗好的轴承套在轴上，用一段钢管，其内径略大于轴颈直径，外径又略小于轴承内圈的外径，套入轴颈，再用手锤敲打钢管端头，将轴承敲进；也可用硬质木棒或金属棒顶住轴承内圈敲打，为避免轴承歪扭，应在轴承内圈的圆周上均匀敲打，使轴承平衡地行进，如图 8-64 所示。

热套法为将轴承放入 80～100 ℃机油中 30～40 min 后，趁热取出迅速套入轴颈中。如未双面密封轴承，不能放入油内加热，只能采用感应加热方法，如图 8-65 所示。

注意：安装轴承时，标号必须向外，以便下次更换时查对轴承型号。

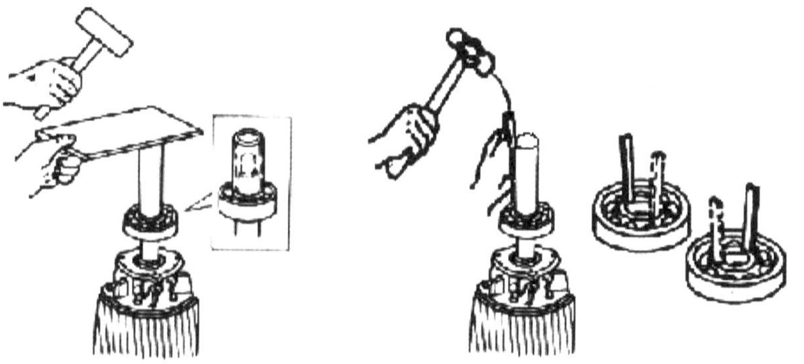

图 8-64 冷套法安装轴承

图 8-65 热套法安装轴承

装润滑脂的轴承安装好后在轴承内外环之间和轴承盖内按总容量的 1/3～2/3 容积加注润滑油,转速高的按小值加注,转速低的按大值加注。

(2)后端盖的装配

将轴长端朝下垂直放置,在其端面上垫上木板,后端盖套在后轴承上,用木槌敲打,如图 8-66 所示。把后端盖敲进去后,装轴承外盖。紧固内外轴承盖的螺栓时注意要对称地逐步拧紧,不能先拧紧一个,再拧紧另一个。

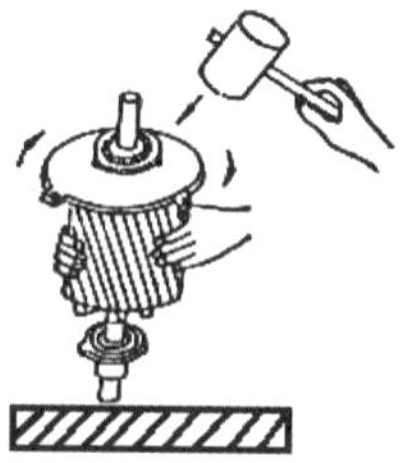

图 8-66 后端盖

(3)转子的安装

把安装好后盖的转子对准定子铁芯的中心,小心往里放送,注意不要碰伤转子绕组,当后端盖对准机体的标记后,用木槌将后端盖敲入机壳止口,交替对角上好后端盖的螺栓,但不要拧紧。

(4)前端盖的安装

将前轴承内盖与前轴承按规定加够润滑油后,一起套入转轴,再将前端盖对准机体标记,用木槌敲击前端盖四周,使前端盖进入机壳止口,然后拧上前端盖的紧固螺栓,最后按对角线上下、左右均匀地拧紧前、后端盖的螺栓,在拧紧的过程中,应不停转动转子,保证转子同心不会卡阻。

然后装前轴承外盖。装配时,前轴承内盖螺孔与前轴承外盖螺孔是否对齐,因无法观察,直接影响前轴承外盖的装配。为解决这个问题,可采用三种方法:一是当前端盖固定到位后,将前轴承外盖与前端盖外盖螺孔对齐,用一颗轴承螺钉伸进前端盖的一个孔,边转动转轴,轴承内盖也随之转动,边轻轻在顺时针方向拧动螺钉,用手感来对齐轴承内外盖的螺孔,将螺栓拧入轴承内盖的螺孔,再将另外两根螺栓逐步拧紧。二是在前端盖装入后,在前内轴承盖的螺孔与前端盖对应的两个对称孔中穿入铜丝拉住内盖,待前端盖固定就位后,再从铜丝上穿入前外轴承盖,拉紧对齐。接着给未穿铜丝的孔中先拧进螺栓,带上丝口后,抽出铜丝,最后给这两个螺孔拧入螺栓,依次对称逐步拧紧。三是用一个比轴承盖螺栓更长的无头螺钉(吊紧螺丝),先拧进前内轴承盖,再将前端盖和前外轴承盖相应的孔套在这个无头长螺钉上,使前内外轴承盖和前端盖的对应孔始终拉紧对齐。待前端盖到位后,先拧紧其余两个轴承盖螺栓,再用第三个轴承盖螺栓换下开始时用以定位的无头长螺钉(吊紧螺钉),如图 8-67 所示。

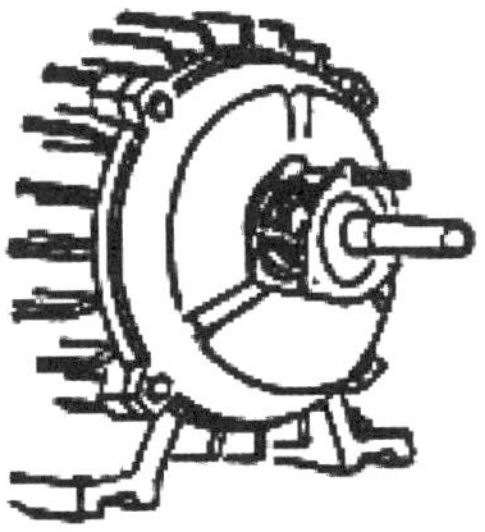

图 8-67 前端盖安装

(5)安装风叶和联轴器

在后轴端安装上风扇,装好风罩,风扇安装要牢固,装好后用手转动转轴,风扇不要碰擦风罩。在配好联轴器的键上装上联轴器,中小型电动机联轴器可以橡胶锤或垫木块用手锤敲入,大型电动机联轴器可用液压千斤顶顶入,也可用热套法安装,最后固定好紧固螺钉或卡簧。

3.装配后的检验

(1)一般检查。检查所有紧固螺栓是否拧紧,转子转动是否灵活,轴伸端径向有无偏摆的情况。

(2)测定绝缘电阻。测量异步电动机定子绕组每相之间相对地的绝缘电阻,其值不得小于 0.5 MΩ。对于绕线式电动机还应测量转子绕组对地的绝缘电阻,其值不得小于 0.5 MΩ,但不要测转子绕组相与相间的绝缘电阻,因转子绕组是 Y 形接法,相与相之间是相通的。

(3)测量电流。经上述检查合格后,根据电动机铭牌规定的电源电压正确接线,并在机壳上接好接地线,然后接通电源,用钳形电流表分别测量三相电流是否正常(空载电流约为额定电流的 1/3)。

(4)通电观察。用转速表测量电动机的转速是否均匀。

(5)检查铁芯是否过热或发热,轴承的温度、声音是否正常等,绕线式电动机空载时,还应检查电刷有无火花和过热现象。

## 五、三相异步电动机的维护与检修

船舶上的三相异步电动机应用十分广泛,使用环境比陆上恶劣,出现故障后岸基支撑困难,只能由船员排除故障。为了使三相异步电动机工作正常,延长使用寿命,除进行日常维护外,还要做好定期检修。

**1.日常维护**

(1)定期检查接线和绝缘情况,外壳不得堆积灰尘,进、出风口必须保持畅通无阻,电动机内部保持清洁,不得有水滴、油污及杂物落入电动机内部,不得用水冲洗电动机。

(2)运行中经常检查轴承温度和漏油情况,定期更换润滑油。电动机运行时轴承允许温度不超过 95 ℃,每运行 5 000 h 应补充润滑油。

(3)监视电动机的负载电流不应超过铭牌上所规定的额定电流。

(4)注意运行中电动机的振动、噪声和气味,闻到焦味或发现不正常的振动或碰擦声、特大的“嗡嗡”声,应立即停电检查。

**2.定期维修**

(1)维修时限:通常是一年进行一次。

(2)维修内容:

①检查电动机各部件有无机械损伤,若有,则做相应修复或更换。

②对拆开的电动机进行清理,清除所有油泥、污垢、灰尘。清理中,注意观察绕组绝缘状况。若油漆为暗褐或深棕色,说明绝缘已老化,对这种绝缘要特别注意不要碰撞使它脱落。若发现有脱落应进行局部绝缘修复和刷漆。

③拆下轴承,浸在柴油或汽油中彻底清洗后,再用干净汽油清洗一遍。检查清洗后的轴承是否转动灵活,有无异常响声,内外钢圈有无晃动。根据检查结果,确定对润滑油或轴承是否进行更换。

④检查定子绕组是否存在故障。使用兆欧表测绕组绝缘电阻,根据绝缘电阻的大小可判断出绕组受潮程度或短路情况。若有,要进行相应处理。

⑤检查定、转子铁芯有无磨损和变形,若观察到有磨损处或发亮点,说明可能存在定、转子铁芯相擦,可使用锉刀或刮刀将亮点刮低。

⑥对电机进行装配、安装,测试空载电流大小及对称性,最后带负载运行。

**3.故障分析与处理**

电动机故障通常分为电气和机械两个方面,电气故障占主要方面,常见的有:

(1)缺相运行

原因:线路和电动机引线连接有浮接现象、一相电源线断、一相熔断器损坏、接触器一相接触不良引起接触电阻大而造成缺相。

特征:由于缺相运行而烧毁的电动机,其绕组特征很明显,拆开电动机端盖,看到电动机绕组端部的 1/3 或 2/3 的极相组烧黑或变为深棕色,而其中的一相或两相绕组完好或微变色,则说明是单相运行造成的。以二级电动机为例,其单相运行烧坏绕组如图 8-68 所示。

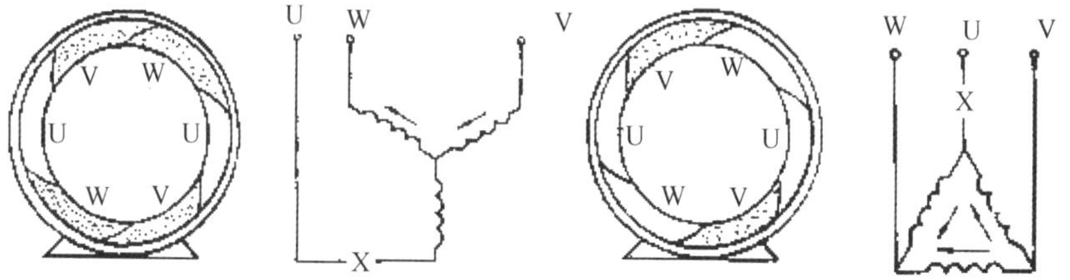


(a) Y形连接绕组烧坏 2/3 极相组　(b) △形连接绕组烧坏 1/3 极相组

**图 8-68　跑单相运行烧坏绕组特征**

在采用 Y 形连接时，U 相电源断开，电流从 V-W 相绕组流过，因此将 V、W 相绕组烧坏。在采用△形连接时，U 相电源断开，电流分两路，一路由 U、W 相绕组串联组成，另一路由 V 相单独组成，后一路阻抗小于前一路，因而 V 相首先烧坏。

处理方法：重绕电机绕组。

(2)绕组断路

原因：同一相绕组的连接头接线质量不好，造成连接头虚接，断开。

特征：启动时，无启动转矩。运行时，绕组断路，发出较大的“嗡嗡”响声，最终烧毁电动机，现象同缺相运行。

处理方法：找到断线处，重新接线。

(3)匝间短路

原因：由于绕组嵌线质量不高或机械摩擦磨损造成本相绕组中导线绝缘损伤引起匝间短路。

特征：在线圈的端部，可清楚地看到线圈的几匝或整个线圈，甚至一个极相组烧焦，烧焦部分呈裸铜线。其他均完好。

处理方法：可局部修理的，换一个线圈或一组线圈即可。不宜局部修理的，送岸重绕全部绕组。

(4)相间短路

原因：端部相间绝缘、双层线圈层间绝缘没有垫妥，在电机受热或受潮时，绝缘性能下降，击穿形成相间短路。也有线圈组间连线套管处理不妥、绝缘材料选用不当等原因。

特征：在短路处发生爆断，并熔断很多导线，附近有许多熔化的铜屑，而其他处均完好无损。

处理方法：送岸重绕电机绕组，并注意相间绝缘要垫妥，选用合适绝缘材料。

(5)绕组通地和绝缘不良

原因：嵌线质量不高，造成槽口绝缘破损；高温或受潮引起绝缘性能降低；雷击。

特征：用兆欧表测试电机绕组与地、相与相之间绝缘电阻小于 1 MΩ 以下。

处理方法：烘潮、更换绝缘材料后喷涂绝缘漆，绕组老化变质须送岸重新绕线。

烘潮方法：外部干燥法、电流干燥法(也叫铜损干燥法)。

外部干燥法：船上一般没有烘箱，可用灯泡干燥法。自制烘烤设备如图 8-69 所示。将待烘的定子置于两个灯泡之间(最好用红外线灯泡)，在烘烤过程中，用温度计检测烘烤室温度，A 级绝缘不得超过 120±5 ℃，E、B 级绝缘不得超过 130±5 ℃，灯泡功率按 5 $kW/m^3$ 左右考虑，烘烤时要留出排气口排出潮气。

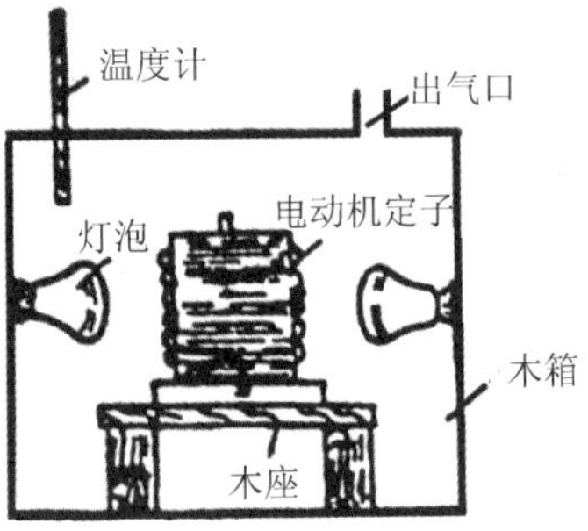


图 8-69　灯泡干燥法

电流(铜损)干燥法:将电动机绕组按一定的接线方法输入低压电流,利用绕组本身的铜损发热进行干燥。其接线方式有铜损并联、串联加热法如图 8-70、图 8-71 所示。两种方法都要注意每相绕组所通过的烘烤电流应控制在电动机额定电流的 60%左右,通电时间为 3~4 h,绕组温度达到 70~80 ℃为宜。绕组并联加热法适用于 25 kW 及以下的电动机绕组的烘烤,绕组串联加热法又分为开口三角形加热法和头接头、尾接尾串联加热法,它适用于三相绕组的六根引线都在接线盒板上的电动机。

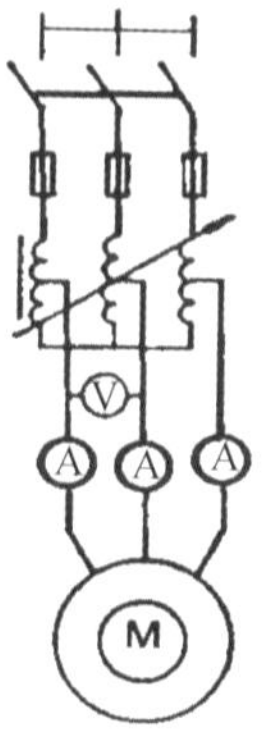


图 8-70 铜损并联加热法

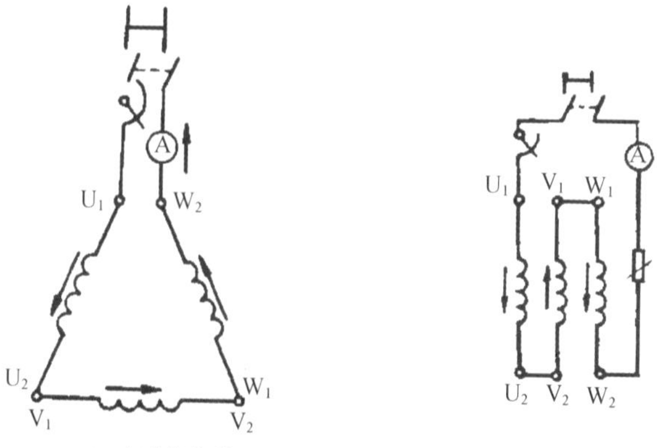


图 8-71 铜损串联加热法

烘烤注意事项:①烘烤前必须将电动机清理干净,特别是应清除沾在绕组漆膜上的杂物,因干燥后则不易清除;②通电烘烤电动机,外壳必须可靠接地;③烘烤过程中必须加强监视,以免造成烘烤质量不佳或烤坏绕组;④烘烤封闭式电动机(船上电动机为封闭式),必须拆开端盖,以使潮气散发,否则会使潮气侵入绕组内部造成隐患;⑤烘烤时既要注意保温,以减少电能消耗,又要注意潮气易于散发;⑥烘烤过程中应经常测量绕组绝缘电阻,并做好记录。在烘烤前阶段,由于绕组温度升高,需排除潮气,绝缘电阻在短时间内有所下降,随后开始回升,若绝缘电阻远大于规定值且 3~5 h 不变,则烘烤达到要求,即可停止干燥。

(6)过载

原因:电机端电压太低;接线不符合要求,Y、△形连接不分;机械方面,不注意电机的使用条件和要求;电机本身定、转子间气隙过大,鼠笼式转子铝条断裂,重绕时线圈数据与原设计相差太大等都是造成过载的原因。

特征:三相绕组全部均匀焦黑。

处理方法:送岸重绕电机绕组后,再找原因,并针对性处理。

## 六、电磁制动器检修

电磁制动器是把电磁力转变为机械制动力矩,从而使电动机断电后迅速停转的一种电器,它的应用缩短了非生产时间、提高了生产效率、使生产机械准确停止、保证了安全生产,常用在电动吊车、电动锚机绞缆机上。

1.圆盘式电磁制动器

(1)圆盘式电磁制动器气隙检查与调整

圆盘式电磁制动器的结构如图 8-72 所示,直流圆盘式电磁制动器,经长期使用后,制动件必定受到磨损,引起气隙增大和弹簧动作长度的增加,气隙增大后,在同一磁势下,会使气隙磁通密度显著下降,还会造成刹车不灵。因此,必须经常检查制动器的工作气隙,并及时加以调整。

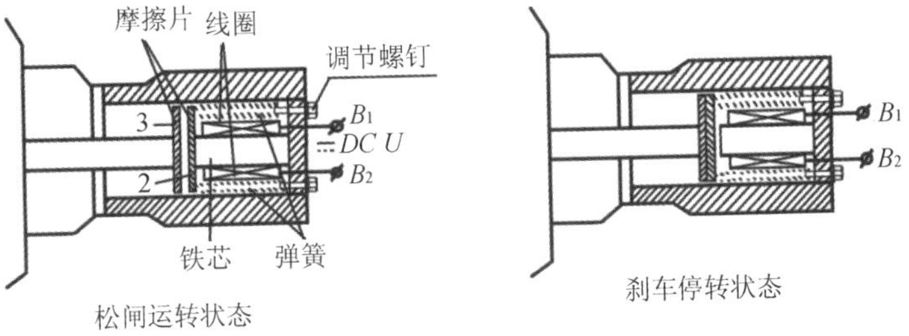


图 8-72 圆盘式电磁制动器结构图

直流圆盘式电磁制动器的衔铁与电磁铁芯之间的气隙一般在 0.6~2 mm 为正常,在调整气隙之前,应先将调节螺钉取下,用厚薄测量片(塞尺)测量其气隙。调整时可按下列步骤进行:

①取下铝端盖;

②用扳手慢慢松下人工释放螺钉;

③取下内端盖;

④根据气隙增大值的程度,决定取下相应的垫片(每片垫片的厚度为 0.5 mm),使调整后的气垫在 1 mm 左右为宜;

⑤最后将零部件装好,重新测定气隙,以保证气隙在规定范围内。

(2)直流圆盘式电磁制动器故障排除

常见故障:在电动机运行时,制动器不能松开;电机过热跳闸;停止运行时,制动器不能制动。

故障原因:电磁圆盘线圈烧毁;直流电源系统故障;制动盘间隙过小或电磁圆盘气隙过大;制动盘间隙过大。

检查修理:更换电磁圆盘线圈;更换直流电源熔断丝或整流元件;调整制动盘间隙和电磁圆盘气隙;调整制动盘间隙。

在电动机运行时,制动器不能松开,电动机便处于制动状态,这时应立即切断电动机电源,并设法将负载卸掉进行抢修,在检查电动机时,可将人工释放螺钉上垫圈取下,并重新拧紧螺钉,电动机便可自由转动,在制动器故障消除后,须先将人工释放螺钉恢复原状,并经试运转后,才能正式使用。

2.抱闸式电磁制动器

(1)工作原理

抱闸式电磁制动器结构如图 8-73 所示,它主要由制动电磁铁和闸瓦制动器两部分组成。制动电磁铁由铁芯、线圈、衔铁组成,而闸瓦制动器则包括闸轮、闸瓦、杠杆和弹簧等。闸轮与电动机装在同一转轴上。当电动机正常运转时,抱闸式电磁制动器的线圈通电(交流电),铁芯将衔铁吸合,衔铁克服反力弹簧的拉力,迫使制动杠杆向外侧运动,从而使制动器的闸瓦与闸轮分开,电动机可以自由转动;当电动机断电,与此同时抱闸式电磁制动器的线圈也断电,其衔铁释放,在反力弹簧拉力的作用下闸瓦紧紧抱住闸轮,电动机被迅速地制动停转。控制电路如图 8-74 所示。

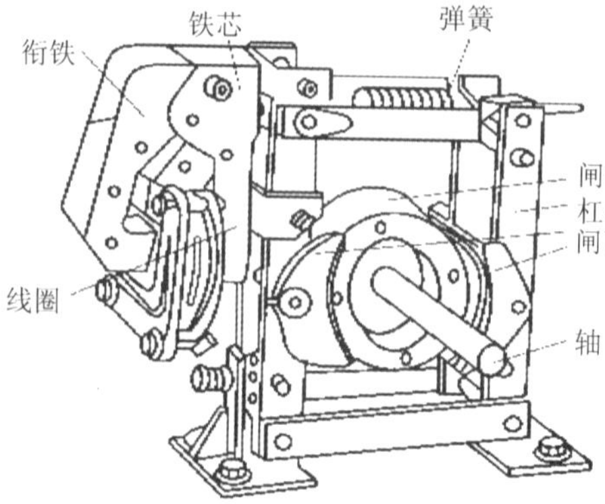


图 8-73 抱闸式电磁制动器结构图

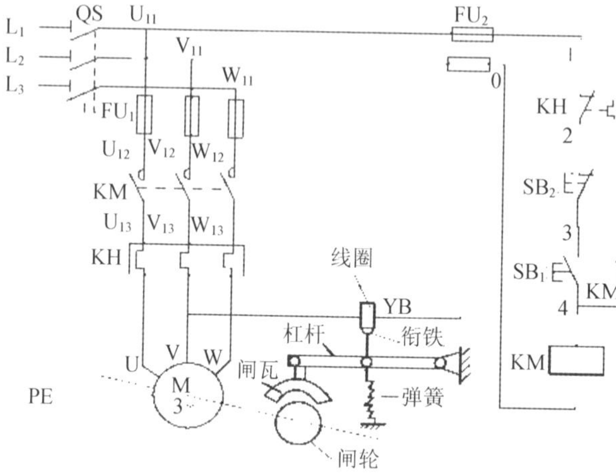


图 8-74 抱闸式电磁制动器断电制动控制电路图

(2)抱闸式电磁制动器的常见故障分析与修理方法如表 8-13 所示。

表 8-13 抱闸式电磁制动器的常见故障分析与修理方法

| 故障现象 | 原因分析 | 修理方法 |
|---|---|---|
| 电动机启动后,抱闸式电磁制动器闸瓦与闸轮过热 | 可能原因:闸瓦与闸轮的间距没有调整好,间距太小,造成闸瓦与闸轮有摩擦 | 检查闸瓦与闸轮的间距并调整,然后启动电动机一段时间后,停车再检查闸瓦与闸轮过热是否消失 |
| 电动机断电后不能立即制动 | 可能原因:闸瓦与闸轮的间距过大;闸瓦与闸轮间有油污 | 检查并调小闸瓦与闸轮的间距;清洁油污 |
| 电动机堵转 | 可能原因:抱闸式电磁制动器的线圈损坏或线圈连接线路断路;制动器电源故障 | 断开电源,检查线圈电阻,如损坏则换新;用电阻法或校验灯法检查断路点;检修制动器电源 |

# 附录

# 内河船舶电气新技术

随着新时代绿色长江项目的大力推进，内河特别是长江上绿色船舶将是今后内河船舶的主要发展方向，电力推进全自动化船舶、油气电混合动力船舶也越来越多。下面仅以船舶电气方面介绍新型船舶全电脑网络控制的机舱监测与报警系统和自动电力推进系统。

## 附录一 机舱监测与报警系统(MAS)介绍与操作

机舱监测与报警系统(MAS)是全船自动化系统的重要组成部分，该系统的主要功能为向船员传递船舶所有重要设备的运行信息以及故障报警信息，确保船员能对各设备以及船舶进行安全有效的控制。它能对被监控的机、电设备及其安全和控制系统运行的工况实行监测，对所出现的故障发出声、光报警，并根据自动化技术的要求将报警信号延伸到工作人员滞留处，使值班人员随时了解设备运转的情况，并根据监测情况采取相应的措施。对于被监控的设备工况，可以由数字、图形和模拟状态的方法显示，并自动记录下来。

机舱监测与报警系统(MAS)的报警信号应该同时发出声响和视觉信号。视觉信号一般以红色表示，清晰可见；声响信号应该具有足够的响度，并与火警、电话延伸铃及其他声响信号有明显的区别。下面以驷博 SB-2001 监测报警系统为例，对机舱监测与报警系统操作进行说明。

SB-2001 监测报警系统主要用于船舶机舱设备及液位的参数测量、计算、图像显示、越限报警、记录等。SB-2001 监测报警系统操作面板如附录图 1 所示。

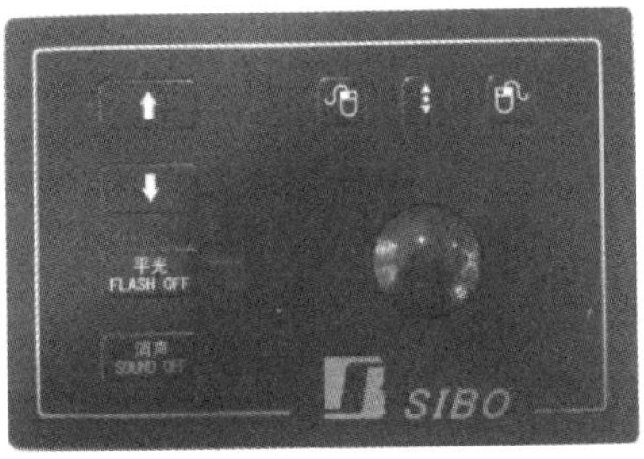


附录图 1　SB-2001 监测报警系统操作面板

## 一、操作规程

**1.启动前检查**

(1)检查 SB-2001 监测报警系统设备延伸报警各插板无脱落,确认输入输出两接口连接牢固,无松动。

(2)检查监测报警系统交、直流电源,确认交、直流电源正常供电。

(3)检查打印机电源接口,确认连接完好。

(4)检查不间断供电电瓶,插口无脱落、松动。

**2.启动与操作**

(1)合上工控机电源开关,(不间断电源开关始终置于"ON"位置,不能关断)。

(2)合上显示器电源,显示器指示灯亮。

(3)工控机启动后,系统进入 SB-2001 监视报警系统界面,如附录图 2 所示。此界面有两行,第一行依次为:文件、打印、设定、应急记录、走势图、删除无用记录、Language/语言、检查和帮助项。第二行依次为:图形显示按钮、上下翻动按钮、液位、仪表显示、柱型图表、当天报警记录、报警历史记录、报警列表、列表显示、平光、消声项。

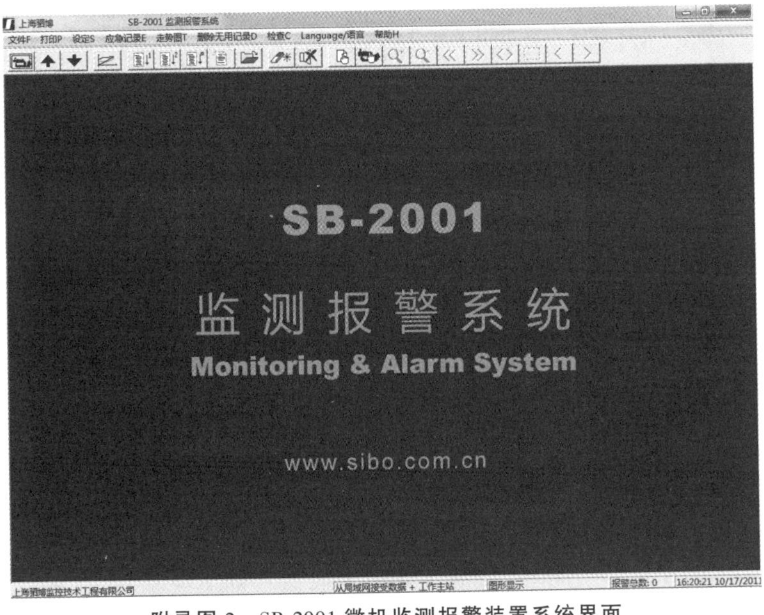


附录图 2　SB-2001 微机监测报警装置系统界面

(4)工具栏操作说明。

工具栏如附录图 3 所示。

附录图 3 SB-2001 监测报警系统工具栏

图形显示按钮。屏幕从列表显示状态转换为图形显示状态的按钮,在任何列表显示方式下按此按钮均立即转换为图形显示。

 图形显示画面上、下翻动按钮,在图形显示时,用于选择画面。

 走势图显示选择按钮,走势图显示画面具有 4 幅,进入走势图显示和 4 幅走势图之间的切换使用该按钮,如附录图 4 所示。

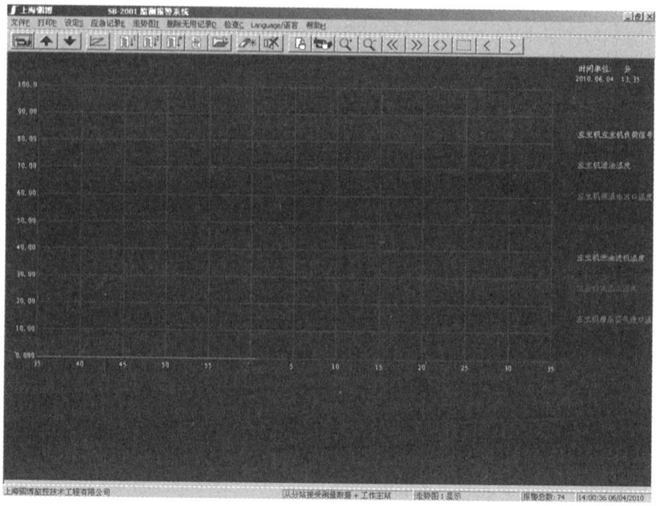

附录图 4 SB-2001 监测报警系统走势图

模拟走势图可包含 36 个  测量点的曲线,分四张模拟图显示,每张图 9 个测量点。第一次按下  按钮,显示的是  第一张走势图模拟图像;第二次按下  按钮,显示的是第二张走势图模拟图像,依此类推。

走势图所对应的测量点均可根据用户需要进行自定义,走势图的横坐标为时间,横坐标的时间起点显示在整个走势图页面的右上角;走势图的纵坐标可以是实际量程值,也可以是百分比,用户可以根据实际需要自己定义。

最长可记录当天 24 h 的走势,也就是通过工具栏上  按钮,可以看到当天的所有走势。24 点时,系统会将走势自动存档。用户可以通过菜单栏上【走势图】→【走势图记录查看】来查看历史走势记录。在正常退出监测报警系统时,系统也会自动将走势图进行存档。

走势图的采样时间可以在定义走势图时自己定义,最短为 1 s 采样一次。如果采样时间定义为 10 s 的话,那在走势图上显示的图形就是 10 次采样值(每秒一次)的平均数据。

走势图的存档文件存放在 E:\hisz-d\目录下。

 按下该按钮后,可以查看过去的数据走势图。

 按下该按钮后,可以查看当前时间之后的走势图。

 按下该按钮后,用鼠标在走势图上进行拖曳,可任意移动走势图的显示时间。

按下该按钮后，可对当前窗口走势图进行放大显示。

按下该按钮后，可对当前窗口走势图进行缩小显示。

按下该按钮后，用鼠标在走势图上进行拖曳，可放大显示选中区域的走势图。

常规列表显示。从图形显示状态或其他列表显示状态中切换到常规列表显示状态用此按钮，显示内容的变换则需使用滚动条，如附录表1所示。

用户自定义表显示。从图形显示状态或其他列表显示状态中切换到用户定义显示状态用此按钮，显示内容的变换则需使用滚动条。显示格式同上。

报警列表显示。从图形显示状态或其他列表显示状态中切换到报警列表显示状态用此按钮，显示内容的变换则需使用滚动条，如附录表2所示。

附录表1 常规列表显示

| 编号 | 测 点 名 称 | 设定值1 | 设定值2 | 测量值 | 单位 |
|---|---|---|---|---|---|
| 1101 | 主机滤器后燃油进口压力低 | +16.00 | +6.500 | +0.000 | bar |
| 1102 | 主机燃油进机温度高 | +150.0 | +0.000 | +0.000 | ℃ |
| 1103 | 主机燃油高压油管泄漏 | | | 报警 | |
| 1104 | 主机增压器滑油进口压力低 | +6.000 | +1.200 | +0.000 | bar |
| 1105 | 主机推力轴承滑油温度高 | +75.00 | +0.000 | +0.000 | ℃ |
| 1106 | 主机推力轴承滑油温度高降速 | +80.00 | +0.000 | +0.000 | ℃ |
| 1107 | 主滑油和活塞冷却油进口压力低 | +6.000 | +1.600 | +0.000 | bar |
| 1108 | 主滑油和活塞冷却油进口压力低降速 | +6.000 | +1.400 | +0.000 | bar |
| 1109 | 主机滑油和活塞冷却油进口温度高模 | +55.00 | +35.00 | +0.000 | ℃ |
| 1110 | 主机滑油和活塞冷却油进口温度高降 | +60.00 | +0.000 | +0.000 | ℃ |

附录表2 报警列表显示

| 编号 | 测 点 名 称 | 设定值1 | 设定值2 | 测量值 | 单位 | 报警时间 |
|---|---|---|---|---|---|---|
| 1101 | 主机滤器后燃油进口压力低 | +16.00 | +6.500 | +0.000 | bar | 15:08:25 07/01 |
| 1103 | 主机燃油高压油管泄漏 | | | 报警 | | 15:08:25 07/01 |
| 1104 | 主机增压器滑油进口压力低 | +6.000 | +1.200 | +0.000 | bar | 15:08:25 07/01 |
| 1107 | 主滑油和活塞冷却油进口压力低 | +6.000 | +1.600 | +0.000 | bar | 15:08:25 07/01 |
| 1108 | 主滑油和活塞冷却油进口压力低降速 | +6.000 | +1.400 | +0.000 | bar | 15:08:25 07/01 |
| 1109 | 主机滑油和活塞冷却油进口温度高模 | +55.00 | +35.00 | +0.000 | ℃ | 15:08:25 07/01 |
| 1213 | 第一缸活塞冷却油出口流量低/降速 | | | 报警 | | 15:08:25 07/01 |
| 1214 | 第二缸活塞冷却油出口流量低/降速 | | | 报警 | | 15:08:25 07/01 |
| 1215 | 第三缸活塞冷却油出口流量低/降速 | | | 报警 | | 15:08:25 07/01 |

当天报警历史显示。从图形显示状态或其他列表显示状态切换到当天报警历史显示状态用此按钮，显示内容的变换则需使用滚动条。显示格式同上。

报警历史存档内容显示。从图形显示状态或其他列表显示状态切换到报警历史存档内容显示状态用此按钮，显示内容的变换则需使用滚动条。显示格式同上。

按此按钮后，首先出现一个对话框，如附录图5所示。

在目录框内显示所有历史记录的目录。

目录代表的含义为日期，排列从左至右分别是年（4位）月（2位）日（2位），只要根据要求，选定日期后，按下<确定>按钮，在屏幕上立即显示，那一天报警历史记录的内容。

平光按钮。将图面中正在闪烁的刚报警的报警点变为平光。

消声按钮。消除报警声响。

列表分类选择按钮。当系统中测点较多时，通过该按钮可快速将屏幕定义到所选类别的报警点列表。

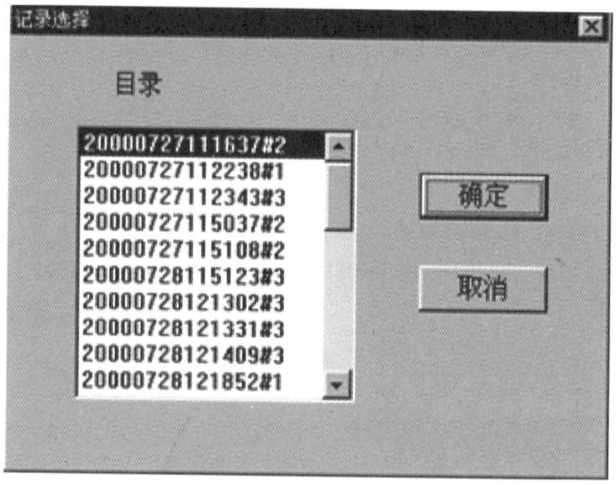


附录图 5　SB-2001 监测报警系统报警历史存档内容显示

 图形分类选择按钮。当系统中模拟图较多时，通过该按钮可快速将屏幕定义到所选类别的模拟图显示。

(5)菜单操作说明

菜单共有文件、打印、设定、应急记录、走势图、删除无用记录、检查、Language/语言和帮助，如附录图 6 所示。

附录图 6　SB-2001 监测报警系统菜单

①在文件下面的子菜单只有<退出>。每次关机时都须从<退出>中退出。执行退出后，监控程序自动完成一些文件的存档处理，自动退出 Windows，直至关机状态。

②在打印下面的子菜单有打印记录、打印设定、打印表设定和打印取消。

【打印项选择】界面如附录图 7 所示。该项用于设置当前需要打印的内容，可有 6 种打印选择。

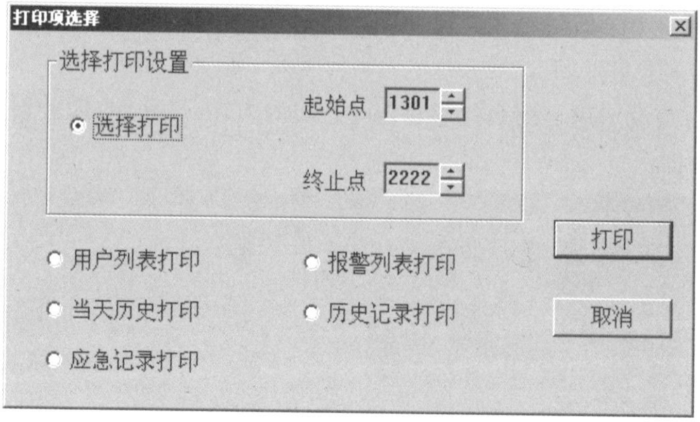


附录图 7　SB-2001 监测报警系统打印项界面

"选择打印"是按常规列表中的一个块进行打印。首先，点中"选择打印"，然后用上、下箭头按钮调整起始点和终止点。再按<打印>按钮，计算机从起始点一直到终止点打印编号、名称、设定值 1、设定值 2、测量值、单位和是否处在报警状态。

"用户列表打印"是打印在"打印表设定"中设定的内容。打印具体数据是编号、名称、设定值 1、设定值 2、测量值、单位和是否处在报警状态。

“报警列表打印”是打印当前报警的内容，编号、名称、设定值 1、设定值 2、测量值、单位和报警时间。

“当天历史打印”是打印当天所有报警或恢复正常的测量点、名称、设定值 1、设定值 2、测量值、单位和时间。

“历史记录打印”是打印正在显示器上显示的已经存档的某一天的历史内容。

“应急记录打印”是打印正在显示器上显示的应急记录的内容。

【打印方式和定时打印设定】是打印方式和定时打印间隔时间设定。打开“打印时间设定”之后，出现如附录图 8 所示的对话框。

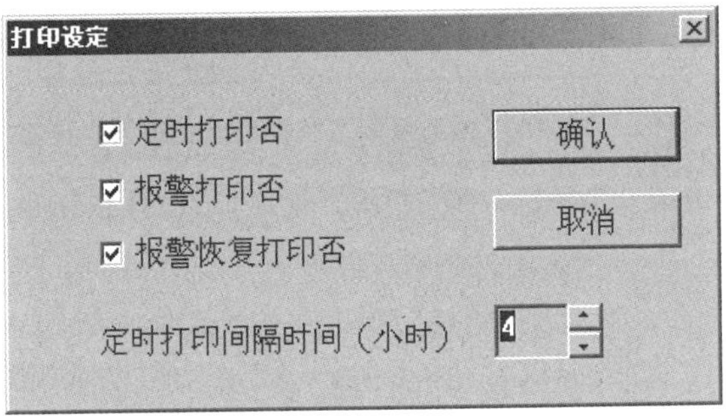


附录图 8　SB-2001 监测报警系统打印设定界面

定时打印否，小方框内打“√”是需要定时打印，无“√”是不需要定时打印。

该项用于设置当前需要打印的内容。

报警打印否，小方框内打“√”是进行实时报警打印，无“√”是不需要实时报警打印（无论是否打印，这些报警点的内容还是存在于当天历史中，在需要时可选择当天历史打印）。

报警恢复打印否，小方框内打“√”是进行实时报警恢复打印，无“√”是不需要实时报警恢复打印（不论是否打印，这些内容仍然存在于当天历史中）。

定时打印间隔时间是按小时计算，如每天 24 h 被设定值除后没有余数时，就进行定时打印，打印内容是用户设定的内容。按了<确认>按钮，这些参数就贮存在计算机内，以后开机时就按这些设定值运行。

【打印表设定】是设定用户列表打印和定时打印的内容，打开“打印表设定”之后出现如附录图 9 所示的对话框。

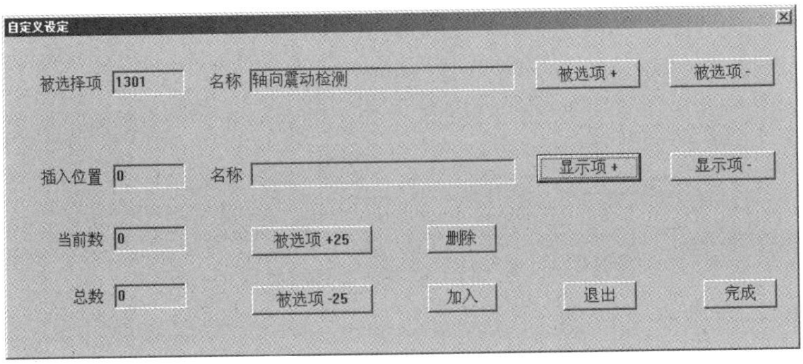


附录图 9　SB-2001 监测报警系统打印表设定界面

“被选择项”是指待选测量点的编号、名称。可以通过【被选项+】、【被选项-】、【被选项+25】、【被选项-25】按钮来改变待选测量点。

“插入位置”是指当前如果按下【加入】按钮，当前待选测量点即被加入自定义打印列表中，插入位置为“当前数”中显示数字的后一个点。

“当前数”是指用户自定义打印列表中，当前定位在第几个需要打印的测量点。可以通过【显示项+】、【显示项-】按钮来改变“当前数”的位置。

“总数”是指用户自定义打印列表中，实际已定义了几个需要打印的测量点。

【加入】按钮是将当前显示的“被选择项”中的待选测量点选中，并插在“当前位置”的后面。按键后，“当前数”自动加1，“插入位置”中的名称和编号显示为刚才所加入测量点的名称和编号，“总数”自动加1。

【删除】按钮是将“插入位置”中显示的测量点从用户自定义打印列表中删除，并对“当前数”和“总数”自动进行调整。

【完成】按钮是对打开“自定义设定”对话框之后，对修改的内容进行确认，并存入硬盘，以后计算机就按新的用户列表内容进行打印。

【退出】按钮是对打开对话框之后，对修改的内容的否定。

【打印取消】按钮是对正在进行列表打印内容的取消。

③设定下面子菜单有一般设定允许、一般设定、特殊设定、舱容设定、模拟仪表参数设置-1、模拟仪表参数设置-2、模拟仪表参数设置-3、模拟仪表参数设置-4、模拟仪表参数设置-5、C218卡设定、二次仪表D/A参数设定、列表设定、线性设定、显示分类区域设置、图形总数设定、延伸显示器分区显示设置、工作站类型参数设定、暂时停止向网卡发送数据、时间设定、修改密码、列表显示设定、延伸报警功能设置、报警临时退出设定和报警速显窗口。

> 在【设定】菜单下，如果被选择的选项要求输入密码，则驷博公司工作人员已按本船实际情况对其相应的对话框进行了设置，如无特殊情况请勿随意更改其中的参数。

【一般设定允许】是使一般设定有效，开机后或每次的“一般设定”设置完毕后，“一般设定”都从有效变为无效，打开“一般设定允许”会使“一般设定”从无效转为有效，或反之。

【一般设定】是对测量点的报警设定值，报警延时值进行修改。打开“一般设定”后出现如附录图10所示的对话框。

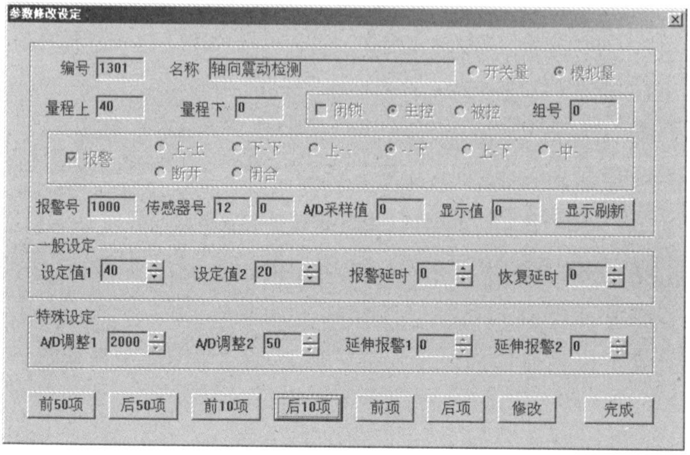


附录图10　SB-2001监测报警系统参数修改设定界面

在“一般设定”中，可以调整的参数为设定值 1、设定值 2。报警延时和报警恢复延时、要调整参数值时，用参数显示框边上的按钮就可以了。

<前 10 项>为快速选择测量点按钮。选择前面第 10 位的测量点。

<后 10 项>为快速选择测量点按钮。选择后面第 10 位的测量点。

<前项>为选择测量点按钮，选择前面一个测量点。

<后项>为选择测量点按钮，选择后面一个测量点。

<修改>按钮是修改每一测量点之后的确认按钮，每一个测量点的参数修改认可必须按<修改>，否则恢复原来值。

<完成>按钮功能是数据全部修改完毕后，将数据存入硬盘并退出修改程序。以后每次使用，就按新的修改值运行。否则，这次运行按新的修改值运行，重新开机之后，就按原来的值运行。

如不准备按<完成>按钮退出的话，就按右上角<×>按钮退出。

【特殊设定】首先出现一个密码对话框，需要密码确认之后才能进入，如附录图 11 所示。可修改内容比“一般设定”多了 4 点：A/D 调整 1、A/D 调整 2、延伸报警 1 和延伸报警 2。只有持有密码的人才能进行修改，前面两个数据用来调整测量精度，后面两个数据用来调整测量点的延伸指示。调整按钮的功能同“一般设定”，如附录图 12 所示。

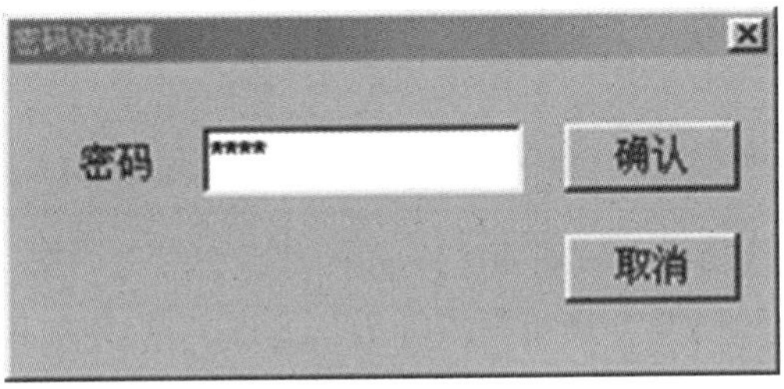


附录图 11　SB-2001 监测报警系统密码对话框界面

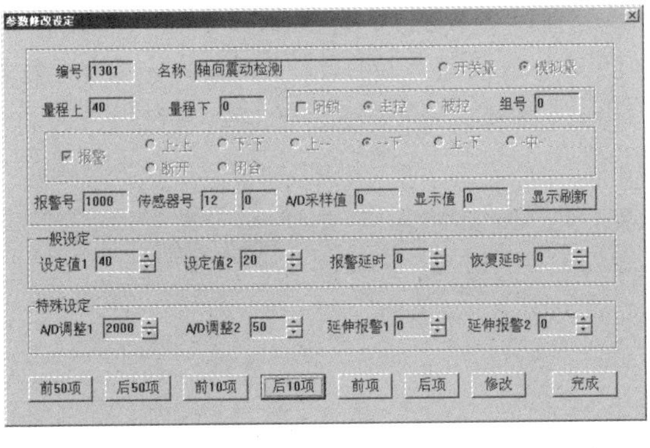


附录图 12　SB-2001 监测报警系统参数修改界面

【舱容设定】当 SB-2001 监测报警系统同时用于液位遥测时，按照设计员提供的舱容表进行数据输入，一般不需要设置。

【C218 卡设定】当工控机通信接口从 6 个扩展为 14 个时，需要使用该设定功能，如附录图 13 所示。

小方框内打“√”，表示启用该通信口。波特率、数据位、停止位、校验位需要与该选择通讯口连接要求一致，才能保证数据收发的正确性。

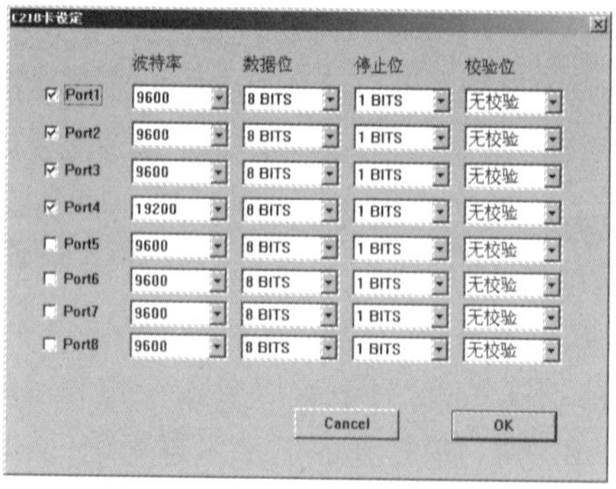


附录图 13　C218 卡设定界面

修改完成后，选择<OK>，保存此次修改内容并退出。C218 卡设定修改后，需要关闭 ff8 程序，重新开启后才能生效。

【二次仪表 D/A 参数设定】当系统中配有 D/A 输出模块时，该项用于设置 D/A 输出模块上每个输出通道对应的模拟量测量点，如附录图 14 所示。

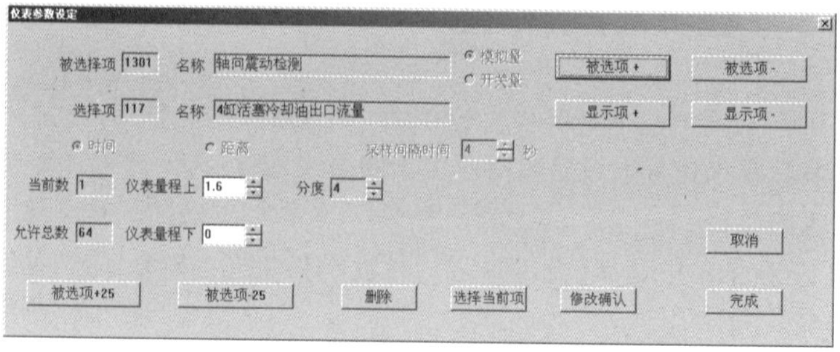


附录图 14　二次仪表 D/A 参数设定界面

“被选择项”“名称”“模拟量”“开关量”表示待选测量点的编号、名称、类型；

“选择项”“名称”表示当前模拟仪表所对应测量点的编号和名称，如果为空白则当前仪表未被定义；

“当前数”表示当前定位于第几个仪表输出；

“允许总数”表示允许设置仪表输出的数目；

“仪表量程上”表示仪表量程的最大值，一般和与之相对应的测量点的量程上相同；

“仪表量程下”表示仪表量程的最小值，一般和与之相对应的测量点的量程下相同；

“分度”表示模拟仪表的分度，可根据需要自行定义。

【测点前项】、【测点后项】可用于切换待选测量点，【测点前项】是将待选测量点定位于当前测量点的后一个点，【测点后项】是将待选测量点定位于当前测量点的前一个点。

【仪表前项】、【仪表后项】可用于切换模拟仪表的“当前数”，【仪表前项】是将“当前数”加 1；【仪表后项】是将“当前数”减 1。

【删除】用于删除当前已定义的仪表。

【选择当前项】用于将当前待选测量点定义为“当前数”所在的仪表，按下【选择当前项】后，“选择项”及相应的“名称”中的内容自动变为“被选择项”及相应的“名称”所对应的内容。

【修改确认】，当对模拟仪表修改完成后，需按下【修改确认】按钮，再进行下一个模拟仪表的修改，否则修改的内容将不被保存。

【完成】,当对所有模拟仪表修改完成后,按下【完成】按钮则关闭对话框。

【取消】,按下【取消】按钮同样能关闭对话框,但本次的修改将不被保存。

一般该项在交付用户使用前,制造厂商已根据实际情况设置完毕,用户不需要修改。

【列表设定】用于用户自定义显示列表的内容的设定。定义之后,装置在显示用户自定义列表时,就按新设定的顺序进行显示,调整方式与自定义打印列表内容的方式相同。

【线性设定】对于某些模拟量测量点,在输入信号和显示值不是线性关系,而且输入信号和显示值的数学关系不确定的情况下,可将该点以分段线性化处理的方式来解决输入信号与显示值的对应计算,分段的个数越多,则得到的显示值越精确,其基本原理如附录图 15 所示。

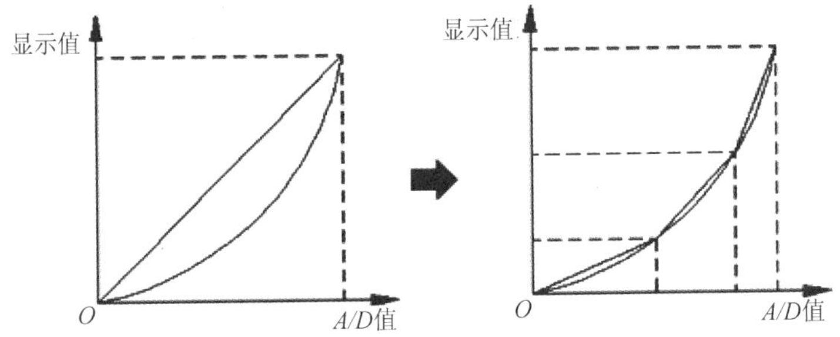


**附录图 15　分段线性化处理原理图**

图中蓝色为实际输入信号与显示值对应关系的曲线,黑色为计算机计算后,得出输入信号与显示值对应关系的曲线。

设置方式如下:在菜单中选择【设定】→【线性设定】,打开"线性设定"对话框如附录图 16 所示。

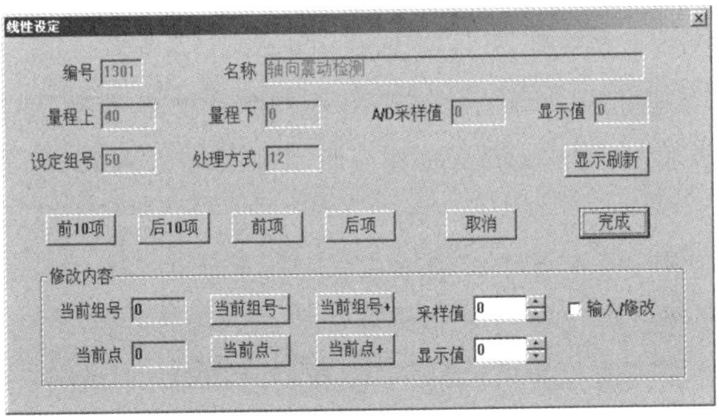


**附录图 16　线性设定对话框**

只有从测量分站采集,并且"处理方式"为 4 的模拟量信号才能进行线性设定。测量分站采集的测量点信号一般"处理方式"为 0,如果要修改"处理方式",可以使用 D:\USER\目录下 FF9.EXE 程序。

> 使用 FF9.EXE 对测量点的数据库中任意参数进行修改时,由于对某些重要参数若修改错误,将造成系统严重故障,故请在驷博公司技术人员指导下进行。一般情况下请勿使用该程序。
>
> When use FF9.EXE to modify parameters of measuring points, since modification mistake will result in system serious fault, so please under the instructions of SIBO technician, generally please not use the program.

“编号”为当前测量点的编号；

“名称”为当前测量点的名称；

“量程上”为当前测量点的量程上限值；

“量程下”为当前测量点的量程下限值；

“A/D 采样值”为实际传感器输入信号 A/D 值；

“显示值”为计算机将“A/D 采样值”经过计算后，得出的当前测量点的状态值；

“设定组号”表示当前测量点为第几组线性补偿，“设定组号”与测量点的对应关系在 FF9 的“调整下”中设置，最多可以设置 32 组不同的线性补偿；

“处理方式”为定义计算机处理信号输入值方式的编号；

以上内容为进行线性设定时参照用，“编号”和“名称”中显示的内容与当前进行线性设定的测量点并无绝对的对应关系。

“当前组号”，表示的是当前正在进行第几组线性设定；

“当前点”，每一组线性补偿可分为 15 个线段进行补偿，“当前点”表示目前位于哪一个补偿线段；

“修改内容”中的“采样值”和“显示值”用于设定“当前点”的“A/D 采样值”与“显示值”的对应关系。

具体调整步骤如下：

首先使用【前 10 项】、【后 10 项】、【前项】、【后项】按钮，选择到要修改的测量点便于对照，该模拟量测量点的处理方式应为 4。

使用【当前组号+】和【当前组号-】，将“设定组号”和“当前组号”选择为一致。

如果对“采样值”和“显示值”的跳着是输入新的数据，则在“□输入/修改”上打“√”，如果用  按钮修改数据，则在“□输入/修改”上不要打“√”。

使用【当前点+】、【当前点-】选择到要修改的线性补偿段，将该补偿段特征点的 D/A 采样值和理想的显示值置入“采样值”和“显示值”。

每个测量点的采样值从 0~2047 可在采样值上根据特征点分为 15 段（共 16 点），特征点应从小到大进行调整。

调整完毕之后，按下【完成】按钮，计算机就将数据存入硬盘，如按【取消】，则撤销刚才一切调整。

如果现场用信号检查的话，则在按下【显示刷新】按钮之后，计算机则将当前 A/D 采样值和显示值显示在显示框中，可用于检验当前的值是否达到要求。

【显示分类区域设置】用于设置“图形分类选择”和“列表分类选择”模拟图形中，各按钮所对应的列表和模拟图形。

在菜单中选择【设定】→【显示分类区域设置】，弹出如附录图 17 所示的对话框。

图中“01#”表示模拟图中第一行第一列相应按钮，“02#”表示模拟图中第一行第二列相应按钮，依此类推，其位置关系与模拟图中按钮的位置关系是相同的。

“列表”列中，所填写的内容为“列表分类选择”模拟图中按钮所对应的列表的第一个测量点的编号；

“图形”列中，所填写的内容为“图形分类选择”模拟图中按钮所对应的模拟图形的编号；

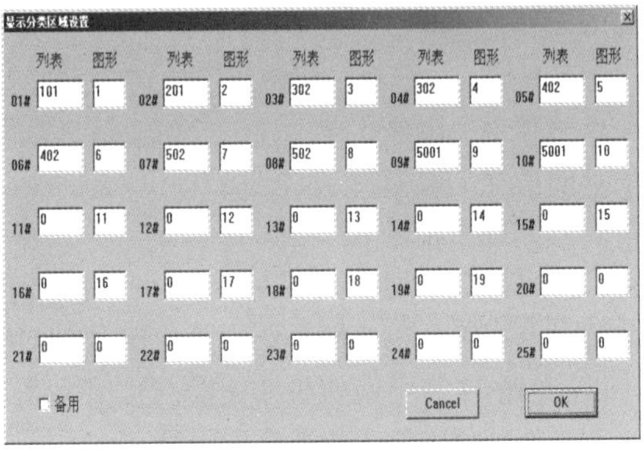


附录图 17 显示分类区域设置对话框

设置完成后按下【OK】按钮,关闭“显示分类区域设置”对话框,则“列表分类选择”和“图形分类选择”模拟图中按钮的功能设置完成;

按下【Cancel】按钮,则修改内容不被保存。

【图形总数设定】Picture Total Setting。首先出现一个密码对话框,需要密码确认后才能进入,对话框如附录图 18 所示。

附录图 18 密码对话框

设定内容为图形显示画面的总数,这由制造厂商的技术人员使用,一般情况下,请不要使用或随意更改。

【工作站类型参数设定】由于监测报警计算机的软件是通用的,但整个系统中,计算机的硬件配置、操作权限都不是完全一致的,所以相应的也都有不同的配置文件。该对话框如附录图 19 所示,用于设置不同计算机的配置文件。

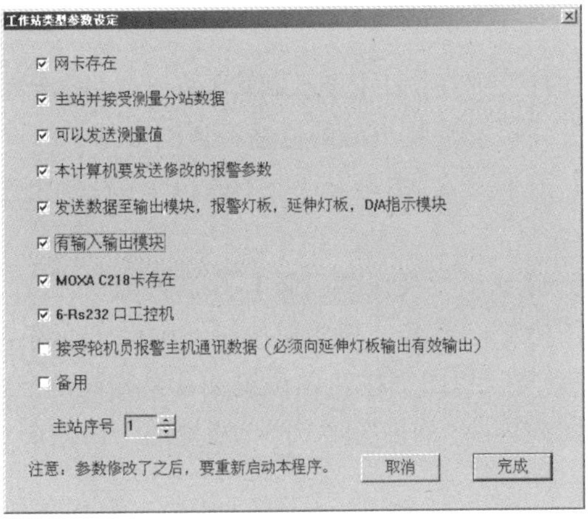


附录图 19 工作站类型参数设定对话框

该对话框的设置需要输入密码，一般在系统交付用户使用前，制造厂商已对不同的计算机进行了正确的配置，用户请勿随意更改。

【时间设定】时间设定，可以进行年、月、日、时、分、秒调整，如附录图 20 所示。

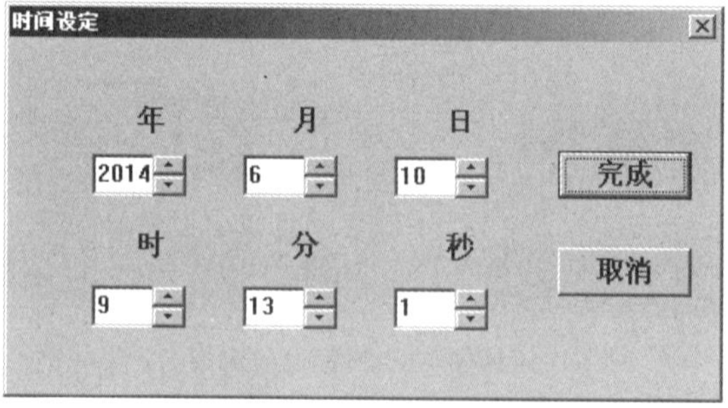


附录图 20　时间设定对话框

用每个显示时间框边上的调整按钮进行调整，调整完毕之后按<确认>按钮，新的时间就存入计算机内，计算机就按新的时间运行，否则按<取消>。

【报警临时退出设定】被测量点的传感器或变送器发生故障后，引起该测量点不断在正常和不正常情况下变化的误报警，用该功能可将该测量点定义为暂时退出报警。在下次重新启动 SB-2001 之后，暂时退出报警功能的设置将自动取消，如附录图 21 所示。

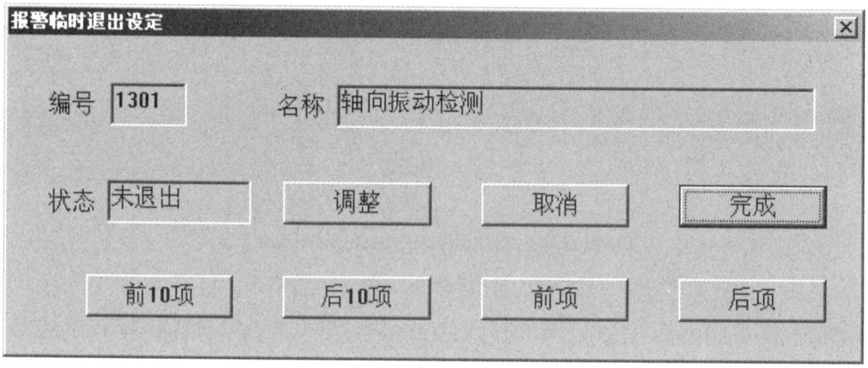


附录图 21　报警临时退出设定对话框

<前 10 项>、<后 10 项>、<前项>、<后项>用该选择要设定的测量点。

<编号>、<名称>为当前选择的测量点名称。

<调整>按钮用于调整当前测量点是否暂时不报警或保持原来状态。

<状态>显示“未退出”时，该测量点保持原来状态。显示“退出”时，该测量点设定为暂时退出报警功能。

<完成>为确认该次调整有效，并退出。

<取消>为取消该次调整有效，并退出。

【报警速显窗口】每次开机前，报警装置都将报警速显窗口设为有效状态。每次新产生报警点时，“报警速显窗口”自动开启。报警速显窗口大小可调整，如附录图 22 所示。

有时在某些运行状态下（如调试）觉得这会影响正常的调整和观察，就可以将“报警速显窗口”选择为无效。

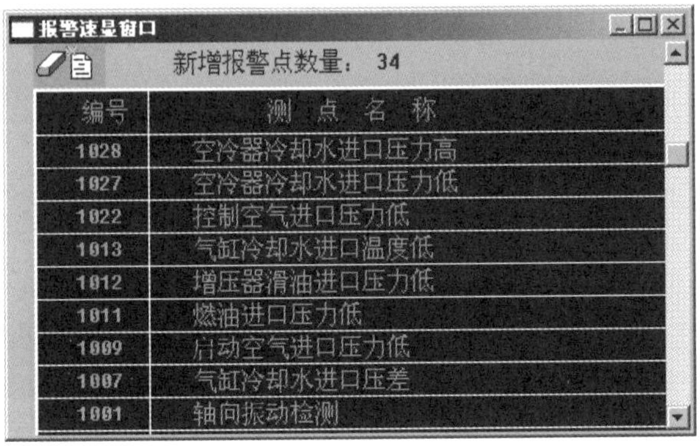


附录图 22　报警速显窗口

④应急记录

【应急记录设定】应急记录条件点的定义,条件点设定之后会自动存盘,以后当设定的条件点报警时微机自动将所有监测点的当时状态全部存档于硬盘中。

调整方式与自定义打印列表内容的方式相同。

【应急记录查看】应急记录查看打开后,出现如附录图 23 所示的对话框。

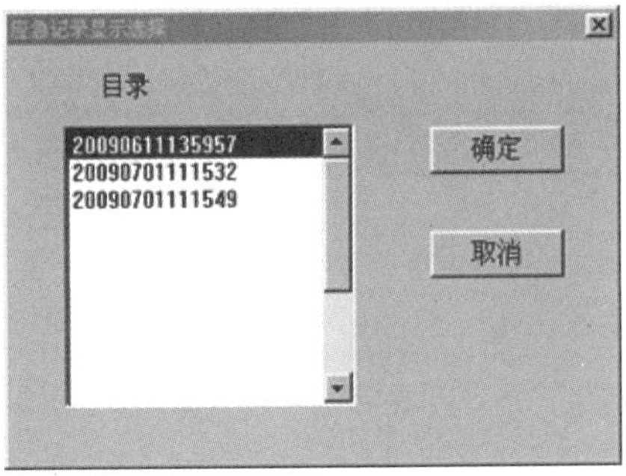


附录图 23　应急记录查看对话框

在目录框内显示了所有应急记录的目录。目录代表的含义为时间,排列从左至右分别是年(4 位)月(2 位)日(2 位)时(2 位)分(2 位)秒(2 位)。只要根据要求,选定要显示内容的时间后,按下<确定>后,在屏幕上立即显示所有点当时的状态,按常规显示顺序排列。从第一点开始,排在常规显示第一点前面的是引起记录的条件点。报警时间栏里显示的时间为变为该状态的时间,如果该点是处于报警状态,则是报警时间;如果该点是处于正常状态,则是该点恢复正常的时间。

【人工应急记录】人工将监测点当时瞬时的状态全部内容存档于硬盘中,便于以后的查询与检查。该方法不易用得太多,因为它要占用较多的硬盘空间,如果发现硬盘空间占用太多时,可以将其删除。

⑤走势图

通过工具栏上的走势图按钮  可将主显示区切换到模拟走势图显示界面,走势图中各走势曲线与测量点的对应关系,可以在【走势图设定】中进行设置。

【走势图设定 1】用于设定第一张走势图的测量点;

【走势图设定 2】用于设定第二张走势图的测量点;

【走势图设定 3】用于设定第三张走势图的测量点;

【走势图设定 4】用于设定第四张走势图的测量点。

设置方法如下：

选择菜单栏的【走势图】→【走势图设定 X】，打开需要设定的走势图的相应对话框如附录图 24 所示。设定方式可参照“圆形仪表设定”对话框中的说明进行，和圆形仪表设定不同的是要增加两项内容，第一项时间和距离的选择，我们目前只使用时间这一项。第二项是采样间隔时间的调整。

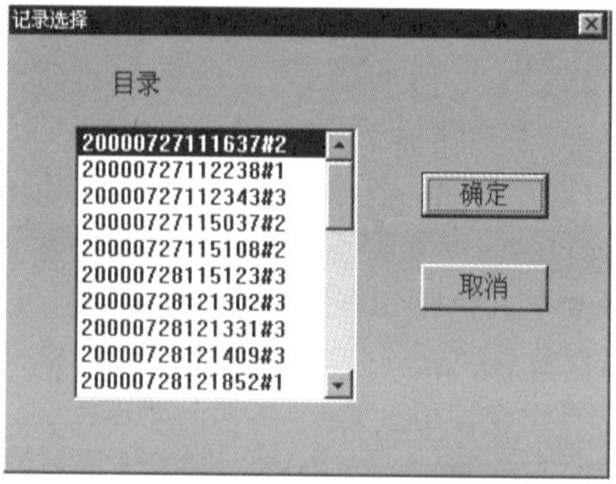


附录图 24　走势图设定对话框

根据不同的测量对象要求对时间进行调整，计算机自动在这段时间内对测量值求平均值之后作为最终的显示值。

走势图显示为横坐标为时间，纵坐标根据测点是第 1 个显示点至第 8 个显示点共用一个纵坐标，分度为纵坐标的分隔，应保证分隔之后纵坐标显示值不要为无限小数。第 9 点为单独一个纵坐标，它的分度同前。

【走势图历史记录查看】菜单打开后出现对话框如附录图 25 所示。

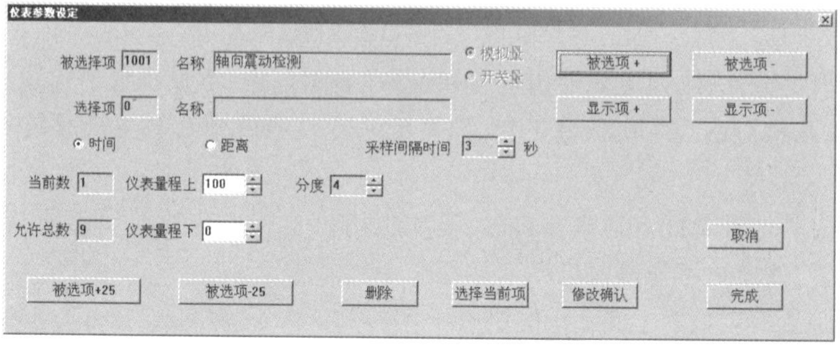


附录图 25　走势图历史记录查看对话框

在目录框内显示了所有存档走势图的目录，目录代表的含义为时间和走势图的序号。排列从左至右分别是年(4 位)月(2 位)日(2 位)时(2 位)分(2 位)秒(2 位)#，后面 1 位是走势图的序号。只要根据要求选定要显示的目录，按下<确定>按钮，对话框立即自动关闭，显示所选择的走势图。

⑥删除无用记录

一套报警系统可能要使用几十年，对于很长时间之前记录在硬盘中的数据，应定时进行整理，删除一些无用记录，保证留有足够空间，存放新的记录。菜单打开后出现密码对话框，用键盘输入密码，密码为“1”，确认后出现如附录图 26 所示的对话框。

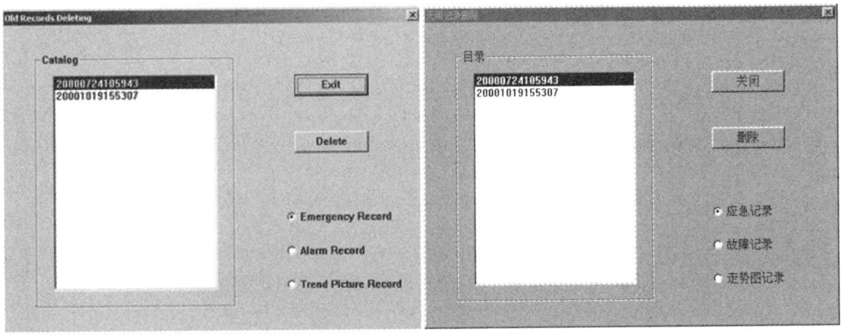


附录图 26 删除无用记录对话框

右下角有 3 个选择，通过选择可确定当前要整理删除的具体是哪一类记录。<目录>中显示的某类记录的具体记录，通过轨迹球选中某一个记录后，按下<删除>按钮，计算机立即将该记录删除。当按下<关闭>按钮后，自动退出记录整理删除功能。

⑦检查菜单下具有通信口检查、输出口检查、输入/输出口检查子菜单。

【通信口检查】菜单打开后出现如附录图 27 所示的对话框。

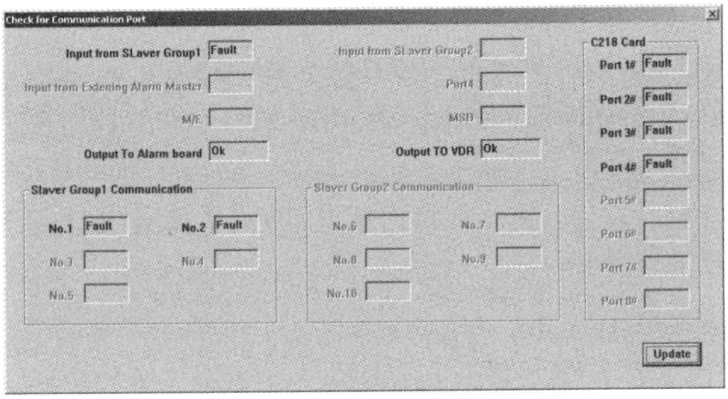


附录图 27 通信口检查对话框

计算机能根据分站数，使无效通信口变灰，并在显示框内，不显示任何标识；在有效通信口中，显示 OK，表示该分站与主机通信正常；如显示 Fail 表示该分站与主机通信不正常，便于检查和维护。

当本系统与其他设备配有通信接口时，该项也用于检查这些通信接口的状态。所以根据不同船舶的配置，该窗口可能略有区别。

如果退出对话框则按右上角<×>按钮。

【输入/输出口检查】菜单打开后出现对话框，如附录图 28 所示。

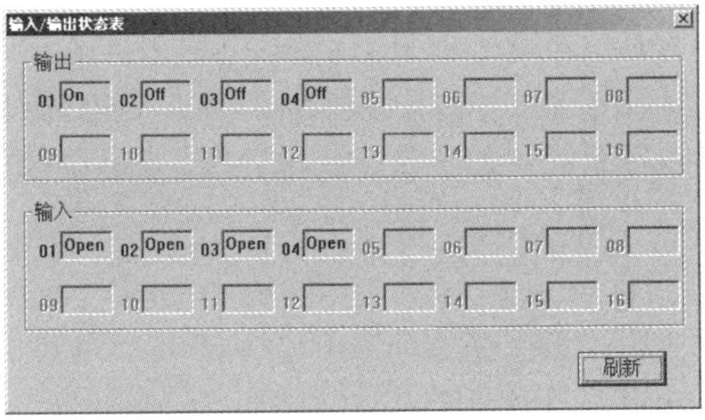


附录图 28 输入/输出口检查对话框

对话框中的窗口与输入/输出板上的输入/输出接口一一对应，用于检查当前的输入/输出状态。

⑧语言。用于切换系统当前语言，目前本系统支持中文和英文两种显示方式。

⑨帮助菜单下有“关于”子菜单，用于显示当前软件版本号，如附录图 29 所示。

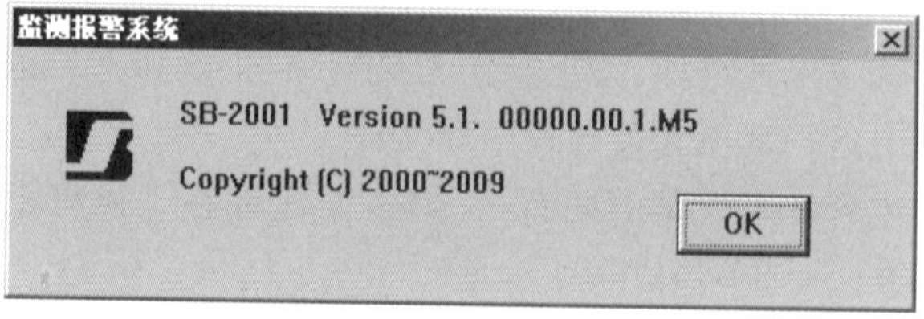


附录图 29 版本号检查对话框

## 二、MAS 运行注意事项

(1)运行和记录位置：

在目录 D:\USER\下为运行程序；

在目录 D:\SBA\下为运行参数；

在目录 D:\HIS\下为运行中的设定记录等；

在目录 D:\HISA\下为历史记录内容；

在目录 D:\HISB\下为应急记录内容；

在目录 E:\HISZ\下为走势图记录内容；

目录下文件千万不能改动，否则会导致运行不正常。

(2)报警参数设置与调整。报警设定值，报警延时等参数在集控室修改完毕后会自动送至其他报警微机(如可送至驾驶室和轮机长室)，而且只能在集控室修改后发送出，并将全部测量点的报警设定值、报警延时等全部发送。其他报警微机的相应参数，按照集控室发来的参数进行修改。

(3)模拟仪表和直放图显示参数设定，每个报警微机应各自设定，相互间不一定要求一致。

(4)测点的报警时间记录，每个报警微机都根据本微机的时钟，因此各台微机相互间略有差异。

(5)如果几台报警微机的测量点是不同的，则这些文件不能互换。

(6)监控系统工作时，打开风扇，使风扇运行。

## 三、关机

要关闭操作系统，拖动光标至“文件”处，点击“文件”弹出“退出”，拖动光标并点击“退出”操作系统自动关机。

(1)切断显示器电源。

(2)工控机按钮复位。

(3)停止风扇。

(4)不间断电源机箱的开关不允许关闭。

## 四、其他注意事项

(1)除机舱值班人员以外,其他无关人员禁止操作工控机,如遇此情况,机舱值班人员一经发现必须立即制止,同时做好相应记录。

(2)除公司相关主管技术人员外,禁止操作人员删除、更改和下载报警系统存贮数据。

(3)禁止在工控机上运行其他无关的程序和文件。

(4)未经公司相关主管技术人员的同意,任何人不允许在工控机上接入外界其他接口设备(如光驱、U 盘、键盘等)。

(5)值班人员要对工控机设备进行维护和清洁,保持好工控机设备的技术状况。

# 附录二 全自动电站组成与操作

电站自动化的任务要保证供电的安全可靠和提高运行的经济性。尤其是在无人值班或一人值班的机舱,由于整个程序的自动化,减少了人为的误操作,可使整个电站处于最佳运行状态。

对自动电站的一般要求是能够随时迅速地自动启动发电机组并自动投入电网运行;能自动准同步并车和进行功率分配;能自动地识别和调整负载的均衡和分配;必要时启动备用机组投入电网;瞬态条件反应所产生的大电流信号,不应使发电机产生不必要的自动启动;具有能自动卸载、程序启动等一系列保护发电机组的措施;故障断电后又恢复供电时能自动合闸。能实现上述功能的船舶电站自动化系统称为船舶电力自动管理系统。

下面以内河某豪华电力推进游轮镇江赛尔尼柯自动化有限公司生产的船舶电力自动管理系统(PMS)为例介绍系统的操作。

## 一、系统组成

(1)电力管理系统包含 2 台 1650 kW AC 690 V 50 Hz 大发电机组、2 台 900 kW AC 690 V 50 Hz 中发电机组和 1 台 400 kW AC 690 V 50 Hz 小发电机组,不同容量的发电机组能够允许长时间并联。系统组成如附录图 30 所示。

(2)岸电与船电之间可进行不停电负荷转移。

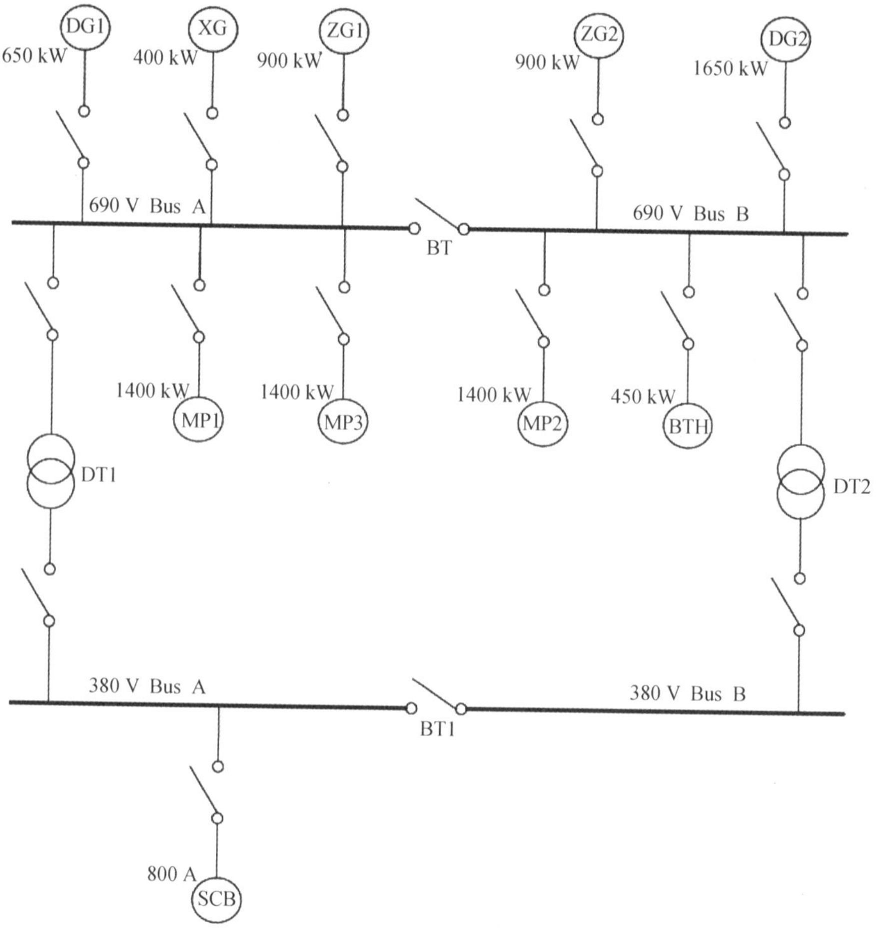


附录图 30 电力管理系统组成图

## 二、系统功能说明

1.PMS 模式种类

在 AC 690 V 主配电板同步屏上设 PMS 控制模式选择开关,可通过此选择开关来选择手动和 PMS 模式。在 PMS 模式下有 3 个控制模式:半自动、联合(自动)、分区(自动),3 个控制模式可在触摸屏上选择进入,如附录图 31 所示。

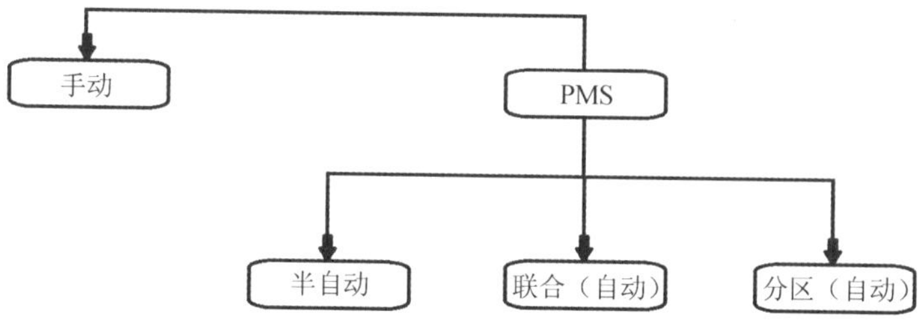


附录图 31 电力管理系统控制模式图

AC 690 V 主配电板上的 2 台日用变压器原边开关侧设控制模式旋钮,正常情况下,选择在自动(遥控)位置。

另在 AC 380 V 主配电板联络开关屏上设 AC 380 V 配电板模式选择开关(本地/PMS)。自动控制模式与配电板状态对照表如附录表 3 所示。

附录表 3　自动控制模式与配电板状态对照表

| 控制模式 | 供电发电机 | 联络开关状态 | 备注 |
|---|---|---|---|
| 联合(自动) | DG1+XG+ZG1+ZG2+DG2 | BT&BT1 合闸 | 柴油发电机数量根据负荷确定 |
| 分区(自动) | DG1/XG/ZG1+ZG2/DG2 | BT&BT1 分闸 | 柴油发电机数量根据负荷确定 |

**2.各种模式的有效功能**

不论在手动、半自动、联合(自动)、分区(自动),以下功能都有效:

发电机过流优先脱扣(PT1:≥100%,5 s 脱扣;PT2:≥100%,20 s 脱扣);

发电机欠压优先脱扣(≤90%,10 s 优先脱扣);

发电机低频优先脱扣(≤95%,10 s 优先脱扣);

发电机逆功率保护(设定值:-10%,5 s);

发电机主开关异常脱扣报警;

主汇流排的电压、频率监测和报警;

两台或两台以上柴油发电机并联运行,其中一台发电机突然停止工作,电站立即自动脱扣非重要负载。

**3.管理模式——手动**

(1)手动启、停发电机组;

(2)手动合、分闸发电机主开关;

(3)手动合、分闸联络开关;

(4)手动进行发电机并车;

(5)手动进行负载转移;

(6)当有重载问询时,人为判断,手动发出允许信号。

**4.管理模式——半自动:**

(1)手动启、停发电机组;

(2)发电机半自动同步功能:按下"合闸"按钮,自动电站自动调节待并机组转速(如有需要,可按下"分闸"按钮,取消半自动并车),满足同步条件时,自动合上待并机组,主柴油发电机并联运行、自动负载分配;

(3)发电机半自动解列功能:按下"分闸"按钮,自动电站自动降低解列机组转速(如有需要,可按下"合闸"按钮,取消半自动负载转移),当解列机组功率低于 5%的额定值时,自动分断解列机组主开关,剩余发电机对电网供电;

(4)联络开关 BT 半自动同步功能:按下"合闸"按钮,联络开关两侧发电机自动调整频率及合闸(如有需要,可按下"分闸"按钮,取消半自动同步);

(5)联络开关 BT 分闸功能:按下"分闸"按钮,联络开关两侧发电机自动调整及分闸(如有需要,可按下"合闸"按钮,取消半自动分闸);

(6)单台发电机在网自动调频,多台发电机并联运行时自动负载分配;

(7)当有重载问询时,人为判断,手动发出允许信号。

**5.管理模式——联合(自动)**

当岸电供电时,联合(自动)功能无效;当艏侧推在运行时,不可以切换至分区模式;当主推进动力装置在运行时,不可以切换至分区模式;发电机备车顺序,每台发电机能够选择数字1~5,且每台发电机有一个唯一的数字,这个数字和其他发电机都不一样,数字越小,发电机的优先级越高(推荐小发电机选择数字5)。如果在转换过程中有任何故障导致不能继续切换会发出"模式切换失败"报警,并停止模式切换。联合(自动)控制模式状态如附录图32所示。

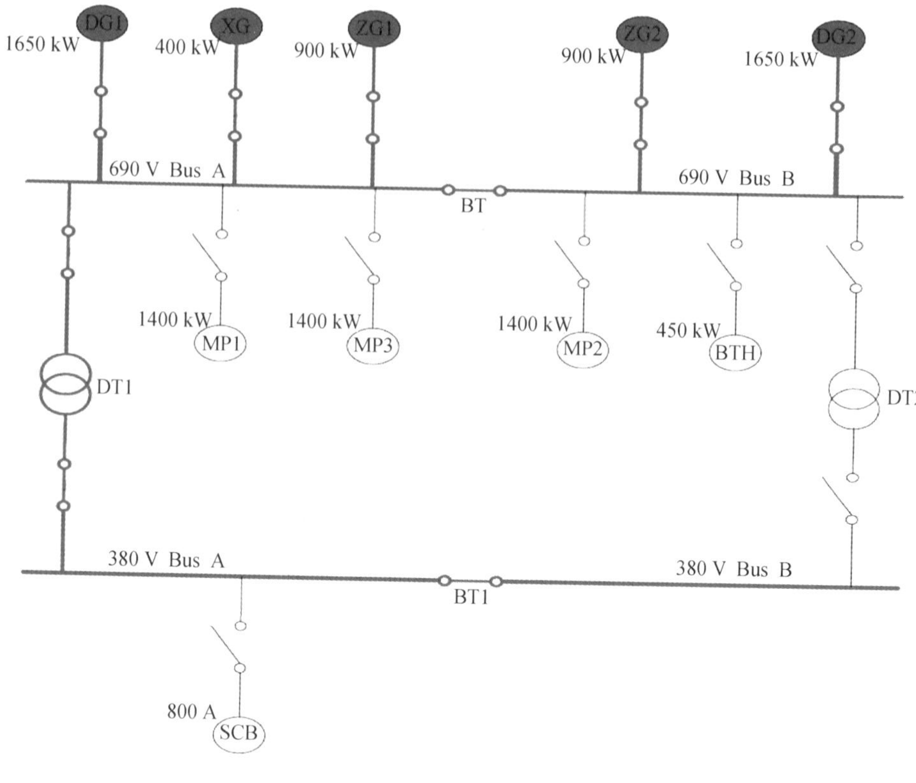


附录图32 电力管理系统联合(自动)控制模式状态图

联合模式下的自动功能:

(1)汇流排失电处理:所有备用发电机自动启动,先行电压建立的机组优先发出合闸指令,发电机开关自动合闸恢复电网供电。

(2)发电机重载启动:当在网柴油发电机功率≥85%,延时30 s,备用发电机自动启动,电压建立后发出发电机同步命令,备用柴油发电机开关自动同步合闸,与原发电机组并联供电。

(3)轻载解列:当$P_{在网}/P_{额}$(解列之后)≤70%时,超过5 min,优先级别低的发电机组自动将负载转移,当解列机组功率低于5%的额定值时,自动分断解列机组主开关,并延时5 min后自动停车,剩余柴油发电机对电网供电。

(4)电压、频率异常:当在网发电机电压和频率异常时,电压范围设定为:106%,10 s;90%,10 s;频率范围设定为:±5%,10 s,自动启动备用发电机,失电后换机。

(5)发电机二类故障处理:当在网柴油发电机发生二类故障时,电站发出发电机故障报警,优先脱扣非重要负载,如有备用柴油发电机,则备用发电机自动投入合闸,故障发电机将负载转移到新投入发电机组后自动分闸，并延时 5 min 后自动停车。

(6)重载问询：当在网发电机的富余容量(剩余功率大于 675 kW)能够满足艏侧推运行，发出允许启动信号；当在网发电机的富余容量不能满足艏侧推运行，自动启动优先级别高的备用发电机组，电压建立后发出发电机同步命令，发电机开关自动同步合闸，与原发电机组并联供电，发出允许启动信号。

(7)主推进开关预合闸：此功能类似于重载问询功能，当在网发电机的富余容量(默认 400 kW，此参数开放，触摸屏上可密码进入设置)能够满足主推进低负荷运行时，其开关自动合闸；当在网发电机的富余容量不能满足主推进运行，自动启动优先级别高的备用发电机组，电压建立后发出发电机同步命令，发电机开关自动同步合闸，与原发电机组并联供电后，主推进开关自动合闸。

(8)各种航行工况下，AC 690 V 主汇流排每一分段上至少有 1 台发电机组在网。

(9)轻载解列抑制功能：在触摸屏上设轻载解列抑制按钮，某些情况下限制电站自动减机。轻载解列抑制功能激活后，在网的发电机组轻载解列功能失效。

(10)2 台日用变压器互为备用：当 1 台日用变压器由于故障使 380 V 汇流排失电，另 1 台日用变压器自动向 380 V 汇流排恢复供电。

**6.管理模式——分区(自动)**

当岸电供电时，分区(自动)功能无效；当艏侧推在运行时，不可以切换至联合模式；当主推进在运行时，不可以切换至联合模式。

分区(自动)控制模式状态如附录图 33 所示。如果在转换过程中有任何故障导致不能继续切换或 380 V 配电板侧日用变压器运行模式处于单台模式时停止模式切换，会发出“模式切换失败”报警。

分区(自动)模式下的自动功能：

(1)690 V 汇流排 A 失电处理：首先 380 V 配电板上的联络开关合闸，使 380 V 汇流排都有电；690 V 汇流排 A 上备用发电机将自动启动，自动合闸使 690 V 汇流排 A 恢复供电；如 690 V 汇流排 A 上发电机组都不可用，690 V 汇流排 A 就处于失电状态(不会合 690 V 联络开关)。

备注：只要 690 V 汇流排 A 失电，不管 690 V 汇流排 A 能不能恢复供电，下一步的操作都需要人为干预。

(2)690 V 汇流排 B 失电处理：首先 380 V 配电板上的联络开关合闸，使 380 V 汇流排都有电；690 V 汇流排 B 上备用发电机将自动启动，自动合闸使 690 V 汇流排 B 恢复供电；如 690 V 汇流排 B 上发电机组都不可用，690 V 汇流排 B 就任处于失电状态(不会合 690 V 联络开关)。

备注：只要 690 V 汇流排 B 失电，不管 690 V 汇流排 B 能不能恢复供电，下一步的操作都需要人为干预。

(3)发电机重载起备机：当在网柴油发电机功率≥85%，延时 30 s，备用发电机自动启动，电压建立后发出发电机同步命令，发电机开关自动同步合闸，与原发电机组并联供电。

(4)轻载解列：当 $P_{在网}/P_{额}$(解列之后)≤70%时，超过 5 min，优先级别低的发电机组自动将负载转移，当解列机组功率低于 5%额定值时，自动分断解列机组主开关，并延时 5 min 后自动停车，剩余柴油发电机对电网供电。

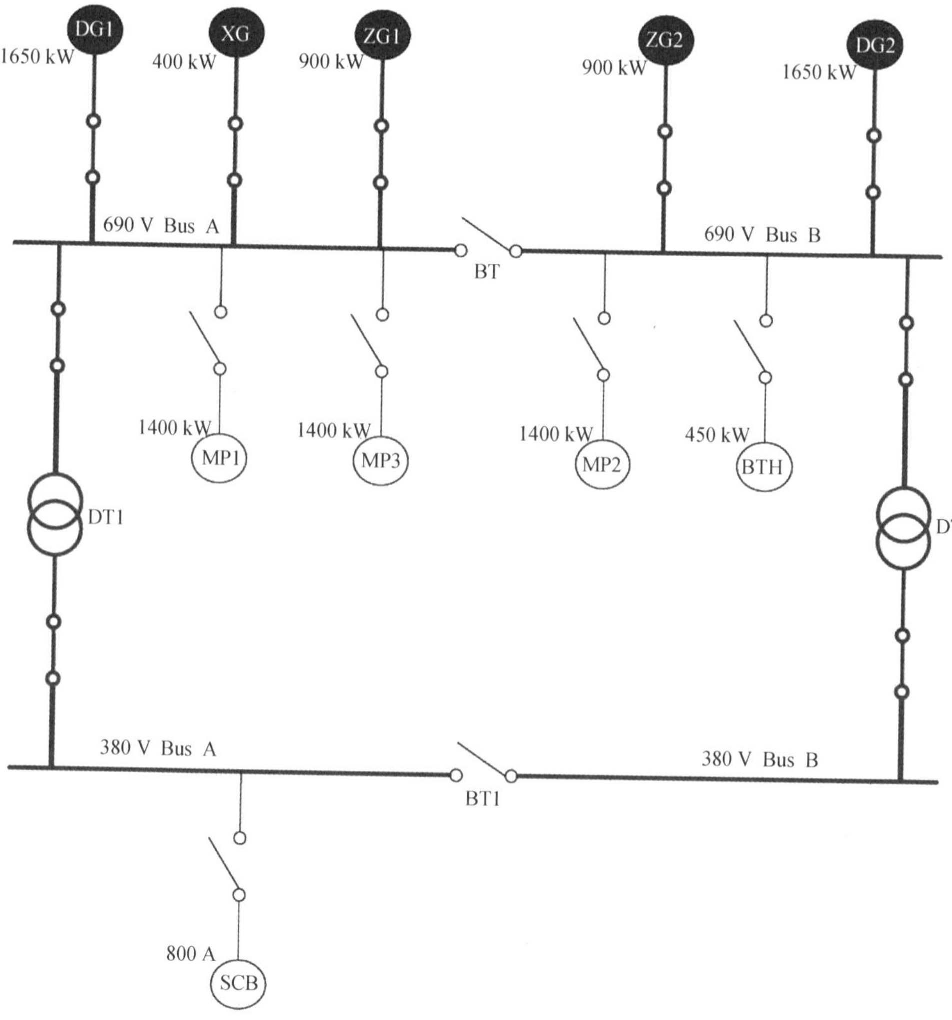


附录图 33　电力管理系统分区(自动)控制模式状态图

(5)电压、频率异常:当在网柴发电压和频率异常时,电压范围设定为:106%,10 s,90%,10 s;频率范围设定为:±5%,10 s,自动启动备用发电机,失电后换机。

(6)发电机二类故障处理:当在网柴油发电机发生二类故障,电站发出发电机故障报警,优先脱扣非重要负载,如有备用柴油发电机,则备用发电机自动投入合闸,故障发电机将负载转移到新投入发电机组后自动分闸,并延时 5 min 后自动停车。

(7)重载问询:当 690 V 汇流排 B 上在网发电机的富余容量能够满足艏侧推运行,发出允许启动信号;当 690 V 汇流排 B 上在网发电机的富余容量不能满足艏侧推运行,自动启动优先级别高的备用发电机组,电压建立后发出发电机同步命令,发电机开关自动同步合闸,与原发电机组并联供电,发出允许启动信号。

(8)主推进开关预合闸:此功能类似于重载问询功能,当在网发电机的富余容量(默认 400 kW,此参数开放,触摸屏上可通过密码进入设置)能够满足主推进低负荷运行时,其开关自动合闸;当在网发电机的富余容量不能满足主推进运行时,自动启动优先级别高的备用发电机组,电压建立后发出发电机同步命令,发电机开关自动同步合闸,与原发电机组并联供电后,主推进开关自动合闸。

(9)轻载解列抑制功能:在触摸屏上设轻载解列抑制按钮,某些情况下限制电站自动减机。轻载解列抑制功能激活后,在网的发电机组轻载解列功能失效。

7.岸电供电

(1)岸电对 380 V 汇流排供电,但不能对 690 V 汇流排供电。岸电供电模式状如附录图 34 所示。

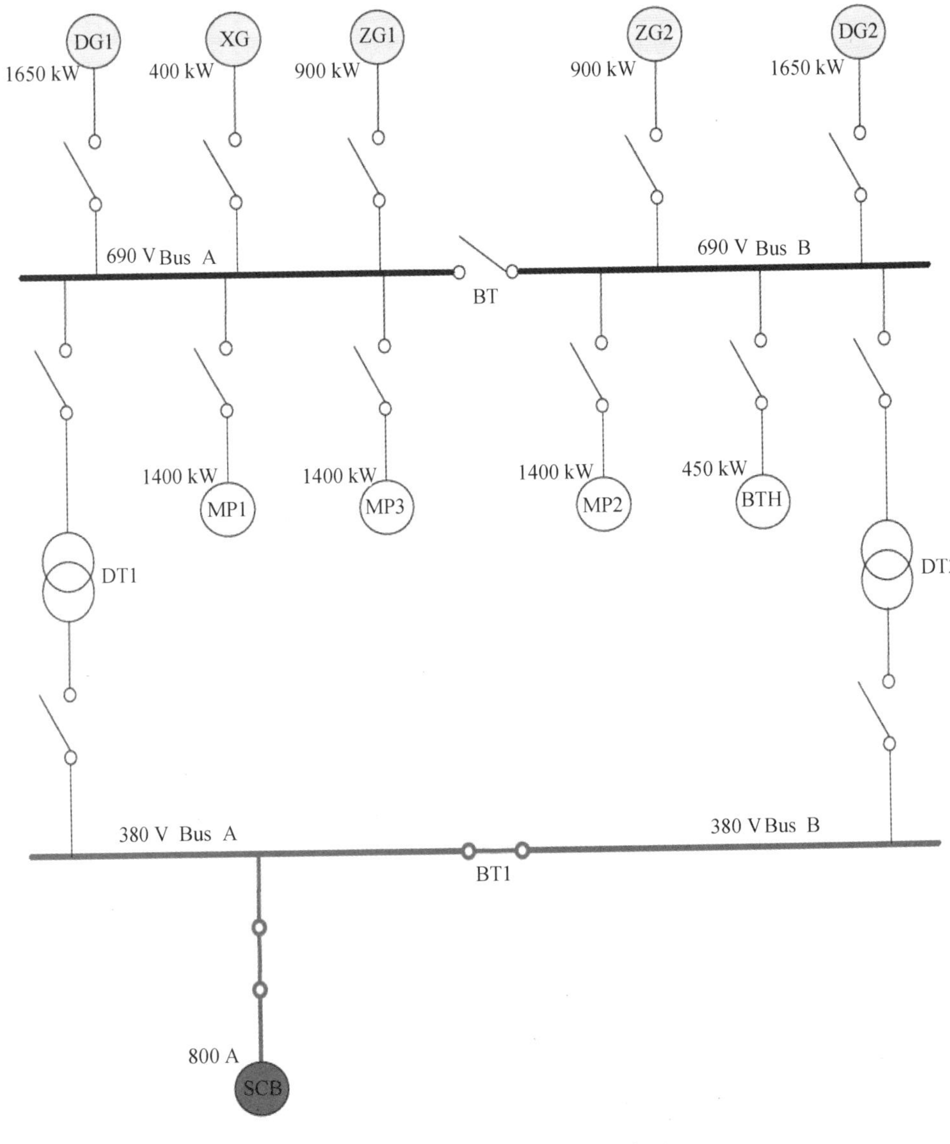


附录图 34　电力管理系统岸电供电图

(2)岸电与船电之间可进行不停电负荷转移,半自动控制由 PMS 完成,手动控制由 AC 380 V 配电板完成。

①船电转岸电:监测电站为单台发电机运行状态且其负载功率不大于岸电允许值,调整在网发电机至同步转速后合闸 380 V 配电板上的岸电开关,分断发电机主开关。

②岸电转船电:启动任意一台发电机组、主开关合闸、690 V 配电板恢复供电,选择某一台

日用变压器并合闸原边开关，调整在网发电机至同步转速后合闸 380 V 配电板上的日用变压器副边开关，分断 380 V 配电板上的岸电开关。

## 三、管理系统操作说明

### 1.主界面

当触摸屏启动后，会显示电站管理的主界面，如附录图 35 所示。在屏幕上设置了如下 6 个主功能键：<电站管理>、<当前报警>、<历史报警>、<重载问询>、<发电机参数>、<系统设定>。点击各功能键就可以进入相应的功能模块。

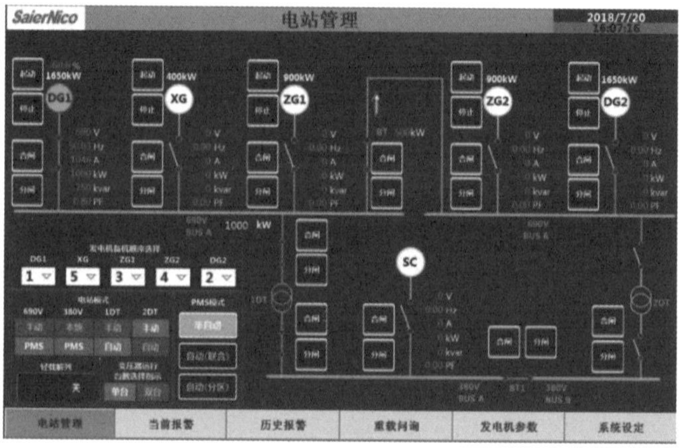


附录图 35　电站管理系统主界面

### 2.电站管理系统

该界面显示整个电站管理系统的单线图。在单线图中可以观察到发电机和汇流排的状态/开关状态/电能信息。在该界面，用户可以通过相应的按钮和开关进行简单的操作。

（1）电站管理系统信息如附录图 36 所示。

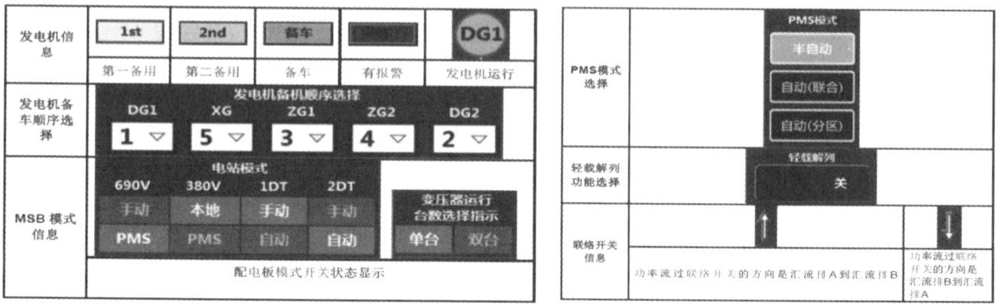


附录图 36　电站管理系统信息

（2）PMS 模式选择

当 690 V 和 380 V 配电板的模式均选在 PMS，1DT 和 2DT 至少有一个选择在自动，如下的三个按钮能选择相应的模式。模式说明如附录图 37 所示。

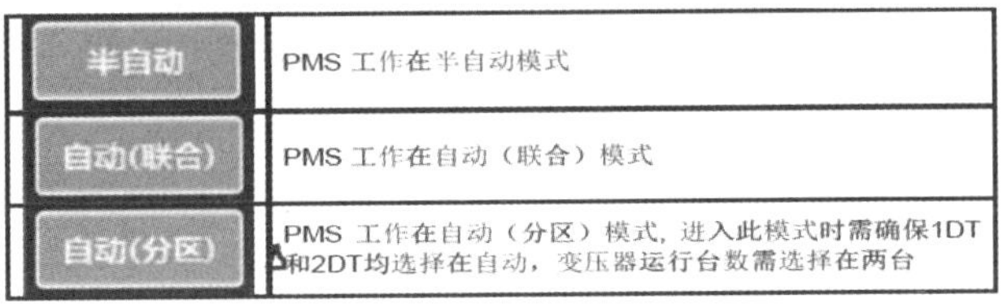


附录图 37　PMS 模式说明

注：当有主推或侧推在运行时自动（联合）模式和自动（分区）模式无法进行切换。

（3）备车顺序选择

当要更换发电机自动投入和自动解列的顺序时，按钮 能被使用，按下这个按钮后，一个小窗口 会跳出来。每台发电机能够选择数字 1~5。每台发电机有一个唯一的数字，这个数字和其他的发电机都不一样，数字越小，发电机的优先级越高。

（4）轻载解列开关功能

如果这个功能在关的状态，即使电网的总负载低于设定值，发电机也不会根据负载自动解列和停机。按下 开 ↔ 关 这个开关，可以对状态进行切换。

（5）半自动控制按钮操作

当电站在半自动模式下时，合分闸和启停机按钮将会出现。操作者能够在屏幕上通过半自动控制按钮手动启停发电机和对发电机/联络开关/岸电同步合闸或负荷转移分闸发电机/联络开关/岸电开关。如果按下合闸按钮去合开关时，按分闸按钮可以进行取消；同样按分闸按钮去分开关时，按合闸按钮也可以取消。模式界面如附录图 38 所示。

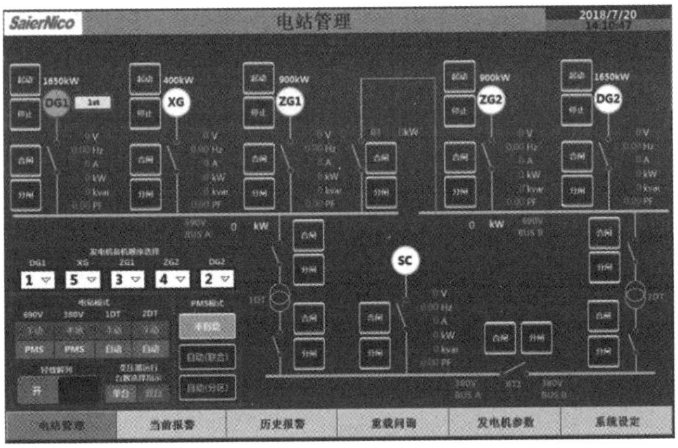


附录图 38　半自动控制模式状态界面

（6）当前报警

当 PMS 有报警触发时，触摸屏上的左上角会出现一个报警指示器 有报警，表明有未确认的报警存在，且触摸屏会自动跳转到当前报警界面，该界面会显示存在报警的名称以及报警出现的时间，并伴随着红色闪烁的底色，选择要确认的报警，按下确认按钮去确认，报警的底色变成黄色，当所有的报警全部被确认后，触摸屏的左上角会出现一个综合报警指示器 综合报警，表明报警存在且已全部确认，当报警消失后，已确认的报警会消失。此图标 显示的为当前报警点的数量（包括未确认的和已确认的）。

报警有如下两种状态：未确认报警（红色）和已确认报警（黄色），如附录图 39 所示。

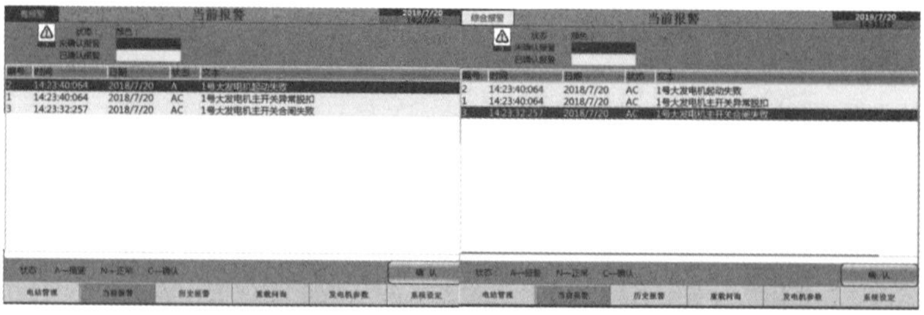

附录图 39 当前报警状态界面图

(7)历史报警

该界面显示历史报警记录,进入此界面可以查询历史报警,如附录图 40 所示。

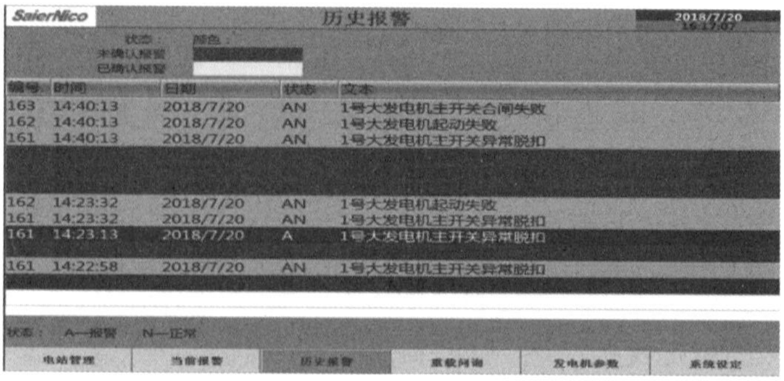


附录图 40 历史报警状态界面图

(8)重载问询

该界面显示重载问询和运行等状态,还有重载启动的功率条件,如附录图 41 所示。

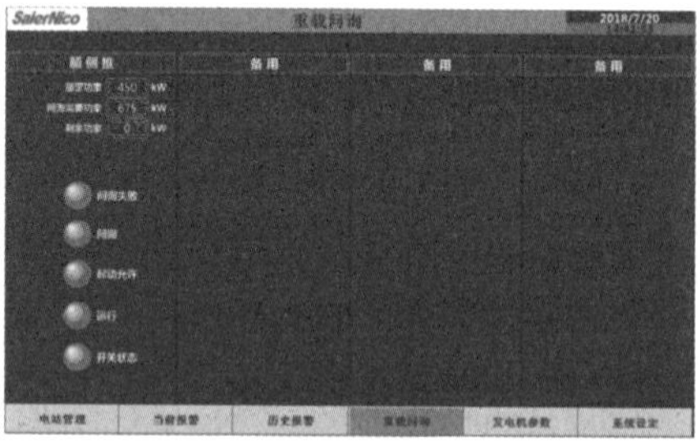

附录图 41 重载问询状态界面图

(9)发电机参数

该界面显示发电机的额定参数和实时参数信息。可以通过点击界面左侧的按钮进入到其他发电机参数界面,如附录图 42 所示。

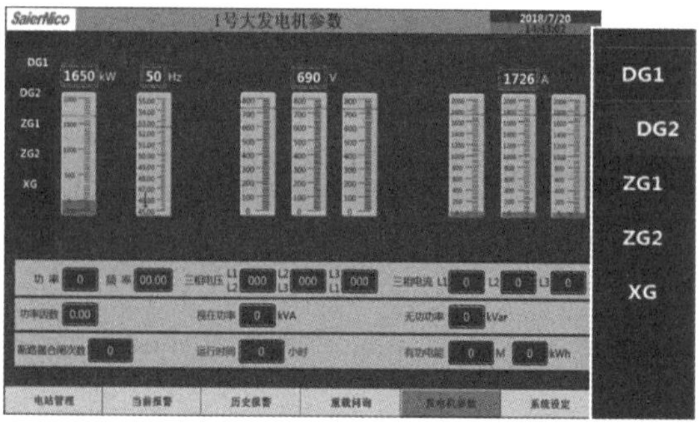


附录图 42 发电机参数状态界面图

（10）系统设定：在该界面上有七个主功能键，如附录图 43 所示。

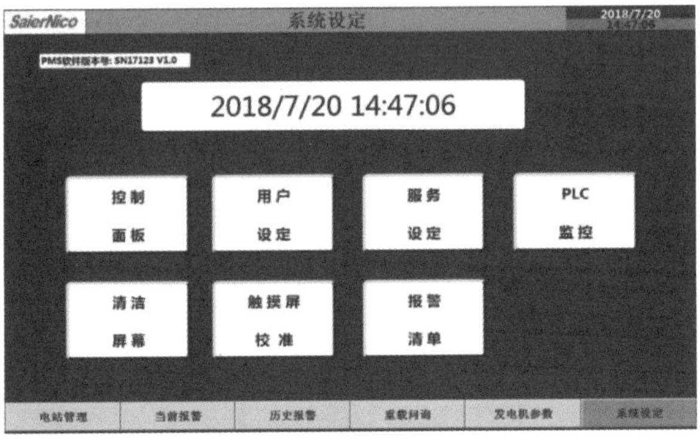


附录图 43　系统设定界面图

控制面板：按下此按钮进入触摸屏操作系统控制设置界面。

用户设定：按下该按钮后，弹出输入密码的界面，如附录图 44 所示。

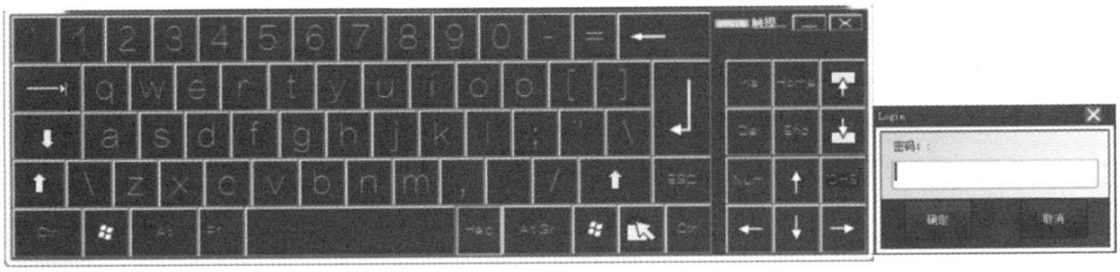

附录图 44　用户设定密码界面图

输入密码“2000”确定后，再次点击用户设定按钮即可进入参数设定的界面，如附录图 45 所示。

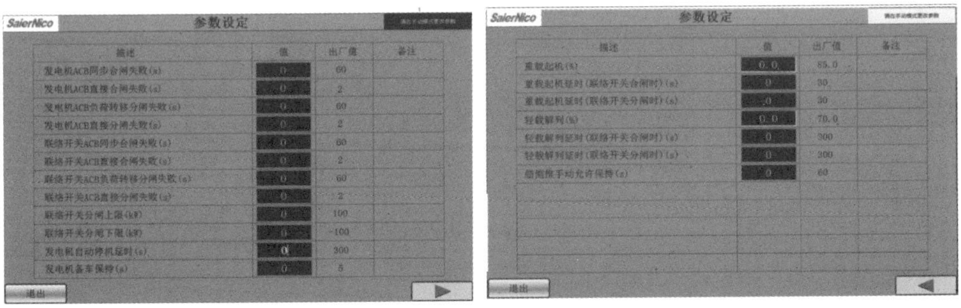


附录图 45　用户参数设定界面图

设定共有两个界面，可以通过  和  两个按钮进行切换；当进入这个界面后，按下黑色的方框  会弹出参数设定框  输入需重新设定的值后按下确认键  即完成了参数设定。点击退出按钮即回到了系统设定界面。

（11）服务参数设定：该界面没有对客户进行开放，仅用于工作人员的调试。

（12）PLC 监控

按下该按钮后，显示 PLC 与触摸屏的连接状态，如附录图 46 所示。

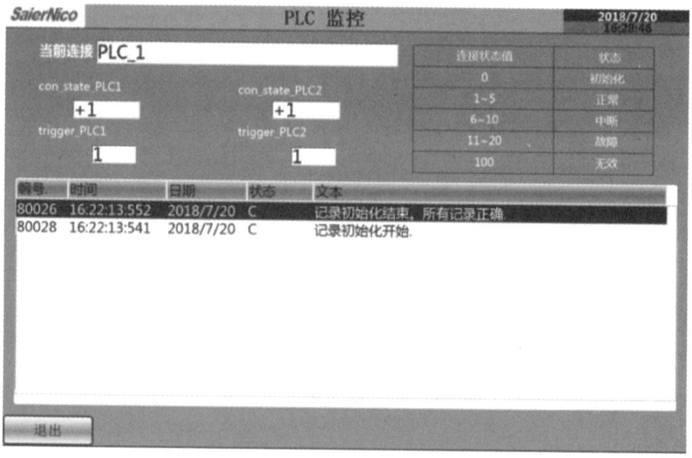


附录图 46　PLC 监控界面图

点击退出按钮 退出 即回到了系统设定界面。

(13)清洁屏幕

按下该按钮后,一个如附录图 47 所示的进度条显示在面板上,用户可以在此时间内清洁触摸屏屏幕。

附录图 47　清洁屏幕界面图

(14)触摸屏校准

按下该按钮后,按照屏幕上的提示进行操作。

(15)报警清单

按下该按钮后,显示本电站存在的报警点,如附录图 48 所示。

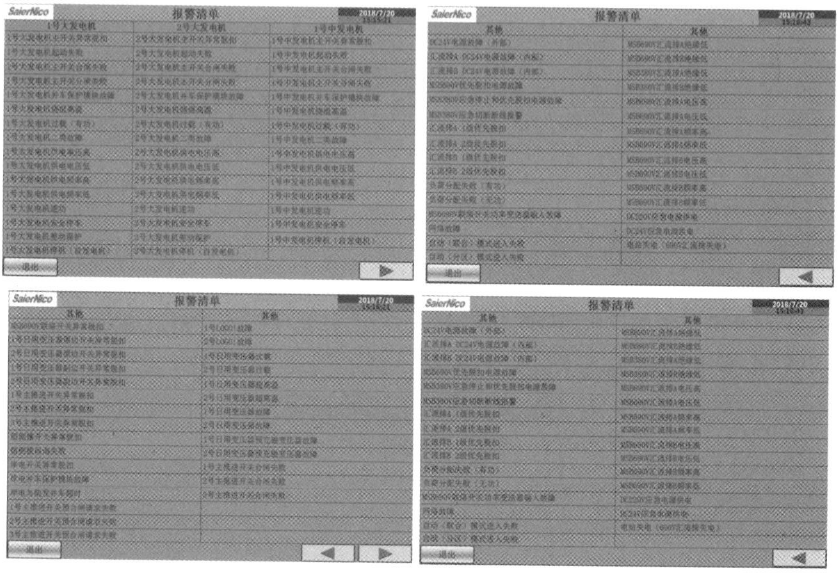


附录图 48　报警清单界面图

## 四、船电与岸电之间不停电负荷转移操作(常规船岸电的转换)

岸电与船电之间可进行不停电负荷转移,半自动控制由 PMS 完成,手动控制由 AC 380 V 配电板完成。

**1.船电转岸电**

(1)半自动控制

触摸屏上监测电站为单台发电机运行状态且其负载功率不大于岸电允许值,而且岸电处于有电状态,按下触摸屏上岸电合闸按键,系统将自动调整在网发电机至同步转速后合闸 380 V 配电板上的岸电开关,然后分断发电机主开关。

(2)手动控制

手动操作时,需要人为判断电站为单台发电机运行状态且其负载功率不大于岸电允许值,操作步骤如下:

①将 AC 380 V 配电板同步屏上的同步选择开关转至“CS”位置;

②通过观察同步屏上的同步表上红色相差指示灯的转速和方向;

③可通过同步屏上的调速转换开关来调在网发电机的速度;

④同步表上红色相差指示灯顺时针转动且速率较慢;

⑤按下同步屏上的“岸电开关合闸”按钮,待同步表上正中的绿色指示灯亮时,岸电开关将合闸;

⑥岸电开关合闸后将同步选择开关转至“OFF”位置;

⑦通过手动调速将负荷转移到岸电,分断日用变压器初(次)级开关;

⑧分断发电机主开关,手动停机。

**2.岸电转船电**

(1)半自动控制

手动启动任一台发电机组并合闸,690 V 配电板恢复供电,选择某一台日用变压器并合闸原边开关,按下触摸屏上日用变压器副边开关合闸按键,调整在网发电机至同步转速后合闸 380 V 配电板上的日用变压器副边开关,分断 380 V 配电板上的岸电开关。

(2)手动控制

手动操作时,操作步骤如下:

手动启动任一台发电机组并合闸;

选择某一台日用变压器并合闸原边开关;

将 AC 380 V 配电板同步屏上的同步选择开关转至“DT1”或“DT2”位置;

通过观察同步屏上的同步表上红色相差指示灯的转速和方向;

可通过同步屏上的调速转换开关来调在网发电机的速度;

同步表上红色相差指示灯顺时针转动且速率较慢;

按下同步屏上的“DT1 开关合闸”或“DT2 开关合闸”按钮,待同步表上正中的绿色指示灯亮时,开关将合闸;

开关合闸后将同步选择开关转至“OFF”位置;

通过手动调速将负荷转移到船电,分断岸电开关。

## 五、船舶电站的维护

**1.提示与注意**

(1)不要使用压缩空气清洁开关柜,避免将污染物吹到开关柜的其他地方。

(2)使用干布或者蘸有酒精的布清洁柜壳,禁止使用其他方式。

(3)绝对避免塑料件(如母线支撑或者插头)接触油脂或者清洁剂。

**2.船舶电站的维护**

(1)配电板背后和前面的木栅板或橡胶垫要保持清洁。在这一区域范围内,禁止堆放或悬挂任何杂物。

(2)用干布揩抹配电板表面,使各部分保持清洁,配电板内部及表面不得有积尘和油污,建议每个月进行一次。

(3)汇流排的维护(检查汇流排的连接点),检查用来标记正确紧固的红漆标记是否完好无损,是否需要重新紧固螺栓;母线连接部分是否存在明显发热点(该点颜色有变化)。如果发现有发热点,则需要拆下相应部分。清洁该部分,并用砂纸(400 号砂纸)打磨接触面。建议每年进行一次(或者在生产间歇期进行)。

(4)配电板内电缆和外接电缆不可松动或氧化,应定期上紧,建议每三个月进行一次。

(5)自动开关及其他电器应经常保持清洁,特别应注意绝缘零件表面的清洁,经常清除零件表面的灰尘,以免绝缘性能变坏及表面闪烁或击穿等现象,建议每个月进行一次。

(6)整个配电板的绝缘检查,必须每个月进行一次。如发现绝缘电阻严重低落或碰地,应在不影响航行安全的状态下找出影响绝缘的支路。

(7)过载、逆功率、欠压脱扣等保护装置的整定值不得任意更改,调节螺钉位置是否与红色标记一致,以上检查,建议每半年进行一次。

(8)损坏的零件及电气元件应及时更换。

# 参考文献

[1]秦曾煌.电工学.北京:高等教育出版社,2009.
[2] 张春来,汤畴羽.船舶电气.大连:大连海事大学出版社,2008.
[3] 史际昌.船舶电气设备及系统.大连:大连海事大学出版社,1998.
[4] 蒲云龙.船舶电气.长春:吉林科学技术出版社,2003.
[5] 张肖霞,孔秀华.电工工艺与船舶电站.大连:大连海事大学出版社,2009.
[6] 张春来,赵殿礼、文元全.船舶电气.大连:大连海事大学出版社,2008.
[7] 郑凤阁,李凯.轮机自动化.大连:大连海事大学出版社,1999.
[8] 昝宪生.轮机自动化.大连:大连海事大学出版社,2007.
[9] 郑华耀.船舶电气设备及系统.大连:大连海事大学出版社,2005.
[10] 林叶锦.轮机自动化.大连:大连海事大学出版社,2009
[11] 吴志良. 船舶电站.大连:大连海事大学出版社,2012
[12] 赵殿礼. 船舶电气设备与系统.大连:大连海事大学出版社,2009